非洲国际关系论丛
African International Relations

丛书编委会（以姓氏拼音为序）

方锦程　李源正　刘青建　王聪悦　王朝霞
王志浩　薛　莲　杨鸿柳　张　凯　赵晨光
赵雅婷　卓振伟

2014年度教育部人文社科重点研究基地重大项目
"新世纪欧盟对非洲援助的政治导向问题研究"（14JJD810018）结项成果

刘青建　主编

21世纪欧盟对非洲援助的政治导向研究

THE EU'S POLITICALLY ORIENTED AID TO
AFRICA SINCE THE 21ST CENTURY

赵雅婷　著

社会科学文献出版社
SOCIAL SCIENCES ACADEMIC PRESS (CHINA)

"非洲国际关系论丛"序言（一）

刘贵今[*]

2018年注定是当代中国-非洲关系史上的又一个"大年"。7月，习近平主席亲赴南非出席金砖国家领导人第10次会晤并访问非洲数国；9月，中非合作论坛第三届峰会暨第七届部长级会议在北京召开。值此中非合作东风浩荡，双方全面战略关系不断深入发展之际，由中国人民大学国际关系学院刘青建教授及其团队创作的"非洲国际关系论丛"付梓，可谓应运而生，恰逢其时。

我本人从20世纪80年代初起，一直从事对非外交实际工作，有幸见证和参与了中非关系和对非研究的发展进程，其中有一件事给我留下了深刻印象。2007年4月，我结束了驻南非大使6年任期，回国后即被任命为中国政府非洲事务特别代表及苏丹达尔富尔问题特别代表，两周后便赴苏丹访问。当时达尔富尔问题是国际上一大热点，中国在此问题上面临西方舆论的巨大压力。为了深入了解苏丹和非洲其他热点问题的历史背景，我到北京王府井等几个大书店，想买几本有关的中、英文书籍"急补"，但找遍书架，除了一些旅游地图和小册子外，几乎没有我想要的有关非洲的图书和杂志。而此后不久，我到英国出差，在伦敦的大街上随便溜达进一间不大的书店，但见两面墙的书架上全是有关非洲的各种图书，很容易买到有关苏丹和达尔富尔问题的历史和最新情况的著作。这一鲜明对照和巨大差距令我深为尴尬和不安。

如今，10年过去了，形势正在发生可喜的变化。随着中非合作的不断扩大和双方关系的深入发展，中国的涉非研究和对非了解也迈上新的台阶。在中非合作论坛框架下，中非联合研究和交流计划、中非智库论坛、中非高校20+20合作计划、中非智库10+10合作计划、教育部区域和国

---

[*] 刘贵今，中国前驻南非、津巴布韦大使，中国政府首任非洲事务特别代表，中国亚非学会会长。

别研究基地、中南非高级别人文交流机制等机制性安排相继建立和日臻成熟。全国多所高校纷纷成立非洲研究院或研究中心，各类学术研讨会频繁举行。有关非洲的新媒体如网站、博客、微信客户端、微信朋友圈上的涉非文章，更是层出不穷，屡见不鲜。图书馆和书店里有关非洲的书籍也开始多了起来。显然，中国的对非研究和关注已不再是冷门偏道，而是某种程度上蓬勃向上、热度不减。刘青建教授团队的新书问世，即是非洲研究百花园中新绽放的一朵美葩。

正是在中非合作论坛建立、国内学界对非洲和中非关系研究的兴趣上升之时，刘青建教授既看到中非关系的前景，又深切感到中国非洲国际关系研究的不足，便在对发展中国家国际关系研究的基础上更多地投入到非洲国际关系的研究里。近20年来，她以深厚的非洲情怀和执着的事业追求，带领她的团队，坚持不懈地探索着非洲国际关系的一些前沿问题，近十年来逐步取得了一些成果，"非洲国际关系论丛"，即是其中之一。

"论丛"以促进中非共同发展为目标，多维度探讨非洲与世界的关系以及中国在推动中非合作、非洲与世界各国合作发展中的重要地位和作用。这套多卷本丛书，有以下几个主要特点。

第一，学术质量较高。丛书列入的学术著作是刘青建教授承担国家和教育部科研项目的成果，以及她所指导的中国人民大学博士、硕士研究生的论文。这些著作都经过严格的匿名评审。作者们提出了许多独到的、有创建和新意的学术思想和观点，填补了中国非洲国际关系研究的一些空白。

第二，具有一定规模效应。"论丛"包括十多部学术著作，显示出中国非洲国际关系研究已从研究者们单打独斗到集体发力的趋势。这将有助于推动中国的非洲国际关系研究向更高层次发展。

第三，展现出一个年轻、朝气蓬勃的团队。除了刘教授之外，这个团队的成员都是80后、90后的青年学者。他们具有良好的国际关系学术素养，勤奋好学，视野开阔，研究方法多元而新颖。更加难能可贵的是他们热爱非洲，执着于非洲研究。他们让我看到了中国的非洲研究不仅后继有人，而且前程远大。

今年是中国改革开放40周年，中非关系正是随着中国改革开放的扩大和深入不断迈上一个又一个新台阶的。如今，昂首迈入新时代的中国从来没有像现在这样接近世界舞台的中心。在我们实现中华民族伟大复兴的中国梦，构建人类命运共同体的征程上，始终得到并将继续获得非洲兄弟的支持、合作与帮助。中非从来就是命运共同体，中非关系堪称新型国际关系的典范。今年的中非合作论坛北京峰会，"一带一路"对接《非洲2063议程》将成为一大主题，这必将极大促进中非之间的全面相互联通，推动日益密切的中非关系更上一层楼。新形势下如何使中非关系更加健康、互惠、可持续发展，我们最缺乏的尚且不是资金和项目，而是对非洲的研究、知识和相互了解，是更多爱非洲、懂非洲和有志于中非事业的人才。多年来，我们在这方面虽然作了不少努力，取得明显成绩，但与中非合作发展的速度、广度和深度相比，还存在着明显的差距和不足。中非关系与务实合作形势喜人，形势催人，形势逼人，呼唤学者、专家和企业界人士更具体深入、严谨务实、矢志不渝、与时俱进地探索、研究、了解非洲，包括它的各个地区、国别、政治、经济、历史、文化、文学、艺术、法律、外交等，并对加强这些领域里的合作提出前瞻性和可操作性的研判和建议。但愿我们面前的这套"非洲国际关系论丛"能够起到抛砖引玉的作用。

2018年3月31日

"非洲国际关系论丛"序言（二）

李安山[*]

当我受到刘青建教授邀请为她主编的"非洲国际关系论丛"写序时，一种感佩之情油然而生。青建教授与我相识多年，她曾担任中国人民大学国际关系学院国际政治系主任，长期从事国际政治特别是发展中国家的相关研究与教学工作。她早在 2001 年便与畅征教授共同出版了《发展中国家政治经济概论》，此书后来成为"21 世纪国际政治系列教材"，在学界颇受重视。近些年来，青建教授重点关注非洲国家的政治与发展及中非关系，发表了诸多有影响力的著述，也培养了相当一批青年才俊。在第一批即将出版的这些著作中除了她的《中国对非洲关系的国际环境研究》之外，其余都是她指导的学生在博士论文的基础上修改而成的专著。

自 2000 年中非合作论坛成立以来，中非关系发展很快，也引发了国际学界的关注。国内学术界有关中非关系的研究著述发表了不少。然而，我们缺少将自身放在现行国际政治经济框架中进行分析的研究。虽然国内对中非关系快速发展极尽欢呼与赞颂，但青建教授保持了学者的理性。我们从她的论著中可以看出一位资深学者的冷静思考。她首先对国际政治经济的理论进行了梳理，并分析了既定的以非洲为特定背景的国际政治经济环境，包括美欧等传统西方大国的传统及其力图维持其优势的努力，以及新兴大国的崛起及其与非洲合作的趋势。然而，我最感兴趣的是第四部分。她指出：尽管 2006 年中非合作论坛后，北京方面加大了公共外交力度，两地友谊"火速升温"，经贸往来优势突出且向能源、安全等领域不断拓展。然而，"短期内，大国在非洲的实力配比仍将维系持续多年的'西强我弱'格局。"诚哉此言！如果没有对局势和各方力量的客观判断和冷静分析，中国的对外战略特别是对非战略难以达到理想目标。

在此基础上，青建教授分析了中国面临的三重压力：国际政治环境的

---

[*] 李安山，北京大学国际关系学院教授，中国非洲史研究学会会长。

结构性压力、世界经济环境的竞争性压力和软实力环境的规范性压力。首先是国际政治环境的结构性压力。由于非洲国家的觉醒使得它们有可能挑选中国作为合作伙伴，从而将中国推到与美欧对立的前沿。日本及俄罗斯和印度等国家加强对非合作，增加了中非关系进一步拓展和深化面对的压力和挑战。更重要的是，传统的既得利益者欧美等国为了扭转颓势并维持对国际政治经济秩序主动权的掌控，纷纷在不同程度上调整对非战略部署，"体系带来的结构性压力在军事安全方面表现得尤为突出"，"对中国在军事安全领域的对非战略部署形成若干实质性威胁"。

其次是世界经济环境的竞争性压力。针对中国在非洲经济领域取得的突破，西方大国为了维护既得利益，保持其传统优势，"不断通过对非援助外交和能源外交两大渠道，希望在非洲的经济环境与政策上对中国形成合围包抄之势，迫使中国就范"。对外援助是大国实现外交政策和全球战略的重要手段，概莫能外。中国在对非援助的过程中奉行自己的原则，特别是不干涉他国内政的做法普遍受到非洲国家好评。然而，美、欧预先构建起的"外援"环境客观上削弱了非洲国家接受外来援助的选择能力，同时对中国对非援助产生了较大的阻力。在能源外交方面，作者对西方大国借助能源议题给中国出难题的可能性提出了两点。其一，对那些被美国定义为"制造麻烦"的能源供给国（如苏丹），中国的做法与美国的行为背道而驰。这样，中国与这些国家的合作挑战了美国的制裁政策，从而导致了双方关系紧张。其二，作为能源出口地的非洲逐渐成为中国与欧洲能源博弈的一个重要砝码。"西方大国担心中国以能源合作为支点与非洲打开合作局面，在利益获取、国家形象塑造方面超越自身不过是时间的问题，故而不断阻挠中国与非洲国家之间的资源合作项目，拉拢非洲国家政府抬高能源价格，限制对中国的矿产开采和能源出口等等。"这样，在对外援助和能源外交方面，西方大国的种种举措有意或无意地给中国设下了诸多障碍。

再次是软实力环境的规范性压力。在文化教育等方面，美欧大国一直占着决定性优势，这与长期的殖民历史和移民有着密切关系。"西方国家通过在非洲国家的软实力建设对中国构成的规范性压力则是历史与现实、强化自身与诋毁他者的双向发力。"这种所谓的"软实力"包括人口构成、宗主国语言、教育体系、宗教习俗、发展援助的规范、政治价值观和政治体制等方面。这些因素中有两点特别之处。一是作者专门提到非洲国家的欧洲白人人口构成对非洲国家的影响,这一点往往被人忽略。"部分国家的白人仍掌握大量政治、经济、土地资源之余,还在其母国和所在国继续扮演'凝聚剂'和'纽带',将西方价值理念、宗教信仰乃至生活方式更为深切地植入非洲社会各个角落。"实际上,非洲在发达国家的移民裔群人数不少,在美国占总人口的11%~12%,在英国大约占6%,在法国和德国也占一定比例。他们也是助进非洲和发达国家之间关系的重要力量。二是作者认识到部分非洲利益集团对中国价值观不认可,中国提出的"构建人类命运共同体"、"一带一路"倡议、"弘扬正确义利观"等观念"一时无法获得非洲国家的广泛理解和认同"。"少数非洲政坛精英、学者或利益集团、非政府组织等甚至带着审视'新殖民者'的眼光质疑中国,并成为西方利用'价值观外交'和舆论攻势遏制中国在非洲'软实力'的'内应'。换言之,中国和非洲在加深了解和文化互鉴方面都成为西方建构世界图景的边缘和从属,非洲国家对中国的政策和理念认识往往是模糊或标签化的。"中国只有客观认识这些挑战,才能更好地面对这些挑战。

这些观点对我们面临中非关系快速发展的形势下清醒认识中非合作的压力和困难有着非常重要的意义,对我们制定中国非洲战略将起到积极作用。

王聪悦从角色理论的维度分析了美国与欧盟的北非安全政策为何失灵这一问题。作者较充分地利用了美国总统及其核心圈2011年前后涉及北非安全局势的发言稿、会议记录和政策文件,将美国在北非局势中所起的作用归纳为四重角色——"利用巧实力的幕后领导者"、"地区安全稳定锚"、"民主的谦逊支持者"和"工具性多边主义者",并认为这四项元素复合而成"急需国际公信力与合法性的实用主义者"。四重角色颇有自封的意味,其结果是乱象丛生。对欧盟在推进民主化、打击恐怖势力和面对难民问题的对策上,作者认为欧盟"以提供和传播规范性价值并由此建立伙伴关系、维持周边安全为目标,尽量通过'合理介入、说服、合作'等非军事、非强制手段推进共有价值观和行为标准的移植与内嵌,进而构建规范化的周边环境与世界秩序"。然而,局势发展不遂人意。规范性目标遭弱化,实施手段趋强硬,内部分裂扩大规范性负面影响。角色的设计和角色的扮演完全不一致。作者认为,就角色内涵而言,"急需国际公信力与合法性的实用主义者"与"务实的规范性行为体"本质上均暗含了"追逐现实利好"与"实现理想主义诉求"这两个矛盾着的对立面;从角色扮演过程来看，美国、欧盟举措失当，陷入多重角色冲突交困的尴尬局面。然而，作者使用"阿拉伯之春"时是否想过：一场导致无数人丧生的事件还能称其为"之春"吗？值得深思。

赵雅婷的著作是有关21世纪以来欧盟对非援助的政治导向研究。这一研究较全面地梳理了欧盟援助中人权、民主和良治导向的对非政策及其实施效果，试图对其结果进行检验和分析。作者认为，欧洲在近代人权和民主理念方面具有理论和实践的优势，欧盟将相关理论作为核心价值规范推动欧盟各国取得了有效成果，并试图通过援助将人权、民主和良治等欧盟价值规范在全球推广，使其成为援助非洲国家时的政治条件。作者认为欧盟对非政治导向的援助政策对非洲的作用是双重的。非洲方面认识到应该下大力改善人权、民主、良治现状，欧盟的价值规范促进了这些观念在非洲的传播。然而，这种有政治导向的援助政策是对非洲国家内政的干预。欧盟这种带有政治导向的援助的结果不理想。欧盟这一政策的成效表现在对内和对外两个层面。对欧盟民众在道义上有所交代，对非洲则能够强化欧盟的观念影响力，推进欧盟规范在世界范围的传播。我们应该从历史视角来看待这一问题。以人权的妇女权为例。近代欧洲经过长期斗争，在1940年代末才实行男女平等的普选权（德国1918年，英国1928年，法国1945年，意大利1946年，比利时1948年）。非洲国家的妇女独立后在人权方面取得的进步不容忽略。除享有投票权外，她们中有联合国大会主席、政府部长、诺贝尔奖获得者，还有的成为总统。此外，欧盟带政治条件的援助也有自身经济利益的考虑。

张凯的著作专门探讨了南非在后种族隔离时代寻求大国地位的外交战略，并着重分析了其战略追求及其限度。作者全面涵盖了南非外交战略的各个层面，进行了较深入的梳理，特别将南非置于冷战后国际与非洲的国际关系框架里，就其在国际体系中的地位中进行了阐述，特别剖析了南非与非洲国家、南非与西方国家、南非与新兴国家以及南非与国际组织的关系。作者认为，新南非寻求大国地位的外交战略分两个层次展开。在地区层次，新南非以多边合作和提供公共产品的方式追求非洲大陆的领导地位。这也是本书最成功的部分。南非通过强调非洲团结压倒一切，超越了民主与人权；强调加强地区制度建设，直接参与地区制度的策划、设计和建设；强调要充分利用南非的政治经济优势地位，用提供公共产品和经济援助的方式促进非洲大陆的发展；认识到南非与南部非洲地区的命运密切相连，非国大政府更加强调维护南部非洲地区的安全建设。这些举措无疑是南非寻求非洲地区的大国领导地位的有力举措，同时也使南非从一个白人国度开始融入非洲大陆，并起到领头羊的作用。作者在提到非洲安全威胁从全球、地区和国家内部三个层面转为国内冲突的提法可进一步延伸。现实表明，冷战以后，大国利益之争（如美法之间）在非洲仍然不断引发新的角力和冲突，非传统安全如恐怖袭击和埃博拉病毒等已成为多个国家的心腹之患。

《中国和印度对非洲政策比较研究》较全面地分析了中印对非洲政策的各个方面。王朝霞梳理了中国和尼赫鲁以来的印度对非政策，并分析了各阶段的特点。为了更好地展现双方与非洲关系的异同，作者在双方对非关系的快速发展、中印双方对非政策的目标、双方对非政策的成效以及双方面临的挑战进行了全面的比较。作者的结论有三点。第一，非洲在中国和印度对外战略中的地位明显不同。非洲在中国对外战略中始终占据基础地位，并逐渐发展成为中国对外关系基本立足点的重要支点。非洲在印度的战略谋划和外交格局中的地位是模糊、暧昧的。第二，中印两国均会延续对非友好政策，并继续发展全方位的合作。第三，从中国和印度与非洲的关系来看，中印将在非洲长期竞争，也存在合作的可能。三点结论合乎情理和事实。然而，从政策成效来看，作者认为中国基本实现而印度只是有限实现了对非政策目标。确实如此吗？这种结论的根据是什么呢？我们知道，非洲是由54个国家组成的，各国情况不一样，与中国和印度的关系也各有所别。在殖民主义时期，印度和一些前英国殖民地同属英帝国，一些印度人移民至英属殖民地顺理成章。例如，在毛里求斯，印度移民裔群在政治、经济和文化方面的影响力华人无法比拟。南非印度侨民2015年达155万，华侨华人人数远少于印侨。在进行双方关系比较时，侨民应是一个不可或缺的因素。

概而言之，这套丛书对我们理解国际政治经济体系中非洲的位置和中非合作的价值有极大的帮助。最后想谈一点自己的感想。我们在研究国际政治时，应该以批判的态度来看待现有的理论及其框架、概念和观点。以"软实力"这一概念为例，5部著作都使用了这一概念。然而，这一概念实际上与中国的政治文化传统并不相符。"软实力"概念的提出与美国对国际秩序的理解和硬实力下降直接相关，主要是在国际关系框架中使用，具有强烈的意识形态色彩。1991年苏联解体使国际政治版图发生巨变，福山等学者提出了"历史终结"的理论，为资本主义唱赞歌。在1990年出版的《美国注定领导世界？——美国权力性质的变迁》一书中，作者约瑟夫·奈反驳了保罗·肯尼迪提出的"美国衰落论"，认为美国的实力不仅体现在强大的政治、经济和军事力量上，更体现在文化吸引力、政治价值观吸引力和塑造国际规则和决定政治议题等"软实力"层面。虽然美国的硬实力有所下降，但其"软实力"仍无与伦比，美国依然是拥有最强能力来塑造未来的、最大、最富有的国家。约瑟夫·奈在《美国霸权的困惑》（2001年）一书中再次提到"软实力"。对这一理论的系统阐释集中体现在约瑟夫·奈专门以《软实力》（2004年）命名的书中。2012年12月，约瑟夫·奈在其为《软实力》中译本所写的前言中，对"软实力"概念进行修正。他提出，软实力主要包括文化吸引力、政治价值观吸引力及塑造国际规则和决定政治议题的能力。实际上，越南战争后美国实力的衰落导致了两种不同的判断。以保罗·肯尼迪为主的学者认为美国实力在下降，约瑟夫·奈则极力反驳"美国衰落论"。他当过卡特政府助理国务卿、克林顿政府国家情报委员会主席和助理国防部长，可谓集官方身份与学者身份为一身，美国利益在其学术研究中的位置可想而知。美国在现今国际体系中奉行实力政策，习惯于挥舞大棒以充当国际警察。二战结束以来的美国领导人一直以武力说话，在世界舞台上横行霸道。随着美国实力的相对下降，"软实力"这一概念应运而生，成为堂而皇之的补充力量。更重要的是，"实力"（power）这一概念在国际政治话语中往往与"武力"（militancy）、"统治"（dominance）、"强迫"（force）、"逼迫"（coerce）、"控制"（control）、"暴力"（violence）等词语相连。这实际上是一种崇尚"力"与"利"的霸道，与中国政治传统及王道哲学相违。在中国倡导"命运共同体"的话语中，在奉行独立自主的和平外交政策实践中，这种建立在"力"与"利"基础之上的国际秩序缺乏根基。

当然，中国学者要开创自己的国际政治理论还有很长的路要走，但我们会一步一个脚印，坚定踏实地走下去。刘青建教授以及她带出来的学生为我们树立了很好的榜样。

是为序。

2018年10月30日于京西博雅西苑

"非洲国际关系论丛"序言（三）

刘青建

国际关系研究肇始于欧美，在 20 世纪下半期，形成了各具特色的四大理论流派。然而，无论是传统的现实主义，还是新现实主义即结构现实主义；无论是自由主义，还是自由制度主义；无论是经典的马克思主义，还是西方马克思主义；抑或是后来的建构主义都是以西方为中心的国际关系理论，或是以西方国家为研究主体的国际关系理论。尽管经典的马克思主义有对殖民主义或殖民地问题的研究，西方马克思主义也有对外围国家（即发展中国家）的研究，但是他们是在讨论西方殖民问题或是探讨以西方为中心的世界体系时才涉及亚非拉发展中国家，并没有脱离以西方为中心的窠臼。

中国国际关系的研究，始于 20 世纪 80 年代下半期。伴随着中国改革开放的发展，中国逐步走向世界。中国从介绍西方国际关系理论和研究方法开始，逐步开启构建具有自身特色的国际关系理论的进程。在此进程中，有志学者雄心勃勃地表示要构建国际关系的中国学派，并为此目标而孜孜不倦地奋斗着。笔者在中国国际关系研究起步时，进入该研究领域，并把重点放在了对亚非拉发展中国家问题的研究上，希望用既有的国际关系理论来解释亚非拉发展中国家的问题。但是随着对西方国际关系理论的广泛了解和对发展中国家问题研究的逐步深入，才发现西方国际关系理论并不能直接拿来解释和解决发展中国家面临的诸多问题。因此，笔者便在借鉴既有国际关系理论的基础上，通过修正这些理论来谋求对发展中国家许多问题的诠释与解答。而构建中国特色的国际关系理论和构建国际关系的中国学派虽离不开对既有国际关系理论的借鉴，但更重要的是要摆脱以西方为中心的国际关系研究的视角。就此而言，我们刚刚起步。

2000 年中非合作论坛建立之后，笔者将研究现实问题的重心转向了非洲地区。由于中国人民大学国际关系学院缺乏有关研究人员，自己便通过招收和培养硕士和博士研究生，聚集了一批有志为非洲国际关系研究奉献的80后和90后硕士和博士生，形成了一支年轻而充满活力的非洲国际关系研究团队。他们具有良好的国际关系学术素养，勤奋好学，视野开阔，研究方法多元而新颖。更加难能可贵的是他们热爱非洲，执着于非洲国际关系研究。经过十多年的潜心钻研，成就了十多部具有较高学术水准的研究成果，代表了当前中国非洲国际关系研究的水平。为使这些成果能够更好地服务于中非关系的发展，为使这些有为青年能被中国学界所了解，本人多年来一直在推动这些成果的结集出版。

呈现在读者面前的这套"非洲国际关系论丛"以促进中非共同发展为目标，深入阐释当代中国的外交与发展理念和模式，服务于中国"一带一路"和中非命运共同体的建设，构建中国与世界的对外话语体系，多维度地探讨非洲与世界的关系以及中国在推动中非合作、非洲与世界各国合作发展中的重要地位和作用。本丛书既有西方大国（美国、欧盟国家）、新兴大国（中国、印度、巴西、俄罗斯）对非战略和政策的研究与比较研究，也有对非洲国家（南非）和国家集团（西非国家经济共同体）自身谋求发展的探讨，还有对非洲传统安全（北非乱局）与非传统安全（恐怖主义）的解析，更有中国对非发展合作（从援助到合作、借助联合国教科文组织的教育合作）的理论和实践的研究。这些都是非洲研究和国际关系研究领域中亟待探讨和解决的前沿性问题。作者们提出了许多独到的、有创见和新意的学术思想和观点，为中国的非洲国际关系研究做出了积极而富有成效的贡献。这些成果本可以同时出版，但由于出版资金限制，只能分期分批地陆续奉献给读者。相信"非洲国际关系论丛"的出版，将会对中国的非洲国际关系研究产生规模效应，进而推动中国的非洲国际关系研究向更高的层次发展。

由于"非洲国际关系论丛"是中国国内第一套有关非洲国际关系的论著丛书，作者也大都是青年学者，因此难免存在一些不足和有待改进之处，恳祈读者批评指正。

本"论丛"在寻求出版的过程中曾得到学界、外交界、出版界许多关注非洲问题的朋友们的关心与支持，在此，深表谢意。特别感谢中国前驻南非和津巴布韦大使、中国政府首任非洲事务特别代表、中国亚非学会会长刘贵今先生亲自为本"论丛"撰写序言。令笔者难忘的是已过古稀之年的刘先生视力下降，已经不能用电脑撰写文稿，便摸索着在白纸上用特大字体手写了全部内容。感动之余，笔者恳请刘大使赐稿留存，以作纪念。

衷心感谢中国非洲史研究会会长、北京大学国际关系学院教授李安山先生对本"论丛"所做的中肯的评价。安山教授与笔者结识多年，亦兄亦友，凡请求之事无不热心帮助。令本人深深感动的是安山教授在百忙之中，通读了"论丛"的几乎全部书稿，并对其中5部著作作了精辟的点评。最后还要感谢社会科学文献出版社的赵怀英博士，没有她不厌其烦地上下沟通，没有她认真细致的文字工作，"非洲国际关系论丛"也难以顺利出版。

2018年是中国改革开放40周年，也是中非合作的又一个"大年"。正如40年前的改革开放为中非关系发展开辟新局面一样，新时代的改革开放必将为中非关系的发展和中非命运共同体建设带来新的机遇，也必将为中国的非洲国际关系的研究和发展谱写新的篇章。

2018年11月28日于世纪城对山书斋

目录 Contents

导　论 …………………………………………………………………… 1
　　问题的提出与研究的意义 ………………………………………… 1
　　研究对象的界定和研究方法的说明 ……………………………… 3
　　研究的现状与不足 ………………………………………………… 5
　　研究框架、基本观点及创新 ……………………………………… 23

第一章　从欧共体到欧盟：对非洲援助政策的发展演变 …………… 32
　　第一节　对非洲援助的历史和理念：历史联系与经济发展 …… 32
　　第二节　冷战后对非洲援助的变化：政治导向凸显 …………… 44
　　第三节　政治导向凸显的背景：体系与国家 …………………… 57
　　第四节　对非洲援助理念与欧盟的外交定位 …………………… 68

第二章　欧盟对非洲援助政策的"人权"导向 …………………… 81
　　第一节　欧洲与人权理论和实践的发展 ………………………… 81
　　第二节　非洲人权保护机制的建设与人权现状 ………………… 98
　　第三节　欧盟援助中人权导向的实施及思考 …………………… 115

第三章　欧盟对非洲援助政策的"民主"导向 …………………… 130
　　第一节　欧洲民主理论的实践与发展 …………………………… 130
　　第二节　非洲民主政治的发展演变 ……………………………… 148
　　第三节　欧盟民主导向援助的实施与思考 ……………………… 162

第四章　欧盟对非洲援助政策的"良治"导向 …………………… 179
第一节　良好治理理论的发展与欧盟的实践 …………………… 179
第二节　非洲国家的治理现状 …………………………………… 197
第三节　欧盟援非良治导向的实施与思考 ……………………… 210

第五章　欧盟对非洲援助政策政治导向的案例分析 ……………… 225
第一节　加纳案例：良好制度和行政效率保障经济发展 ……… 225
第二节　津巴布韦案例：土改后的经济崩溃与民主倒退 ……… 236
第三节　对两个案例的比较与思考 ……………………………… 249

第六章　欧盟对非洲援助政治导向的影响 ………………………… 259
第一节　欧盟对非洲援助政治导向的影响 ……………………… 259
第二节　欧盟援助政策对中国对非洲政策的启示 ……………… 267
第三节　合作的扩展：中欧合作共促非洲发展 ………………… 273

结　论 ………………………………………………………………… 277

参考文献 ……………………………………………………………… 280

附　录 ………………………………………………………………… 303
附录 1 …………………………………………………………… 303
附录 2 …………………………………………………………… 305
附录 3 …………………………………………………………… 311
附录 4 …………………………………………………………… 314
附录 5 …………………………………………………………… 317
附录 6 …………………………………………………………… 320

导　论

问题的提出与研究的意义

欧盟是非洲的主要援助者。冷战结束后，欧盟一改之前援非政策的"非互惠性、契约性、非政治性、稳定性"的特点，提出了以人权、民主、良治等为核心内容带有政治导向的援助政策。1989年，欧盟在第四个《洛美协定》的第五条中明确加入人权条款。1995年，《洛美协定》的修订案又将人权、民主原则和法治确定为必要条件。2000年的《科托努协定》继续把尊重人权、民主原则和法治作为发展援助的必要条件，同时又加入了良好治理的政治要求。这样，欧盟对非发展援助政策政治导向的核心内容基本定型。21世纪以来，人权、民主和良治的政治导向一直是欧盟对非发展援助的核心政策要求。

欧盟以人权、民主和良治为政治导向的发展援助政策推出后，受到非洲国家的广泛批评，认为欧盟的发展援助政策与政治挂钩，干预了非洲国家的内政。但在具体实践中，非洲各国又不得不按照欧盟的要求规范自己的人权、民主和良治。中国学者也批评欧盟的对非发展援助政策是打着人权和民主的旗号，继续维护其在非洲的传统影响力和西方在世界体系中的主导地位，推行霸权主义和强权政治。

截至目前，该政策已经实施了近30年，并且已经成为当今和未来欧盟对非援助政策的核心内容，因此，有必要对该政策的实践进行检验和客观的评估。为此，本研究试图探析欧盟带有政治导向的发展援助政策的实施情况，欧盟与非洲对人权、民主和良治的认知如何？非洲的人权、民主、良治是否在该政策的影响下得到了改善？本研究的主题是欧盟对非洲以人权、民主、良治等为政治导向的发展援助问题，探讨其实施的成效及影响。

一　选题的理论意义

本论题的理论价值有二。第一，深化国际政治经济学的研究。本课题可以在两个层次上深化国际政治经济学的研究。在体系层次上，欧盟对非发展援助，在20世纪90年代之前，基本上是属于体系层次上中心国家与外围国家的经济关系问题。欧盟对非援助政治导向的介入，使中心国家与外围非洲国家的经济关系具有了政治关系的内容。它使经济援助脱离了单纯的经济关系，具有了政治经济关系的性质。因此，该问题是对国际政治经济学研究的深化。在国家层次上，政治发展与经济发展孰先孰后的问题，一直是学界争论不休的问题。就理论而言，现代化理论认为经济发展才能带来政治民主的进步，而民主化理论则正好相反。就实践而言，发达国家强调的是政治发展优先，而发展中国家则强调的是经济发展优先。就本课题研究的问题而言，欧盟对非政治导向的发展援助，究竟是促进了非洲国家的政治发展，还是促进了非洲国家的经济发展，抑或是促进了非洲国家的政治和经济的共同发展？或者延误了非洲国家的政治和经济的发展。进而探索在非洲发展进程中政治与经济的相互关系。

第二，加深对政治学和国际关系理论中人权、民主和良治问题的理论研究。人权、民主和良治是政治学研究的三个主要问题。在这三个问题上，以欧盟为代表的西方国家掌握着理论研究的话语权。其中既有人类发展的价值理念，也有欧洲政治发展的人权、民主和良治经验，还有维护西方利益的利己私念。欧盟一股脑地把它们塞进了对非援助的政治导向政策之中，其作用难以判断。本研究试图在人类发展的价值理念、欧洲经验和西方私利等方面厘清人权、民主和良治的理论，并分别探讨它们在非洲发展中的作用。冷战结束后，人权、民主和良治已成为西方国家对发展中国家政策的主要组成部分，并成为发达国家与发展中国家关系理论研究的重要内容。因此，欧盟对非政治导向援助问题的研究也将对国际关系理论的研究增加新的内容。从而对政治学理论和国际关系理论在人权、民主和良治问题的研究以及它们与发展的关系有所贡献。

二 选题的实践意义

本研究的实践意义有三。

第一，有利于提高国际社会对非援助的效率，促进非洲的发展。通过对欧盟对非援助政治导向的研究，力图探讨欧盟以政治导向为基础的发展援助政策是否能够促进非洲的发展，分析和总结目前欧盟在发展援助问题上存在的优劣势，评估其发展援助在实践中的效率。21世纪非洲发展面临多方面的挑战，其现代化和民主化的过程被压缩，要求在同一时间两方面齐头并进。本研究试图探寻外部世界在促进非洲发展过程中，何种政策能够帮助非洲获得政治和经济的发展，提高非洲在保障人权、实现民主、促进良治方面的能力。

第二，为中国处理中非关系、调整对非援助政策提供借鉴和启示。值得注意的是，冷战结束后20多年来，欧盟在对非援助中推行人权、民主和良治的理念巩固了欧盟对非洲政治文化的影响力。而中国不附加政治条件的援助政策虽然在很大程度上促进了一些国家的经济发展，但双方政治认同的基础却日渐薄弱。当前中国在深化与非合作和提高合作效率方面面临来自非洲本身以及国际社会的诸多挑战，特别是西方国家对中国不附加政治条件的援助政策的诟病。总结欧盟对非援助政策方面的经验和教训能够给中国深化对非合作和调整援助政策提供借鉴。

第三，为中国与欧盟在共同促进非洲发展方面进行合作提供先期研究成果。近年来，中国和欧盟在处理非洲关系时，都受到对方因素的影响。借鉴中国与非洲关系的经验，非洲开始以平等互利的姿态对待非欧关系。中国在经济实力不断增强的同时积极推进社会主义民主法治政治建设，在维护人权、建立民主制度和实行有效治理，打击腐败的观念和行动上也在不断进步。随着中国对非合作的深入，在非洲利益的日益增加，中国也更加积极地参与对非洲事务，以提高在非洲政治、安全等领域的影响力。中国与欧盟在非洲加强合作，在促进非洲发展、人权改善、良好治理等方面有着更大的合作领域和活动空间，双方互鉴，共同促进非洲发展，有着越来越多的共同利益，本研究所探讨的问题对中国与欧盟在非洲问题上合作具有积极意义。

研究对象的界定和研究方法的说明

一 研究对象的界定

本选题的研究对象是欧盟对非洲援助中以人权、民主和良治等政治问题作为指导（或引导）方向的政策（文中简称政治导向）。本研究所说的政治导向主要是指欧盟向非洲提供发展援助中要求受援国重视人权保护、民主建设和良好治理,甚至以此作为提供援助的条件。人权、民主和良治是欧盟极为重视的政治信条,因此试图通过发展援助将这些政治价值向非洲输出与推广。

欧盟对非政治导向的援助政策起始于1989年第四个《洛美协定》。此后经过20世纪90年代的发展,到2000年基本定型。因此,本研究选取的时间段为2000年至今,即21世纪过去的十多年。在空间上,本研究以21世纪国际政治经济体系及格局的动态发展为背景,即在国际政治的多极化发展趋势,一超多强的国际政治格局和国际经济体系结构的动态发展的背景下,在非洲国家自主意识的觉醒,新兴发展中经济体群体性崛起,欧洲对非洲大陆的传统影响力的持续下降等更广阔的空间下,探讨欧盟对非洲政治导向的发展援助政策。为了研究的顺利进行,本研究还需对欧盟、非洲、官方发展援助等术语进行界定。

欧洲联盟(简称欧盟EU):欧盟是由28[①]个欧洲国家组成的区域一体化组织。[②] 二战后,为了保障和平、恢复经济、化解德法矛盾,比利时、德国、法国、意大利、卢森堡和荷兰六国先后建立了欧洲煤钢共同体、欧洲经济共同体和欧洲原子能共同体,1965年共同组成欧洲共同体(EC),后来欧共体不断扩大。1993年《马斯特里赫特条约》签订,欧洲联盟正式成立,一体化进程向更高的阶段迈进,欧盟下设欧洲议会、欧盟理事会和欧盟委员会等多个机构。本文研究包括欧盟对非援助的历史,将涉及欧盟多个机构的变迁。欧盟成立之前的研究对象是欧共体。

非洲:广义来讲,非洲包含整个非洲大陆,但由于文化和信仰差异,北非同撒哈拉以南的非洲有着巨大的差异,本研究主要侧重于撒哈拉以南的非洲国家。

欧盟对非援助:欧盟对非援助的资金主要来源于欧洲发展基金(EDF),这些属于官方发展援助(ODA),根据经合组织(OECD)下属机构发展援助委员会(DAC)的定义,"官方发展援助是发达国家为发展中国家提供的,以促进经济发展和提高人民生活水平为主要目标,具有优

---

① 注:2016年6月23日,英国举行脱欧公投,正式宣布脱离欧盟,但脱欧程序启动及谈判仍然需要时间。本文研究的对象是21世纪以来欧盟对非洲投入的官方发展援助,英国在这段历史时期内是重要成员国,因此仍将其算作欧盟成员国。

② EU, *The European Union Explained: How the European Union Works*, Luxembourg: Publications Office of the European Union, 2014, p.5.

惠性质，赠予水平在25%以上的赠款或贷款，也包括有偿货物"。[①] 按照惯例，官方发展援助包括政府机构的捐赠贡献。在分类上，有向发展中国家提供的双边发展援助，也有由多边机构提供的发展援助。此外，为有效地推进人权、民主和良治等政治导向在非洲的实施，欧盟也设了一些专项援助工具。这些援助工具的资金主要来源于欧盟预算（EU Buget）。本研究中涉及的欧盟对非援助主要是官方发展援助，即欧盟作为独立政治行为体通过《科托努协定》框架向非洲国家提供的发展援助，同时也包括欧盟为改善非洲人权、民主和良治而运用的一些援助工具与项目。

二 研究方法

本课题主要采用三种研究方法。

第一，文献分析法。欧盟对非政策的历史及变化基本反映在其重要的政策文件之中，人权、民主和良治理论方面也有诸多文献。通过对这些文献的分析和解读，阐释欧盟对非援助的政治导向的发展进程，人权、民主和良治理论的基本内容。

第二，比较分析法。比较分析法主要在两个方面运用：其一，比较欧盟和非洲在人权、民主和良治等方面不同的历史发展进程与现实状况，解析政治理论运用的历史和现实条件，通过比较探寻欧盟所倡导的表现人类历史发展进步的人权、民主和良治理念为何在用于对非发展援助中遭遇矛盾和冲突；其二，比较具有积极意义的较为成功的加纳案例和具有消极结果的津巴布韦案例，说明相同的援助政策带来的不同的政治经济治理结果的原因。

第三，案例分析法。其一，在良治部分笔者通过案例解析欧盟带有良治导向发展援助的实施结果。其二，笔者选取较为成功的加纳的案例和失败的津巴布韦的案例，对欧盟具有政治导向的对非援助进行检验。探究其中哪些因素的作用决定了非洲国家发展的成败。

研究的现状与不足

欧盟对非援助有诸多相关政策文献，为笔者研究欧盟对非援助政策的

[①] OECD: Definition of ODA, Glossary of Statistical terms, http://stats.oecd.org/glossary/detail.asp? ID = 6043.

政治导向问题提供了丰富的第一手文献资料。

一 欧盟援非政策研究

这类文献国内和国外均非常丰富，主要在五个方面探讨欧盟对非洲的援助政策。

其一，从欧盟的非洲战略、欧盟对非洲政策的角度探讨欧盟对非的援助政策。如史蒂夫·金汉的文章《欧盟的新非洲战略：有理由保持谨慎的乐观》[1]与丹尼尔·巴赫的《欧盟与非洲的新战略伙伴关系：模范还是安慰剂》[2]通过探析欧盟与非洲关系的发展变化来论述，主要基于2005年欧盟出台的《欧盟与非洲：走向战略伙伴关系》为政策文本进行探讨。他们的观点较为中庸，在肯定积极方面的同时，也对欧盟与非洲实质关系的进展抱有一定的怀疑态度。还有学者从机制的角度讨论欧盟与非洲的关系。金玲的《欧盟对非洲制度机制调整及其对中国的影响》[3]论述了自2007年里斯本峰会后，欧盟在新的国际背景下对原有的对非机制进行了调整。这篇文章在分析欧盟对非机制调整背景以及调整的主要内容的基础上，重点论述了它对当前中国对非机制可能产生的影响与压力。王学军在《欧盟对非洲政策新动向及其启示》中认为欧盟对非政策逐渐表现出以下特点："强调欧非双方权利平等，责任共担；将发展、安全和治理结合在一起，表现出明显的贯通性；超越国家中心主义，在政府之外又将非洲的非政府组织、次区域性组织等作为重要的合作对象；注重国际多边合作，力图将新兴大国尤其是中国的对非政策纳入其框架；强调人权、环保、一体化等全球性规范与观念，推行'气候外交'和'环境外交'等低政治领域的合作，以塑造欧盟的'规范性力量'形象。"[4]该文指出欧盟政策的新举措有利于非洲的发展与安全。

其二，以《洛美协定》和《科托努协定》为切入点，探讨欧盟与非加太国家关系。如杨逢珉的专著《〈洛美协定〉下的欧盟与非加太国家关

---

[1] S. S. Kingah, "The European Union's New Africa Strategy: Grounds for Cautious Optimism", *European Foreign Affairs Review*, 11: 2006, pp. 527–553.

[2] Daniel Bach, "The EU's 'Strategic Partnership' with Africa: Model or Placebo?", *Garnet Working Paper*, No. 80/10, September 2010.

[3] 金玲：《欧盟对非洲制度机制调整及其对中国的影响》，载《欧洲研究》2010年第5期。

[4] 王学军：《欧盟对非洲政策新动向及其启示》，载《现代国际关系》2010年第7期，第54~55页。

系》① 系统研究了《洛美协定》对南北之间开展国际经济合作的影响，并分析了欧盟与发展中国家开展经贸合作可能的走向。刘明、郑先武、胡杰和原牧等人②均有论文对《洛美协定》有具体的论述，这些文章中不但剖析了《洛美协定》中的具体援助政策，还对该协定起到的作用进行分析。中国学者对《洛美协定》大都持肯定态度，也有学者指出《洛美协定》是非互惠的，对非洲的发展产生了阻碍作用。国外学者也有许多探讨《洛美协定》成效的文章③，对其作用基本持肯定态度，但是也有不少反对的声音。其中艾伦·弗雷伍特斯的专著《欧洲共同体与第三世界：洛美协定及其影响》④ 对《洛美协定》进行了详尽的介绍，虽出版于1980年，但对欧盟发展援助政策的分析比较透彻。

其三，欧盟对非援助政策的内容、特点。本研究参考了国内文献十余篇期刊论文和一些硕博论文。周玉渊和唐翀的文章《欧盟对非援助协调新变化及对中国的启示》⑤ 根据欧盟2011年出台的《增强发展政策的作用：新的变革议程》的文件，分析欧盟目前发展援助的框架与特点，认为欧盟的对非援助协调在现实中却存在尚难克服的结构性困境，指出欧盟对非多边援助协调为中国在非洲开展三方合作和多边合作提供了重要的启示。戴

---

① 杨逢珉：《〈洛美协定〉下的欧盟与非加太国家关系》，上海人民出版社，2006。
② 刘明：《"洛美协定"——南北经济合作的一种模式》，载《世界经济》1993年第10期。杨逢珉：《"洛美协定"下欧盟与非加太地区国家合作存在的问题》，载《世界经济研究》2005年第5期。郑先武：《从洛美到科托努——欧盟—非加太贸易体制从特惠向互惠的历史性转变》，载《对外经贸实务》2003年第3期。王玉萍：《关于〈洛美协定〉的再思考》，载《生产力研究》2006年11期。胡杰：《洛美协定的两重性》，载《国际问题研究》1982年第2期。原牧：《〈洛美协定〉与南北关系》，载《西亚非洲》1984年第2期。原牧：《第三个〈洛美协定〉剖析》，载《世界经济》1985年第11期。原牧：《第四个〈洛美协定〉剖析》，载《国际经济合作》1990年第7期。
③ 此类文章有：Isebill V. Gruhn, "The Lomé Convention: Inching Towards Interdependence", *International Organization*, Vol. 30, No. 2 (Spring, 1976), pp. 241 – 262. Richard Gibb, Post – Lomé, "The European Union and the South", *Third World Quarterly*, Vol. 21, No. 3 (Jun., 2000), pp. 457 – 481. S. K. B. Asante, "The Lomé Convention: Towards Perpetuation of Dependence or Promotion of Interdependence?" *Third World Quarterly*, Vol. 3, No. 4 (Oct., 1981), pp. 658 – 672.
④ Ellen Frey – Wouters, *The European Community and the Third World: the Lome convention and its impact*, New York: Preager, 1980. 6, Robin Sharp, "The ACP Countries and Renewal of Lomé: Is Anything Better than Nothing?" *Africa Spectrum*, Vol. 14, No. 1 (1979), pp. 86 – 94.
⑤ 周玉渊、唐翀：《欧盟对非援助协调新变化及对中国的启示》，载《教学与研究》2013年第7期。

瑞的论文《冷战后欧盟援非政策的调整——规范传播理论的视角》[1] 从规范传播理论的视角探讨了欧盟对非援助问题。王新影的《欧盟对外援助与欧洲一体化》[2] 联系欧洲一体化探讨欧盟的对外援助问题，其中包含了欧盟的对非援助。朱天祥的《中国和欧盟软权力的比较——以中欧对非洲发展援助为例》[3] 从软权力角度比较中国与欧盟的对非援助问题。张永蓬的《欧盟对非洲援助评析》除了对欧盟的对非援助政策及成效做了评价，还认为非洲的落后并非仅仅靠援助能够解决问题，非洲的发展需要多方面的共同努力，根本上要靠非洲国家自身的努力。[4] 吴燕妮的《欧盟发展援助政策的有效性问题及解决》[5] 认为2009年《里斯本条约》的最终生效为其发展援助政策的实施带来新的契机和挑战。欧盟必须面对资金、成员国以及附加条件等发展援助障碍，探索新的援助思路，从而提高发展援助的力度和效率。在国外研究中，弗洛里安·基特的《欧盟的援助结构：近期走向与政策导向》[6] 从政策导向的角度，介绍了欧盟发展援助机构和制度，对欧盟发展援助的政策导向进行了说明，对欧盟遭遇的债务危机及对发展援助走势所产生的影响进行了预测，指出欧盟根据2005年的《巴黎宣言》更加注重援助的有效性。

其四，欧盟发展政策与发展合作。使用发展政策与发展合作的术语是因为学者们更希望体现欧盟对发展中国家关系的平等性。这类文章从欧盟对包括非洲国家在内的整个发展中国家的政策角度探讨发展政策与发展合作问题。如威廉·布朗的文章《重构南北关系：在自由主义国际秩序下非加太国家同欧盟的发展合作》[7] 以南北关系为视角，对《科托努协定》出台后欧盟与非加太国家的关系进行了检验，认为新的政策调整给欧盟与南方国家关系带来了挑战。刘丽云的《试析欧盟发展政策的新特点、

---

[1] 戴瑞：《冷战后欧盟援非政策的调整——规范传播理论的视角》，载《理论界》2013年第8期。
[2] 王新影：《欧盟对外援助与欧洲一体化》，中国社会科学院研究生院博士学位论文，2010。
[3] 朱天翔：《中国和欧盟软权力的比较——以中欧对非洲发展援助为例》，载《重庆与世界》（学术版）2013年第3期。
[4] 张永蓬：《欧盟对非洲援助评析》，载《西亚非洲》2003年第3期，第32页。
[5] 吴燕妮：《欧盟发展援助政策的有效性问题及解决》，载《欧洲研究》2010年第3期。
[6] Florian Kitt, *EU Aid Architecture: Recent Trends and Policy Directions*, The World Bank Group, January 2010.
[7] William Brown, "Restructuring North – South Relations: ACP – EU Development Co-operation in a Liberal International Order", *Review of African Political Economy*, 27：85, pp. 367 – 383.

新取向和新功能》探讨了欧盟在对外发展政策中开始强调人权、民主和良治等问题，认为欧盟注重发挥"软实力"，以欧盟的发展理念和行动影响国际援助发展进程，并使发展政策成为欧盟多边主义外交活动的重要领域。[1]

其五，冷战后以及21世纪欧盟对外援助政策变化的原因。如刘丽云的《欧盟对外发展援助政策的变化及其原因》从内外两方面分析欧盟政策转变的原因，她认为苏联解体及经济全球化与区域一体化迅猛发展，使欧盟需要寻找新的目标与动力，这是其调整的外部原因；欧盟国家内部援助疲软，公众普遍对援助结果不满是其调整的内部原因。[2] 文森特·马勒的《洛美协定：评估南北制度性的关系》[3] 则认为转变的原因是：非加太国家经济情况持续恶化，欧共体对原料和粮食的需求不再急切，其注意力转移到了内部经济货币同盟及东欧国家上。另外，终结《洛美协定》是世贸组织所提倡的非歧视性原则、多边援助、互惠原则的要求。但理查德·吉布的《后洛美时期：欧盟与南方国家》[4] 认为欧盟不是由于世贸组织的压力被迫修改《洛美协定》的，而是以遵守世贸组织原则为托词，因为做出改变符合其利益。史蒂夫·赫特在《合作与强制：洛美协定的终结及欧盟与非加太国家间的科托努协定》[5] 一文中也持同样的观点。他还认为《洛美协定》的终结是由于它并没有实现其目标，没能给非加太国家带去经济增长、没能实现出口的多样化、没能解决贫困问题，反而对欧共体的依赖加深。相比之下，那些没能得到《洛美协定》优惠待遇的国家的经济都得到了不同程度的发展。所以非加太国家的转变和改革需要内部和外部政策的刺激，而《科托努协定》下的经济伙伴协议给非洲结构调整带来了希望。综上，国内外学者关于欧共体（欧盟）对非加太国家援助发生变化的

---

[1] 刘丽云：《试析欧盟发展政策的新特点、新取向和新功能》，载《欧洲研究》2009年第1期，第72页。

[2] 刘丽云：《欧盟对外发展援助政策的变化及其原因》，载《国际观察》2003年第5期，第20页。

[3] Vincent A. Mahler, "The Lomé Convention: Assessing a North – South Institutional Relationship", Review of International Political Economy, Vol. 1, No. 2 (Summer, 1994), pp. 233 – 256.

[4] Richard Gibb, "Post – Lomé: The European Union and the South", Third World Quarterly, Vol. 21, No. 3 (Jun., 2000), pp. 457 – 481.

[5] Stephen R. Hurt, "Co – operation and Coercion? The Cotonou Agreement between the European Union and ACP States and the End of the Lomé Convention", Third World Quarterly, Vol. 24, No. 1 (Feb., 2003), pp. 161 – 176.

原因主要有：国际局势的变化、援助国内部的变化、竞争国家和地区的出现、非加太国家谈判筹码减少和能力下降、世贸组织的规则的要求、以前援助效果欠佳等。

二 欧盟对非援助中的人权、民主和良治导向问题研究

冷战后至今，欧盟对非发展援助政策及其实践均受人权、民主和良治这一政治导向的指导。在既有的研究成果中，英文文献比中文文献更多，但它们均是分别探讨这三个问题的。

第一，关于人权导向。

关于人权导向问题的研究，中国学者的论文比外国学者的论文多，对民主、良治导向问题的研究成果也多。如刘博的《欧盟对外贸易与发展政策中的人权向度——从〈洛美协定〉到〈科托努协定〉》[①]仔细解读了欧盟发展援助政策中的人权内容，认为欧盟以人权为导向，以贸易与发展为中心，以援助与制裁为后盾，形成了一种有别于传统"权力政治"的人权外交政策。这一政策对欧盟的对外贸易与发展援助产生了巨大的影响。该论文对欧盟发展政策中的人权政策演变进行了较为翔实的分析。刘万平的《欧盟外交中的"人权关"》评论说，尽管经济因素在国际政治中占据越来越重要的主导优势，但欧盟外交中仍存在较强的理想主义色彩，其中人权问题尤为重要，成为欧盟处理对外关系的重要准则。[②]刘晓平在《欧盟对外援助之"人权导向"对非洲的影响》[③]一文中将欧盟作为政策工具的人权条款区分为积极措施和消极措施，认为欧盟奉行"双重标准"的做法损害了人权条款的一致性和公正性，但客观上对非洲国家人权发展与民主化进程，以及非洲和平与稳定起到了外力推动作用。张华的博士学位论文《欧洲联盟对外关系中的"人权条款"法律问题研究》[④]则从国际法角度对欧盟对外关系中的"人权条款"进行了分析，重点探讨了第四个《洛美协定》和《科托努协定》中人权条款及其实施机制。该论文为笔者提

---

① 刘博：《欧盟对外贸易与发展政策中的人权向度——从〈洛美协定〉到〈科托努协定〉》，载《山东社会科学》2007年第4期。
② 刘万平：《欧盟外交中的"人权关"》，载《世界知识》2005年第1期，第34页。
③ 刘晓平：《欧盟对外援助之"人权导向"对非洲的影响》，载《世界经济与政治论坛》2009年第3期。
④ 张华：《欧洲联盟对外关系中的"人权条款"法律问题研究》，武汉大学博士学位论文，2009。

供了丰富的法律知识支持。

外国学者对欧盟人权条款产生的原因及其实施效果进行了分析。如萨拜因·凯里的《欧洲的援助：人权与墨守成规》①认为，欧盟在冷战结束后开始反思援助效率低下的原因，逐渐将援助与尊重人权联系到一起。他在分析了1978年到2003年欧盟发展援助的数据后得出的结论是：尽管欧盟越来越多地强调人权的重要性，但在实际援助过程中除了德国做得较好外，其他国家依然受制于官僚体系的惰性，实际效果不明显。这已成为欧盟对外发展援助中的主要障碍。而劳拉·费利乌的《两层游戏：西班牙与摩洛哥的民主和人权推进》②则通过摩洛哥案例证明，西班牙在推动摩洛哥民主发展和人权状况改善中起到了作用，使得摩洛哥的民主人权状况明显优于其他北非国家。

第二，关于民主导向。

在这个问题上，中文文献极少。仅有刘建飞的一篇总体讨论欧盟对外政策的论文，没有专门涉及欧盟对非援助的民主导向问题。他在文章《欧盟对外政策中的民主因素》③中指出，欧盟对民主的关注主要体现在其政策文件与美欧关系中，欧盟在世界范围内推行西式民主制度的意愿从本质上与美国是一致的。作者认为欧盟表面上宣传民主的好处，但是在实施过程中实行"双重标准"，对广大发展中国家并不公平。

英文文献对该问题关注较多，大体是从两个方面讨论这一问题的。一是从欧盟对整个发展中国家政策角度讨论对外援助的民主导向问题。如理查·扬斯的《欧盟导向民主援助：学习正确的经验?》④认为民主与人权已经成为欧盟在对外援助中的重要的条件。欧盟给予发展中国家的发展援助旨在扩大民主的适用范围，在具体实践过程中欧盟试图加强对发展中国家政治民主和良治促进的影响力。但是，该政策在概念上及实际中都存在缺陷。塔尼亚·博泽尔和托马斯·里斯在《一种模式适应全部！欧盟在推

---

① Sabine C. Carey, "European Aid: Human Rights Versus Bureaucratic Inertia?" *Journal of Peace Research*, Vol. 44, No. 4, 2007, pp. 447 – 464.
② Laura Feliu, "A Two – Level Game: Spain and the Promotion of Democracy and Human Rights in Morocco", *Mediterranean Politics*, 8: 2 – 3, 26 Sep. 2007, pp. 90 – 111.
③ 刘建飞：《欧盟对外政策中的民主因素》，载《新远见》2006年第11期。
④ Richard Youngs, "European Appraches to Democracy Assistance: Learning the Right Lessons?" *Third World Quarterly*, Vol. 24, No. 1, 2003, pp. 127 – 138.

动人权、民主和法治方面的政策》①中指出，冷战后民主化已成为全球公认的发展趋势，欧盟在促进民主方面做出了巨大贡献。该文从第四个《洛美协定》开始对欧盟推进民主的发展政策的历史做了详尽回顾，并对欧盟的民主促进战略进行评估，认为欧盟的民主促进政策是基于欧盟的实际提出的，但是发展中国家的情况与欧盟不同，因此出现了问题。在这一点上欧盟需要不断调试。皮特·伯内尔的《从评估民主援助来评价民主的推进》②认为促进民主的战略与国家的政治关系有关，不同的战略带来不同的影响。为促进民主政策的有效性，目前多个国家组织对民主援助的评估是积极有益的。

二是用具体的案例检验欧盟以民主为导向的对非援助。如理查德·吉莱斯皮和理查·扬斯的《欧盟推进民主的主题》③选取了欧盟对北非的政策，验证欧盟推进政治民主的有效性。作者在这一问题上持较为积极的态度，认为欧盟的援助政策切实推动了北非的民主化进程，同时推动了南北合作机制的构建。戈登·克劳福德的《欧盟与非洲的民主促进：加纳案例》④则选取了加纳案例来检验欧盟对非民主推动政策的收效，认为欧盟的这一政策在实践中收效甚微，并探讨了在实践中效果不佳的原因，其结论是欧盟民主导向的对非援助政策尽管失败甚多，但加纳案例却给欧盟展现其推动非洲民主进步的决心提供了试验场。

第三，关于良治导向。

关于良治导向问题，中文文献只有一篇关于欧—地伙伴关系的文章。宋黎磊的《欧盟—地中海伙伴关系发展研究——基于欧盟周边治理的视角》主要探讨了欧盟对于地中海区域的治理。欧地伙伴关系涉及欧盟对北非国家的政策，欧盟除了提供经济援助与贸易优惠等政策，还对该地区的政治改革进程施加影响，输出一贯的价值观和制度。作者提出："对地中

---

① Tanja A. Borzel & Thomas Risse, *One Size fits All! EU Policies for the Promotion of Human Rights, Democracy and the Rule of Law*, Center for Development, Democracy, and Rule of Law, Stanford University, Oct. 2004.

② Peter Burnell, "From Evaluating Democracy Assistance to Appraising Democracy Promotion", *Political Studies*, Vol. 56, 2008, pp. 414 – 434.

③ Richard Gillespie & Richard Youngs, "Themes in European Democracy Promotion", *Democratization*, 9: 1, Sep. 2010, pp. 1 – 16.

④ Gordon Crawford, *The European Union an Democracy Promotion in Africa: The Case of Ghana*, European Community Studies Association of South Africa's conference, 22 – 23 January 2004.

海区域国家来说，他们希望利用欧盟推进欧盟—地中海伙伴关系所带来的机遇，探索自身的发展道路，但排斥欧盟所谓共享价值观的政策前提，《里斯本条约》之后，欧盟努力协调内部对此区域外交的分歧立场，并继续推行与这一地区建立大自由贸易区的进程，但欧盟期望中的政治改革、民主进程等既有治理目标仍难以推进。"[1] 英文文献对良治导向问题的研究主要是整体上的，涉及对非洲本身的内容较少。如埃里克·纽梅耶的《给予援助的模式：发展援助中良治的影响》[2] 对良治给予了非常高的评价，在对良治及其与援助的关系进行梳理后，设计了检验模式，并将已有的数据带入检验模式中寻求援助的实际作用。其结论是较为合理的援助模式用于有良好治理能力的国家会使该国获得较大的发展。萨拜因·灿格在文章《良治与欧盟援助：政治条件性的影响》[3] 中检验了从1980年至1995年间，德国、法国、英国以及欧盟是否切实落实了它们的承诺，即给予拥有良好治理能力的国家更多的发展援助。其结论是：欧盟的援助并不依赖于对良治的评判。英、法、德主要选择前殖民地国家给予援助，而欧盟则侧重于非加太伙伴关系国家。马里奇奥·卡蓬在其文章《欧盟，良治与援助的协调》[4] 中回顾了2000年以来欧盟将良治与援助挂钩的重大政策转变，认为欧盟在援助问题上扮演了一个有力的独立角色，并取得了积极的成效。这给世界银行及美国的主导地位带来了挑战。其结论较为消极，认为欧盟的雄心壮志与其实践存在差距，而且欧洲援助国之间政治协调的增多使得发展中国家可选择的政策空间更加狭小。

三 对人权、民主和良治问题的研究

鉴于直接研究欧盟对非发展援助政治导向的文献较少，笔者试图对人权、民主和良治政策进行分别的文献梳理，以期为研究奠定更丰富的材料基础。

---

[1] 宋黎磊：《欧盟—地中海伙伴关系发展研究——基于欧盟周边治理的视角》，载《同济大学学报》2011年第6期，第66页。

[2] Eric Neumayer, *The Pattern of Aid Giving: The Impact of Good Governance on Development Assistance*, London: Routledge, 2003.

[3] Sabine C. Zanger, "Good Governance and European Aid: The Impact of Political Conditionality", *European Union Politic*, Vol. 1, No. 3, October 2000, pp. 293 – 317.

[4] Maurizio Carbone, "The European Union, Good Governance and Aid Co‑ordination", *Third World Quarterly*, Vol. 31, No. 1, 2010, pp. 13 – 29.

第一，对人权问题的研究。

其一，欧盟对人权问题的认识及经验。保护人权思想兴起于启蒙时代的欧洲，冷战后，欧盟在保护人权方面做了很多努力，为欧洲人权的改善和提高做出了卓越的贡献。欧盟在尊重人权方面是典范，其理论和经验可以为非洲乃至世界提供借鉴。因此，梳理欧盟对人权问题的认识及经验的文献非常有必要。

杜仕菊的专著《欧洲人权的理论与实践——以欧洲社会现代化进程为视角》①认为，二战的创伤使得人权、民主及法治思想在欧洲复兴，成为欧洲人共同的理念，之后《欧盟人权公约》的颁布标志着欧盟人权机制的建立。在欧洲国家现代化的兴起过程中，人权是最响亮的口号，人权理论也是那些内源性现代化国家走上现代化道路的原因之一，随着现代化的发展，欧洲的人权实践也不断拓展。该书以社会现代化的进程为视角，提出人权问题与现代化问题始终相伴的基本观点，说明人权理论与实践在社会现代化建设中的重要作用。由皮特·范·戴克等人编纂的《欧洲人权公约的理论与实践》②一书从人权法的视角，分为八章对欧盟人权公约的具体内容及在实践中欧洲法院、欧洲议会及委员会等机构是如何实行保护人权的规定进行论述，并结合实际案例加以佐证，这是了解欧盟人权保障制度和过程的一本专著。

在期刊论文及学位论文方面，刘博的博士论文《欧盟对外人权政策研究》选择欧盟一体化特别是政治一体化作为研究视角，把欧盟对外人权政策置于欧盟一体化进程，借助欧盟一体化理论特别是建构主义理论进行解读，重点阐明欧盟对外人权政策发展与欧盟一体化进程是一个相互影响的过程。表现在：欧盟在实践中已经把人权处于其共同外交与安全政策的核心位置；欧盟在处理对外关系中，一步步将人权规定融入外交政策；在扩大过程中欧盟遵循人权"最大化"和"条件性"的立场，发展出一套人权政治；欧盟的各个机构都参与了人权政策的协调、制定和执行，增强了凝聚力，强化了他们的共同身份。③杨成铭的文章《〈欧盟宪法条约〉对

---

① 杜仕菊：《欧洲人权的理论与实践——以欧洲社会现代化进程为视角》，浙江人民出版社，2009。
② Peter Van Dijk & G. J. H. Van Hoof, *Theory and Practice of the European Convention on Human Rights*, Hague: Kluwer Law International, 1998.
③ 刘博：《欧盟对外人权政策研究》，山东大学博士学位论文，2007。

欧盟人权保护的影响》认为："《欧盟宪法条约》的通过和生效从根本上矫正欧盟经济、政治、军事和人权的不对称性，使欧盟的人权保护从政治层面提升到司法层面。这一条约还从根本上弥补了欧盟的'人权赤字'，将欧盟的人权保护制度与欧洲理事会的人权保护制度相连结，使欧盟的人权保护由点扩大到面。可以期待，随着条约的生效和施行，欧盟的人权保护将逐步处于区域性和全球性人权保护的领跑地位。"[①]

其二，非洲的人权状况。与欧盟的情况正好相反，二战结束后，非洲是世界动乱最频繁的大陆，也是全世界最贫困和人权保护状况最差的地区，许多民众连基本的生存权都难以维护。对非洲人权状况研究的国内外文献都较为丰富。其中以联合国的分析报告居多，每年的"千年发展计划"及《非洲地区发展报告》中都会涉及当年非洲人权保护的进步与存在的问题。刘湘平的硕士论文《非洲人权保护机制研究》[②]采用比较研究和实证分析法，对非洲的人权保护机制的建立背景、具体内容，评价及对国际人权保护的启示等方面进行探究。夏吉生在《非洲人权事业的新进展》中指出非洲人权进步表现在：人权问题日渐受到非洲国家的重视；维护人权的风气正在逐步发扬；认真反思卢旺达大屠杀事件；积极处理达尔富尔人道主义危机；妇女参政的机会日益增加；建立了多个维护人权和发扬民主的组织机构等方面。但是非洲人权事业所面临的问题和困难还很多，其发展是长期而艰辛的，只能在困难中不断前进。[③]

另外，还有一些文献针对非洲人权状况的具体问题进行分析。洪永红和周严的《非洲人权与民族权法院述评》[④]以 2006 年 7 月非洲人权法院成立这一事件为案例，分析和探究其能否成功履行职能。认为人权法院受制于非洲国家的支持程度及其具体运作能效。曾龙和贺鉴的《论非洲的集体人权观与第三代人权的确认》[⑤]从观念和制度层面分析非洲的人权问题，认为非洲对第三代人权的确认主要体现在以《非洲人权和民族权宪章》为主体的非洲人权法中。在援助与非洲人权的保护问题上，熊文驰的

---

① 杨成铭：《〈欧盟宪法条约〉对欧盟人权保护的影响》，载《法学杂志》2006 年第 1 期，第 108 页。
② 刘湘平：《非洲人权保护机制研究》，湖南师范大学硕士学位论文，2006。
③ 夏吉生：《非洲人权事业的新进展》，载《西亚非洲》2005 年第 5 期。
④ 洪永红、周严：《非洲人权与民族权法院述评》，载《西亚非洲》2007 年第 1 期。
⑤ 曾龙、贺鉴：《论非洲的集体人权观与第三代人权的确认》，载《河北法学》2007 年第 2 期。

《人权、援助与发展问题——以非洲国家为例》一文以"发展权是不可分割的基本人权"为前提,并以非洲为例探讨切实推进发展中国家人权与发展的可能途径。[①] 他认为发达国家在对非援助中严苛的附加条件,损害了非洲已有的发展能力。中国则推动了非洲的发展。坦桑尼亚的学者科斯特·马海路在文章《人权和发展:一种非洲的观点》[②] 中审视了人权和发展之间的密切联系,考察非洲国家的实践。该文认为虽然非洲在多种制度及人民意识中都意识到人权的重要性,但是非洲国家依然受殖民主义的侵扰,维护人权、促进发展则必须与这一矛盾对抗,但非洲人权的保护前景是乐观的。

第二,对民主问题的研究。

其一,欧盟对政治民主的认识及经验。欧洲是最早建立民主制度的地区,民主思想在多位欧洲思想家的研究和实践中得到拓展,政治民主的发展水平较高。欧盟成立后,民主制度如何能够更好地运行及推动欧洲的继续发展成为欧盟亟须解决的问题。为此欧盟在其政治民主的发展和改进方面做了大量的努力。

法国学者鲍铭言和迪迪尔·钱伯内特的专著《欧洲的治理与民主——欧盟中的权力与抗议》[③] 指出,在二战结束后,欧洲公民与欧盟机构的关系在不断发展与变化。该书探讨这种关系的复杂本质,并揭示欧盟中各个利益集团是如何形成的,以及在某些领域中,抗议者是如何进行动员的。该书对集体行动及其随着欧洲一体化的推进发生的种种变化进行了全面的分析。它的基础性假设是:"从相对来说不太显眼的游说到比较公开地伸张自己权利的抗议示威活动,各种施加影响的方式构成了欧洲新兴的民主体制的轮廓。"[④] 赵晨的博士论文《超越国界的民主——欧盟民主问题研究》指出:"在欧盟政治的实际发展过程中,我们可以发现其中既有西方民主国家传统的代议民主制政治,也有西方民主理论界新提倡的参与式和

---

① 熊文驰:《人权、援助与发展问题——以非洲国家为例》,载《世界经济与政治》2010年第8期,第77页。
② 〔坦桑尼亚〕科斯特·R.马海路:《人权和发展:一种非洲的观点》,黄列译,载《环球法律评论》1992年第3期。
③ 〔法〕鲍铭言、〔法〕迪迪尔·钱伯内特:《欧洲的治理与民主——欧盟中的权力与抗议》,社会科学文献出版社,2011。
④ 〔法〕鲍铭言、〔法〕迪迪尔·钱伯内特:《欧洲的治理与民主——欧盟中的权力与抗议》,社会科学文献出版社,2011。

协商式民主。由于欧盟的不确定性，它还没有形成成型的民主制度，欧盟仍在探索平衡的民主新形式道路上前行。"① 美国学者薇薇·安·施密特的文章《欧盟的民主：欧洲一体化的影响》对欧盟民主制度给不同制度成员国带来影响的差异性进行了分析。认为欧洲化使欧盟各成员国的治理实践与民主的传统观念发生了冲突，而各成员国受影响的大小主要取决于体制的适应程度。作为一个复合制超国家政体，欧盟的治理活动通过授权多种权威造成权力高度分散，这种方式对通过单一权威进行管理的单一制政体国家（如英国和法国）的破坏性远大于通过多种权威分散管理的复合制政体国家（如德国和意大利）。然而，国家领袖未能创造出反映欧洲化现实的新观念与新话语，这是欧盟成员国需要面对的主要问题②。德国学者贝特霍尔德·里滕伯格和西蒙·迈耶贝克的文章《欧盟的外部治理：欧盟在欧洲内外的民主促进》一文分析在欧盟扩大及新的欧洲邻国政策（简称ENP）背景下，欧盟如何通过政治条件性在目标国家促进民主。该文最后得出结论："'结果逻辑'是民主条件性得以遵守的主要驱动性力量。在欧洲一体化进程中，欧盟成员国资格前景以及较低的国内权力成本是有效促进民主的必要前提；同时，民主条件性是否能够取得成功，在很大程度上仍然取决于目标国家对实施欧盟规则的成本—效益估算，同时还取决于他们对于政治条件性的合法性、确定性以及公信力的认识。"③ 另外还有一些论文对欧盟创新出的新的民主模式有所研究。张迎红的《试论欧盟多重治理结构中的民主机制》④和雷建锋的《多层治理：欧洲联盟正在成型的新型民主模式》⑤都对欧盟多层治理进行探析，认为欧盟的这一举措提高了民众的政治参与，是对代议民主制的补充和超越，有利于欧盟合法性的重构。

其二，非洲的政治民主发展及现状。伴随 20 世纪 60～70 年代的民族解放运动和民主化浪潮，非洲大部分国家逐渐摆脱宗主国的统治建立新的

---

① 赵晨：《超越国界的民主——欧盟民主问题研究》，中国社会科学院博士学位论文，2008。
② 〔美〕薇薇·安·施密特：《欧洲的民主：欧洲一体化的影响》，杨娜译，载《南京大学学报》2012 年第 4 期，第 26 页。
③ 〔德〕贝特霍尔德·里滕伯格、〔德〕西蒙·迈耶贝克：《欧盟的外部治理：欧盟在欧洲内外的民主促进》，金玲译，载《欧洲研究》2007 年第 5 期，第 86 页。
④ 张迎红：《试论欧盟多重治理结构中的民主机制》，载《德国研究》2006 年第 2 期。
⑤ 雷建锋：《多层治理：欧洲联盟正在成型的新型民主模式》，载《世界经济与政治》2008 年第 2 期。

国家，同时通过学习宗主国的政治体制建立了民主制度。经过几十年的发展，非洲的政治民主有了显著的发展，但依然存在严重的弊端和漏洞。李安山的文章《探寻非洲民主之路——国际学术界对非洲民主化问题研究概述》专门对非洲民主化问题进行了文献梳理和综述，文章概括介绍了国外学者对该问题的理论探讨。关于非洲民主化，国外学者的主要观点有：法治、人权和可信的政府等是非洲民主制度的基本特征；非洲民主化进程的前景不容乐观，军队干预使民主化成为政治悲剧；市民社会成为国家权力的一种制衡力量，不同类型的市民社会对民主化进程的影响不同；非洲民主化进程实际上是各个阶级权力平衡运作的过程，民主化在一些国家形式多于实质。[1] 这篇文章对笔者了解非洲政治民主的情况非常有益。意大利学者阿尔贝托·麦克里尼所著的《非洲的民主与发展面临的挑战——尼日利亚总统奥卢塞贡·奥巴桑乔访谈录》[2] 是一本偏重实践的著作，书中对"非洲发展新伙伴计划"、多边与双边机构、后方的和平构建、非洲大陆上的和平构建、改革与挑战等非洲大陆现今的民主发展情况及存在问题都有涉及，为本研究提供实例。张宏明的专著《多维视野中的非洲政治发展》[3] 以系统的方法对非洲国家的政治演化历程进行多学科的全方位透视，探寻为何非洲政治民主的发展一直不尽如人意。结论认为，非洲国家内部政治发展受非洲传统政治文化及社会经济因素的影响，外部发展并没有完全摆脱外部的影响，缺乏自主性。贺文萍的著作《非洲国家民主化进程研究》[4] 分为上、下两篇，上篇主要从理论上阐述民主概念的起源和界定，探究非洲民主化的发展历程，分析制约非洲民主化进程的各方面因素，并对十余年来非洲民主化的发展做出评估；下篇主要从历史发展的角度分析南非、尼日利亚、肯尼亚、乌干达四国在政治体系上的探索。德兰的硕士论文《冷战后的非洲：国际环境中的经济和政治发展趋势》[5] 重点考察非洲国家的本质和民主化的政治发展进程，分析欧洲对非洲民主发展

---

[1] 李安山：《探寻非洲民主之路——国际学术界对非洲民主化问题研究概述》，载《西亚非洲》2000年第4期，第11页。
[2] 〔意〕阿尔贝托·麦克里尼：《非洲的民主与发展面临的挑战——尼日利亚总统奥卢塞贡·奥巴桑乔访谈录》，李福胜译，中国人民大学出版社，2007。
[3] 张宏明：《多维视野中的非洲政治发展》，社会科学文献出版社，2007。
[4] 贺文萍：《非洲国家民主化进程研究》，时事出版社，2005。
[5] 德兰：《冷战后的非洲：国际环境中的经济和政治发展趋势》，武汉大学硕士学位论文，2004。

的影响。认为非洲国家想要构建新非洲大陆秩序是有可能的，但必须依赖于非洲国家政府建立合理的民主结构，同时依靠自身的努力。奥达·范·坎能伯格的文章《非洲的民主发展：在制度语境下考量》[1] 认为建立民主制度已经被视为维护非洲国家合法性的必要手段，但是非洲国家的民主通常被强大的行政力量干预。尽管非洲表面上已经建立起全民选举及多党政治，可是国家力量都集中在过于强硬的总统手中，事实上给非洲民主的发展带来障碍。

第三，对良好治理问题的研究。

良治是20世纪末才逐渐兴起的新概念，指政府通过具体手段增强国家的治理效能，从而更好地保障人权，促进经济和民主的发展。本研究中探讨的良治主要是欧盟对非援助提出的政治要求。其中主要包括要求非洲降低腐败程度，分散政府的行政权力以及加强公民社会的构建等。同人权和政治民主的文献梳理类似，对良治的研究也分为两个部分进行论述。

其一，欧盟对良治的认识及经验。欧盟在长期的历史进程中不断改进其治理制度，提高治理能力，在国家治理问题上拥有丰富的经验。刘文秀的专著《欧盟的超国家治理》[2] 对欧盟的超国家治理模式、主权让渡、运行机制、具体实践以及相关利益集团的影响进行了论述。由周弘和德国学者贝娅特·科勒·科赫共同主编的《欧盟治理模式》[3] 在欧洲一体化背景下从欧洲国家体制、欧盟社会治理、欧盟外部治理三个方面以多角度纵深探讨欧洲模式下的欧盟治理问题。该书结合中欧双方学者的不同观点，对本研究有启发意义。朱贵昌的专著《多层治理理论与欧洲一体化》通过多层治理的视角，考察欧洲一体化的发展进程、政治架构、制度安排、决策体系及治理模式改革等问题。作者认为，欧盟治理体系是民族国家自主选择的结果或者说是国家意志的体现，反映了民族国家功能和角色未来发展的方向和趋势。[4]

另外，还有诸多期刊论文对欧盟的治理问题进行研究。比利时学者皮埃尔·维考特伦的文章《从〈里斯本条约〉考察欧盟"统治—治理"现

---

[1] Oda Van Cranenburgh, "Democracy Promotion in Africa: the Institutional Context", *Democratization*, 18: 2, Mar 2011, pp. 443 – 461.
[2] 刘文秀：《欧盟的超国家治理》，社会科学文献出版社，2009。
[3] 周弘、〔德〕贝娅特·科勒·科赫主编《欧盟治理模式》，社会科学文献出版社，2008。
[4] 朱贵昌：《多层治理理论与欧洲一体化》，山东大学出版社，2009，第17页。

状》旨在考察《里斯本条约》对从"统治"到"治理"这一转变过程的影响，所依托的核心概念是"统治—治理"。通过分析条约的内容和欧盟决策程序的演进，作者发现《里斯本条约》反映出二者互动的动态过程，这可能标志着治理向"新型欧盟治理"转型，某些特征已经初具轮廓。[①] 伍惠萍的《欧盟治理中的公共领域与市民社会》从政治公共领域与市民社会之间相辅相成的关系入手，着重探讨这两者对于欧盟治理结果产生的影响，并进一步分析两者在欧盟这个复杂政治体系内的现状和建构可能性。作者的主要观点是：欧洲公共领域和市民社会是欧盟民主治理的规范性要求，但鉴于这两者在欧盟层面发展的局限性，融入式欧盟民主治理这一理想远景的实现可能性不宜估计乐观。[②] 牛海彬的文章《欧盟治理的变量与困境》[③] 指出欧盟认同是欧洲治理的文化基础，当前欧盟治理的困境主要是民主赤字和认同羸弱影响了主权让渡。伍贻康的论文《欧盟软力量探析——欧盟治理模式的效应评价》重点分析了欧盟区域共同治理模式，认为其创造了新的国际机制。作者认为："这符合人类社会发展的大方向，代表和体现了世界历史发展进程的一个基本倾向和发展趋势——走向国际和谐融合，其蕴含的某些理念、精神和经验具有一定的普适性。欧盟治理模式是一份可供世人分享的、丰富的国际公共产品，其理论的探索意义以及现实参考价值值得学界进一步深入探究。"[④]

其二，非洲国家治理的现状。非洲国家治理问题的研究中文较少，国外的研究成果非常丰富。夏吉生在文章《良政与非洲民主和发展》中指出良政是20世纪90年代以来在非洲开始流行的一个理念，实施良政是非洲谋求发展复兴不可或缺的条件，日益受到非洲国家和人民的重视。良政与民主和法治结成一体，在一定意义上，良政就是民主施政和依法施政。非洲独创的"非洲对等督查机制"对良政的发展起着促进和监督的作用。[⑤] 杜小林的《良治还是良政？——非洲国家如何治国理政》[⑥] 探讨了非洲对

[①] 〔比〕皮埃尔·维考特伦：《从〈里斯本条约〉考察欧盟"统治—治理"现状》，王程乐译，载《德国研究》2012年第2期，第42页。
[②] 伍惠萍：《欧盟治理中的公共领域与市民社会》，载《德国研究》2008年第3期，第4页。
[③] 牛海彬：《欧盟治理的变量与困境》，载《现代国际关系》2004年第7期。
[④] 伍贻康：《欧盟软力量探析——欧盟治理模式的效应评价》，载《世界经济与政治》2008年第7期，第24页。
[⑤] 夏吉生：《良政与非洲民主和发展》，载《亚非纵横》2005年第4期，第60页。
[⑥] 杜小林：《良治还是良政？——非洲国家如何治国理政》，载《当代世界》2004年第9期。

政府对良治问题的应对，认为实施良治促进了非洲国家的发展，并列举南非与埃塞俄比亚的案例证明这一观点。在促进良治的具体方式问题上，《非洲联盟预防和惩治腐败公约》①的出台对减少非洲的腐败非常有必要。陈尧的《非洲民主化进程中的公民社会》中提出，公民社会在20世纪后期全球范围的民主转型和民主巩固进程中发挥了重要推动作用。许多学者用公民社会范式来分析非洲国家民主化的动因、进程及其特点。但是，实证研究表明，尽管非洲公民社会的发展非常迅速，但非洲民主化进程中公民社会的力量仍然弱小，对非洲民主转型和民主巩固的影响力有限。究其原因，在于非洲公民社会发育的不成熟及其产生的脆弱性，表现为公民社会缺乏整体性、发育迟缓、力量弱小、适应能力差等。这种脆弱性决定了非洲公民社会的发展和完善将是一个长期过程。②

肯普·罗纳德·霍普在文章《向着良治和可持续发展迈进：非洲互查机制》③中指出，作为非洲发展新伙伴计划的实际成果，非盟国家通过了《非洲互查机制》。作者认为这一机制的出台是非洲领导人寻求扭转非洲国家政府政治独裁、缺乏责任感的局面，试图发展民主、惩治腐败，增强经济管理的透明度的行为。并进一步认为该机制给非洲国家提供更多的好处，同时反作用于非洲的实际发展。众多的国外文献对非洲良治问题的研究均较为细致，有许多案例研究。克莱尔·墨瑟的文章《创立伙伴关系：公民社会与坦桑尼亚良治的幻想》④考察了坦桑尼亚的经验。西方援助及国际货币基金组织和世界银行在减免债务的框架下，在该国推行善治和伙伴关系。这篇文章主要关注坦桑尼亚国内社会的整合及治理结构的调整。认为坦桑尼亚的公民社会在国家治理结构中产生了巨大的作用，推进良治的不断调整。由彼得·朗塞特等人所写的《非洲的良治：乌干达的案例》⑤分三个部分论证在政府、公民社会和发展机构之间需要建立伙伴关

---

① 《非洲联盟预防和惩治腐败公约》，赵秉志、王水明译，载《中国刑事法杂志》2007年第4期。
② 陈尧：《非洲民主化进程中的公民社会》，载《西亚非洲》2009年第7期，第33页。
③ Kempe Ronald Hope, "Toward Good Governance and Sustainable Development: The African Peer Review Mechanism", *Governance*, 18: 2, Mar 2005, pp. 283 – 311.
④ Clair Mercer, "Performing Partnership: Civil Society and the Illusions of Good Governance in Tanzania", *Political Geography*, 22 (2003), pp. 741 – 763.
⑤ Peter Langseth, Damian Kato, Mohammad Kisubi Jeremy Pope, *Good Governance in Africa: A Case Study from Uganda*, Economic Development Institute of the World Bank, 1997.

系。作者的研究重点是良治的能力建设、控制腐败建立公正的氛围以及加强公共服务的能力。奥比·凯文·伊赞伊里的著作《尼日利亚的民主和良治》①一书对尼日利亚民主和良治情况进行分析，结论认为民主和良治是相互促进的关系。目前尼日利亚虽然试图改善国家实力能力，但是依然存在一些问题。

综上，通过拆分具体内容，笔者收集到一些分别对欧盟对非援助政策中的人权、民主和良治问题进行研究的文献。另外，在人权、政治民主和良治这三个大问题上，欧盟拥有绝对的优势和经验，而非洲在这些方面情况堪忧，确实需要在人权保护、发展民主制度及推动良治方面进行改善。对上述文献的分析和梳理对本研究的顺利开展奠定了基础。

四 既往研究的不足

欧盟对非援助政治导向中所涉及的核心问题——人权、民主和良治问题，国内外既往的文献做了许多研究，有的研究相当深入，但也存在明显的不足。其一，国内外尚无专门对欧盟对非援助政治导向问题及其影响的研究成果。其二，欧盟援助中的人权导向问题研究的成果虽比较多也相对较深入，但民主和良治导向问题的研究成果国内几乎没有。国外的研究虽然涉及欧盟对外援助的民主和良治问题，但基本上是从整体上探讨政策导向的，少有具体到欧盟对非洲援助的民主和良治问题。而且国外学者多是欧美学者，他们都是从发达国家的视角来看待欧盟对非援助的民主和良治导向问题，虽然提出了一些有价值的观点，但受西方历史、文化和价值观的影响难免使一些研究忽略了非洲国家不同于欧洲的现实。其三，人权、民主、良治既是政治学的理论问题，也是非洲政治发展的实践问题。当这些政治的理论和实践问题与本质上属于经济问题的援助结合在一起的时候，将会产生新的理论和实践问题。如何在理论和实践的结合上深化理论研究和解决实践问题，这也是欧盟对非发展援助政治导向研究必须解决的问题。

---

① Obi Kelvin Ezenyili, *Democracy and Good Governance in Nigeria: A Survey of Indices of Transparency and Accountability*, Bloomington: Author House, 2012.

研究框架、基本观点及创新

一 研究框架结构与基本内容

正文分为六个部分。第一章从历史发展和观念变化的角度梳理从欧共体到欧盟对非援助政策的发展演进。二战结束后，欧共体出于历史联系、经济发展及国际利益考量决定实施对非援助。在冷战时期先后推出了《罗马条约》、两个《雅温得协定》和前三个《洛美协定》。这些对非援助条约的援助理念也分别受到唯经济增长论和社会发展观的影响。冷战结束后，欧盟取代欧共体，对非援助发生转变，政治导向凸显。这主要受到制度主义与可持续发展观的理念影响。此后，欧盟/欧共体通过第四个《洛美协定》及其修正案以及《科托努协定》，将人权、民主和良好治理循序渐进地加入对非援助中，奠定了21世纪以来欧盟对非洲援助的政策基调。面对欧盟对非援助的政策变化，笔者从体系层面、欧盟内部与外部以及非洲层面四个角度对其援助政治导向凸显的背景进行了分析。最后探讨了欧盟对非援助与规范性外交之间的关系，从而对欧盟带有政治导向的发展援助有较为全面的了解。

第二章为欧盟对非援助政策的"人权"导向。该部分按照理论—实践—理论与实践结合的路径设计分析框架。首先，欧洲对人权理论与实践发展有贡献。第一代人权观在欧洲诞生并得以确立。后来人权理念得到极大的丰富，第二代人权观和第三代人权观相继确认。欧盟/欧共体及其成员国在二战后建立了较为健全的人权保护法律体系，将人权的保护与改善纳入欧盟核心规范，并付诸实践，获得积极成效与经验。受到长期殖民统治的影响，非洲的人权遭到破坏。为此，非洲人民为争取独立、维护集体人权进行了艰苦卓绝的斗争。之后建立的非洲地区组织非统及后来的非盟为非洲人权法律和制度的建设做出了积极的贡献，非洲国家自身也充分认识到保护人权的重要性。但非洲大陆的人权保护水平依然有待提高，非洲需要资金以改善人权，因此接受了欧盟带有人权导向的发展援助。在具体实施过程中，笔者试图对欧盟对非洲各国在改善人权方面的援助投入与非洲的人权发展状况（产出）进行比较分析，但发现人权问题覆盖的内容非常广泛，其影响因素也是多重的，在多个非洲国家产生了不同的效果，并不能得出二者之间明确的相关性，因而在实践中的具体效果无法通过量化的办法进行测量，本部分将侧重定性分析。加之欧盟与非洲在人权保护的认知与现实中都存在差异，在理论上降低了援助的效果。欧盟提出的利用援助改善非洲人权的目标难以充分实现，援助结果不佳。

第三章为欧盟对非援助政策的"民主"导向。其研究路径与人权导向部分类似，按照理论—实践—理论与实践结合的路径设计分析框架。民主思想以及近代民主制度都在欧洲产生并得以发展。欧共体/欧盟成立后都积极践行民主原则。首先，在欧盟的运行中，采取多层治理形式，运用了多种民主形式。其次，欧盟还对申请入盟国家提出明确的民主要求，即申请国必须是实行西方民主制的国家。再次，英国、法国、德国等欧盟主要成员国也在实行代议民主制方面拥有丰富的经验。为此，欧盟对非援助的民主导向具体为通过援助要求非洲国家建立起西方民主制，实行多党选举的代议民主制。非洲国家在独立后大多完全移植了前宗主国的政治制度，然而很快便遭遇挫折，纷纷向集权政体转变，直到20世纪80年代后期第三波民主化浪潮波及非洲，西方民主才再次回归非洲大陆。自20世纪90年代至今，西方民主制度在非洲得到确立，民主思想也在非洲得到广泛地传播。非洲国家因此接受了欧盟带有民主导向的发展援助。之后，笔者对欧盟历年人权与民主报告进行了文本与词频分析，并结合民主与人权倡议政策的变化与具体民主支持行动，考察欧盟对非援助民主导向的实践。同时将经济学人智库历年发布的民主指数作为非洲民主情况的实际反映。通过分析发现，欧盟带有民主导向的对非援助使西方民主政体的形式在非洲广泛确立，却无民主政治之实，因而非洲的民主状况并没有明显改善，这也使欧盟开始关注能够提高民主质量的良好治理。

第四章为欧盟对非援助政策的"良治"导向。该部分同样按照理论—实践—理论与实践结合的路径设计分析框架。治理理论虽兴起于20世纪后半期，但发展迅速，在世界范围内得到广泛认可。欧盟在治理理论的影响下积极发展内部治理，出台了《欧盟良好治理白皮书》明确了欧盟的治理理念，并在多层治理的建立和发展过程中积累了较为丰富的经验。由于良好治理强调提高政府职能和发展公民社会，便成为欧盟提高对非援助效果的重要指导原则，被加入对非援助政策。由于良治理念在世界范围内的传播，非洲也逐渐认可，并发展出具有非洲特色的良治理念。非洲将治理重点放在打击腐败以及提高政府职能方面。当前非洲治理切实取得了一些成效，但治理水平相较于世界其他地区依然较低。为此非洲接受了欧盟带有良治导向的发展援助。在对良治援助结果的分析中，欧盟与非洲在治理观念与现实中均存在较大差异，这导致欧盟援助不能应用到非洲最需要的领域。此外，在对比了2004～2016年欧盟对非洲所投入的良治援助资金（投入）与非洲易卜拉欣治理指数（产出）后，笔者发现，欧盟近些年的良治援助确实影响了撒哈拉以南非洲治理水平的变化，但选取了肯尼亚和索马里两个案例进行比较分析后，发现欧盟良治援助是否发挥作用取决于非洲国家的国家能力。

第五章为案例分析。在对欧盟对非援助人权、民主和良好治理政治导向的实施结果进行分别论述后，为更好阐释与论证当前的结论，笔者分别选取了加纳和津巴布韦两个案例进行分析。加纳在罗林斯上台后政局稳定，顺应经济全球化快速发展。在第三波民主化的浪潮中建立了效仿西方的民主制度，运作过程较为顺畅，得到欧盟更多的援助，国家发展迅速。加纳与欧盟建立了良好的互动关系。欧盟的发展援助在加纳的实践中得到丰厚的收效。之后，笔者对加纳实现经济和政治双重发展的原因和经验进行了分析。津巴布韦则正好相反。20世纪80年代津巴布韦独立后，与英国保持良好关系，津巴布韦获得大量援助，经济发展迅速。20世纪末，在穆加贝的领导下，津巴布韦进行土地改革，将白人土地收归国有，触动了西方的利益。欧盟国家停止了对穆加贝政府的援助，但各项援助仍然通过各种渠道进入津巴布韦。然而这些援助并没有发挥作用，津巴布韦的发展陷入低谷，国家经济全面崩溃。直到现在津巴布韦依然是非洲经济发展最慢的国家之一。随后，笔者对欧盟援助在津巴布韦无效的原因进行了深入探讨。本章最后从历史、经济、政治、领导人和外交五个部分对两个案例进行比较分析，并对以上不同结果进行了思考。

第六章为欧盟对非援助政治导向的影响。本部分是对全文的总结，分别从对非洲、对欧盟以及对欧非关系三个方面论述欧盟对非援助政治导向带来的实际影响。由于欧盟带有政治导向对非援助效果不佳，因此笔者对其存在的问题也进行了说明。之后通过借鉴欧盟对非援助政策为中国调整对非政策提出了三点启示，最后对中欧合作共促非洲发展的前景进行了展望。

二 基本观点

欧盟/欧共体自1957年《罗马条约》签订后开始对非进行援助。冷战时期，欧共体对非洲的援助更多考虑的是维系对非洲的传统影响，获取更多的经济利益，因此这一时期的对非援助政策是经济学界讨论的课题。20世纪80年代末期，欧盟转变了曾经非条件性的援助政策，逐步在对非加太国家的援助政策中加入人权、民主和良治导向。非洲国家必须向着这些条件努力才能够获得欧盟的援助。该政策对非洲在冷战后的发展进程产生了重要的影响。其背景主要有以下四点。首先，在体系层面，苏联解体宣告冷战的结束，美国成为世界唯一的霸权国，西方民主制度成为最受推崇的价值观。其次，援助低效给欧盟内部带来双重压力。一方面欧盟学术界开始关注援助的有效性问题，探讨为何大量的援助依然不能推动发展中国家的经济发展。另一方面，欧盟经济增长在持续降速使欧盟普通民众对发展援助产生怀疑。再次，欧盟取代欧共体成为超国家行为体，展现出对区域利益的维护与国际政治地位的追求。最后，非洲自主意识的觉醒，加之中国等新兴国家的快速崛起，参与非洲发展进程，使得非洲的选择增多。因此，欧盟为维护在非洲的传统势力需要采取更有效的援助政策。同时，欧盟提出带有政治导向的发展援助也是其施展"规范性力量"、实行"规范性外交"的手段之一。欧盟试图通过"规范性外交"，增强国际政治影响力。这是欧盟在迈向超国家政治实体过程中的重要战略。在该政策的影响下，欧盟对非洲的发展援助成为政治经济学问题。"规范性力量"是内核，发展援助成为手段。欧盟"规范性外交"的理念对发展援助影响深远。

在援助政策的具体实施中，人权、民主和良治是依次加入对非援助的政治导向中的。进入21世纪后，欧盟已将推进良治作为对非援助政治导向最重要的目标。从人权、民主到良治导向的逐步发展，反映了欧盟对其援助政策的不断反思与修正，体现了欧盟对非援助效果问题的不断探索，形成了一个从思想观念到政治制度再到制度能力三个层面的递进路径。

在第二章对人权导向的梳理和分析中，笔者认为，由于近代人权理论在欧洲诞生并发展，欧洲在人权保护领域积累了丰富的经验。但是欧洲的人权保护经验是与其历史和现实发展密切相关的。因此欧盟在人权保护方面有三个显著特点：其一，欧盟更加重视与强调以个人权利为代表的第一代人权；其二，欧盟在人权保护方面有强烈的优越感；其三，欧盟经历了较长的历史实践才获得了当前的人权保护成就。而非洲的情况与欧洲差异较大。在近代历史上，由于遭受较长时期的殖民统治，非洲的人权遭到践踏，在这样的历史环境下，非洲迫切地希望获得独立，因此将维护国家主权和获得自主发展的集体人权置于优先地位。虽然非洲接受了欧盟带有人权导向的援助，但是二者依然在人权保护观念与现实中存在差异，致使欧盟的援助与非洲的需求无法完全适配。虽然欧盟对非援助的人权导向的实际效果无法量化，但在考察中也发现，援助在那些认同欧盟价值观，同欧盟保持良好关系，是英国、法国、德国前殖民地以及自然资源较为丰富的非洲国家更易发挥作用。对于发生国家内战、政局动荡以及同欧盟关系恶化的国家，援助的效用将大大降低。总体而言，欧盟对非援助的人权导向主要在思想上影响了非洲，人权保护覆盖的领域非常广泛，欧盟援助分散到了诸多领域，加之在援助过程中欧盟繁复的要求与苛刻的条件，使得援助效果甚微。因此笔者有了以下思考：其一，欧盟与非洲在人权领域的分歧与差异导致欧盟援助无法在非洲大陆发挥广泛而有效的作用；其二，欧盟人权的优势得益于长期的经济发展，对非洲而言，援助帮助人权发展的首要任务是促进经济的快速发展，同时改善非洲的人文社会环境；其三，人权的实现是非洲政治发展的终极目标，而这些需要尊重非洲现实，在发展的基础上逐步实现；其四，欧盟对非援助提出的人权导向要求主要停留在思想层面，缺乏制度支持，效果必然不佳。在意识到相应问题后，欧盟开始关注在非洲建立西方民主制度，民主导向加入了对非援助政策中。

除了人权导向外，欧盟对西方民主也充满自信。西方民主思想与制度在欧洲发源，经过较长历史时期的调整与发展才逐渐实现良好的运行。虽然现如今欧盟的运行中有多种民主形式共存，但代议民主制是欧盟及其成员国最重要的民主形式。因此，欧盟对非洲提出的民主导向就是要求在非洲建立多党选举的代议民主制，这完全是西方的理念和原则。非洲国家独立后政体发展经历了20世纪60年代对前宗主国民主制度的完全移植再到70~80年代向集权政体转变，再到90年代西方民主的回归。可以说，欧盟带有民主导向的援助助推了代议民主制在非洲的施行。现如今，欧盟在援助中依然不断强调代议民主制对非洲发展的重要性，非洲也逐渐接受了这一理念。然而，代议民主制不同于人权，其产生的文化背景与具体设计都源于欧洲，因此在非洲出现了"水土不服"的情况。在对欧盟对非洲民主导向的援助进行具体数据分析后，发现民主导向的援助仅是维持了非洲的西方民主政体形式，而缺乏民主政治之实。为此笔者进行了以下思考：第一，内生性是民主制度稳步发展的前提，外源性民主难以维持稳定及在短期内实现;第二,民主制度的健全完善和效率提高是一个长期发展的过程,不能一蹴而就;第三,非洲国家的社会结构和政治文化深受非洲传统部族影响,普通大众对西方民主缺乏认知;第四,欧盟对非洲援助的民主导向更多强调民主的形式而忽略了民主的实质,其政策存在缺陷。也正是如此,欧盟开始关注制度能力即良治问题,试图提升民主质量。

良好治理作为第三个政治条件,在2000年《科托努协定》中成为基本条件加入欧盟对非援助政策。良好治理虽诞生时间较晚,但欧盟自身在良治方面确实取得了一些有效经验,同时良治强调提高国家能力和发展公民社会,这是提升援助效率的重要手段。欧盟在内部治理实践中,更加重视发展健康的公民社会,希望起到对政府权力的有效监督与制约,实现政府力量与社会力量的平衡。良好治理理念也得到了非洲的认可与接受,但鉴于现实情况,非洲对良治的认知重点关注政府职能的改善与行政效率的提高。因此,欧盟与非洲在良治的认知和实践方面均存在分歧。在21世纪以来的欧盟对非援助中,良好治理是非常重要的领域,在欧盟对非援助中所占比例不断提升。欧盟对非援助的良治导向切实对非洲大陆产生了一定的影响。为更加深入分析这种影响,笔者考察了欧盟对非良治导向的援助投入和非洲国家的治理水平发展情况,通过对肯尼亚和索马里这两个案例的分析,发现治理水平的改善主要依靠政局的稳定和国家能力的提高,经济发展水平与国家综合实力等不再是首要影响因素。对于国家能力弱小的国家,援助与治理水平的相互性影响增强。非洲国家众多,情况各异,因此欧盟带有良治导向的发展援助的实施结果好坏不一。对良治援助结果的考察给笔者以下思考:首先,欧盟与非洲在良治认知上的差异使得欧盟援助不能有针对性地运用于非洲需要的领域;其次,欧盟对非援助政策已经认识到制约非洲发展的症结所在,但具体实施过程依然以欧盟利益和欧洲模式为重,从而成为限制欧盟提升对非援助效果的关键因素;再次,非洲国家治理能力的建设与提高仍然应坚持独立自主,并且根据国家实际情况制定政策,这是提升援助效用、改善国家治理水平的核心因素;最后,国家能力建设的核心力量应来自国家内部,对外援助可以通过技术援助等手段从外部作用于受援国,引导其进行能力建设,但不可避免地带有主导国的价值观念。

此后的案例分析中,笔者选取了加纳和津巴布韦两个案例主要基于两国在接受欧盟带有政治导向的援助前,在历史、基础条件、政治制度以及对外关系方面有着诸多相似之处。然而在实践中,加纳利用援助,实现了经济和政治的双重发展。主要原因在于:其一,加纳在接受欧盟政治导向的援助中注意把政治发展的主导权把握在自己手中,将欧盟的人权、民主等要求与本国宪法的治国规定联系起来,以本国的宪法精神指导政治发展;其二,关注自身国家核心利益,根据国情制定与欧盟要求相符的政策;其三,顺应全球和平发展大趋势,借助与欧盟国家的传统关系实现自身利益。津巴布韦的情况则较为糟糕,穆加贝政府由于土地问题与英国交恶后,欧盟启动了相应的制裁程序,欧盟给予津巴布韦的援助不再提供给穆加贝政府。这导致欧盟对津的援助基本失效。原因主要有以下五点:其一,津巴布韦政府与欧盟及其成员国关系的交恶,极其抵触欧盟带有政治导向的发展援助,是援助失效的现实原因;其二,缺乏政府间双边合作渠道致使援助效果大大降低,是造成援助失效的重要原因;其三,欧盟带有政治导向的发展援助从欧洲意愿出发,忽视津巴布韦的现实,违背国际准则地干涉津巴布韦内政是援助失效的根本原因;其四,津巴布韦在殖民时期并没有建立起良好的经济体系,当地殖民势力顽固,争取独立的斗争持续时间长,这些都导致津巴布韦经济的落后,在独立初期较为依赖对外援助,政府在应对经济和政治问题中能力有限,是援助失效的核心原因;其五,津巴布韦危机爆发后,南部非洲共同体以及中国等新兴发展中国家对津巴布韦的支持是欧盟援助失效的外部原因。

此后,笔者对两个案例进行了比较分析,认为在历史上由于独立时间不同造成两国政府执政能力存在差异;在经济上加纳采取的循序渐进改革比津巴布韦的快速土改更加适应现实;在政治制度改革上,加纳掌握了主动权而津巴布韦是迫于现实压力被迫接受的;领导人生活经历的不同直接导致领导方式的差异;此外,在外交方面加纳也更加倾向同欧盟保持良好的关系。以上两个案例使笔者对欧盟带有政治导向的对非援助有了更加深入的思考:首先,受援国的国家能力是援助发挥作用的关键;其次,非洲政治和经济发展实现同步是非常艰难的课题;再次,欧盟带有政治导向性援助政策的作用是双重的。一方面,欧盟带有政治导向性的援助政策确实为非洲带来了些许改变,援助在部分国家也发挥了效用,为受援国的人权改善、民主发展和良治进步贡献了些许力量。另一方面,欧盟对非援助政策的核心关注是维持其在非洲国家的影响力,其干涉了非洲国家的内政。

在实施过程中，欧盟试图用一体适用的方式将援助投入每一个受援国，并在实际考量中采取双重标准。

欧盟对非带有政治导向的援助给非洲、欧盟以及欧非关系带来的影响是不同的。对于非洲而言，欧盟的援助在观念上深刻影响了非洲国家，在非盟以及诸多非洲国家的发展规划中均明显提及保护人权、发展民主和推进良治，欧盟的规范和观念通过援助获得了更广泛的宣传。在实践中，虽然欧盟的援助在一些具体案例中切实促进了非洲国家经济与政治的发展，但受到多方因素影响，欧盟对非援助的人权、民主和良治导向的结果并不尽如人意。通过接受援助获得人权、民主和良治等全方位发展的非洲国家数量有限，大量非洲国家的现状并没有明显改观，国家运转依然严重依赖欧盟援助。对欧盟而言，该政策带来了诸多积极影响，其强化了欧盟对非洲的影响力并维护了欧盟成员国的国家利益。同时还切实提高了欧盟的国际地位和政治影响力，增强了欧盟规范在世界范围内的认同度。对欧非关系而言，欧盟对部分非洲国家的制裁严重干涉了非洲国家内政，致使欧非双方在该问题上发生交锋，给欧非关系发展带来负面影响。但同时，欧盟的援助政策也通过主动宣传欧盟规范、建立合作机制强化了双边关系，并加深了非洲对欧盟的依赖，促使欧非关系向高政治领域纵深发展。总体而言，笔者认为欧盟对非带有政治导向的援助能够给中国对非政策提供以下三个启示：一是历史与现实对接，合理运用传统优势维护双边关系；二是发挥自身特长，渗透价值观的作用与影响；三是总结自身独特经验，建立制度纽带促进交往。

三　创新之处

本研究最主要的创新在于大胆尝试探讨了欧盟对非援助中附加人权、民主和良治等政治条件的问题。冷战结束后，欧盟在对外援助政策中逐步附加了人权、民主和良治等政治条件。该政策及其实施受到广大发展中国家尤其是非洲国家的批评。多年来，中国政界和学界也一直批评西方发达国家对非援助附加种种政治条件的问题，但是中国学术界对于该问题的深入研究并不多见，而且完全没有对该问题的全面系统的研究成果问世。西方政界和学界则站在所谓的道德高度，认为附加人权、民主、良治等政治条件的对非发展援助理所应当，也没有对该问题系统全面的研究成果。对于欧盟而言，尽管遭到中国、非洲等广大发展中国家的反对与批评，尽管该政策的实施并没有充分提高援助的效果,尽管非洲的人权、民主和良治并没有在欧盟的政治导向下获得多大成效,但是欧盟在近30年来的援助中一直强调人权、民主和良治等政治导向的援助政策的"政治正确性"。特别值得注意的是,非洲国家也在这个过程中逐渐接受了欧盟带有政治导向的援助。其原因何在?本研究通过对欧盟及非洲两方的细致梳理与分析,较系统、较全面且较深入地解析了以上问题,从而丰富了学界对该论题的研究。

本研究明确地指出,欧盟推行和实施带有政治导向的对非发展援助政策经历了不断反思和更新的过程,从人权、民主到良治的逐步加入是从思想观念到制度形式再到制度能力的侧重点转变过程。该政策也有欧盟道义与利益的全面考量。在道义上,欧盟具有人权、民主和良治方面强烈的优越感,并视其为欧盟核心价值和规范。以人权、民主和良治为政治导向的对非洲发展援助政策有利于彰显欧盟的优势,并使其站在了道义的高度。在利益方面,以人权、民主和良治为政治导向的对非洲发展援助政策不仅与欧盟的"规范性外交"定位相契合,而且在对非援助中渗入人权、民主和良治的价值观念,有利于西方价值观念在非洲的传播和推广,进而能够以软实力为基础构建与非洲更深厚的关系,从而在高政治领域强化对非洲的影响力,维护欧盟及其成员国在非洲的现实利益并提高自身的国际政治地位。

在研究方法上,本研究运用了比较研究方法,与案例研究相结合,探讨了欧盟对非政治导向的发展援助的效果。在理论分析层面,本研究认为,欧盟与非洲在对人权和良治的认知上有重大差异,民主方面则完全由欧盟主导,而欧盟制定对非援助政策的出发点决定了其不可能考虑非洲各国具体的国情与需求。这就决定了以人权、民主和良治为政治导向的对非洲发展援助无法发挥作用。在对非援助实践的具体考察中,笔者发现,欧盟给予非洲国家的带有政治导向的援助是"一体适用"(One Size Fits All)的。欧盟在对非援助实施中,对于那些认同欧盟价值观并与其保持良好关系的非洲国家,提供的援助更多,但援助的结果则并非尽如人意。由此,实践的分析结果佐证了理论分析的论断,二者实现了统一。

总之,尽管本研究仍然存在一些不足,但是它至少对欧盟以人权、民主和良治为政治导向的对非洲发展援助问题进行了较系统全面的有益探索。

第一章　从欧共体到欧盟：对非洲援助政策的发展演变

对外援助是国际行为体发展对外关系的重要手段。欧共体自成立之日起便开启了对非洲的发展援助，并将援助制度化。欧共体用官方文件巩固对非援助，将非洲视为"后院"，先后出台了《罗马条约》、两个《雅温得协定》以及三个《洛美协定》。冷战结束后，欧盟一改以往援非政策的非互惠性、契约性、非政治性和稳定性，开始在发展援助政策中附加保护人权、发展民主和推行良好治理等政治要求，并通过第四个《洛美协定》及其修正案和《科托努协定》逐渐定型。经过半个多世纪的发展，欧盟对非援助政策不断调整并逐步完善。发展援助作为欧盟发展对外关系的重要手段，从单纯的经济问题转变为政治经济问题。援助也成为欧盟实施"规范性外交"的工具。本章将在欧盟对非发展援助政策进行历史回顾的基础上，阐述欧盟以人权、民主和良治为导向的援助政策，进而对欧盟发展援助政策调整的原因以及其背后展现出的欧盟"规范性外交"加以分析，以期为后续研究奠定基础。

第一节　对非洲援助的历史和理念：历史联系与经济发展

二战结束后，伴随着对历史的反思以及欧洲统一思想传播，欧洲共同体（European Community）成立，开启了欧洲一体化进程，并且作为独立的国际行为体登上世界舞台。欧共体的主要成员国为保持其对殖民地的影响力并维护其经济利益，与前殖民地国家建立了联系制度，至此开启了欧洲发展援助的历史。

一　欧共体对非援助的背景

二战结束后，美苏冷战随即拉开序幕。美国为保持同西欧的传统联系并与苏联对抗，开启了"欧洲复兴计划"，为受到战争重创的西欧国家提供援助。马歇尔计划是第一个国际发展援助计划。经过十年的发展，西欧国家的国内经济快速恢复，开始将目光转向海外——援助非洲。欧共体的这一决定主要基于三点来考虑。

第一，非洲与西欧国家深厚的历史联系。1450年至1850年的400年间，西方世界对非洲进行了惨绝人寰的殖民与奴隶贸易。对欧洲来说，和非洲的贸易始终是发财的，也为欧洲引进了新的、更有创造性的社会和政府形式；但对非洲人来说，这种关系却不能完成这时所需要的社会和经济变革，相反的，它使所有它接触过的社会走向了经济或政治的挫败。[①] 在这个过程中，欧洲完成了传统的资本积累和第一次工业革命。奴隶贸易废止后，第二次工业革命兴起，资本主义从原始积累转向资本输出阶段，殖民主义快速发展，掀起了瓜分世界的狂潮，非洲也不能幸免。据统计，迟至1880年，非洲大陆约有80%是由自己的国王、女王、氏族和家族的首领以大小不等、类型各异的帝国、王国、村社共同体和政治实体的方式进行统治的。[②] 而到了1914年，除了埃塞俄比亚和利比里亚外，整个非洲大陆都沦为欧洲列强统治下大小不等的殖民地。殖民统治对非洲的影响是深远的。它是一场彻底的大变革，摧毁了非洲古老的生活方式与信仰，带去西方的思想、宗教、制度与生活方式，迫使非洲大陆必须接受和改变。

经过奴隶贸易和殖民掠夺，欧非大陆以一种极为不平等的关系联系到一起。欧洲的剥削和掠夺给非洲带来了深重的灾难，但在这个过程中也充当了"历史不自觉的工具"。欧洲给非洲带去了西方新的思想观念，在思想、政治制度、宗教以及语言方面均对非洲产生了深刻及长远的影响。欧非之间联系进一步加深，导致彼此间不平衡的双边关系。对非洲而言，殖民者的军事征服以及随后的政治统治，打乱了非洲许多地方的社会根基，要求社会的各个层面对西方带来的新的体制进行适应，这一过程进一步加深了非洲同欧洲国家的联系。欧洲方面则因历史联系的客观存在使其对非洲有一种特殊的"优越感"和"使命感"，在对非援助中自然融入了"情感"考量。

第二，西欧国家维持"宗主国"对非洲的控制以及经济长期发展的需要。在殖民统治时期，欧洲对非洲殖民地的控制是全方位的。殖民统治的

---

① 〔英〕巴兹尔·戴维逊著《黑母亲——买卖非洲奴隶的年代》，何瑞丰译，生活·读书·新知三联书店，1965，第239页。

② 〔加纳〕A.阿杜·博亨主编《非洲通史：殖民统治下的非洲》（第七卷），中国对外翻译出版公司，1991，第1页。

核心是为了获得非洲丰富的劳动力和物质资源，为经济的快速发展提供支持。为了保障对殖民地的控制以及对资源的获得，殖民统治通常由军事入侵开始，然后采取严苛的行政手段维持殖民地秩序。为了美化侵略与维持统治，宗主国无一例外地宣称在非洲进行的殖民统治是以高等文明的名义承担的一种职责，即欧洲对非洲的殖民统治是为了非洲的发展和进步。这一思想在1919年一战后的《国际联盟盟约》第22条中得到固化。除了在法理上确认欧洲对非洲的控制外，在具体实施中，武力是最主要的倚靠手段。在一段时间的武力镇压后，"宗主国"倾向采用在当地新建立起的官僚制度维护社会秩序。宗主国在理念和实践中对殖民地的长期控制固化了欧洲国家的意识，认为非洲是欧洲固有的"后院"，欧洲必须参与非洲的各项事务，有义务"帮助"非洲发展。二战后，全球殖民体系迅速瓦解。非洲国家取得民族解放运动的胜利，纷纷建立独立主权国家。但立国（建国）之初，国家统治者在发展经济、管理国家方面均缺乏经验，整个大陆依然积贫积弱。欧洲的前宗主国亦无法摆脱固有思维，以殖民宗主国式作风处理对非关系仍然是首选。历史惯性及实力的巨大差异迫使欧非双方保持不平等的关系，西欧国家对非洲的控制和影响依然强劲。

第三，与苏东阵营抗衡，扩大西方世界的势力范围。二战后，西欧由于战争破坏，经济受到重创，与此同时，英美认为冷战的铁幕已经降下，欧洲成为美国与苏联两种意识形态对抗的主要"战场"。马歇尔计划应运而生，美国对西欧国家投入了大量的援助，帮助其进行战后重建，以此抵御共产主义的蔓延。同时，非洲由于其地理、资源等原因也成为美苏双方角力的场所，西欧国家利用与前殖民地的关系，抵御苏东阵营在非洲的影响的扩大。

正是基于历史联系、经济发展以及对抗苏联这三个层面的考量，西欧国家决定对非洲提供发展援助。欧共体的成立将西欧六国聚合在一起，提供了更加广阔的国际平台，受援国家将涵盖六国在非洲所有的前殖民地，影响范围大大增强。

二 冷战时期欧共体对非援助的历史

在冷战时期，欧共体对非援助的范围、深度以及广度经历了不断发展完善的过程。《罗马条约》、两个《雅温得协定》以及前三个《洛美协定》奠定了这一时期欧共体对非援助的法律基础。欧共体国家在这些条约的政策指导下，开始了作为共同体的欧洲对非援助的历史进程。

(一)《罗马条约》的签订及意义

在西欧六国中，法国在非洲拥有最多的殖民地，维持在非洲的势力范围关乎其国家核心利益。因此在1956年建立欧共体的谈判中，法国提出：未来的欧共体应该与其前殖民地和海外领地保持特殊联系。这一观念以"联系国制度"写进了《罗马条约》中，从此，开启了欧共体对非洲发展援助的进程。

1957年，《建立欧洲经济共同体条约》签署。该条约第四部分《海外国家和领地与共同体的联系》明确了欧共体建立联系制度，开展援助的目的是"促进国家和领地的经济和社会发展，并建立国家和领地与整个共同体之间的紧密的经济关系"。① 该条约的附件中，专门附加了《关于海外国家和领地与共同体联系的实施公约》，对共同体给予联系国的待遇做出明确规定，包括进行贸易投资，适用对等互惠原则，逐步取消关税和限额。为有效进行发展援助，欧共体专门设立了总额为5.81亿美元的"海外国家和领地开发基金（Overseas Countries and Territories Development Fund）"，并在附件中规定向以下项目提供资金。（1）某些社会组织，特别是医院、学校或技术研究中心以及居民职业活动的指导和培训机构。（2）与执行一项具体的生产性发展计划有直接联系的反映整体利益的经济投资。② 此外，《罗马条约》还明确规定这一计划为期5年，理事会需于1962年年底前制定下一阶段的实施计划。

作为欧共体开展发展援助重要文件的《罗马条约》维护了欧洲宗主国对非洲殖民地的关系，表现在以下两个方面。其一，"联系国制度"仍然体现了宗主国对殖民地的控制。该制度从本质而言是西欧国家为维持殖民关系而设立的。被纳入联系制度的国家基本都是还未获得独立的非洲国家③，大部分都集中在撒哈拉以南。其中出现的对外援助

---

① European Economic Community, Treaty of Rome, http://eur-lex.europa.eu/legal-content/EN/TXT/?uri=CELEX:11957E.
② 欧共体官方出版局编《欧洲联盟法典》（第一卷），苏明忠译，国际文化出版公司，第310页。
③ 马里、尼日尔、象牙海岸（科特迪瓦）、塞内加尔、达荷美（贝宁前身）、毛里塔尼亚、刚果、卢旺达、布隆迪、索马里、多哥、喀麦隆、乍得、加蓬、乌班吉-沙立和上沃尔特（布基纳法索前身）。

实质是以受援国和援助国的新角色定位替代并延续了之前宗主国和殖民地的传统关系。① 其二，条约内容的不平等性，其目的在于满足欧洲国家的经济需要。作为前殖民地的非洲国家，其经济仍被欧洲原宗主国所左右。在农业方面，主要生产香蕉、可可等热带农作物，满足西欧国家的需求。在工业方面，欧洲需要非洲大量的矿产资源，因此援助修建的基础设施多用于运输矿产，等等。总而言之，《罗马条约》中所谓的"对等互惠制度"只不过是保证欧洲成为非洲这些联系国最重要的产品市场，加深非洲对欧共体的依赖。

（二）两个《雅温得协定》与《阿鲁沙协定》的签订

《罗马条约》于1961年到期，欧共体开始与联系国商定签署下一阶段的发展援助计划。联系制度中的海外领地大部分是法国的殖民地。20世纪五六十年代，法属殖民地纷纷进行了独立运动，成为拥有独立主权的国家。因此，《雅温得协定》在签订之前，欧非双方的关系在法律层面上发生改变，新独立的非洲国家希望改变充满殖民性质的"联系国制度"，要求欧共体进行调整。

1963年7月20日，欧共体六国同非洲新独立的18个主权国家在雅温得签订了全新的《雅温得协定》。该协定除了延续《罗马条约》的对等互惠贸易原则外，还允许共同体在进行资本输出时获得的利润收入可以自由汇回本国，联系国的对外贸易政策也受到限制，即制定与改变需与欧共体进行协商。

相较于《罗马条约》，《雅温得协定》规定了获得独立的非洲国家主权平等，权利对等以及联系国自主权，但是仍保留了前宗主国的一些特权。表现在：《罗马条约》中涉及对非援助部分仅是其中的第四部分以及之后的条约附件。而《雅温得协定》是欧共体同非洲国家签订的第一个独立的发展援助协定。另外，在机构设立方面，根据协定内容，欧非双方将建立协会理事会，由欧共体国家和联系国共同组成，同时建立议会和仲裁法庭。机构的完善能够保障贸易与援助更顺利地进行。《雅温得协定》由贸易、金融与技术援助，建立设施、服务、支付和资金的权利，联系机构的设立以及一般及最终条款五部分

---

① Roger C. Riddell, *Foreign Aid Reconsidered*, London: James Currey, 1987, p.131.

组成。① 在该协定实施期间，欧共体将给予联系国主要出口产品多达 7.3 亿美元的援助。1969 年 7 月 29 日，第二个《雅温得协定》签订。该协定相较于第一个《雅温得协定》变化并不大，但总条款升为十条，使对非援助机构以及制度的设立得到进一步完善，附录中新增了仲裁法院身份定位、特殊情况和豁免以及相关机构的经费运行②三项具体条款。该协定至 1974 年到期。1972 年，毛里求斯共和国加入《雅温得协定》。此外，为扩大欧共体对非援助的范围，1969 年，欧共体同东非三国——肯尼亚、乌干达和坦桑尼亚通过《阿鲁沙协定》开始了国家间的贸易合作往来。

《雅温得协定》实施的十年中，欧共体对非援助在机构设置、制度化、援助范围与国家数量以及金额总量方面不断扩大。这一时期，非洲民族解放运动蓬勃发展，欧共体开始以联系国取代联系制度，在政策文件中，第一次明确承认了非洲联系国作为独立主权国家的政治地位，具有重大意义。此外，联盟理事会、议会与仲裁法院等机构的设立为双方的权利提供制度保证。但仍应看到，这三个协定是之前殖民剥削的延续，规则仍由欧共体国家决定，非洲国家依然作为联系国与欧共体开展贸易和获得援助，没有主动权与发言权。

（三）《洛美协定》的签署与欧共体发展援助政策新进展

《洛美协定》签订之前，欧共体自身与国际局势均发生了一些变化。首先，1973 年，英国、爱尔兰和丹麦加入，欧共体迎来了第一次扩大。由于英国在非洲也拥有大量的殖民地，这些殖民地国家独立后，通过加入英联邦的形式与英国保持密切联系。随着英国加入欧共体，这些国家也成为欧共体对非援助的对象。面对受援对象范围的扩大，欧共体需要更加详尽和机制化的援助方案。其次，1970 年，《联合国第二个十年国际发展战略》决议中，提出了发展援助最重要的标准，即发达国家对发展中国家提

---

① European Economic Community, Convention of Association between the European Economic Community and the African and Malagasy States associated with that Community and Annexed Documents (Yaounde Convention Ⅰ), http://www.epg.acp.int/fileadmin/user_upload/YaoundeI.pdf.

② European Economic Community, Convention of Association between the European Economic Community and the African and Malagasy States associated with that Community and Annexed Documents (Yaounde Convention Ⅱ), http://www.epg.acp.int/fileadmin/user_upload/YaoundeII.pdf.

供的官方发展援助（ODA）净交付额应占其国内生产总值（GDP）的0.7%，[①]并提出发达国家给予的资金与技术援助应该以促进发展中国家经济与社会进步为目的，不得侵害受援国的主权。该发展战略给欧共体的发展援助政策提出了新要求。再次，20世纪70年代全球反殖民化运动达到高潮，大量获得独立的发展中国家团结起来，通过77国集团和不结盟运动积极作为，希望以集体力量建立国际政治经济新秩序，改变受制于发达国家的弱势地位。

在这样的内外情势下，第二个《雅温得协定》到期后，欧共体与以非洲为主的发展中国家签署了《洛美协定》，该协定经过三次续签与一次修订，成为冷战时期欧共体最重要的发展援助政策文件，有着深远的影响。同时也为欧共体对非援助奠定了法律基础。

1975年2月28日，非洲、加勒比海和太平洋地区46个发展中国家（简称非加太地区国家，其中非洲国家34个），以及欧洲经济共同体9国在多哥首都洛美开会，签订贸易和经济协定，全称为《欧洲经济共同体——非洲、加勒比和太平洋地区（国家）洛美协定》，简称《洛美协定》。第二个《洛美协定》于1979年10月31日在多哥续签，1981年1月1日起生效。参加签署该协定的非加太地区国家增至58个（欧共体9个，新加入的希腊当时还未成为正式会员）。第三个《洛美协定》于1984年12月8日在多哥续签，1986年5月1日起生效，参加签署该协定的非加太地区国家增至66个，非洲45个。[②]《洛美协定》虽是欧共体对广大发展中国家整体的发展援助政策，但非洲国家在其中占大多数，因此也可将《洛美协定》视为欧盟对非援助的官方政策文件。

1975年第一个《洛美协定》签署的目标是推动共同体国家与非加太国家进行贸易合作、产业合作以及财政和技术合作，从而帮助缔约的非加太国家发展经济、消除贫困。这一目标在此后的《洛美协定》中，均有体现。此外，条约内容也发生较大变化，表现在以下三个方面。其一，对等互惠原则更改为向非加太国家给予单方面贸易优惠，即保障非加太缔约国

[①] 联合国大会：《联合国第二个十年国际发展战略》，http://www.un.org/zh/documents/view_doc.asp?symbol=A/RES/2626%20（XXV）&referer=http://www.un.org/zh/e-vents/devinfoday/docs.shtml&Lang=C。

[②] European Parliament, The Fourth Lome Convention – After the 1995 Mid – Term Review, https://core.ac.uk/download/pdf/148844887.pdf.

家绝大部分农产品和全部工业制成品出口至欧共体减免关税并取消出口限额。其二，历次《洛美协定》均有新机制的建立。比如，第一个《洛美协定》中设立"稳定出口收入制"（Stabex），对非加太国家的某些农产品跌价时进行补贴，保证其不受价格波动或者产量不足等因素的干扰。1979年，第二个《洛美协定》中，建立了"矿产品特别基金"，针对主要依靠出口矿产品的非加太国家进行财政援助，保护其在变化的国际市场中免遭过大损失。1984年，第三个《洛美协定》开始强调社会文化合作以及私人领域投资的重要性。其三，之前的"海外国家和领地开发基金"（Overseas Countries and Territories Development Fund）正式升级为"欧洲发展基金"（European Development Fund）。在前三个《洛美协定》中分别向非加太国家提供33.9亿、57亿和85亿欧洲计算单位的发展援助。时至今日，欧洲发展基金依然是欧盟进行对非援助最重要的资金来源。

除了内容变化和新机制的建立，《洛美条约》的签署也伴随着欧共体对援助制度与机构的调整。第一个《洛美协定》第六部分中说明了机构设置，主要机构包括部长理事会（Council of Ministers）、大使委员会（Committee of Ambassadors）和咨询大会（Consultative Assembly）。部长理事会由欧共体成员国和非加太成员国各派代表组成，主席由双方轮值。部长理事会负责确定具体工作，并对《洛美协定》的实施情况进行监督，并在认为有需要的时候召开会议。大使委员会主要负责协助部长理事会开展工作，定期提供报告和建议。咨询大会则是一个监督和提供政策性建议的部门，部长理事会需要每年向其提供专门报告。[①] 之后《洛美协定》一直保持这样的机构设置，各部门在职能上不断完善和扩展。

冷战时期的三个《洛美协定》为后来欧盟的对非援助奠定了重要的理论与现实基础。在理论上，《洛美协定》第一次强调欧共体成员国与非加太国家之间是平等的，欧共体尊重非加太国家的主权和独立自主，双方签订协议是为了获得共同利益。《洛美协定》以契约的形式确定了欧共体对非的贸易与援助，双方的权利和义务受到条约的规定和保护。在现实层面上，《洛美协定》确立了欧共体乃至后来欧盟对非援助资金来源的分配，即欧洲发展基金承担大部分的金额，由共同体成员国分摊，另外的部分援

---

① European Economic Community, ACP – EEC Convention of Lome, http://www.epg.acp.int/fileadmin/user_upload/LOME_I.pdf.

助由欧洲投资银行（European Investment Bank）承担。同时，《洛美协定》中机构的设置以及援助的具体方式确定了后来欧盟对非援助的形式。

在《洛美协定》的议定过程中，广大非加太国家也表现出团结一致，对欧共体提出要求和建议，取得了些许积极成果。例如，通过非互惠原则，扩大了对外贸易；通过"稳定出口收入制度"和"矿产品特别基金"，非加太国家减少了出口收入的损失；通过欧共体给予的发展基金资助，部分地改善了非加太国家工农业落后状况。[①] 然而，非加太国家依然处于劣势，欧非双方并没有实现事实上的平等，欧共体依然是主要获益方。首先，虽然欧共体在《洛美协定》中提供的援助数额不断提高，但非加太国家数量不断增长，分配到各国的实际金额并没有大幅增长。其次，《洛美协定》设立的"稳定出口收入制度"和"矿产品特别基金"在一定程度上保护了非加太国家的利益，却限制了这些国家的发展。多年来，非加太国家的产业结构并没有改进，多国一直依赖出口某种初级产品换取外汇。而欧共体因此保障了原料的供应产地和产量。再次，通过与非加太国家订立制度性的条约，维护了其在非洲的传统影响力，实现了欧共体对非援助的初衷。

另外，值得注意的是，欧非双方通过《洛美协定》关系越发密切，欧共体不满足于仅发展经济联系，开始关注受援国的政治问题。在签订第三个《洛美协定》的谈判过程中，欧共体试图就非加太国家的经济发展政策问题进行对话，变相干涉受援国内政，最后在非加太国家的反对下，条约中表述为"双方定期磋商将有助于援款的有效使用"[②]。最为重要的一点是，欧共体在第三个《洛美协定》的序言中首次出现对人权问题的表述："协定重申坚持联合国宪章及其基本人权信念，尊重人的尊严和价值，无论男女还是国家大小都拥有平等的权利。"[③] 对人权的首次提及为欧共体此后对非援助政策的调整埋下了伏笔。

三 冷战时期欧共体对非援助的理念

冷战时期的发展援助属于经济学研究范畴。自1957年至1989年间欧

---

① 王玉萍：《关于〈洛美协定〉的再思考》，载《生产力研究》2006年第11期，第109页。
② 原牧：《第三个〈洛美协定〉剖析》，载《世界经济》1985年第11期，第43页。
③ ACP – EEC Council of Ministers, *The Third ACP – EEC Convention*, Luxembourg: Office for Official Publications of the European Communities, 1985, p.17.

共体的援助理念主要受到外部理念的影响，美国和经合组织起到了重要作用。欧共体对非援助的最初出发点是维持其在前殖民地的势力以及获得原材料和商品市场。因此，在《罗马条约》和《雅温得协定》时期，欧共体遵循世界范围内的唯经济增长论，对非援助对于非洲如何获得发展的问题关注不多。《洛美协定》中，欧共体的援助理念发生了较大的变化，社会发展观的影响逐渐凸显，组成了冷战时期欧共体对非援助理念第二阶段的重要思想。

第一阶段：唯经济增长论主导的援助理念（《罗马条约》和《雅温得协定》时期）。

二战结束后，欧共体国家通过接受马歇尔计划获得了国家重建和经济的再次起飞。马歇尔计划所携带的援助理念得到欧共体的认同，影响了欧共体的对非援助。因此，在《罗马协定》签订时，欧共体希望非洲也走现代化发展的道路，认为只要经济实现了增长，其他问题就会迎刃而解。发展经济学中的"哈罗德—多马"经济增长模型成为欧共体对非发展援助的核心理论。该模型主要的理念认为储蓄率决定了经济增长率，通过投入发展援助，解决受援国储蓄不足的问题，使其拥有积累和投资的充分资金。因此这一时期，欧共体的大量援助通过贸易和投资手段进入非洲大陆。《罗马条约》中专门提到欧共体将帮助非洲进行一些基础设施建设，试图以此拉动非洲经济增长。在该理念的影响下，对外援助的投入确实保障了非洲国家经济在一定程度上的增长。然而也带来了一些问题，诸如外汇赤字增加、农业部门发展停滞和就业率降低等。

因此，20世纪60年代，在唯经济增长论的前提下，经济学家对国际发展援助的理念进行了部分改良，以期获得更好的援助效果。这一时期发展援助的主要指导思想是美国经济学家钱纳里和斯特劳斯提出的"两缺口"模型。该模型认为，当国内资本积累能够完全满足经济增长的投资需要时，理论上就能保持经济的持续增长，而受援国的经济增长主要来自两方面，分别是国内储蓄和外汇收入，当受援国在这两方面都存在缺口时，则经济增长不可能实现。[①] 该经济模型针对外汇赤字增加的问题而提出，试图以发展援助弥补国内储蓄和外汇的不足。

---

① 李小云、唐丽霞、武晋编著《国际发展援助概论》，社会科学文献出版社，2009，第73页。

欧共体的两个《雅温得协定》签订于这样的国际援助大环境下，要求受援国扩大出口，充分引进欧共体的资本与财政援助，弥补两个缺口。这一时期的援助中，欧共体不再将关注点仅限于基础建设和原料的持续供应方面，开始强调国民经济生产部门的协调合作。因此，有一部分援助投入了技术和人才培训，并派出技术专家对非洲国家进行指导。

非洲的受援国在开始接受援助的头几年，由于基础设施建设以及农产品的出口等，经济保持了较快的增长，但是新的问题不断暴露。到第二个《雅温得协定》实施的后期，许多国家陷入了国际收支严重不平衡，负债累累，失业和贫困人口持续增多的状态。另外，由于欧共体为保证自身的初级产品供应，鼓励非洲受援国大量种植经济作物，造成农业生产结构不平衡，再加上非洲爆发大规模饥荒，使某些非洲国家经济雪上加霜。国际社会开始反思，逐渐抛弃唯经济增长论的发展援助理念。

第二阶段：社会发展观主导的援助理念（《洛美协定》实施时期）。

20世纪50～60年代的唯经济增长论带来的最大问题是：随着经济的增长，贫富差距越来越大。贫困人口总数在大量外援投入后反而不断攀升，因此仅仅关注经济增长是有失偏颇的，社会的公平问题开始得到重视。在该阶段中，发展经济学的理论模型并没有显著的创新，国际社会发展观的改变是影响这一阶段发展援助指导思想的重要因素。1970年，联合国推出《第二个十年国际发展战略》，提出发展的最终目的是为所有的人能更好地生活提供日益增多的机会，其实质就是对收入和财富实行更平等的分配，以促使社会公正和提高生产效率，提高实际就业水平，更大程度地保证收入并扩大和改善教育、卫生、营养、住房及社会福利设施，保护环境。[①] 这一论断标志着社会发展观得到国际社会的认可。此时依附论的代表人物萨米尔·阿明一针见血地指出资本主义世界经济体系存在的"中心—外围"结构，对发展中国家经济发展的制约，特别是在该体系中不合理的国际分工导致外围发展中国家很难获得发展，大量的援助反而限制了受援国发展独立的经济体系，最终导致对中心国家更加依附。

在上述理念的影响下，欧共体国家对发展援助政策进行了些许调整，将收入分配和就业等衡量社会公平程度的指标纳入援助的成效评估体系，

---

① 仲鑫：《对二战后发展理论及官方发展援助关系的思考》，《南京财经大学学报》2008年第2期，第57页。

减贫也成为发展援助需要解决的重要问题。非洲受援国则团结一致,反对发达国家通过援助的形式限制本国经济体系发展,要求维护独立性。因此,前两个《洛美协定》的签订受到社会发展观的影响,欧共体对非援助中低息贷款数额增大,采取了非互惠贸易,并对受援国的农产品和矿产品进行补贴,保障其销售渠道。

据统计,"受援国在20世纪60年代中期以来所取得的发展成就,已从该世纪70年代中期开始逐渐消失。黑非洲国家的人均收入在70年代已明显低于第三世界的所有其他地区。在撒哈拉以南的45个非洲国家中,有15个国家的人均收入甚至减少了"。[1] 到第三个《洛美协定》签订之前,发展中国家爆发了严重的债务危机,世界经济形势恶化。同时,欧共体国家从70年代中后期开始经济发展减缓,迫使援助进入疲软期。发达国家开始思索外部的发展援助究竟在多大程度上能够促进受援国的经济发展。越来越多的人认为,援助的投入远远比产出高得多,因此大量的援助被浪费且无效。在这样的背景下,主张开放市场、节约财政的"华盛顿共识"出台,成为援助国的主导思想。援助将用于缓解发展中国家的经济危机,调整其经济结构,实现收支平衡。并希望监控受援国对援助的运用,提高资金使用率。

这一变化明确体现在第三个《洛美协定》中:其一,虽然受援国数量大幅增加,但欧共体不愿意过多增加发展援助的数量;其二,英国和德国提出贸易进一步自由化,协定中对原产国的限定放宽;其三,稳定出口收入制度资金的管理和使用,需要受援国向欧共体通报,以期提高援助的使用效率。

由此可见,在冷战时期的对非援助理念上,欧共体经历了从单纯的发展经济学向政治经济学领域转向的过程。发展援助虽仍属于经济范畴,但是其中的政治和社会问题开始受到关注。此外,欧共体的理念还经历了由外部塑造向内部孕育的一个大致过程。欧共体从《罗马条约》时期机械地接受国际社会发展援助理念到第三个《洛美协定》时已开始根据遇到的实际问题制定具体的规划,从而更好地维护自身利益。

总而言之,冷战时期,欧共体对非援助主要通过"贸易—援助"的形式开展,发展援助是经济领域的议题。从1957~1989年近30年中,欧共

---

[1] 〔德〕尤·内错特、克·洛普:《第三个〈洛美协定〉:欧洲经济共同体同非、加、太国家集团合作的新开端》,方兴译,载《国际经济评论》1985年第1期,第56页。

体与非加太国家建立了密切的经济关系，通过"贸易—援助"获得了经济与政治双重好处。发展援助理念也经历了唯经济增长论到社会发展观的转变，但欧共体的援助也在多年发展中暴露出种种问题，需要新的援助理念与政策取而代之。

第二节 冷战后对非洲援助的变化：政治导向凸显

20世纪80年代后期，欧共体自身对发展援助的反思越来越多，发展观念向着以人为核心的理念不断倾斜。1989年，第四个《洛美协定》签订，其中第五条明确将人权写入条款："合作应导向以人为中心的发展。人，既是发展的参与者也是发展的受益者。发展应当包括尊重和推进所有人权。"[①] 这一变化正式开启了欧共体发展援助向政治导向发展的进程。后来经过1995年《洛美协定》修订案，直到2000年《科托努协定》出台，欧盟带有政治导向的发展援助政策正式定型，一直延续到今天。这对欧非双方以及新时期的欧非关系均产生了重要的影响。

一 欧盟调整发展援助的理论背景与法律基础

1989年，欧共体在第四个《洛美协定》中加入了保护人权、推进民主和法治等全新要素，开启了对非援助政策的全面转变，政治导向性越发明显。这一变化有着深刻的理论背景。

第一，新制度主义和可持续发展观的提出是政策调整的理论背景。

20世纪80年代后期，新制度主义兴起，从政治的角度观察发展援助，试图解释援助低效的原因。奥尔森（Mancur Lloyd Olson）在研究了大量富国和穷国后指出："国家间人均收入的巨大差距不能用获取世界知识存量或者进入国际资本市场的能力差距来解释，也不能归因于可出售的人力资本或个人文化的品质差异，唯一剩下的合理解释就是其制度和经济政策有高低之分了。"[②] 经济学家莱索托也在考察许多发展中国家的经济发展史后得出类似的结论，即无法获得发展的根源不是没有资本，而是没有能够长期促进和保障资本积累的法律制度环境。新制度主义经济的研究成果对

---

① ACP – EEC Council of Ministers: *The Fourth ACP – EEC Convention*, Luxembourg: Office for Official Publications of the European Communities, 1989, pp. 17 – 18.
② 卢现祥、朱巧玲主编《新制度经济学》，北京大学出版社，2007，第497页。

欧共体调整对非援助政策影响深远。

总体而言，新制度主义认为受援国接受大量援助却没有获得发展的核心原因，并不是资本、劳动和技术等相关生产要素的缺乏，而是缺乏合理的能够有效配置资源的制度结构。完善的规章制度和组织架构能够有效地规避由于市场信息不对称带来的风险。因为制度能够有效降低交易成本、为合作创造条件、为个人选择提供激励机制，并建立排他性的产权制度，将外部性内部化。在一定程度上，新制度主义助推了"华盛顿共识"的提出，共同要求受援国改革经济制度，遵循市场导向。同时新制度主义鼓励通过增加社会资本减缓贫困以及运用激励机制减少腐败，这些都要求公民社会的发展。发展经济学的受挫和制度经济学的兴盛加速了欧共体对非援助的调整，并为推崇人权、民主和良治的援助政策奠定了理论基础。

此外，联合国主导的发展观的变化是影响欧共体的第二个理论背景。1980年出台的《联合国第三个发展十年国际发展战略》的主要目标是促进发展中国家经济和社会的发展，以及消灭贫穷和依赖。并专门提出："发展过程必须提高人的尊严。发展的最终目的是在全人类充分参与发展过程和公平分配从而得来的利益的基础上不断地增进他们的福利。"[①] 在联合国的倡导下，人的价值被不断强调和提出，以人为核心的发展观得到更多的关注，该发展观认为社会发展的核心目标是人的发展。发展有三个核心，即价值、生存维持、自由和尊严。[②]

综合新制度主义以及以人为中心的发展观的理念，欧盟逐渐提出保护人权、建立民主制度，推崇良好治理的援助政策。

第二，欧洲联盟的成立与一体化的不断迈进为政策调整确定了法律基础和目标。

20世纪80年代，希腊、西班牙和葡萄牙陆续加入欧共体，成员国数量增至12个。1986年，《单一欧洲法案》出台，其中明确了欧共体国家的共同认同，即民主原则、尊重法律和保护人权的原则。这也确定了欧共体在同第三国发展关系时，需要体现上述原则。

《马斯特里赫特条约》的签订标志着欧洲联盟正式成立。在一体化进程中，欧盟根据自身需求不断调整发展援助政策。1991年12月1日，欧

[①] 联合国：《联合国第三个发展十年国际发展战略（1980~1990）》，http://www.un.org/zh/documents/view_doc.asp?symbol=A/RES/35/56。

[②] 童星：《发展社会学与中国现代化》，社会科学文献出版社，2000，第196页。

共体首脑会议通过了建立欧洲经济货币联盟和欧洲政治联盟的《欧洲联盟条约》(Treaty on European Union, TEU), 1992年2月7日, 该条约在荷兰马斯特里赫特签署, 因此也被称为《马斯特里赫特条约》(Treaty of Maastricht, 简称"马约")。1993年1月1日,"马约"生效后, 欧共体正式升级为欧盟。欧盟由三大支柱组成, 分别是第一支柱——欧洲共同体、第二支柱"共同外交与安全政策"和第三支柱"刑事领域警务与司法合作"。发展合作被划归为欧盟第一大支柱"欧共体"的管辖范围, 标志着欧盟成为独立的援助方。援助理念也将随欧盟的需求进行调整, 对非援助的政策和实施将更加统一。在马约第130条U条款中, 欧盟对发展合作的目标明确表述为:"(1) 促进发展中国家, 尤其条件最差的发展中国家的持续的经济和社会发展; (2) 促进发展中国家平稳地和逐步地同世界经济相结合; (3) 促进同发展中国家的贫困作斗争。"[①] 此三点明确了关注社会发展、促进全球经济一体化和减贫三个目标。另外, 为了促进欧盟发展援助的顺利实施并与各成员国独立的援助政策相协调, 欧盟提出了著名的"3C原则", 即协调性 (Coordination)、互补性 (Complementarity) 和一致性 (Coherence)。其中一致性原则要求发展援助政策与欧盟其他相关政策保持一致。在马约的共同外交与安全政策部分, 欧盟规定其目标有一项为"发展和巩固民主与法治, 尊重人权与基本自由"。

1997年,《阿姆斯特丹条约》(Amsterdam Treaty) 签署, 在发展援助政策方面, 加入了连贯性 (Consistency) 原则。在发展援助政策的制定中增加了欧洲议会的权力, 以共同决策取代合法法律程序。随着欧盟政治一体化的持续深入, 欧盟委员会 (European Commission) 和欧洲议会 (European Parliament) 被赋予更多权利, 超国家性增强。在政治导向的内容方面, 该条约中要求加入欧盟的成员国除了尊重人权、民主、自由和法治原则之外, 还必须有民主政治体制, 如若该国有侵犯人权、践踏民主的行为, 欧盟将对其进行一定制裁。

随着20世纪80年代末与90年代欧共体的变化, 出台的官方文件对发展援助机制进行了调整, 将人权、民主和法治确立为欧盟的共同价值观念, 为其在对外协定中加入以上内容、调整对非援助提供了坚实的制度基础。

---

① 欧共体官方出版局编《欧洲联盟法典》(第二卷), 苏明忠译, 国际文化出版公司, 2005, 第61页。

二 欧盟对非援助调整的具体内容与进程

欧共体自第三个《洛美协定》起，条约中加入尊重人权的款项，在1989年第四个《洛美协定》中正式开启援助政策转向。经历了1995年第四个《洛美协定》修订案，到2000年《科托努协定》正式定型。之后的修订案持续强调这些政治导向，并无太大变化。该政策对欧盟发展援助政策产生了深远持续的影响。

（一）第四个《洛美协定》：人权被突出强调

第四个《洛美协定》于1989年12月15日在多哥首都洛美续签，其中缔约的非洲国家为46个。本条约第一部分一般性条款第五条提到：

> 1. 发展合作的核心应该是人，他是发展的参与者和受益者，因此应全方位尊重和促进人权。尊重人权是发展的基本因素，因此合作需要以保护和发展人权为目的。2. 缔约的各方都重点重申了其对人类尊严和人权的重视，这些权利包括：不受歧视，基本生存权，政治、经济、社会与文化权利。非加太国家同欧共体的合作需要消除阻碍人们实现其各方权利的障碍。缔约国应该积极行动，遵守国际法，改善人权状况。3. 欧共体的援助资金将根据具体的计划进行分配，最终实现保护人权的目的。欧共体还将支持促进人权的基础设施建设，并优先在地区层面设立计划。[1]

一般性条款第五条将尊重与保护人权郑重提出，标志着欧盟对非援助开始转向，也为第四个《洛美协定》的发展合作奠定了基调。

为配合一般性条款确定的核心思想，在第二章"条约在主要合作领域的目标与指导"中，第一个目标明确指出："合作的目的在于支持非加太国家的发展，这个过程应该以人为核心并根植于当地人们的文化。提出的政策与措施应加强这些国家的人力资源建设，培养创造能力并促进文化认同。发展合作还应鼓励当地人民参与设计与执行具体的发展行动。"[2] 在

---

[1] ACP – EEC Council of Ministers, *Fourth ACP – EEC Convention*, Luxembourg: Office for Official Publications of the European Communities, 1992, pp. 17 – 18.

[2] ACP – EEC Council of Ministers, *Fourth ACP – EEC Convention*, Luxembourg: Office for Official Publications of the European Communities, 1992, p. 19.

第二部分中，对应以上目标，协定中指明了加强人力资源建设和增进文化认同的具体措施，这一部分侧重于对非加太国家教育事业的关注，希望通过发展教育提高人的素质。此外，第四个《洛美协定》第五个附件为关于协定第五条人权的联合宣言，指出相关缔约方均强调他们将在减少侵犯人权和尊重人类尊严方面进行更有效的行动。

除了对人权的突出强调，第四个《洛美协定》中，欧共体开始与国际货币基金组织和世界银行协调合作，援助资金还将用于非加太国家的经济结构调整，对那些接受西方提出的结构调整计划的国家施以援手。

根据第四个《洛美协定》的实际条款，欧盟不仅支持世界银行和国际货币基金组织调整发展中国家经济结构的计划，而且人权的重要性被突出强调，成为欧共体成员国与非加太国家的共识，尊重和保护人权成为欧盟对非发展援助的重要目标。发展合作的具体内容也从经济贸易领域扩展到政治、社会和文化层面。该协定对人权保护的规定虽然尚不够完善和全面，仍具有划时代的意义，标志着欧盟的援助政策正式带有政治导向，主导了后冷战时代西方援助的发展方向。

(二) 第四个《洛美协定》修正案：人权、民主和法治的提出

1989年第四个《洛美协定》签订时为期10年，但贸易与援助政策定期为5年，因此到了1995年，新成立的欧洲联盟同非加太的78个国家进行了中期谈判，在毛里求斯签订《洛美协定》修正案。非洲国家新增厄立特里亚与南非，总数达到48个。

该协定在贸易发展方面变化不大，然而在政治导向方面则对非加太国家提出了更加严苛的条件。第一，修订案的第五条内容扩容——人权、民主和法治原则成为双方发展合作的基石，欧盟的资金将推动非加太国家在发展中实践上述原则。具体到条约中，第五条第一点新增："该条约中发展合作应该以尊重和保护人权、承认和实施民主原则以及巩固法治与良好治理为基础。良好治理是发展合作的特别目标。尊重人权、民主原则和法治，奠定了欧盟与非加太国家关系和协定条款的基础，指导着双方国内和国际政策的制定，同时构成本协定之必要条件。"[1] 第三点新增："欧盟给

---

[1] ACP‐EEC Council of Ministers, Agreement Amending the Fourth ACP‐EEC Convention of Lome, http://www.caricom.org/jsp/community_organs/epa_unit/Cotonou_Agreement_&_Lome4_lome4.pdf.

予的资金援助分配将与非加太国家的行为挂钩,资金将被用于保护人权、促进民主化和强化法治与良好治理。"[1]

第二,修订案条款 366a 中明确设定了"不履行条款"。"如果一方认为另一方没有履行协定第五条中提出的任意一个核心原则,则有权邀请相关方开启特别磋商程序,共同探讨当前情况。磋商会议必须在发出邀请后的 15 天之内举行,最迟也不能晚于 30 天。"[2] 366a 中虽表述为双方地位平等,但实际上不履行条款只针对非加太国家。磋商会议中欧盟会对非加太国家提出改正建议,如果双方无法达成一致,欧盟将中止条约,停止为相关国家提供援助。

为配合第四个《洛美协定》修订案在政治导向方面做出的实质性改变,修订案 244 条为配合政策调整,欧盟将拿出专门资金对非加太国家开展民主化和法制化的机构予以支持,鼓励民主改革,总金额高达 8000 万欧洲货币计算单位。

(三)《科托努协定》:政治导向发展援助政策最终定型

随着第四个《洛美协定》即将到期,1998 年 9 月,欧盟同非加太国家便开始关于制定新的发展援助政策的谈判,终于在 2000 年双方达成一致,于当年 6 月 23 日在贝宁科托努签订了全新的《非加太国家与欧共体及其成员国伙伴关系协定》,即主导 21 世纪欧盟对非援助的《科托努协定》。该协定内容更加丰富、全面,成为欧盟同非加太国家进行合作与政治对话的重要机制,欧非伙伴关系进一步深化。《科托努协定》有效期 20 年,其中前 8 年为过渡期,后 12 年为执行期。

在贸易方面相较于《洛美协定》,《科托努协定》变化巨大。首先,取消出口收入稳定制度,单方面的优惠贸易体制被自由贸易体制所取代,欧盟正式改变了《洛美协定》设立的经贸关系框架。其次,经济合作伙伴协定(Economic Partnership Agreement)独立,贸易合作制度化加深。该协定为欧非贸易合作制定了详细的规划,保障了双边经济关系的深化发展。再次,欧盟针对发展中国家的不同发展状态制定不同政策,实施区别

---

[1] ACP – EEC Council of Ministers, Agreement Amending the Fourth ACP – EEC Convention of Lome, http://www.caricom.org/jsp/community_organs/epa_unit/Cotonou_Agreement_&_Lome4_lome4.pdf.

[2] ACP – EEC Council of Ministers, Agreement Amending the Fourth ACP – EEC Convention of Lome, http://www.caricom.org/jsp/community_organs/epa_unit/Cotonou_Agreement_&_Lome4_lome4.pdf.

待遇。对最不发达国家、内陆以及个别岛国，欧盟依然实行优惠贸易政策。在协定中以附件形式专门论述对这些国家的援助与贸易政策。

《科托努协定》最重要的变化在于政治方面。虽然在第三个和第四个《洛美协定》中人权、民主等概念被提出，并具有了若干实质内容，但欧非双边关系依旧局限于贸易合作，2000年之前的双边协定仍然归于经济领域。《科托努协定》是一项全面的协定，为21世纪的欧非关系设定了全新的开始。

第一，《科托努协定》规划了各方面的欧非关系。欧盟首次将同非加太国家的关系设定为平等伙伴关系。为发展和巩固这一关系，欧盟将在政治对话、广泛参与、发展战略以及金融经贸方面同非加太国家开展合作。同时，《科托努协定》也成为体现欧盟发展战略的重要文件。之前欧共体与非加太国家最重要的经贸往来成为发展战略的一部分。

第二，《科托努协定》提出了安全与发展的关系。欧盟试图同非加太国家发展更多的高政治领域的合作。协定第一部分第11条引入安全建设、冲突的预防与解决。该条款指出了安全与发展的不可分割和相辅相成。欧盟开始将非洲的和平建设和危机管理纳入发展援助的目标体系，试图以稳定的安全局势推动非洲的全面发展，再以成功的发展维护非洲各国政局的稳定。① 欧盟对非援助开始包含安全内容。

第三，《科托努协定》标志着欧盟对非带有政治导向的发展援助政策正式定型。全新的协定中，在第一部分新增了论述政治维度的章节。第九条为必要条件和基础条件。尊重人权、民主原则与法治仍然是奠定欧盟同非加太国家伙伴关系的必要条件。欧盟在协定中对人权、民主原则和法治进行扩充，指出："人权是普遍、不可分割并相互关联的，缔约国应实施相应政策，保护公民的基本自由以及生存、政治、经济、社会和文化等各方面的人权。还应重申，民主、发展、保护基本人权和自由相互关联并相得益彰。民主原则保障政府的合法性，反映国家运作的机制。在此基础上各国都应该发展民主政治，培养民主文化。政府需要建立在法治的基础上，行政将更加有效，独立的法律系统也将保障公平。"②

---

① 赵雅婷、刘青建：《欧盟对非援助政策新变化探析》，载《教学与研究》2015年第6期，第95页。
② European Commission, "Partnership Agreement, between The Members of the African, Caribbean and Pacific Group of States of the One Part, and the European Community and Its Member States, of The Other Part", *Official Journal of the European Communities*, L317, December 15th, 2000, p.8.

除了必要条件外，《科托努协定》将良好治理作为基本条件。"良好治理是对人类、自然、经济和财政资源进行透明和负责任的管理，以期实现公平与可持续的发展。它意味着各层公共权威拥有清晰的政策制定过程，透明与负责的制度，管理和分配资源时将法律放在首位，精心设计的能力建设以及实施特别的政策预防和打击腐败。"[1] 对良好治理进行定义后，欧盟提出同非加太国家的发展关系应践行良好治理。《科托努协定》第 97 条为针对良好治理的"不履行条款"。若发生严重腐败情况，缔约双方将在磋商会议邀请发出的 21 天内召开会议，最迟不能超过 60 天。如果在协商过程中并没有得到合适的解决方案，在特定情况下欧盟将暂停援助，直至非加太国家的情况得到实际改善。至此，欧盟对非援助的政策正式转变为：欧盟倡导保护人权、发展民主和推行良好治理，非加太国家若想获得欧盟的援助就必须按照以上原则进行国家建设与发展，欧盟将根据这些国家的实践确定是否持续提供援助资金。

《科托努协定》分别于 2006 年和 2010 年进行了两次修订。主要政策随着国际形势的变化新增关注议题，然而带有政治导向性的本质并没有发生变化，人权、民主和良好治理为政治导向的援助政策得以反复巩固。2006 年修订中，第九条名称直接表述为"人权、民主原则和法治为协定必要条件，良好治理为基本条件"[2]。对以上原则的不履行条款，召开磋商会议的时间改为 30 天内，最迟不得晚于 120 天。政治维度内容中，最大的变化是欧盟进一步将更大范围的安全问题纳入发展援助政策，包括共同应对恐怖主义、大规模杀伤性武器扩散以及尊重国际法。此外，在减贫方面同联合国千年发展目标进行了协调。在协定附件中加入针对人权、民主和法治问题的政治对话章程。

2010 年《科托努协定》的第二次修订对于人权、民主、法治和良好治理的论述基本没有变化，仅在第九条最后补充说明了对这些原则的支持与实践不仅仅针对非加太国家，还包括欧盟及其成员国自身。此次修订的主要变化体现在四个方面。其一，援助有效性被列入指导原则，千年发展

---

[1] European Commission, "Partnership Agreement, between The Members of The African, Caribbean and Pacific Group of States of The One Part, and the European Community and Its Member States, of The Other Part", *Official Journal of the European Communities*, L317, December 15th, 2000, p. 9.

[2] European Commission, *Partnership Agreement ACP – EEC*, Luxembourg: Office for Official Publication of the European Communities, 2006, p. 9.

目标和应对气候变化被纳入发展目标体系。其二，扩展政治对话内容，协定关注非加太国家公民社会的发展，并在安全问题上加强沟通。其三，欧盟乐于开展两个大陆间整体的合作，积极强调非盟的作用，支持非洲一体化进程。其四，发展政策安全化进一步明确。强调区域组织在维护地区安全方面的作用，并要求建立安全预警机制。

自1989年起，欧盟/欧共体通过第四个《洛美协定》以及《科托努协定》奠定了以保护人权、发展民主和推行良好治理为政治导向的发展援助政策的法律基础，完成了发展援助政策的转变，并在后来的对非援助中严格实施这一政策。突出政治导向成为欧盟对非援助最显著的特点。

三　欧盟对非援助政策转变后的机制调整与援助金额分配

第四个《洛美协定》及其修订和后来的《科托努协定》奠定了欧盟对非援助的政策基础，在实施过程中，上述协定也设立了专门机构保障政策的实施。另外，由于欧盟/欧共体是援助提供方，作为超国家行为体，欧盟也有独立的政治决策和政策实施机构。在发展援助政策转变后，相应的援助机制和机构也需要进行相关调整。

（一）欧盟对非援助相应机制和机构的设置与调整

1973年《洛美协定》签署时，欧共体与非加太国家设立了部长理事会、大使委员会和咨询大会三个机构。1989年第四个《洛美协定》签署时，条约中对政策执行机构的设定进行了详细规划和整合，机制更加完善。协定专门以第四部分论述运作机制。部长理事会的权限更加丰富和明确：理事会设立主席和副主席之职，人选在欧共体成员国和非加太国家之间轮换；理事会除了定期召开会议提交报告，设立任务实施计划并监督实践外，还应特设一些委员会及工作小组解决特定问题；鉴于条约20~22条提出了分权合作的问题，即应鼓励非加太国家的公民社会参与和监督国家的发展，部长理事会应该组织和梳理这些影响政策实施的相关方，从而确保协定的顺利实施。大使委员会对部长理事会负责，并且有义务监督与协定相关的，无论永久的还是特设的各个机构，定期提交监督调查报告。咨询大会改为联合大会（Joint Assembly），不再从事提出咨询意见和监督的工作。协定中还对出现分歧的情况设定了制度。如若多次无法达成一致，部长理事会将启动仲裁程序，成立两个委员会。在两个月之内按照多数原则进行投票完成仲裁。

2000年,《科托努协定》完成了欧盟对非援助政策的转型。协定正文中将机构设置放在第二部分,并对机构职能进行了进一步调整。部长理事会成员增加欧盟理事会（Council of the European Union）成员国,主席将从欧盟理事会成员与非加太国家中轮流产生。部长理事会的具体职能为：一是主导政治对话；二是采取政策引导并决定协定的具体实施；三是研究和解决仍可能阻碍政策实施的相关问题；四是保障咨询机制平稳顺利运行。[1] 部长理事会的决定需要获得一半以上欧盟理事会成员国和三分之二非加太国家的同意才能通过。部长理事会能够代表大使委员会,对联合议会（Joint Parliamentary Assembly）提出的建议和解决办法也应予以考虑。大使委员会的成员组成与部长理事会一致,在具体任务上大使委员会要履行部长理事会委托于它的各项任务,也有监督协议实施的功能。最后,联合大会更名为联合议会。成员组成方面,欧洲议会和非加太国家的成员各占一半。其职能被定义为咨询机构,具体有："其一,通过对话和咨询推动民主进程；其二,加强欧盟与非加太国家人民之间的沟通,增强公众对发展问题的关注；其三,讨论有关非加太—欧盟伙伴关系和发展的问题；其四,为部长理事会实现协定目标提供解决办法和建议。"[2] 为此,联合议会需要与非加太国家和欧盟的公民社会进行互动和沟通,收集意见和建议。

除了双边合作协定配套机构的调整,欧盟主管发展援助的制度和机构也在1990年后进行了重大调整,以期提高工作效率,增强援助有效性。1993年,欧洲联盟的成立成为援助机制和架构改革的重大契机。

首先,欧盟委员会（European Commission）在"马约"后权力增大,成为实施欧盟援助最重要的相关行为体,负责提出立法动议,与第三国协调、设定援助计划并进行后续管理合作等。其次,部长理事会是欧盟发展援助政策的决定机构,在收到欧盟委员会的援助计划后负责审议通过。1997年,《阿姆斯特丹条约》后,欧洲议会（European Parliament）获得

---

[1] European Commission: "Partnership Agreement, between The Members of The African, Caribbean and Pacific Group of States of The One Part, and The European Community and Its Member States, of The Other Part", *Official Journal of the European Communities*, L317, Dec. 15, 2000, pp. 11–12.

[2] European Commission: "Partnership Agreement, between The Members of The African, Caribbean and Pacific Group of States of The One Part, and The European Community and Its Member States, of The Other Part", *Official Journal of the European Communities*, L317, Dec. 15, 2000, p. 12.

更加实质的权力，在发展合作问题中有立法的最终否决权，与部长理事会并驾齐驱。再次，欧洲议会与部长理事会还在援助预算方面拥有决策权。

援助的具体实施机构也经过循序渐进的改革和发展。1967年，欧共体设立发展与合作总司（Directorate – General "Development and Cooperation"）负责管理发展援助事务，1982年将其改名为第八发展总司（DG Ⅷ Development）。由于欧共体发展援助范围的不断扩大，到了1985年，将地中海、亚洲和拉美事务单独划出，非加太地区的援助由第八发展总司单独负责。这一状态一直持续了近十年，1995年后，欧盟同南非的关系也被纳入第八发展总司，负责欧盟同非加太国家的各项合作。这样设置的机构虽然分开了地区，但却不能更好地统筹各个职能部门，使得机构冗余，而专职工作人员数量不足。加之各司之间缺乏有效协调，工作效率低下。这迫使欧盟对发展援助机构进行整合。

1997年10月15日，欧盟通过决议决定成立"共同体对非成员国援助管理联合部"（SCR，法语 Service Commun Relex 的简称，英文 The Joint Service for the Management of Community Aid to Non – member Countries）。管理联合部于1998年正式运行，通过加强政策协调和有效运用人力资源全方位（包括技术、运营、融资、架构以及法律等方面）管理欧盟的援助。其管理的地域范围扩大至全球。由于欧盟的成立与发展援助政策的调整，联合管理部主要负责的内容包括粮食援助、环境、艾滋病、民主、人权以及共同外交与安全政策等。管理部下设了6个司。A司主要负责中东欧地区，包括共同外交与安全政策和民主建设。B司负责对拉美、地中海、中东、南亚及东南亚还有中国的经济、技术和财政合作。C司专门负责欧洲发展基金对非加太国家的项目，南非以及海外领地包括食品援助、人口、复兴、难民、艾滋病以及反对个人采矿的问题。D司负责对外预算的协调和财政监管，对主要援助计划的实施进行审计和监督。E司是法律部门，负责监管行政部门以及方案投标。F司处理基础工作，诸如人力资源，与欧盟其他机构的关系，信息处理以及项目评估。[①] 联合管理部在统筹方面进步巨大，却造成了各部门人手短缺的状态，各个总司之间的权责也不够明确，并没有解决欧盟发展援助不协调的问题。

2000年，欧盟对发展合作领域的机构进行了一次重大改革。第一，

---

① Martin Holland, *The European Union and the Third World*, New York: Palgrave, 2002, p. 88.

成立了欧洲援助合作局（Europe Aid Cooperation Office），对联合管理部的职能进行改进。合作局分为8个司，前五个分管不同区域，一个司负责专项援助事务，另外两个司从事保障援助机构顺利运作的支持性工作。分工的明晰和合理推动欧盟发展援助机构提高援助效率，制度化加深。第二，欧盟对其驻外使团实施权力下放，使团成为实施援助的重要机构。因为使团更加了解当地情况，并与当地政府和相关机构沟通较多，关系紧密，在制定援助计划与实施中能够减少阻力且更贴近实际需求。

第四个《洛美协定》和《科托努协定》对条约实施机构进行完善，加之欧盟援助机构的调整和改进赋予欧盟委员会和欧洲议会等超国家机构相应的权利，在双边和欧盟自身层面整合资源，明晰权责，提高效率。这都为带有政治导向的发展援助政策实施奠定了充分的组织基础。

（二）对非援助政策调整后欧盟资金分配的调整

欧盟对非援助的资金来源主要是欧洲发展基金和欧盟预算。欧洲发展基金（European Development Fund）是《洛美协定》以及后来《科托努协定》框架下最重要的援助资金。基金的经费不来源于欧盟/欧共体总体预算，而是由各个成员国进行磋商后进行分摊和认缴。由于最早主要基于海外领地和殖民地的关系，因此法国是最大的基金经费提供者，后来随着受援国范围扩大以及欧共体成员增多，经费认缴开始综合考虑成员国的经济发展情况。

表1-1 欧洲发展基金的年限与投入

单位：百万欧元

援助协定与期别	年　份	具体金额
第一个《洛美协定》（第四期）	1976~1980	3072
第二个《洛美协定》（第五期）	1981~1985	4724
第三个《洛美协定》（第六期）	1986~1990	7400
第四个《洛美协定》（第七期）	1991~1995	10800
中期修订（第八期）	1996~2000	12967
《科托努协定》（第九期）	2001~2007	13500
《科托努协定》第一次修订（第十期）	2008~2013	22682
《科托努协定》第二次修订（第十一期）	2014~2020	30500

注：2000年之前欧洲货币单位为埃居，与欧元一比一进行转换，因此在此统一标注为欧元。

资料来源：http：//eur-lex.europa.eu/legal-content/EN/TXT/? uri=URISERV: rl2102。

《科托努协定》后，欧洲发展基金的援助领域得以扩展，资金在某些领域倾斜明显。《科托努协定》中欧盟同签订条约的非加太国家分别订立了不同的援助计划。84%的欧洲发展基金被用于欧盟与非加太国家及其地区性组织签订的指导性项目和计划，帮助非加太国家进行自身发展、地区性合作以及区域一体化。12%的资金用于非加太国家以及区域内的专项合作。这些项目一般都针对有主题的行动，比如能源、教育、用水卫生等。最后的4%用于投资设施，这部分资金由欧洲投资银行支配，目前已经完成了至少200个项目，大部分项目是为了推动受援国私营部门的发展。

表1-2　2013年主要国际援助机构对非洲官方发展援助资金分配情况
（双边总承诺中所占百分比）

领域	社会	经济	产业	多领域	一般性援助项目	债务	人道主义援助	其他	总和
欧盟机构	31.6	25.7	13.6	7.5	11.9	—	9.6	0.1	100
世界银行（IDA）	43.9	27.9	19.6	6.0	0.3	0.0	2.3	—	100
所有双边机构总和	43.4	24.2	12.7	7.5	7.3	0.5	4.3	0.1	100

资料来源：OECD, Development Aid at a Glance: Statistics by Region – Africa, 2015 edition。

自1996年开始，世界官方发展援助对非洲援助中，社会领域投入的资金比例居高不下。从表1-2可以看出，欧盟援助对社会领域的投入高达31.6%。社会领域的进一步分类还包括教育、健康、人口与后代健康、水资源供应与净化、良好治理与公民社会、社会基础建设以及实施。在这些数据中，欧盟对良治和公民社会的援助比例高达15.3%，几乎达到社会领域投入的一半。另外，教育、健康、水资源等方面是人权保护的领域。以上数据充分反映了规范性外交政策实施后，欧盟对非援助资金对保护人权、发展民主和推行良治领域的重点关注。此外，已有16个非洲国家同欧盟共同签订了国家指示计划（National Indicative Programmes）。在这类发展计划中，欧盟会根据不同国家的情况重点关注该国某些领域的发展，以此使欧洲发展基金发挥最大的效用。① 比如，坦桑尼亚的国家指示计划中欧盟重点关注可持

---

① European Parliament, *European Development Fund: Joint Development Cooperation and The EU Budget: out or in?* Brussel: European Parliamentary Research Service, 2014, p.14.

续农业、良好治理与发展、能源。国家指示计划关注的重点领域核心出发点依然为展示"规范性力量",施加规范性影响,维护欧盟利益。非洲国家严格执行计划才能够获得欧盟持续的援助。

综上,自 1989 年第四个《洛美协定》明确将保护人权写入欧共体对非加太国家援助的条款后,发展援助开始带有政治条件性,并在 90 年代持续发展,最终于 2000 年《科托努协定》确定了欧盟将保护人权、发展民主和推进良好治理作为对非援助的重要指导原则。该政策对 21 世纪的欧非双方及双边关系均产生了深远影响。

第三节 政治导向凸显的背景:体系与国家

欧共体于 20 世纪 90 年代调整发展援助政策,提出人权、民主、法治和良治等政治条件,受到自身、非洲以及体系等多方面因素的影响。

一 体系层面:第三波民主化浪潮与国际格局变化

国际大环境在 20 世纪 70~80 年代正值冷战,全球的政治制度形态却悄然发生了巨大的变革,即第三波民主化浪潮。该民主浪潮的结果是东欧社会主义发生剧变,苏联解体。两极格局的国际政治体系迅速坍塌。以美国为首的西方资本主义成为胜利的一方,其宣扬的西方价值观在全球大行其道。这样的历史背景和变化为欧盟调整援助政策提供了外部条件。

(一)第三波民主化浪潮及其影响

第三波民主化肇始于 1974 年 4 月 25 日葡萄牙发生的康乃馨革命,该国持续 35 年的独裁统治被推翻。在之后的 15 年中,欧洲、亚洲和拉美大约有 30 个国家推翻威权统治,建立起西方民主制度。

这股民主化浪潮在葡萄牙兴起后,首先影响了希腊。接着,在 20 世纪 70 年代末迅速蔓延到拉美大陆,厄瓜多尔、秘鲁、玻利维亚、阿根廷、乌拉圭、巴西、洪都拉斯、萨尔瓦多和危地马拉先后进行了民主改革,推翻军政权、召开制宪会议,进行民主选举。之后亚洲也陆续爆发民主运动,1977 年,印度成为全球最大的民主国家。80 年代,土耳其、菲律宾、韩国和巴基斯坦陆续结束威权或军人政治,走向民主。80 年代末,苏联解体使大部分的社会主义国家纷纷放弃社会主义制度和体制,转向多党代议制的民主制度，这些国家包括匈牙利、波兰、波罗的海三国、民主德国、捷克斯洛伐克、罗马尼亚、保加利亚和蒙古国。这一波民主化浪潮终于在这一时期达到高潮，出现多个大洲、多个国家同时发生民主化运动。"据自由之家统计，1973年，世界上有32%的人口生活在自由国家；1976年，因为印度实行紧急状态，这一数字下降到不足20%；到1990年，相比之下，有接近39%的人类生活在自由社会。"[1]

第三波民主浪潮的出现具有深刻的背景。第一，二战中以西方为首的盟国获得胜利，从某种程度上普及了西式民主话语与观念。20世纪70年代，一些国家领导人在国家治理中效率降低，政权合法性受到挑战。第二，20世纪60年代，全球经济的快速增长推动一些国家中产阶级的壮大。第三，国际主要行为体政策的变化。美国从1974年起开始致力于推动他国的人权的保护和民主发展。欧共体则开始扩大成员国范围，其中提出新入成员国必须是民主国家。苏联在20世纪80年代也因为戈尔巴乔夫的改革促使西方民主观念在东方阵营发展。第四，在此浪潮下，一些发展中国家结束威权统治，进行民主改革，并不断巩固西方民主制度的过程吸引了周围国家的效仿，使这一波民主化形成浪潮，达到顶峰。

西方民主价值观的传播促进了世界范围内的民主化进程，民主化的巩固加速了西方价值观的传播。欧共体成员国全部是西方民主制国家，通过民主制度有效制约国家行为，也成为平衡国家发展和保障公民权利的有效手段。第三波民主化浪潮的发生对欧共体而言有利无害。这一波民主化浪潮波及南欧、拉美、亚洲以及东欧，但非洲大陆受影响的国家较少。因此，欧共体试图通过借助外力手段促使非洲民主化进程的扩展和深入发展，在非洲深化西方价值观念的影响。调整援助手段成为首要选择。

（二）东欧剧变重塑国际格局

苏联解体从其制度建立之初便埋下隐患。表现在其政治制度在安全领域能发挥极高效率，而在关心人民福利、谋求民生发展方面有限。计划经济在生产力严重不足的情况下问题百出，加之大量的国家资源被用于参与军备竞赛，严重制约了苏联经济的持续发展。此外，苏联长期一党集权，

---

[1] 〔美〕塞缪尔·亨廷顿：《第三波：20世纪后期的民主化浪潮》，欧阳景根译，中国人民大学出版社，2013，第20页。

致使思想僵化，逐渐脱离群众。到了20世纪80年代，苏联的统治已经问题百出，到了必须改革的紧要关头。而戈尔巴乔夫的"新思维"改革给美国为首的西方推行西方民主化和经济观念极好的机会。

戈尔巴乔夫于1985年上台后，推出"新思维"改革试图解决苏联面临的诸多问题，而这一行为却成为导致东欧剧变的导火索。"新思维"改革完全抛弃了马克思、列宁的指导思想，推行思想多元化。在政治体制上实行民主社会主义，实质是试图推行全盘西化的多党制和议会政治。鉴于苏联国民经济发展长期缓慢，戈尔巴乔夫开始变相推行私有化。在军队方面也进行去政治化和非党化改革，丧失了苏联共产党对军队的控制。一系列的改革行为造成人民的困惑，使得一些极端思维俘获人心，积蓄已久的社会矛盾如山洪般暴发。同时，戈尔巴乔夫的改革也迫使美苏在观念和政策上逐渐接近，以往的双边对抗消失了。苏东各国也顿时乱了方寸，它们在西方价值观的推动下迅速改旗易帜，发生剧变。1991年，苏联正式解体。长达40多年的美苏对抗结束，两极体系迅速崩溃。

这一历史事件在三方面对欧共体对非援助产生影响。其一，美国成为世界上唯一的超级大国。随着东欧剧变，越来越多的发展中国家接受了经济私有化和政治民主化的西方价值观念。有西方学者认为："东西方冲突最重要的教训是，民主化是减少武力以及非武力的处理冲突模式机制化的唯一有效战略。民主政权结构是和平的可靠基础。"[①] 这一观念也对欧共体产生了极大的影响，欧共体认为，非洲地区时常发生暴力冲突，严重阻碍国家经济的发展，在非洲改善人权、建立民主制度是解决非洲发展问题的关键。其二，东欧剧变推动欧共体在对非援助中话语权与决定权的上升。由于苏联解体，原来美苏对非洲的争夺不复存在，非洲国家用以谈判的筹码减少，美国对非援助开始考虑有效性以及是否能为美国带来实际利益。这一行为导向也影响了欧共体的决策，其将目光转向非洲的政治制度改革，开始附加政治条件。其三，东欧剧变促使国际社会对发展中国家的观念发生转变，即现代化得到推崇，包括经济全球化、政治民主化以及鼓励人的价值等理念成为主导观念。因此，以联合国为首的国际组织也开始

---

① 〔德〕恩斯特·奥托·岑皮尔：《变革中的世界政治——东西方冲突结束后的国际体系》，晏扬译，华东师范大学出版社，2000，第12~13页。

强调人权和民主对于发展的重要性。全球的舆论取向的变化，为欧共体调整对非援助政策奠定了重要的理论基础。

二 欧盟内部：援助低效带来内外双重压力

欧共体自1957年《罗马条约》开始对非援助，数十年来对非洲投入了大量的资金，数额不断增长。然而实际收效甚微，非洲贫困落后的情况并无太大改观。以欧共体为代表的西方援助模式开始遭到非洲国家的质疑。另外，80年代由于全球性的经济发展疲软，欧共体成员国的民众也开始质疑政府的对外援助，要求政府更多关注本国民生，对外援助的积极性明显降低。内外因素迫使欧盟调整援助政策。

（一）援助的投入与非洲的反馈

在1957~1993年，欧共体成员国的对外援助一直在经合组织（OECD）框架下以其援助思想指导。根据相关数据统计，自1960年，发展援助委员会成员国对外援助的资金数额不断攀升，通过双边和多边国际机构，有大约3.2万亿美元的金额流入了发展中国家。[①] 在30年中，以欧共体为首的西方国家试图通过给予非洲援助平衡国内外收支，推动经济增长。然而无论欧共体如何调整发展援助政策，大量的援助依然没有改善受援国的情况，有学者对2004年前有关援助有效性的97项研究加以综合分析，结果显示，援助对投资储蓄的影响很小，虽然在促进经济增长方面有正面作用，但这种作用很小，并不显著。[②]

图1-1反映了从1960年以来到1990年欧共体调整发展援助政策之前经合组织发展委员会成员国与现今欧盟地区成员国在官方发展援助方面的资金投入以及所占比例（虽然英国自1973年加入欧共体，但为便于统计，所有数据都有加入英国的官方发展援助数额）。

从图1-1中看出，欧盟地区成员国30年来在官方发展援助方面的投入不断加大。1985年之后，每年的投入总量都占到经合组织发展委员会成员国投入总量的一半以上，在全球发展援助中举足轻重。1960~1990

---

① Wolfgang Fengler and Homi Kharas eds., *Delivering Aid Differently: Lessons from the Field*, Washington D. C.: The Brookings Institution, 2010, p. 115.
② 黄梅波、唐露萍：《南南合作与南北援助——动机、模式与效果比较》，载《国际展望》2013年第3期，第19~20页。

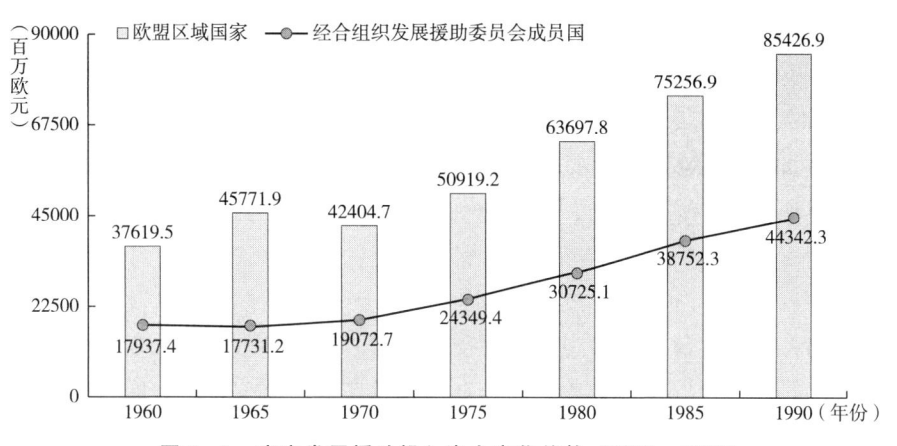

图 1-1　官方发展援助投入资金变化趋势（1960~1990）

资料来源：OECD 数据库，https://data.oecd.org/oda/net-oda.htm。

年，欧共体国家在世界范围内援助的国家并不十分广泛，绝大部分资金都通过欧洲发展基金流入了非洲，金额逐年增加。而历史事实也说明，在这30年中，非洲国家的贫困率不降反增，国内生产总值时常出现负增长。非洲国家对西方援助依赖严重，如果经合组织停止对非援助，某些非洲国家的经济将面临时刻崩溃的风险。非洲学者莫约在《援助的死亡》中提出："西方对非援助长期以来只是助长了非洲政府的腐败和人民的贫困，阉割了非洲的企业家精神，并使非洲深陷依赖外援的陷阱不能自拔。"[①] 总体而言，欧共体对非援助的投入与非洲实际获得的发展远远不成正比，援助低效。

（二）欧盟内部的反应与反思

发展援助的目标是应对受援国贫穷落后的情况，促进经济发展，改善民生。欧共体成员国十分支持联合国提出的十年发展战略，自1970年后就尽量将每年的援助额提升至国内生产总值的0.7%。后来北欧的一些国家每年提供的援助远远超出了这一目标。如此巨大的援助却换回非洲持久的积贫积弱以及对援助的病态依赖。80年代，全球性的经济危机爆发，欧共体的经济增长率减缓，经济发展疲软。越来越多的民众开始质疑政府的官方发展援助行为，认为既然发展援助基本无效，政府应减少投入，将

---

① 〔赞比亚〕丹比萨·莫约：《援助的死亡》，王涛、杨惠等译，世界知识出版社，2010，第21页。

资金转而关心国内民生,用于国内发展。此类呼声在 80 年代末期不绝于耳。民众的不满与意见对欧共体成员国发展援助政策造成冲击,因此自 1990 年开始欧共体的发展援助金额增幅不大。

针对民众的集体反应以及为维护成员国的国家利益,欧共体内部开始对发展援助进行深刻反思。鉴于发展经济学在二战后针对援助的理论与实践在非洲均宣告失败,通过详细考察和分析,欧共体认为仅关注非洲国家的经济发展,减贫和解决经济层面的问题并不是非洲问题的解决之道。这一时期,世界整体的发展观念正处于转型期,西方提出了"有竞争的市场经济、好的治理以及健康的公民社会有机地三位一体"[①] 的发展援助新理念。发展应该是全方位的,包括经济、政治、社会和文化等多方面,彼此相辅相成。因此欧共体将关注点转向非洲的政治和社会,希望从中找出援助低效的原因。

经过欧共体的分析,一种过程驱动型的援助模式浮出水面。其基于以下前提。第一,非洲受援国政治经济发展落后,因此在政治和经济制度方面都较为薄弱。在获得西方大量援助的情况下,非洲国家可能由于制度不健全导致援助并不能物尽其用。第二,欧共体国家均为民主的发达国家,在民主制度与公民社会方面较之非洲国家更有经验,可以以自身为范本向非洲国家推广经验。二者通过供需关系达成一致。这种过程驱动型的发展援助有以下优点:一是有利于促进受援国建立一套西方式民主政治和市场经济体系,在政治上强调参与、透明、问责和良治,在经济上强调私有化、自由化等价值观念;二是有利于监督约束受援国对资金的使用,防止贪污、挪用和腐败;三是由于援助资金来源于纳税人的税收,强调上述价值观念,有利于援助国说服自身国民,得到纳税人的选票支持。[②] 因此,欧共体开始将人权、民主和良好治理等政治导向作为条件加入对非援助政策,试图通过完善和透明的政治制度保障援助的合理利用,提高援助有效性。

三 欧盟外部:对区域利益的维护和国际政治地位的追求

国家的对外援助都包含双重动机,欧共体的对非援助也不例外。其中

---

① 赵黎青:《非政府组织与可持续发展》,经济科学出版社,1998,第 133 页。
② 王小林、刘倩倩:《中非合作:提高发展有效性的新方式》,载《国际问题研究》2012 年第 5 期,第 79 页。

利他动机已在上文中提到，试图通过援助帮助非洲摆脱贫困获得经济发展。而利己动机则是对外援助的核心驱动力，即维护欧盟/欧共体成员国及其整体的利益，维持对非的传统影响力。

（一）欧盟成立开始追求政治利益

20世纪80年代后期，随着欧共体在经济一体化方面的逐步进展，成员国希望进一步扫除障碍，加强彼此间的自由贸易。1986年，《欧洲单一法案》签署，期望在1992年之前在欧共体内建立单一市场，实现商品、资本、劳务和人员的完全自由流动。该法案虽然针对经济领域，建立单一市场就必须修改欧共体理事会的议事原则为"特定多数表决"，同时赋予欧洲议会更大的权力。在有了上述组织机构权力调整的基础上，1993年，欧洲联盟正式成立。欧洲一体化过程从经济领域外溢到政治领域。在外溢过程中，最重要的政治目标是"建立欧洲人民更加紧密的联盟的基础"。成员国将一部分国家权力给予新成立的欧盟，涉及经济和货币政策、社会领域的福利政策、甚至包括安全与外交政策等。在此基础上，欧共体成员国让渡了更多的主权。

欧盟在政治方面有两个主要变化。第一，欧洲联盟作为超国家行为体开始追求在国际舞台上的政治地位。欧盟亟须获得与其经济地位相匹配的国际政治影响力。欧盟追求政治地位首先表现在以独立的身份加入多个国际组织，成为观察员，逐步获得国际社会对其独立行为体的认同。其次，不断完善共同安全与外交政策，以独立行为体维护区域利益，实践带有欧洲特点的对外行动。再次，欧盟开始确立和强调欧洲理念与规范，发展软实力，代表整个欧洲与国际社会进行互动。

第二，欧盟成立后，成员国更强调用同一个声音说话，在对外政策的宣传上逐渐趋同。一种全新的"多层治理"模式正在成型。联盟的机构调整使欧洲议会权力增大，欧盟委员会在区域性事务上也获得更大的发言权。有学者认为，超国家机构的建立能够规范成员国的行动并影响其对利益和目标的界定，削弱成员国的抉择能力，最终影响成员国的行为。[①] 欧盟成员国在制定外交政策时，开始考虑该政策是否符

[①] P. Halland, R. Taylor, Political Science and the Three New Institutionalisms, *Political Studies*, Vol. 44, No. 5 (1996), pp. 936–957.

合联盟的整体理念与利益,进一步加速欧盟在对外政策中的一致性。

(二) 欧盟在非洲的传统利益的维护与对国际影响力的需求

欧盟成立后,在发展援助政策中加入人权、民主和良好治理政治导向就是其宣传理念、维护利益、追求政治地位的典型作为。在经历二战后反帝反殖民的民族解放运动浪潮后,欧盟再也不像曾经的宗主国那般对非洲国家实施直接的控制和影响。在多个《洛美协定》的谈判中,非加太国家的态度越发强硬,要求独立自主,反对欧共体通过援助变相控制国家的发展进程。此时欧共体也意识到其在非洲的影响和控制力正在不断衰退,调整发展援助政策成为解决办法。

将人权、民主和良好治理政治导向加入发展援助政策有欧盟/欧共体深层次的考虑,同时将为其带来诸多好处。其一,人权、民主和良治是欧盟的重要理念和规范,通过推行有助于增强软实力。人权和民主是欧盟成员现代化进程中的重要制度基础。在扩盟的过程中,欧共体将保护人权和实行民主制度作为考核申请国的必要条件,并逐渐内化为欧共体的行为规范。事实上,保护人权理念在二战后就被逐渐肯定,联合国的发展规划以及人权宣言中早已强调其重要性。而民主制度则在第三波民主化的发展过程中,被越来越多的民众了解,认识到在制约国家权力、表达公民意志等方面有诸多优点。人权和民主观念已被普遍接受,欧盟在这方面具有优势,将其标榜为自身理念,有助于增强软实力。

其二,在援助政策中加入政治导向,实施对非洲的制度性影响,从而维持传统影响力。在第四个《洛美协定》之前,欧共体对非加太国家的援助是以贸易为核心的,直接表现出对这些国家初级产品的需求。援助局限于经济领域。随着全球性经济危机的爆发,欧共体国家的经济陷入疲软。同时加入《洛美协定》的非加太国家数量不断增多。在这一过程中,欧共体对非洲国家的经济影响力开始下滑。通过调整援助政策,加入政治导向,监督非洲国家保护人权、建立民主制度和实行良好治理,在制度层面将欧共体的共同经验输入非洲,确保其建立起西方制度,将从根本上提升欧盟对非洲的影响力,持久且深远。

其三,在援助政策中加入政治导向,可以减少欧盟的政策成本,提高最终收益。要求受援国保护人权、发展民主和推行良治,欧盟选择将这些理念作为自身价值进行宣传，在理念上赋予欧盟道义与使命，有助于提高政治导向援助政策的合法性。广大非洲国家急需欧盟的发展援助，为了国家的发展必然会接受欧盟提出的种种条件。最终，欧盟以较小的代价获得较大的回报，成为最大获益方。

四 非洲层面：自主意识觉醒与发展选择增多

非洲地区的两个变化是迫使欧盟调整发展援助政策的重要背景原因：其一，非洲国家自主意识的觉醒，反对欧洲干预非洲内部事务；其二，冷战之后越来越多的国际行为体开始关注非洲的贫困和落后问题，国际政治多极化趋势明显，非洲有了更多的选择，对欧盟的依赖性降低。

（一）非洲自主意识的觉醒

二战后开始，广大非洲国家纷纷脱离宗主国的统治，成为独立国家，并纷纷加入联合国，成为会员国。虽然非洲的政治和经济依然不能马上就脱离西方国家的控制，但是通过民族解放运动获得独立，被世界最大的政府间国际组织认可赋予了非洲国家法律意义上独立主权国家的地位，与西方国家拥有同样的国家权利和平等的关系。这给予非洲国家全新的希望。1963年，31个独立的非洲国家签署《非洲统一组织宪章》，成立非统（Organization of African Unity）。该机构旨在促进非洲国家的统一和团结，维护主权、领土完整与独立，消除非洲一切的殖民主义，在尊重《联合国宪章》与《世界人权宣言》的基础上推进国际合作。非统的成立确立了非洲国家独立自主的思想与组织基础。

此外，非洲积极参与南南合作，进一步强化了自主意识。适逢美苏争霸，非洲国家为不成为美苏争斗的筹码，与广大发展中国家积极合作，维护自身利益。1961年，在埃及召开的不结盟国家和政府首脑会议拟定了五条标准：

> 第一，该国应奉行建立在与不同政治和社会制度的国家共处以及不结盟基础上的独立政策，或倾向于赞成这一政策。第二，该国应一贯支持民族独立运动。第三，该国不应该参加与大国争夺有牵连的多边军事联盟。第四，如该国与一个大国订有双边军事协定或缔结过区域性防务条约，则该协定或条约缔结的目的不应与大国争夺有任何牵

连。第五，如该国已将军事基地租让给外国，则此种租让不应与大国争夺有任何牵连。①

不结盟运动努力为建立国际经济新秩序而斗争，使非洲国家认识到独立自主与团结一致的意义。1963年，七十七国集团成立，其中绝大多数是刚独立的非洲国家。它将发展中国家联合在一起，协调立场，维护共同利益，为争取国际政治经济新秩序做出了突出的贡献。在该过程中，非洲国家的自主意识进一步觉醒，处理国际事务的能力得到强化。体现在同欧共体进行《洛美协定》的谈判中坚决反对对受援国内政的干涉，取得了一些积极成果。

冷战结束，和平与发展成为时代的主题，主权原则成为全人类的共识。经过独立后二十多年的发展，非洲人民积极发挥主观能动性，探寻自主发展道路，强烈反对西方国家的直接干预。欧共体国家不能再像《罗马条约》和《雅温得协定》时期以援助条款严格控制非洲国家。因此，欧盟调整发展援助政策，在官方文件中明确提及与非洲是平等的伙伴关系，将以援助帮助非洲国家实现保护人权、建立民主制度与推行良好治理，从而促进非洲实现全方位的发展。这一趋势在2000年非洲联盟（African Union）取代非统之后表现得更加明显。

(二) 非洲发展过程中可选项增加

第二次世界大战后初期，主要是美苏和欧共体国家对非洲进行援助，非洲国家为谋求发展不得不接受这些援助，甚至是那些附带了各种条件的援助。这一历史现实使非洲国家深知独立自主的重要性，因此力图谋求减轻对西方援助的依赖。冷战结束后，国际格局发生重大转变，国际政治多极化趋势发展迅速。更多国际行为体参与到帮助非洲发展的过程中，给予非洲国家更多的选择。

第二次世界大战后欧洲经济一体化迅速发展，全球经济进入一段长期增长期。一些发展中国家通过融入国际经济体系，发挥优势，获得国家经济的可持续发展，人民生活水平得到显著改善，比如韩国和墨西哥都脱离七十七国集团，成为经合组织成员国。然而全球经济发展的红利并没有惠

---

① 中国国际问题研究所编辑部：《不结盟运动主要文件集》，中国对外翻译出版公司，1987，第3页。

及非洲国家。直至冷战结束，非洲依然是全球最贫困和落后的大陆。全球共有48个最不发达国家（Least Developed Countries），有34个是非洲国家。非洲发展的迟滞与严峻形势引起整个国际社会的关注。诸多国际组织开始积极帮助非洲发展。联合国每个十年发展战略规划都突出强调非洲发展问题，呼吁全球伸出援手，帮助非洲。世界银行也积极配合，为非洲国家提供资金援助。另外，全球绝大多数的人道主义援助均流入非洲。

除了国际组织外，一些先行获得成功发展的发展中国家，也参与到对非援助中，冷战后开启了与西方截然不同的援助模式。其中最有特点的就是中国、印度、巴西等新兴发展中国家的对非援助。早在冷战时期，中国对非洲国家慷慨解囊，帮助修建坦赞铁路，传为发展中国家援助的佳话。后来，这些国家经济增长迅速，实现了不同于西方发展模式的经济增长，掌握了丰富的发展经验，并且深知西方援助提出诸多条件对国家发展的限制。因此这些国家在对非援助中提出不附加任何政治条件，援助过程强调平等互利，比较重视非洲国家的经济实际增长与减贫效果。新兴发展中国家参与非洲发展援助时间较晚，大致在20世纪90年代后期，但势头迅猛。由于新兴发展中国家的加入，欧盟更加坚定了其带有政治导向的援助政策，从而能够对非洲实现持久的制度影响。同时，欧盟也开始反复强调同非洲国家是完全平等的。发展过程中参与方多元化给非洲国家提供了更多选择，欧盟对非洲的控制和影响力减弱，迫使其不断调整和完善发展援助政策。

综上，欧盟/欧共体调整对非援助政策，加入人权、民主和良治的政治导向，主要基于体系、非洲和自身等多重因素的考虑。在体系层面上，第三波民主化浪潮普及了民主思想，冷战结束更加速了国际体系的转型，非洲已不再是美苏争霸的对象。西方获得胜利并试图将自身意识形态在非洲推广。在非洲层面，二战后非洲国家纷纷独立，主权原则得以确立，自主意识不断觉醒。加之后来诸多国际组织与新兴发展中国家也参与到非洲的发展中来，为非洲国家提供多元选择。非洲国家在与欧盟/欧共体的谈判中越发强硬，迫使欧盟进行调整。对欧盟自身而言，援助的长期低效是调整援助政策最主要的内因，多国民众已对大量援助提出质疑，欧共体开始反思。另外，欧盟成立后向着超国家政治实体迈进，因此需要追求相应的国际政治地位，维持对非洲的影响力是其中的重要举措。而高政治层面的制度影响比纯经济领域的贸易影响更加有效。诸多因素相互交叠促成欧盟对非援助的改变。

第四节　对非洲援助理念与欧盟的外交定位

欧洲联盟不是一个主权国家，而是一种政治体制，一种由诸多渴求拥有负责人的政府进行善治的国家和人民所组成的联盟。[①] 在实践中，欧盟是基于自由、民主、尊重人权和人类的基本自由以及法治原则等西方基本价值理念而发展起来的国家联盟。这些核心价值理念充分体现在其内外政策中。在对内政策中，欧盟将这些价值理念作为成员国以及申请入盟国家必须遵守的原则。如若违反，欧盟将进行相应处罚直至终止其成员国资格。在对外政策中，欧盟以和平、自由、民主、法治、人权等五个核心价值理念和可持续发展、良治、社会团结、反歧视等四个次级价值理念作为其"规范"的基础，制定包括发展援助政策在内的外交政策，企图在世界范围内推行欧盟的价值理念，建立一种西方主导、以欧洲价值理念为基础的多边主义世界体系。由于东欧剧变、苏联解体，国际政治格局的深刻变化，加之欧洲一体化的深入发展，这为欧盟争取相应的国际政治地位提供了新的契机。在对自身实力地位深刻认识的基础上，欧盟对自己当前和未来的国际身份和地位进行了符合自身特性的定位——"规范性力量"（Normative Power）。以此定位为依据，欧盟逐步调整了自己的对外政策，并在其外交实践中展开了与自身"规范性力量"相适应的规范性外交。在发展援助政策的制定和实施中，欧盟将发展援助作为其推行规范性外交，显示其"规范性力量"的载体，通过发展援助来彰显欧盟的国际地位和重要的国际力量。

一　规范性力量：冷战后欧盟对其国际角色的定位

欧盟规范性外交政策的出台主要源自冷战后国际格局的变化和欧盟对自身"规范性力量"的认知和定位。冷战结束后，国际政治格局的变化，欧共体发展为欧洲联盟，成为超国家行为体。为提升欧洲在国际体系中的影响力与维护自身的利益，欧盟根据变化的国际局势，重新审视自身的实

[①] 刘泓：《欧洲联盟：一种新型人们共同体的建构》，中国社会科学出版社，2008，第141页。

力，确定了在国际体系中"规范性力量"的自身定位，推出规范性外交，即在世界范围内推行欧盟的核心价值理念，试图以规范建构后冷战时期的国际政治多边体系。

(一) 国际格局变化催生欧盟重新定位

冷战时期，西欧作为对抗以苏联为首的社会主义阵营的前沿阵地，在两极对峙的国际政治格局中，成为以美国为首的西方阵营的中坚力量。1951年，法国、联邦德国、意大利、比利时、荷兰、卢森堡六国以《舒曼计划》为蓝本，签订了《欧洲煤钢共同体条约》，建立了煤钢共同体。1957年，上述六国签订《罗马条约》建立了原子能共同体和欧洲经济共同体。1965年，六国签订《布鲁塞尔条约》，将上述三个机构合并，1967年，建立了欧洲共同体。这期间，欧共体成员国对内恢复和发展经济，对外则与美国结盟，紧随美国对苏政治上遏制、经济上封锁、军事上对抗的全球战略。在安全上，欧共体则依靠美国主导的北约的保护，共同对抗苏联为首的东方阵营。20世纪80年代末东欧剧变，1991年苏联解体，长达40多年的美苏争霸的两极国际政治格局顷刻瓦解。此时，来自以苏联为首的东方集团的政治和安全上的压力迅速消失。国际政治格局戏剧性的变化为欧共体对外政策的改变提供了新的契机。

这是由于以下两点原因。首先，以苏联为首的东方阵营的瓦解使西欧和平与稳定的外部安全威胁消失。欧盟可以摆脱在安全上对美国的依赖、在对外政策上对美国的亦步亦趋的困局，使其在冷战时期一直追求的独立自主的外交政策获得发展的空间。其次，亚非拉发展中国家不再是美苏争夺的对象，非洲国家在美国全球战略中的地位下降。一些地区出现的权力"真空"有利于欧盟介入。而作为欧洲后院并与欧盟国家有着传统关系的非洲地区理所当然地成为欧盟的首选。

这一契机促使欧盟重新思考自己的外交目标和对外政策。然而，合适的外交目标取决于对自身在国际舞台上角色的准确定位。

(二) 审视自身实力，定位规范性力量

此时，欧洲一体化取得了丰硕的成果。1987年，对欧洲一体化具有重要历史意义的文件《欧洲单一法案》生效。据此，欧共体12国在1992年之前建立商品、劳务、人员、资本自由流通的统一大市场，并将货币、

科技和环保纳入共同体的行动范围。此间，包括建立关税同盟、共同农业政策、欧洲货币体系、科技合作等经济一体化的重要方面也取得了长足进展。1991年12月，欧共体首脑会议通过了《欧洲经济与货币联盟条约》和《欧洲政治联盟条约》，即《马斯特里赫特条约》，确立了欧洲共同体、共同外交与安全政策和刑事领域警务与司法合作为欧盟未来发展的三大支柱。欧洲一体化跃上一个新台阶。1993年11月1日，《马斯特里赫特条约》正式生效，欧洲联盟成立。欧洲一体化进程从经济领域外溢到政治领域。"外溢过程中最重要的政治目标是建立欧洲人民更加紧密的联盟的基础，把过去为成员国保留决策权力的一些新领域授予欧洲联盟，其中包括经济和货币政策，社会政策（福利和健康），外交政策（安全、和平和裁军）。"[1] 在此进程中，欧盟成员国让渡了更多的主权行使权，使欧洲联盟成为实质意义上的超国家行为体。欧洲经济一体化的发展和作为欧盟支柱之一的共同外交和安全政策的出台为欧盟重新确定自身的国际地位提供了组织和制度基础。

欧洲一体化的进展为西欧经济发展提供了强劲的动力，增强了西欧整体的经济实力。在欧盟建立的1993年，欧共体12国人口达到3.2亿人，面积225万平方千米，国内生产总值超过75069.41亿美元。在总体经济实力上明显高于美国（1993年，美国的国内生产总值为65829.00亿美元）。欧共体也是世界上最大的贸易集团，1992年，外贸总额约为29722亿美元。同时，欧共体还是全球发展中国家最大出口市场和最大援助者，多边贸易体系的倡导者和主要领导力量。

然而，与不断增强的经济实力相比，欧共体的军事实力明显不足。赫德利·布尔（Hedley Bull）称欧洲是"经济的巨人和军事的侏儒"[2]。因此，当时伦敦国际战略研究所主任弗朗索瓦·杜舍尼（Francois Duchêne）将欧共体的对外影响力定位为"民事性力量"（Civilian Power）。他认为民事力量主要有三个特点：一是以经济力量实现国家目标；二是优先以外交合作手段解决国际问题；三是愿意利用具有法律约束力的国际制度推动国际进步。[3] 彼时，欧共体在国际社会中的"民事性力量"受到广泛的认

---

[1] 杨豫：《欧洲政治一体化的进程：历史的回顾》，载《欧洲》2002年第5期，第5页。
[2] 朱立群：《欧盟是个什么样的力量》，载《世界经济与政治》2008年第4期，第17页。
[3] 洪邮生：《"规范性力量欧洲"与欧盟对华外交》，载《世界经济与政治》2010年第1期，第54页。

同。那么，冷战结束后，欧盟仍然以经济实力为支撑的"民事性力量"作为其在国际舞台上的定位吗？

2002年，伊恩·曼纳斯（Ian Manners）发表了《规范性力量：欧洲术语的矛盾》一文，认为无论"民事性力量"还是"军事性力量"欧洲，都是基于冷战时期的国际环境与思维模式得出的论断。二者类似自由制度主义与新现实主义之争。然而，真正能解释冷战结束的是建构主义。冷战的结束并不是西方在经济力量或者军事力量上优于苏联东欧社会主义国家，而是在规范和意识形态方面获得了胜利。因此，观念和规范的力量不容小觑。为此，他将欧盟未来的身份地位定义为"规范性力量"。表1-3是爱德华·卡尔、约翰·加尔通以及他本人对三种力量的界定和归纳。

表1-3 民事性、军事性与规范性力量

	民事性力量	军事性力量	规范性力量
爱德华·卡尔（E. H. Carr）	经济	军事	观念
约翰·加尔通（Johan Galtung）	有报酬的	惩罚性的	意识形态的
伊恩·曼纳斯（Ian Manners）	运用民事工具的能力	运用军事手段的能力	有能力塑造规范的概念

资料来源：Ian Manners, "Normative Power Europe: A Contradiction in Terms?", *Journals of Common Market Studies*, Vol. 40, No. 2, 2002, p. 240。

基于曼纳斯的界定，"规范性力量"欧洲的概念应是："试图以'超越威斯特伐利亚主权体系'的理念为基础，通过欧洲一体化进程中凝聚起来的价值观和规范，塑造欧盟这一当代独特的政治实体的新道德形象，不仅以其界定自己身份的性质和在国际舞台上的角色特征，而且以向世界推行这些价值观、规范为欧盟的职责和目标。"[1]

鉴于对欧盟自身实力的综合考量，为寻求与其经济实力相匹配的国际影响力，克服军事力量不足的不利因素，以"规范性力量"欧洲来定位未来欧盟的发展方向无疑是最合适的选择。"规范性力量"突出强调欧盟核心价值理念，推广欧洲规范，以此塑造非欧盟国家的观念，使欧盟在国际上产生规范性影响。作为"规范性力量"影响世界还在于其具有其他经济体不具备的优势——欧盟经过一体化的建设，掌握并创建了各种参与、协

---

[1] 洪邮生：《"规范性力量欧洲"与欧盟对华外交》，载《世界经济与政治》2010年第1期，第55页。

调与合作的机制，熟悉直接或间接地通过国际性组织、区域间的合作机制以及其他各种渠道，影响全球规则的发展方向从而维护了欧洲利益的技巧。"规范性力量"欧洲传递出的是和平与循序渐进的观念力量，欧盟不会因为他国不接受欧洲规范而使用武力迫使对方接受。正是在国际局势变化以及欧洲自身重新定位的双重作用下，欧盟开始在国际社会中展现"规范性力量"，对外输出欧洲价值理念，推行规范性外交政策。

(三) "规范性力量"的基本价值观

尽管当时在欧盟的政策文件中并没有明确用"规范性力量"来对自己未来的国际身份地位定位，但是从欧盟此后的外交政策文件和对外政策的实施来看，已经开始将"规范性力量"的理念运用其中。这一理念被曼纳斯归纳为9个核心概念：可持续的和平、社会性的自由、共识性的民主、超国家的法治、相互关联的人权、社会团结、公平与反歧视、可持续发展以及良好治理。[①] 9个规范中前5个被认为是欧盟的核心规范，后4个是次级规范，这些规范彼此相互联系，不可分割。

从欧盟的发展历程可知，"规范性力量"的5个核心规范均来自欧洲对自身身份性质的界定，2000年后，次级规范中的良好治理被提升至更重要的地位，欧盟对上述规范拥有丰富的实践经验，并在实践中反复内化，使得这些核心价值理念的规范性增强。和平是欧盟最早的规范，在经历两次世界大战的创伤后，欧洲人民深知和平来之不易。对和平的追求是欧洲走向一体化的最重要的原因。通过法德和解，成立经济共同体，实现欧洲的长久和平。自由的观念在欧洲实践中，除了人身基本自由外，还为在制度和政策上保障和推行经济自由，包括商品、人员、服务和资本的自由流通。在此基础上对政治、文化自由也有所保障。民主体现在欧盟成员国均为民主国家，拥有较为完善的民主制度，后来欧盟在建设超国家机构中也遵循民主原则。法治精神在欧共体和欧盟的发展过程中得到充分体现，从创建到深化，各项制度框架都有法律依据，欧盟甚至被称为"法律共同体"。在保护人权方面，欧共体国家在二战后遵循联合国《世界人权宣言》制定了欧洲人权保护法律体系，建立完善

---

① Ian Manners, "The Constitutive Nature of Values, Images and Principles in the European Union", in *Values and Principles in European Union Foreign Policy*, Edited by Sonia Lucarelli and Ian Manners, London: Routledge, 2006, p. 38.

的人权保障机制，同时在欧盟/欧共体的政策文件中反复强调人权保护的重要性。良好治理是伴随欧盟发展中出现的问题而提出的解决办法。良治强调制度的作用，试图通过合理的治理规避潜在的问题，从而实现资源优化配置。

二 人权、民主和良治在规范性外交中的地位

人权和民主观念是欧盟/欧共体建立之初就有的观念，在后来的发展中被不断深化和强调，成为欧盟最核心的价值观念。良好治理的观念虽然提出时间较晚，但是该观念被欧盟有效地利用与推广，成为冷战后全球性的价值规范。可见，人权、民主和良好治理是欧盟目前最推崇的价值取向，加之此三者拥有巨大的道义力量，在欧盟的规范性外交中占有举足轻重的地位。

（一）作为核心价值规范的人权和民主的发展演进

人权规范虽然在《欧洲单一法案》中被首次提及，但欧洲地区的人权保护机制开始很早，制度较为完善。联合国于1948年通过《世界人权宣言》。1950年，欧洲委员会出台《欧洲捍卫人权与基本自由公约》，1959年，又在斯特拉斯堡设立了欧洲人权委员会和欧洲人权法院两个常设机构，负责实行人权条款并进行监督。这为欧共体后来的人权规定确立基础。1993年，欧盟成立，2000年，颁布《基本权利宪章》，确立了欧盟人权保护机制的明确原则，欧共体法院也被赋予保护人权的功能。至此，欧洲拥有两种并行的人权保护机制。欧洲委员会由于历史悠久，在保护人权方面经验丰富、机制完善。欧盟后来加入《欧洲捍卫人权与基本自由公约》，欧共体法院也可直接援引该公约的规定处理事务。

民主规范是欧盟/欧共体较早确立的价值规范，主要同人权规范一同在欧盟/欧共体的重大法律文件中反复表述和强化。1957年的《罗马条约》中重点强调"通过合并各国的资源以维护和平和自由"，其中虽并无明确提及人权与民主，但维护和平和自由必然需要以上两个规范。1993年的《欧洲联盟条约》前言中要求成员国需对自由、民主以及尊重人权与基本自由规范和法治规范进行确认与坚持，还要求成员国的政体应建立在民主原则之上。1997年的《阿姆斯特丹条约》进一步深化民主和人权规范。其中第6条规定："欧盟建立在自由、民主、尊重人权和基本自由以

及法治原则的基础之上,这是成员国的共有观念。"① 申请入盟的成员国必须拥有民主制度。2004年,首部《欧盟宪法》出台,除了对人权民主规范的重申外,规定欧盟超国家机构按照民主的规范进行构建。2007年,《里斯本条约》出台,结束了欧盟倡导6年的制宪议程。该条约促使欧盟决策机构和程序更加民主化,同时还能够更有效地保护人权并关注社会问题。具体包括,规定百万以上的欧洲公民可以直接向欧洲委员会提出议案,有助于提高欧盟民主制度的效率,缓解民主赤字。同时发展了欧盟人权法,确立了《欧盟基本人权宪章》的法律地位及其法律效力,使欧盟范围内人权保护更进一步。

除了欧盟官方法律文件对人权和民主规范进行确认外,对于申请加入欧盟的中东欧国家,欧盟专门设立了哥本哈根标准,其中遵守人权和民主规范是关键。成员国资格要求申请国已经:"1.具有确保民主、法治、人权和尊重与保护少数民族权利的稳定制度;2.具有行之有效的市场经济和应对联盟内部竞争压力和市场力量的能力;3.具有履行成员国义务的能力,包括恪守政治、经济和货币联盟的目标。"② 其中第一条的政治标准是最为重要的条件。

(二) 作为次级规范的良好治理及与核心规范的关系

良好治理不属于曼纳斯提出的欧盟规范性力量的五点之一,被算在规范性力量的补充内容中,属于次级规范。虽然产生时间晚、发展时间短,但良好治理由于其重要的作用在近些年成为欧盟规范性外交最多提及的规范。

良好治理规范的关键词包括民主参与、透明度和问责制。良治有赖于培养和管理的手段,主要包括自治和公民社会对公共权力机构的监督。③ 欧盟的良好治理规范一直侧重于强调有效的政府和健康的公民社会,二者之间实现制约和有效平衡。欧盟的发展过程中,格外注重公民社会的建设与发展,希望将公民社会作为表达民意的重要渠道。

---

① European Communities, *Treaty of Amsterdam*, Luxembourg: Office for Official Publications of the European Communities, 1997, p. 58.
② 刘博:《欧盟扩大过程中的人权规定与实践》,载《山东师范大学学报》(人文社会科学版) 2007年第2期,第83页。
③ Henrik Bang, Anders Esmark, "A Systems Theory of Good Governance", Paper prepared for ICPP, Grenoble 2013, p. 1.

良治规范得到认同和推广是在欧盟成立之后。最初欧盟在文件中将其表述为民主治理，该表述更多强调通过合理的制度和实施手段从而实现政府职能有效性的提升，进而充分发挥民主制度的优势，最终保障各项人权与实现国家发展。欧盟自身在充分践行民主治理规范并获得公民社会的快速发展后，认为该规范对于非洲国家的发展也有重要的帮助。但该观念过于强调西方民主概念，在规范性外交中普及困难，后来欧盟将治理的含义细化，不再仅限于民主方面，好的治理囊括了社会生活的方方面面，至此良好治理规范正式成型。总体而言，良好治理规范对于提升欧盟援助效果有所裨益。同时，该规范的有效实施是人权和民主两个核心规范得以实现的保障。因此，不难理解欧盟反复强调与重视良好治理规范。

（三）人权、民主和良治三者之间的关系

核心规范人权、民主和次级规范良治之间是相辅相成的。其一，在欧盟的规范性外交中，人权、民主规范处于核心地位。人权保护是一个极其广泛的领域，就保护的内容而言，既包括公民权和政治权利，也包括经济、社会和文化权利，还包括发展的权利。就保护的实施而言，既有宪法的保证，也有具体法的遵循，还有各种保护机制的建立和监督。近代人权观念从欧洲产生并得以发展，欧洲国家在历史发展中积累了人权保护的丰富经验。经历两次世界大战后，联合国《人权宪章》的颁布宣告了人权成为当代国际社会极为重要的价值规范。在欧盟/欧共体拥有丰富经验的内因基础上，配合国际大环境对人权认可的外部因素，人权规范自然成为欧盟规范性外交的核心规范，占据重要地位。

近代西方民主起源于欧洲大陆，并在英国、法国、德国等国家的发展过程中逐步完善，积累了丰富的经验。欧盟在规范性外交中积极推行西方民主制，主要为了通过影响受援国政治制度从而在更深层面上加大对非洲国家的影响。鉴于欧洲优势以及潜在收益，民主规范成为规范性外交中的第二个核心规范。在具体定义中，民主规范包括民主的概念和民主的形式。欧盟推行的民主规范主要是多党选举的代议民主制，即公民授权给公职人员，使其成为代理人员管理国家。在这个过程中，要遵循民有、民治和民享的原则。西方学者认为："在多党民主选举制中，政党能够将社会不同群体的看法和利益聚合起来，使选民针对政府的公共政策有更多的选择。综观历史，只有这种多党竞争机制才能促使好政府的出现，确保政府做到透明、负责，代表人民的利益。"[①] 除了代议民主制外，民主制度还应保证行政、立法和司法权三权分立，相互制约。

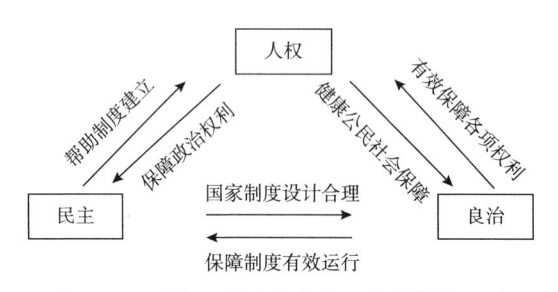

图1-2 人权、民主和良治三者之间的关系

其二，良好治理规范是欧盟规范性外交的现实目标与成效标准，是人权、民主规范的延续与发展。良好主要指制度的合理性，概念更倾向于一种状态和方式，内涵更加广泛。良好治理是一个国家政府有效管理国家、促进国家长治久安的保障。在欧盟的规范性外交中，良好治理的理想状态主要体现为政治体制中行政、立法和司法权能够彼此有效制约，减少腐败；国家政策行之有效，公民社会健康发展，能够有效监督政府行为，并形成顺畅的官民沟通机制。良好治理规范如果得到有效实施，将在制度层面上保障人权和推进民主制度，成为人权和民主原则得以贯彻的重要渠道。因此，良治规范是当前欧盟规范性外交中最为重要的现实目标与成效标准。通过推行良好治理规范，保障规范性外交中最为核心的人权和民主规范在受众国得以改善。

通过图1-2可知，欧盟认为，当规范性外交中的人权、民主和良治原则都得到合理有效实施时，三者之间相互促进、相得益彰。如果规范性外交政策获得成功，应该能够建立起完善的民主制度，各项人权得到保障，国家与社会之间实现良性互动，机构的工作效率大大提高，他国将会获得极大的发展。与此同时，人权、民主和良治的观念也将深入该国民众心中。建立的制度将发挥对国家行为的规范作用，促使国家各项工作进入良性循环轨道。因此，规范性外交的出发点带有理想性因素，但在实际的操作中，由于各国国情有极大差异，欧盟规范性外交的作用在不同地区也

---

① 〔英〕阿莱克斯·汤普森：《非洲政治导论》，周玉渊、马正义译，民主与建设出版社，2015，第431页。

表现各异。

三 对非援助理念与规范性外交

对非援助是欧盟外交中的民事性工具,欧盟规范性外交提出后,欧盟援助中开始附加人权、民主和良好治理等政治要求,以此在国际社会中展现欧盟的"规范性力量",对非援助成为欧盟实施规范性外交的手段,也成为欧盟规范性力量的载体。

(一) 对非援助理念与欧盟/欧共体对外政策的变化

国际行为体对外政策制定与调整的考量是行为体的利益。欧盟/欧共体也不例外。发展援助是外交政策重要的载体。作为世界最大的发展援助提供方,援助成为欧盟维护利益、输出规范最重要的工具。因此,其外交政策的变化势必引起援助政策的调整。

欧共体虽然是区域经济一体化组织,但成员国在国际事务上越来越注重用一个声音说话。在冷战时期,欧共体的一体化集中于经济方面,但是为配合欧洲各领域事务的协调发展,1970年,欧共体成员国批准了达维格农(Rapporto Davignon)报告。该报告明确了协调各国对外政策的途径和步骤:"开始时,各国可以先在外交方面进行关门对话,然后再在协调各国外交政策方面迈出重要步伐——先是建立一个共同外交政策,然后是建立共同的安全与防务政策。"[1] 该报告确立了欧共体在冷战时期的政治合作机制。主要应对一些重大敏感和安全问题,包括苏联入侵阿富汗、中东危机等,保证了欧共体在国际上采取共同的外交政策。此时,非洲是美苏争霸争夺的势力范围,欧共体作为美国的盟友,属于西方阵营,便通过《罗马条约》、《雅温得协定》和《洛美协定》强化同非洲前殖民地国家的经贸关系,并辅以援助巩固西方阵营在非洲的势力范围。

冷战时期,欧共体对非援助的重点限定于经济领域,通过贸易和援助实现对非洲事务的控制。此时欧共体的主要任务是战后的重建与经济恢复,因此,对外政策更多地注重经济利益。其政策出发点决定了冷战时期的对非援助的限制条件有限。

---

[1] 〔意〕福尔维奥·阿蒂纳等著《全球政治体系中的欧洲联盟》,刘绯、张宓等译,中国社会科学出版社,2009,第5页。

冷战结束后,非洲国家的战略地位大大下降,欧共体国家经济已全面恢复,国际政治地位也大大提高。经济一体化的长期发展外溢到政治领域,欧洲联盟成立。欧盟成为独立的超国家行为体,在对外政策上开始追求欧盟特性。对非援助开始附带人权、民主和良好治理等政治条件,具体体现在:如若受援国违反上述原则,欧盟将有权中止援助,直到该问题得到改善。欧盟对非援助政策的调整反映了外交政策的改变。欧盟规范性外交政策的提出是为增强在国际社会中的政治影响力、宣传欧洲价值观,以和平力量对世界发展进程施加影响。非洲是世界最贫困的大陆,政治经济与社会等各方面均不健全,有较大的塑造空间。因此,规范性外交政策将非洲列为重要实施地区。作为传统的民事力量,欧盟对非洲的影响需要依靠援助手段加以提升。调整对非援助政策成为欧盟实施规范性外交政策的重要手段。

(二) 对非援助与欧盟规范性外交的实践及作用

欧盟成立后,对外交政策进行了统筹和细化,规范性外交政策的实践就是,在对外关系中宣传欧盟和平、民主、法治、尊重人权和良好治理的价值理念,同时在行动中帮助其他地区区域一体化进程,鼓励多边合作,和平解决冲突。

在对非外交中,欧盟通过援助,较为有效地推行了规范性外交政策,对非洲产生了诸多影响。主要体现以下几个方面。

第一,通过援助,用欧洲人权观念规范非洲的人权制度。由于欧盟更加强调对第一代和第二代人权的保护,在此影响下,非盟建立了泛非议会(The Pan-African Parliament),该议会在职能设定方面类似欧盟议会,支持和保护公民参政的权利。此外,非洲还建立了人权和民族权法院,该法院吸收了欧洲和美洲人权法院的优秀经验,并结合自身特性建立了适合非洲情况的组织架构和运行模式。在欧盟影响下,非洲还进一步拓展人权保护议题,相继签订了《非洲人权和妇女权利宪章议定书》和《保护自然和自然资源非洲公约》。如今,保护人权观念已在非洲得到普遍接受,非洲各国政党为赢得选举也反复重申对人权的尊重和保护,也大都会在当选后为国家的人权改善付诸努力。

第二,通过援助,用欧洲的民主制度重塑非洲的政治体制。在建立民主制度方面,欧盟/欧共体推崇多党选举的代议民主制。认为"在多党民主选举制中，政党能够将社会不同群体的看法和利益聚合起来，使选民针对政府的公共政策有更多的选择。冷战结束后，以欧盟为首的西方国家更加积极地试图推进非洲的民主化进程，利用援助作为条件，督促非洲国家进行经济和政治改革。截至1999年，撒哈拉以南的非洲实行多党制的国家已经达到42个。2000年以后，刚果民主共和国、布隆迪、乌干达和索马里也在内外压力下转而建立西方民主制度，颁布新宪法，进行总统和议会选举。新成立的南苏丹也顺利进行了民主化。除斯威士兰、厄立特里亚外，多党选举的代议民主制在撒哈拉以南非洲的47个国家建立起来，非洲实行民主制的国家比例达到95.9%。之后大部分国家也按期进行了换届选举，欧盟都会通过援助监督选举过程，推动西方民主制在非洲快速发展。虽然民主质量依然堪忧，但西方民主政治的形式已在非洲确立起来，成为大多数非洲国家的基本政治制度。

第三，通过援助，用欧盟良好治理规范指导非洲的治理进程。良好治理是欧盟近些年大力推行的理念和规范，主要指制度的合理性。欧盟希望非洲能够建立起良好的制度，有效防止腐败，同时建立健康的公民社会，利用草根组织和媒体监督政府行为。在欧盟的推动和倡导下，"非洲互查机制"得以建立，在四大领域设置了91项互查指标，以期促进非洲良好治理的发展。根据非洲互查机制于2015年9月发布的最新一期年度报告，当前已有34个国家加入"非洲互查机制"。[①] 多国领导人也明确表示反腐之决心。欧盟通过规范性外交、援助等诸多手段，已经将人权、民主和良治理念深入非洲。在非洲多个官方文件的表述中，均提及"和平、民主、良治、人权以及良好的经济管理是可持续发展的必要条件"。欧盟规范性外交政策实施多年，通过援助已经将人权、民主和良治理念深入非洲，并且在当地建立起维护这些规范的具体制度。

第四，通过援助，用欧盟规范推进非洲一体化进程，在政治、经济、安全等多个方面对非洲施加影响。2000年，非洲联盟取代非洲统一组织，仿照欧盟的组织架构建立。欧盟曾给予大力支持，鼓励非洲在经济和政治方面实现一体化。非洲联盟宪章中明确提出要建立一个更加坚固的非洲国家间的政治实体，保卫成员国主权独立和领土完整，加速政治和经济一体

---

① AU, African Peer Review Mechanism Annual report 2014, http://aprm-au.org/admin/pdf-Files/2014_APRM_Annual_Report_EN.pdf.

化，促进建立民主制度，加强公民参与和良好治理，并在《非洲人权和民族宪章》及其他人权工具的框架下促进和保护各项人权。[1] 非盟的机构设置中，也包括大会、委员会、泛非议会等与欧盟类似的组织机构。此外，欧盟通过非盟为非洲安全事务予以援助。根据"非洲和平与安全架构"建设的需求，2003 年，非盟请求欧盟设立非洲和平基金，用于援助非洲安全项目。该基金的主要目标是："针对冲突预防、管理及解决与和平建设，在非洲大陆整体及区域层面推进非洲和平与安全进程。非洲和平基金重点关注伙伴关系确定的优先合作领域——和平与安全，同时基于自主性、伙伴关系及稳定化这三个原则开展援助与合作。"[2] 截至目前，非洲和平基金在非盟框架下开展了多项行动，取得了一些积极成效。

通过对非援助的实施和调整，欧盟规范性外交政策取得了积极成效。人权、民主和良治等价值观念在非洲更加深入；帮助建设非盟也拉近了欧盟同非洲的关系；通过安全援助帮助非洲的某些国家化解了冲突，增强了危机预警能力。对欧盟而言，对非洲进行的规范性外交政策，成功展现了欧盟的"规范性力量"，较为有效地维护了欧盟在非洲的影响力。

综上，欧盟/欧共体自二战结束后，对非洲投入源源不断的援助，通过《罗马条约》、《雅温得协定》、《洛美协定》和《科托努协定》不断巩固，经历了从经济领域向政治经济结合领域的转变。冷战后，欧盟对非援助中明确提出要求非洲国家保护人权、发展民主和推行良治，对 21 世纪后的非洲发展进程产生了深远影响。由此可见，欧盟的援助政策是其实行规范性外交政策最重要的手段，为提升欧盟在国际社会中的政治地位和维护欧洲利益意义重大。

---

[1] African Union, Constitutive Act of the African Union, http://www.au.int/en/sites/default/files/ConstitutiveAct_EN.pdf.
[2] EU, African Peace Facility Evaluation – Part 2: Reviewing the Overall Implementation of the APF as an Instrument for African Efforts to Manage Conflicts on the Continent, http://www.africa-eu-partnership.org/sites/default/files/documents/annexes_final_report_.pdf.

第二章 欧盟对非洲援助政策的"人权"导向

保护人权原则和相应中止条款是欧盟最早加入援助政策的政治条件，足以见得人权概念在欧盟价值体系中的重要性。现代人权保护观念发端于欧洲，经过两次大战的浩劫，欧洲国家深切认识到保护人权的重要性，把尊重人的价值置于重要地位。1948年，联合国通过《世界人权宣言》，此后，又通过了《经济、社会及文化权利国际公约》、《公民权利和政治权利国际公约》及其两个任择议定书，使人权的价值得到确认。二战后，欧盟在人权保护领域积极作为，标榜为世界保护人权的典范。而非洲的情况则不容乐观。人权成为欧盟对非援助政策的首要规范。本章将对欧盟对非洲投入的保护人权的援助实施与结果进行论述与思考。

第一节 欧洲与人权理论和实践的发展

人权的观念起源于欧洲，最早可以追溯到古希腊时期斯多葛学派的自然法理论，提出了诸如平等和正义等相关理念。当代的人权理论主要发端于17、18世纪的欧洲启蒙运动。在欧洲国家的反复实践与发展中，人权观念后来不断扩展，内容逐渐丰富完善。在二战结束后保护人权的重要性提升，并在世界范围内得到认可，通过联合国《世界人权宣言》等国际文件的确认成为当代重要的价值观。可以说，欧洲对世界人权理论的发展做出了积极贡献，同时，由于长时期的积累和发展，欧洲在人权保护领域也处于世界领先水平，取得了积极的经验与成效。

一 欧洲对人权理论的贡献与三代人权观的发展

在当代人权理论和实践的发展过程中，欧洲国家发挥了重要作用。其中第一代人权观念的产生、具体人权内容的巩固与保护，受到欧洲深刻的影响。二战结束后，伴随着人权观念在全世界范围的传播，人权理论获得进一步的发展，第二代和第三代人权观念逐渐形成并得以确认，欧洲国家也与时俱进，承认与接受了新的人权观念，并在欧洲大陆努力实践。现如今，较为完整的世界人权观念成型，成为指导世界各国进行人权保护的重要思想。

(一) 欧洲启蒙运动与第一代人权观的诞生

在古代欧洲的传统思想中，有些许人权观念的萌芽。在近代欧洲的启蒙运动中，诸多启蒙思想家，开始反思由于封建专制和神学统治造成的思想禁锢，呼唤回归理性，当代人权理论便在欧洲诞生。格劳秀斯是第一个从理性的角度研究自然法思想的人，论述了人的权力。他提出："生命、躯体自由是我们自己的，而且除了干了显然不公正的事，也是不容侵犯的。"[1] 之后，霍布斯、洛克和卢梭分别发展了自然权利与契约。霍布斯在《利维坦》中认为自然权利是"每一个人按照自己所愿意的方式运用自己的力量保全自己的天性，也就是保全自己的生命的自由"。[2] 鉴于对自然权利的解释，霍布斯的社会契约论以生命权为基础，社会契约的建立在于保障人的自然权利。洛克在自然权利理论方面提出了更丰富的内容，除了生命权之外，其自然权利还包括自由权，他认为自由分为自然自由和社会自由。"人的自然自由，只以自然法作为准绳，不受任何上级权力的约束。处在社会中的人的自由，就是除经人们同意在国家内所建立的立法权外，不受其他任何立法权的支配；除了立法机关根据对他的委托所制定的法律以外，不受任何意志的统辖或任何法律的约束。"[3] 此外还有财产权，这是生命权和自由权的基础，因为财产是维系生命的重要前提。洛克的社会契约以财产权为基础。卢梭在人的自然状态中，加入了自由与平等权，认为"人是生而平等的，但却处于无往不在枷锁之中"。[4] 正因如此，卢梭希望运用社会契约，保障人们的自由与平等。"认为由于社会契约而丧失的，乃是他的天然的自由以及对于他企图和所能得到的一切东西的无限权力；而他所获得的，乃是社会的自由以及对于他所享有的一切东西的所有权。"[5]

受到启蒙思想家天赋人权理论以及社会契约论的影响，1789年，法

---

[1] 李龙：《西方法学名著提要》，江西人民出版社，2002，第112页。
[2] 〔英〕霍布斯：《利维坦》，黎思复等译，商务印书馆，1995，第97页。
[3] 〔英〕洛克：《政府论》(下)，叶启芳、瞿菊农译，商务印书馆，1964，第6页。
[4] 〔法〕卢梭：《社会契约论》，何兆武译，商务印书馆，2003，第4页。
[5] 〔法〕卢梭：《社会契约论》，何兆武译，商务印书馆，2003，第26页。

国制宪委员会颁布《人权和公民权宣言》。这部宣言中强调了此前美国于1776年通过的《独立宣言》中的观点:"我们认为,这些真理是不言而喻的,人人生而平等,他们都从'造物主'那里被赋予了某些不可转让的权力,其中包括生命权、自由权和追求幸福的权利。为了保障这些权利,所以才在人们中间成立政府,而政府的正当权利,是经被统治者同意而产生的。任何政府如果损害这些目的,人民便有权来改变它或废除它,以建立新的政府。"[①] 并指出:"在权利方面,人们生来是而且始终是自由平等的,任何政治结合的目的都在于保存人的自然的和不可动摇的权利,这些权利就是自由、财产、安全和反抗压迫。"[②] 这是近代以来最有名的两部人权宣言,奠定了人权的法理基础。

启蒙思想家的天赋人权思想以及西方的两部涉及人权的理论宣言确定了第一代人权思想的内容,即公民权利和政治权利,其核心是自由权,为保护公民的自由免受国家的侵犯。1948年,联合国通过《世界人权宣言》更是明确了公民权利和政治权利。第一代人权观重点确立人权观念,为近代宪法的产生和国家权力的划分奠定了基础。

(二)《世界人权宣言》与第二代人权观的确立

近代西方思想中的人权主要限定于第一代人权中的公民权与政治权,其不足在于:其一,第一代人权观念发源于西方国家,因此人权也仅限定于西方社会,广大的殖民地及发展中国家人民的权利并没有得到确认;其二,仅有公民权和政治权的人权理论较为单薄,只赋予人独立的行为主体地位,而忽略其与社会产生的关系。

20世纪两次世界大战给人类社会带来惨痛的教训,人权遭到破坏和践踏。战争结束后,人们开始反思战争中存在的问题。法西斯国家的共同特点在于对人权视若无睹,侵犯本国与他国人民的基本人权和自由。因此,对人权的尊重和保护有利于维护世界和平,降低战争爆发的可能性。

在此背景下,《联合国宪章》序言中第一句重点声明:"欲免后世再遭今代人类两度身历惨不堪言之战祸,重申基本人权,人格尊严与价值,以及男女与大小各国平等权利之信念。"[③] 此外,宪章宗旨和具体内容中

---

① 董云虎、刘武萍编著《世界人权约法总览》,四川人民出版社,1990,第272页。
② 董云虎、刘武萍编著《世界人权约法总览》,四川人民出版社,1990,第296页。
③ 《联合国宪章》,联合国官网,http://www.un.org/chinese/aboutun/charter/preamble.htm。

明确指出了对人权的尊重和保护。1948年12月，联合国通过《世界人权宣言》，后于1966年连续通过《经济、社会及文化权利国际公约》、《公民权利和政治权利国际公约》及其两个任择议定书。至此，这五个文件统称为"国际人权宪章"，成为国际公认的人权国际法文件。第二代人权观念丰富了第一代人权观念，人权理论得到充实和发展。

其一，普遍人权思想的确立。在第一代人权中，西方根据财产状况、受教育程度以及种族等因素歧视他人的人权，殖民地以及许多发展中国家人民的人权并没有得到承认和保护。在《世界人权宣言》中，将人权的定义从"Rights of Man"变为"Human Rights"，这里的人改为全人类，即所有人类个体，无论其种族、肤色、性别、语言、宗教、政治见解、社会出身、财产状况以及其他身份，都是享受人权的主体。对于人权的享有，不得因一人所属的国家或领土的、政治的、行政的或者国际的地位之不同而有所区别。[①] 该论述在法律层面上确立了人权主体的扩大，为各国人民争取独立和人权保护创造了条件。

其二，第二代人权内容的确立。《世界人权宣言》中从第22条开始，专门引入经济、社会和文化方面的权利，强调"每个人，作为社会的一员，有权享受社会保障，并有权享受他的个人尊严和人格自由的发展所必需的经济、社会和文化方面各种权利的实现，这种实现是通过国家努力和国际合作并依照各国的组织和资源情况"。[②] 第二代人权观念是人的经济、社会和文化权利。它强调了人是社会中的成员，也是完整的个体，作为社会生活的参与者，需要具备与之相适应的权利。对人的经济、社会和文化方面权利的保障，是人作为独立行为体的必要前提。第二代人权观的确立也将人权概念扩展到全世界范围内，人权不再仅是欧洲为代表的西方理念，具有了普遍意义。

（三）世界的发展变化与第三代人权观对前两代人权的扩展

二战结束后，广大殖民地和发展中地区开展了轰轰烈烈的民族解放运动，纷纷获得独立，建立了一系列新生的独立民族国家。为维护国家独立

---

① 徐俊忠：《作为历史文献的〈世界人权宣言〉》，载《中山大学学报》（科学社会版）1999年第4期，第74页。
② 《世界人权宣言》，联合国官网，http://www.ohchr.org/EN/UDHR/Documents/UDHR_Translations/chn.pdf。

自主并营造良好的发展环境,一些新的权利被提出,比如民族自决权、发展权、和平权和环境权等。这些权利是随着国际社会的发展变化而逐步提出的,进一步扩大了人权观念的范围。这些"社会连带权利"被称为第三代人权。

第三代人权观是在第一代和第二代人权观的基础上不断扩展和衍生的,但相较于前两代人权观念,在权利主体、客体、提出背景和性质方面均有很大不同。首先,第三代人权的权利主体由个体延伸到群体,是集体权利。不同于第一代和第二代人权观将权利主体局限于独立的个人,它关注了和平与发展等更高层面的权利。其次,在权利的客体方面,第三代人权观表达了发展中国家对于生存和发展的渴望,希望获得国家生存和发展的公平权利。而前两代人权则反映的是个人生活中对经济自由和社会福利的要求。再次,第三代人权观念的提出背景是二战后全球大环境进入和平与发展时期,多种理论诸如发展理论、现代化理论等快速发展的多元化时期,人们对人的权利有了更多的思考和更深的认知。最后,在权利性质方面,第三代人权认为仅有前两代人权的保障并不能维护全人类的人权。国际社会面临的全球公共问题以及和平与发展对于全世界的福祉影响重大。如果与发展权相关的各种集体权利得不到保障,全球范围个人权利的实现和保护将是空谈。

由此可知,第三代人权观,虽主要侧重的是世界范围内广大发展中国家的利益,但却关乎全人类的利益和福祉。第一代和第二代人权分别强调的公民权、政治权和经济社会文化权,是以个人为主体的人权观念。第三代人权以集体为主体,丰富了群体权利,为个人权利的实现和保护提供国家权力的支持,具有重大进步意义。然而,第三代人权观遭到部分西方国家的质疑,认为"发展权不过是一个被普遍接受了的国际经济政策,至多是一种法律性'职能原则',而不是一项独立的法律权利"。[①] 另外,还有一些质疑诸如认为人权就应该是个人层面的权力,第三代人权的内容并没有得到固定,一直在不断更新,等等。但是,随着发展问题的日益凸显,国家的发展以及国家权力对个人权利的保障作用逐渐明晰,第三代人权观已经被广泛接受。在1993年维也纳世界人权会议上,有学者指出:

---

① 叶敏、袁旭阳:《"第三代人权"理论特质浅析》,载《中山大学学报》(社会科学版) 1999年第4期,第82页。

"我们确实认为,发展权是一项不可剥夺的人权。经济和社会发展对于充分享受人权的极端重要性应当进一步得到承认与强调。"①

第三代人权观对全球发展合作产生了巨大影响,从开始的强调发展权利逐渐变为基于人权本位的发展,人权逐渐融入发展政策之中。这一变化引导了冷战后世界发展观的发展路径。

(四) 保护人权与发展政策的交融

随着第三代人权理念的提出与丰富,发展权成为人权保护的重要内容。同时,在联合国发展规划的引领下,人权保护被纳入发展的评估体系。人权和发展相互交融,保护人权成为欧盟发展援助政策的重要目标。

发展的权利(Right to Development)最早出现在20世纪70年代。由于人权观的发展,发展中国家反复强调发展对于保护人权的重要性。因此在1986年的联合国大会草案中,首次列入了发展的权利:"发展权是每个人和所有人民有权参与,促进和享受经济、社会、文化和政治发展的不可剥夺的人权。基于此,各项人权以及基本自由才能得到充分实现。"② 联合国的承认标志着世界各国在发展权问题上达成基本共识,发展的权利作为人权的基本内容在联合国文件中得以确认。

到了20世纪90年代,国际人权宣言对发展权的承认进一步确认了其在人权理念中的地位。1993年,《维也纳宣言和行动纲领》(Vienna Declaration and Programme of Action)的最后决议中,重点重申发展的权利是人权不可分割的部分。此次会议给予发展权在人权理论体系中坚实的法律基础。同时强调了与发展联系更紧密的经济、社会和文化权利同公民和政治权利拥有同等的地位。这一时期,发展权属于人权的地位得以巩固和深化。

此后,发展中国家开始强调人权。联合国开发计划署发布了《人类发展报告》,报告的主要目的是希望给予发展中国家的人民发展的权利。其中重点强调人们有权选择想要的生活方式和发展战略。发展第一次被定义为选择的权利。③ 与此同时,世界银行颁布了《世界发展报告》,该报告

---

① 刘楠来:《发展中国家与人权》,四川人民出版社,1994,第26页。
② UN General Assembly, "Declaration on the Right to Development", http://humanrights-center.bilgi.edu.tr/media/uploads/2015/08/01/KalkinmaHakkinaDairBildirge.pdf.
③ Hans-Otto Sano, "Development and Human Rights: The Necessary, but Partial Integration of Human Rights and Development", *Human Rights Quarterly*, Vol. 22, 2000, p. 740.

主要与减贫相联系。其中虽然仍然强调经济增长的重要性，但将发展的核心概念变更为"有效的增长"。以上变化引出了两个问题：其一，为了获得有效的增长，必须提高人力资源素质，因此人的经济、社会和文化权利成为必须得到保护的部分；其二，有效的增长需要良好治理，良好治理保障了公民参与发展的过程。因此，发展中国家需要同时关注福利和政治参与，保护人权成为发展的必要过程。

除了将经济、社会和文化权利的保护纳入发展政策外，联合国进一步将自由等第一代人权也纳入了发展理论体系。1994年，联合国大会通过的发展纲领第120项明确写道：

> 民主与发展有根本的关系。两者联系在一起，因为民主构成唯一的长期基础，据以管理种族、宗教和文化方面互相竞争的利益集团，并尽量减少发生国内暴力冲突的危险。两者联系在一起，因为民主与施政问题有着固有的关联，而施政问题则影响到发展努力的所有方面。两者联系在一起，因为民主是一种基本人权，它的进展本身就是发展的一个重要衡量标准。两者联系在一起，因为人民参与各种影响他们生活的决策进程乃是发展的一项基本信条。[①]

虽然发展的主要目标依然是经济增长和提高效率等，但发展理念已发生了变化，政治发展和良好治理加入了发展进程。发展是全方位的发展，包括尊重公民的各项权利，这是获得全面发展的必要前提。自此，人权被纳入发展政策，成为衡量发展的重要指标。

发展权正式列入人权理论和保护人权成为衡量发展的重要指标，标志着人权和发展的关联性加深，相互交融。

二者的交融主要体现在三个方面。其一，人权和发展互为内容和目标。发展权作为人权的重要内容，需要得到有效实施，保护发展的权利是维护人权的重要手段。发展的最终目标除了获得经济增长外，更需要保护各方面的人权，从而实现全方位的发展。其二，人权和发展的相互交融对发展的目标、实施手段和机制提出新的要求，从而促进对人权的尊重和保护。[②] 在唯

---

① UN, General Assembly: Agenda for Development, A/48/935, May 6th, 1994, p.22.
② Peter Uvin, "From the Right to Development to the Rights-based Approach: How 'Human Rights' entered Development", *Development in Practice*, Vol.17, 2007, p.602.

经济增长论时期，政策和制度的出发点主要考虑经济因素。而加入保护人权要求发展政策更具有有效性，同时注重公正和合法性。其三，二者相交融促使国际社会认识到实现发展目标的过程应该尊重和实现人权。该结果直接影响了国际发展合作政策的改变，即发展合作应该有助于受援国的人权保护，同时发展合作过程也应在各方面尊重人权。

保护人权与发展政策的相互交融促进了欧盟/欧共体发展援助政策的调整。将人权和发展相关联，扩大了参与人权保障的讨论方。联大的《发展权利宣言》确认各国均有责任确保发展合作和促进人权，以欧共体为代表的发达国家开始试图在国际协定中探讨人权保护。欧洲部长理事会于1991年颁布了《关于人权、发展和民主的决议》，阐述了尊重人权和民主原则、良治要求与发展的关系，尊重人权和民主原则既是发展合作的目标，又是前提条件，并指明未来政策的要点。[①] 1993年的《欧洲经济共同体条约》和《欧洲联盟条约》进一步强调发展政策中对人权保护的关注。发展合作政策中援助是最重要的部分，由于人权和发展相关联程度的加深，发展合作的目标体系逐渐向保护人权倾斜。

二 欧盟人权保护制度的建设、发展与成效

除了对当代人权理论的形成和发展做出积极贡献外，欧洲在第二次世界大战后也积极践行了保护人权的实践。无论欧共体还是冷战后成立的欧洲联盟，都极其重视欧洲大陆的人权保护，其成就主要在两个方面：一是人权制度的建设，二是欧洲的人权得到基本保障。

（一）欧洲人权保护法律与监督机制的构建

二战结束后，欧洲国家开始对战争爆发的深层次原因进行反思。逐渐摒弃狭隘的民族主义、消除国家间的敌对情绪，欧洲国家领导人开始寻求共同利益，希望走新型合作之路，在欧洲建立永久和平。[②] 最终，欧洲各国决定通过合作化解矛盾，推动欧洲大陆迈向长期和平，因此两个组织应运而生，一个是欧共体，由于其目标是加强欧洲各国的经济合作，因此在

---

① 刘超：《欧盟国际协定人权条款研究》，南京大学出版社，2014，第73页。
② Robert Blackburn, Jorg Polakiewicz, *Fundamental Rights in Europe: The European Convention on Human Rights and its Member States*, 1950–2000, London: Oxford University Press, 2001, p.3.

早期的相关章程中并没有提及欧洲的人权保护。另一个是欧洲委员会（Council of European），该组织偏重政治合作，成立于1949年5月，宗旨是保护欧洲人权，推进民主制度，同时在欧洲范围内达成协议以协调各国的法律和社会行动，最终推动欧洲文化的统一性。欧洲委员会在二战后从事了大量保护人权的工作，建立起有效的欧洲人权监督机制，从而防范极端思想和极权政府在欧洲的再次复兴，弥补了欧共体在人权保护领域的不足。这两个组织建立后，不断推进欧洲人权法律和规范的建立与完善。

第一，起草通过了《欧洲人权公约》和《欧洲社会宪章》等法律文件，确定了欧洲人权保护的具体内容。1950年，欧洲委员会起草并通过了《欧洲人权公约》，成为二战后欧洲人权保护领域的圭臬。该公约所保护的权利和自由共有12项，分别是生命权、免受酷刑的权利、禁止奴隶制和强迫劳动、人身自由权和安全权、公正审判权、无法不惩和禁止溯及既往的权利、尊重私人和家庭生活权、思想意识和宗教自由、表达自由、集会与结社自由、结婚权、有效救济权。这些权利反映出欧洲在人权保护方面重视个人的自由与平等。内容几乎涵盖了公民权利和政治权利的所有内容。后来欧洲委员会陆续通过了十一个议定书，《欧洲人权公约》的具体内容不断充实。具体包括和平享有财产权和受教育权（第一议定书）；因无法履行民事责任免于被剥夺自由、迁徙和住宿自由、国家禁止驱逐国民和集体驱逐外国人（第四议定书）；建议废除死刑（第六议定书）和上诉权、监狱赔偿权（第七议定书）等。

1961年，欧洲委员会通过《欧洲社会宪章》，建立了欧洲对经济和社会权利的区域保护机制，弥补了《欧洲人权公约》的缺陷。在颁布之初，其保护权利和原则为19项，后经过三个议定书的补充，1996年，全新制定的《欧洲社会宪章》将保护的权利增加到31项，并强调了经济、社会和文化权利与公民权和政治权的不可分割性。

第二，建立人权保护机构监督和实施《欧洲人权公约》和《欧洲社会宪章》。其一，在《欧洲人权公约》的指导下，欧洲委员会分别建立了欧洲人权委员会、欧洲人权法院和欧委会部长委员会三个机构组成监督体制，要求缔约国保护各项人权。其中，欧洲人权委员会主要处理对缔约国违反公约的指控，这些指控包括国家间指控和个人申诉。虽然人权委员会对个人申诉的受理是可选择的，但是个人申诉制度依然发挥了重要的作用。据统计，自1955年至1997年12月31日，经欧洲人权委员会秘书处处理的申诉为39047件，委员会做出接受或不接受决定的申诉共为33124件，其中决定可接受的申诉为4161件，其余大量案件被宣布为不可接受的申诉。[①] 个人申诉的存在也从侧面印证了欧洲人权领域中个人是保护的主题。欧洲人权法院有司法管辖权、司法解释权和咨询管辖权。其中司法管辖权主要处理人权委员会和缔约国交于其仲裁的案件。司法解释权则对《欧洲人权公约》所涉及的各项权利进行解释。经过长期发展，法院已经形成了较为完善的法院判例法规范，对缔约国拥有有效的约束力。部长委员会是欧洲委员会的最高机关，拥有决策和执行权力。其成员由缔约各国的外交部长或者外交代表组成，履行自主决策权和监督权，部分时候拥有案件判决权。

1998年11月，为解决人权委员会与人权法院"双重体制"影响工作效率的问题，欧洲委员会出台第十一议定书，取消人权委员会，建立单一的常设人权法院，有利于人权法院更有效地发挥作用。此外，删除了部长委员会的判决权，以此进一步推动欧洲人权机制的司法公正性。

其二，欧洲委员会建立欧洲社会权利委员会、政府委员会和部长委员会充分发挥《欧洲社会宪章》的作用，提高效力。欧洲社会权利委员会由独立专家组成，需高度正直并在国际社会中有公认的能力，社会权利委员会主要负责审议国家报告和集体申诉。政府委员会由各缔约国派出的代表组成，分担社会权利委员会的一部分审议国家报告的职能。部长委员会则进行总体监督周期决议，协调各国的立场，督促修改部分立法和惯例。

在欧洲委员会确立的人权观念和机制中，虽然代表公民经济、社会和文化权利的《欧洲社会宪章》拥有与《欧洲人权宪章》同等的法律地位，但在具体内容和机构设置中，欧洲委员会还是更加注重公民权与政治权。这与欧洲近代历史发展和天赋人权思想息息相关。总而言之，在近70年的建设和发展中，欧洲委员会普及了具有欧洲特色的人权理念，建立了完善的欧洲人权保护与监督机制，被公认为世界上较为完善和先进的人权保护制度，并对欧盟/欧共体的人权理念和一体化政策要求产生重大影响。

---

① 朱晓晴：《欧洲人权法律保护机制研究》，法律出版社，2003，第105页。

(二) 欧盟/欧共体人权保护制度的发展及对成员国和申请入盟国的人权要求

欧共体成立的最初目的是促进成员国在商品、资本、贸易和服务等方面更畅通地往来，立足点在于发展欧洲经济一体化。随着欧洲经济一体化的不断迈进，外溢效应产生，开启欧洲政治一体化的议程。保护人权作为政治一体化领域的重要内容，成为推动欧盟建立的重要因素，内化成为欧盟的核心理念。同时欧盟在建立保护人权机制时，对欧洲人权发展提出了新的要求。

1. 欧共体：人权原则被加入和深化

随着欧共体发展壮大的需要，有关人权的政治共识逐步形成。1973年，欧共体9国签署《关于欧洲身份的宣言（Declaration on European Identity）》，提出了"欧洲身份"概念。宣言中明确提出捍卫代议民主制、法治社会正义和尊重人权各项原则，这些原则是经济发展的终极目标，也是欧洲身份认同的基本要素。1977年，欧洲议会、欧共体部长理事会和欧委会通过《保护基本自由联合宣言》，在欧共体的成员国首脑会议上明确宣布"尊重与维护代议民主制和人权是每个成员国作为共同体成员国的根本要素"[1]。该宣言使欧共体在人权保护领域上迈出一大步，弥补了欧共体在人权保护领域的空白。欧共体全体成员均为《欧洲人权公约》的缔约国。

1986年，《单一欧洲法案》颁布，对欧共体初始条约进行重大修改，指出："欧共体及其成员国决心共同促进民主，并以成员国宪法和法律所承认的基本权利、人权和基本自由保障公约以及欧洲社会宪章为基础，以促进自由、平等和社会正义。"[2]《单一欧洲法案》的出台要求欧共体在对外政策中用同一个声音说话。此时保护人权观念已经深入人心。欧共体进一步将保护人权内化为欧洲认同。1986年7月，欧共体成员国外交部长会议通过一份"关于人权的声明"。第一次规定人权是欧洲政治合作的核心基石，也是共同体与第三方国家发展关系的重要因素，在实施对后者的发

---

[1] Anthony Arnull, *The European Union and the Court of Justice*, London: Oxford University Press, 1999, p. 210.
[2] European Community, Single European Act, http://www.avrupa.info.tr/fileadmin/Content/EU/bir_bakis/SingleEuropeanAct-TekSenet.pdf.

展援助时，共同体与成员国一起促进基本权利，以使个人和人民实际享有充分的各项权利。①

欧共体经过20世纪60年代经济一体化的快速发展，多边合作已经外溢到政治领域，成员国需要发展政治合作以深化经济一体化进程。此时，欧共体开始扩容，为更好地推动欧共体成员国的政治经济合作，构建欧洲身份认同成为当务之急。在欧洲委员会的长期推动下使得欧洲的人权保护机制逐步健全，人权保护水平也处于世界前列。尊重人权已经成为欧共体政治合作的优先共识。

2. 欧盟：保护人权成为欧洲政治合作的基石

欧洲联盟的成立为欧洲政治一体化打开了大门。保护人权成为欧盟建立的核心原则。在欧盟的官方文件中，保护人权从被反复强调，发展到明确提出人权保护清单，再到欧盟的扩容，在对外关系中将人权置于更重要的地位。欧盟在保护人权方面一直不断前进，成为推动世界人权保护的重要力量。

1991年12月通过的《欧洲联盟条约》使人权在欧盟法律体系中的地位发生重大变化，欧盟对成员国正式提出了人权要求。其一，保护人权成为欧盟的目标。坚持自由、民主原则，尊重人权和基本自由及法治是欧盟基本原则与建立之本。同时要求欧盟成员国承诺遵守上述原则，具体表述在第一部分第F条中："1. 联盟应尊重各成员国的特性，成员国的整体应建立在民主原则之上；2. 联盟应尊重基本权利，这些权利受1954年11月4日在罗马签署的《欧洲保护人权与基本自由公约》的保护，因其源自成员国共同的宪法传统，成为共同体法的一般原则。"② 其二，《欧洲联盟条约》推出了"欧洲联盟公民身份"制度，从而对成员国公民的权利和利益进行更好的保护。这种独创的"欧洲公民身份"模式，旨在使欧洲人民更加紧密地贴近联盟，使欧盟具有一种"类国家"的外观。③ 其三，《欧洲联盟条约》规定了对经济、社会和文化权利的保护。其四，欧盟成立新

---

① 刘超：《欧盟国际协定人权条款研究》，南京大学出版社，2014，第38页。
② European Union, *Treaties of European Union*, Luxembourg: Office for Official Publications of the European Communities, 1992, p. 9.
③ Ulf Bernitz and Hedvig Lokrantz Bernitz, "Human Rights and European Identity: The Debate about European Citizenship", Philip Alston, Mara R. Bustelo and James Heenan eds., *The EU and Human Rights*, London: Oxford University Press, 1999, p. 512.

确立的第二支柱"共同外交与安全政策"和第三支柱"司法与内部合作"的政策和机构中，均将保护人权列为目标和基本条件。

1997年，《阿姆斯特丹条约》强调了从政治上保护人权的重要性，对人权的全面尊重已经成为加入或隶属于欧盟的条件，另外，还扩展了诸如"非歧视原则"以及欧洲联盟公民身份的内容，并赋予欧盟公民更多的权利。[①]《阿约》进一步扩展人权基本原则。

1999年，欧盟各成员国一致同意出台《欧洲联盟基本权利宪章》，覆盖了人权内容的各个方面，三代人权观念均被纳入欧盟人权的保障体系，凸显了人权的不可分割性。这部宪章的颁布也标志着欧盟正式拥有了自身的人权法典，列出了详尽的人权保护清单，在赋予欧盟各相关机构保护人权合法性的同时也须接受监督和审查。宪章不同于以往将三代人权分开论述，而是围绕人格尊严、基本自由、人人平等、团结互助、公民权和公开审判权六个欧盟的基本价值对人权具体内容进行归纳。

2009年，《里斯本条约》颁布时，欧盟政治一体化发展越发成熟，因此其中保护人权的机制得到深化。首先，重申并丰富了欧盟的价值观，即联盟建立的基础在于尊重人的尊严、自由、民主、平等、法治，尊重人权包括尊重少数民族的人的权利。在一个多元主义、没有歧视、宽容、正义、团结和平等社会中，这些价值为成员国所共有。其次，《里斯本条约》将《欧洲联盟基本权利宪章》从宣言升格为法律文件，使其拥有正式的法律地位和约束力。再次，欧盟承诺将加入《欧洲人权公约》，开启了欧洲委员会人权保护体系和欧盟人权保护体系相互交融的进程。

经过多年发展，欧盟建立起完善的人权保护机制，通过改革能够使欧盟机构更有效地发挥作用。《里斯本条约》之后，欧盟妥善地处理了与欧委会主导的人权保障体系之间的关系。欧盟加入《欧洲人权公约》除了强化欧盟人权保护机制外，还有效化解了欧共体法院与欧洲人权法院之间的冲突。欧洲人权法院拥有人权问题的最高解释权，欧共体法院也尊重欧洲人权法院的判例。作为拥有28个成员国的超国家行为体，欧盟坚持内部人权机制逐步更新和完善，在人权保护领域成果丰硕。

3. 欧盟对成员国及申请入盟国家的人权要求

将人权作为核心价值观和建立基石的欧盟/欧共体，对成员国的人权

---

① 杜仕菊：《欧洲人权理论与实践——以欧洲社会现代化进程为视角》，浙江人民出版社，2009，第85页。

保护不断提出要求。申请国需接受欧盟理念，达到欧盟标准才能加入欧盟/欧共体。条件性的要求伴随欧盟自身人权机制的发展越发清晰。欧盟通过提出人权保护要求推动成员国改善人权保护水平。最终实现欧盟共同价值观的深化和欧盟总体人权保护的进步。

欧共体在建立之初就明确号召认同共同体理念的欧洲其他国家加入。为保证共同体价值观的统一性以及政策的一致性，扩大过程中，欧共体要求新加入的成员国接受欧共体设定的标准和条件。欧盟成立后，由于政治一体化进程对共同政策在各个成员国间的实施提出更高要求，欧盟对成员国及申请入盟的国家提出了更高的标准。因此，从欧共体一开始考虑接纳新成员时，尊重人权和民主原则成为欧共体提出的要求，这一要求与"欧洲身份"的概念密切相关。[1] 人权保护作为最早纳入欧盟标准体系的条件，在一体化推进过程中愈加明晰和重要。

欧盟/欧共体对成员国提出人权要求分为欧共体时期和欧洲联盟时期两个阶段。

第一阶段：欧共体时期。

这一阶段在时间上覆盖从欧共体第一次扩大到1993年哥本哈根会议召开之前。主要表现在欧共体出台众多文件，确立对申请入盟国家的人权要求。首先，20世纪70年代，欧共体提出"欧洲身份概念"，申请加入共同体的国家必须认同欧洲身份。后续的《保护基本自由的联合宣言》和《关于民主原则声明》等文件反复强调作为共同体成员国，尊重和维护代议民主制和人权是根本要素和基本共识。因此，对于申请加入欧共体的国家必须接受代议民主制和尊重人权原则。典型例子是西班牙加入欧共体的历程。在20世纪60年代初，西班牙就提出了加入欧洲共同体的申请，共同体在对西班牙的情况进行评估时认为弗朗哥政权属于极权体制，不符合代议民主制的条件，同时人权保护情况也不达标。因而驳回西班牙的申请。1977年，弗朗哥独裁结束后，欧共体才再次开启对西班牙的审核过程，直到1985年西班牙才正式成为共同体成员国。其次，欧共体对申请国提出了"共同体既得原则（Acquis Communautaire）"，要求申请加入欧共体的国家必须统一接受共同体的全部条约、政治目标和法院裁决原则，

---

[1] Andrew Williams, *EU Human Rights Policies: A Study of Irony*, London: Oxford University Press, 2004, p. 54.

从而保证欧共体法律在新旧成员国使用的一致性、连续性和有效性。[①] 该原则最早被应用于欧共体对英国加入的审查。后来在欧共体时期加入的希腊、西班牙和葡萄牙均调整了部分国内立法与欧共体法律保持一致。通过该原则的实施，欧共体保证了政治经济一体化的良性发展，也将欧洲身份概念推广到新成员国民众心中，成功构建了统一的欧洲认同。

第二阶段：欧洲联盟时期。

随着冷战结束，东欧剧变，大量中东欧国家进入转型期，给欧洲的安全与发展带来一定的隐患。为维护欧洲的长久繁荣，新成立的欧盟认为有必要根据当前形势制定一份完善且明确的入盟标准。1993年，《哥本哈根标准》（Copenhagen Criteria）应运而生。这项标准除要求入盟国家必须确保民主制度平稳运行，保障法治，尊重人权和实行市场经济外，还根据东欧国家存在的一些特性专门加入了保障少数民族的人的权利。除要求以外，在实施过程中，欧盟采取了更严苛的手段。自1998年开始，欧盟每年都出具常规报告用以评估申请入盟国家履行欧盟标准的进程，直到入盟为止，评估报告分为"民主与法治情况""人权与少数族群情况"和"全面评估"三部分。这些申请必须达到现行成员国在民主和人权等方面的水平才能够成功入盟。《哥本哈根标准》的大部分内容随后被纳入《阿姆斯特丹条约》，成为真正具有法律意义的文本。人权标准在《阿约》中的确立赋予欧洲法院司法管辖权，即有权审查涉及申请国是否达到标准的诉讼。2009年，《里斯本条约》将《阿约》中忽略的少数民族的人的权利引入，确立了欧盟对成员国更加全面的价值标准。另外，还对成员国违反欧盟价值标准将受到惩处进行了规定。在欧盟时期，对成员国及申请入盟国家的人权条件得到有效实施。自1998年至2013年，十几个东欧国家接受了欧盟对人权等的诸多标准，成为欧盟认可的国家，顺利加入欧盟，成员国扩充至28个。

由此可见，欧盟/欧共体除了将保护人权作为自身理念外，对成员国及申请入盟国家提出人权要求，并随着欧洲一体化的发展逐步提高标准和设立严格的审查制度。欧盟人权标准的文件也从一般政治条约逐步成为拥有效力的法律文件。欧盟对成员国及申请入盟国家提出的人权标准不但督

---

① Knud Erik Jorgesen, "The Social Construction of the Acquis Communautaire: A Cornerstone of the European Edifice", *European Integration online Papers*, Vol. 3, No. 5, April 29, 1999.

促这些国家改善人权，更进一步强化了人权观念在欧盟价值体系中的重要性，并推动了欧盟人权机制的不断完善。

(三) 欧盟人权保护的成效与人权对发展的积极作用

欧洲国家的人权保护有欧洲委员会和欧盟两套实施和监督机制。其中，欧委会机制是二战以来欧洲最重要的人权保护机制，为欧洲人权保护发挥了不可替代的作用。欧盟/欧共体的人权保护机制受到欧洲委员会《欧洲人权公约》和《欧洲社会宪章》及其所建立的机构的深刻影响。欧委会与欧盟两种机制的并存虽然存在一定缺陷，但欧洲的人权保护水平长期处于世界领先地位。有学者认为："《欧洲人权公约》所创建的人权制度不仅是年代最久的，而且是当前存在的人权制度中最先进和最有效的。"[1] 对人权的充分保护也为欧洲发展产生积极的影响。

1. **欧盟人权保护的主要成果**

首先，欧洲是近代人权思想的发源地，因此欧洲人权保护领域最成功的是保证第一代人权的实施。二战后，欧洲国家在马歇尔计划的援助下，经济得到快速恢复，欧共体的成立推动欧洲经济一体化、法德矛盾化解，欧洲进入了长久和平时期。同时，经济一体化更为各成员国经济的持续发展提供基础。在这一时期，欧洲人民的生命权和生存权得到妥善保护，人民生活水平逐步改善。在政治权利方面，欧盟/欧共体的章程确保了成员国必须实行西方民主制，公民能够有效地参与政治活动。其中，欧洲人权体系中最为领先的是公平和公正审判权。人权法院在建立后进行的多次实践采用公开审判的机制，提高了公众对司法独立的信心。另外还有沉默权和不得自我归罪的权利以及无罪推定权。这两项权利有效保护了被告的人权，使公诉人不能违背被告人意志获得证据。

其次，在《欧洲社会宪章》颁布后，欧洲对公民经济、社会和文化权利的保障全面推进，取得了积极成果。其一，在保护劳工权利方面，欧共体有了长足的进步，欧洲国家工会的权利大大增强，能够有效保护工人的薪资福利和休假等基本权利。在劳工权利保障的基础上，欧洲发展出优越完善的社会保障制度，大大提高了公民的生活水平。其二，受教育的权利

---

[1] 〔美〕托马斯·伯根索尔：《国际人权法概论》，潘维煌、顾世荣译，中国社会科学出版社，1995，第52页。

的保护在欧洲成果显著。欧洲受到近代启蒙思想的影响，在保护受教育权利中关注教育平等性："即效率优先的起点平等、公平优先的过程平等和突出个性发展的实质平等。"① 这一思想指导了二战后欧洲受教育权的保护。欧共体也通过教育一体化更有效地保障受教育权。目前，欧盟的文盲率下降到不到 1%，公民家庭所需的教育经费也大大降低，多由国家负责。

最后，第三代人权观念也已被欧盟接受，虽然欧盟更看重个人权利，但欧洲的人类发展指数②一直处于世界领先地位。根据联合国开发计划署的数据，1990~2016 年人类发展指数趋势中，极高人类发展水平国家行列中包括几乎所有的欧盟国家（27 个），挪威在 1990 年就达到 0.849，20 多年来名列第一，2015 年达到 0.949，唯有罗马尼亚处于高人类发展水平国家行列。③ 另外，在第三代人权中，欧盟在公民环境权保护和人类遗产保护两个方面发展较快。欧洲较早意识到环境污染对于人类生存的威胁，因此在《欧洲人权公约》中分别将环境权与公民生命权相联系，在《欧洲社会宪章》中提及"安全和健康的工作条件权"。欧盟成立时在《欧洲联盟宪章》中将环境保护作为欧盟的目标之一，等等，并采取多种协调手段在欧盟政策的各方面关注环境保护。在人类物质和文化遗产保护方面，"早在 1974 年，欧洲议会就通过了一项决议，指出在文化领域尤其是在保护文化遗产方面采取共同行动的必要性。1993 年《欧洲联盟条约》的签订为文化遗产的保护提供了坚实的法律基础。条约第 151 条规定：必须支持成员国采取的行动，以保护和捍卫具有欧洲意义的文化遗产"。④ 在 21 世纪，欧盟提出了"文化 2000"计划，进一步加强对文化遗产的保护。其中多个欧盟国家在自身物质和文化遗产的保护上也处于世界领先水平。

2. 人权保护对欧洲发展的积极影响

二战后欧洲的人权保护进程与欧洲经济发展形成良性互动，推动了欧洲在各方面的发展。人权保护对欧洲发展的积极影响主要体现在以下三个

---

① 徐凤琴：《论教育机会均等的理论结构及其基本特征》，载《教育科学》2000 年第 1 期，第 16 页。
② 人类发展指数（HDI）：评估人类发展三大基本维度（健康长寿的生活，知识以及体面的生活水平）所取得的平均成就的综合指数。
③ 联合国开发计划署：2016 年人类发展报告《人类发展为人人》，http://hdr.undp.org/sites/default/files/hdr_2016_report_chinese_web.pdf。
④ 王雅梅、谭晓钟：《欧盟保护开发文化和自然遗产的成功经验有哪些可资借鉴》，载《中华文化论坛》2004 年第 4 期，第 139 页。

方面。

其一，人权保护有效地提高民众生活水平，给予民众发展的信心。二战给欧洲造成重大创伤，大量民众流离失所，部分地区爆发饥荒，青壮年人数减少。在此时，欧委会依然制定了《欧洲人权公约》，全方位保护公民权利。通过《欧洲人权公约》及其实施和监督机制，欧洲国家将经济发展的福利运用于改善公民生活水平，从而保护民众的各项权利。人权发展的同时民众与政府之间建立信任，给予公民国家持续发展的信心。

其二，人权保护有效地促进欧洲国家建立完善的社会保障体系。欧委会提出，签署《欧洲社会宪章》的国家必须接受保障工作权、社会保障权、社会和医疗帮助权以及保护家庭和移民劳动者权利的条款。受到《欧洲社会宪章》的制约，欧洲国家建立起社会保障制度，并根据宪章中的新要求不断调整和增加保障的权利。欧盟遂成为世界范围内社会保障制度最完善的地区。

其三，人权保护有效地推动欧洲一体化的发展。欧洲人权保护机制由欧委会创设并监督实施，人权保护在欧洲各国得以推进后，促成了欧共体"欧洲身份概念"的出台。欧共体核心价值观的确立有助于一体化的发展。此外，人权保护也有效保护了劳工权利，从而促进人员往来更加通畅，进一步加速经济一体化。

综上所述，欧盟的人权保护受到欧洲委员会人权保护机制的影响，欧盟逐步提出更有利于欧洲政治经济一体化的人权保护观念，逐步对成员国和申请入盟的国家提出严格的人权标准，从制度层面推动欧洲国家的人权保护。通过完善人权机制、保护人权，欧盟从中受益良多。因此更加强调人权作为欧盟核心价值的重要性，进而在对外关系领域也开始推行人权保护的观念。

第二节 非洲人权保护机制的建设与人权现状

近代欧洲对非洲进行的奴隶贸易以及殖民统治严重地践踏和破坏了非洲的人权，在非洲人民反抗压迫和剥削，争取民族解放的过程中，产生了对集体人权的强烈追求。第二次世界大战后，《世界人权宣言》的诞生与传播也对非洲人权保护产生了影响。随后，非洲颁布了《非洲人权和民族权宪章》，标志着非洲人权保护体系的初步建立。非盟成立后，进一步发展了非洲人权机制,建立了较为完善的非洲人权与民族权法院,并对缔约国提出了一系列新的要求。当前,多个非洲国家在非洲人权保护机制的指导下保护国内人权,取得一些积极成就。然而非洲依然不断发生人权保护的问题,给高制度化的人权保护机制带来挑战,也为欧盟对非援助人权导向政策的实施提供了现实空间。

一 欧洲对非洲人权的践踏与非洲争取集体人权的斗争

在整个非洲大陆的近现代历史中,西方列强对非洲进行的奴隶贸易和殖民统治给非洲留下了深重的伤痕。在奴隶贸易时期,非洲黑奴完全没有人的权利,被当作物品进行交换。殖民主义的核心也是与人权相对立的,在殖民统治时期,非洲的人权更是毫无保障。欧洲在历史上对非洲人权的践踏是导致非洲窘迫人权现状的主要原因。在这个过程中,非洲争取集体人权的斗争也愈演愈烈。如今非洲人权问题的形成与历史遭遇息息相关。

(一) 近代历史中欧洲殖民者对非洲的剥削及人权的破坏

随着环球航海线路的开辟,欧洲殖民者需要大量的劳动力支持美洲的种植园经济。非洲成为奴隶贸易的首选地区,殖民者除了掠夺非洲丰富的自然财富外,还将不计其数的黑人作为奴隶贩卖到美洲。非洲黑奴毫无人权可言。罪恶的奴隶贸易持续了400年,在17和18世纪时达到全盛。这段臭名昭著的历史为欧美带来了巨额的财富,加速了非洲在近代的衰落,留下严重的后遗症。

马克思指出:"美洲金银产地的发展,土著居民的被剿灭、被奴役和被埋葬于矿井,对东印度开始进行的征服和掠夺,非洲变成商业性地猎获黑人的场所;这一切标志着资本主义生产时代的曙光。这些田园诗式的过程是原始积累的主要因素。"[①] 残忍的资本原始积累给非洲带来的后果是灾难性的,人权遭到严重践踏。首先,非洲人口数量由于奴隶贸易而锐减。殖民者采取直接猎捕的方式,将大量非洲青壮劳动力掳走。据历史学家帕特里克·曼宁(Patrick Manning)根据电脑模拟得出结论认为:如果没有奴隶贸易,1850年所有撒哈拉以南非洲的人口应为1亿人,但事实上

---

① 中共中央编译局:《马克思恩格斯全集》(第二十三卷),人民出版社,1972,第819页。

只有5000万人。① 其次，欧洲殖民者将天花、结核病、肺炎和瘟疫等传染病带入了非洲，致使非洲人的健康受到极大威胁。当地对于这些疾病基本束手无策。再次，对于被掳走的奴隶而言，被奴隶主以及欧洲殖民者视为物品，有大量黑人在被贩卖到美洲的运奴船上死亡，在非洲大陆当地，年轻人也会面临随时遭遇被强行掳走的危险。最基本的生存生命权都没有保障。最后，400年的奴隶贸易掠夺走了非洲大量的财富，使非洲迅速衰落，为后来长期的不发达埋下根源。

奴隶贸易在19世纪初被先后禁止后，西方殖民者开始了瓜分非洲的狂潮，将注意力集中于从海岸向内陆扩展殖民地。欧洲列强对非洲的殖民统治大致从1885年大规模瓜分非洲开始至20世纪60年代民族解放运动的大范围开展为止。期间大致70多年，虽远不如奴隶贸易400年的时间，但殖民统治对非洲带来的影响是毁灭性的，对非洲人权的践踏也变本加厉。也正是这一历史经历，造就了非洲的现代人权观。

殖民时期欧洲对非洲的人权践踏首先体现在殖民统治剥夺了非洲人管理国家、掌握自身命运的权利，使非洲处于被奴役的境地。这种权利的丧失是对非洲最大的破坏，非洲各方面的事务均由殖民统治者决定。而殖民者优先考虑自身利益，非洲因此被置于极其不利于发展的境遇中。其次，殖民统治者造成了非洲现如今单一的经济结构，阻碍非洲民族资产阶级的健康发展，这个问题直至今日依然制约着非洲的经济发展。再次，殖民统治造成非洲社会的停滞不前。正如罗德尼所言："殖民统治在非洲存在70多年，在世界发展史上这是一个很短暂的时期，但这个时期变化最大，世界上很多地区的变化速度比过去任何时候都要快。很多资本主义国家在科学技术上已进入了核时代，而处于殖民统治下的非洲却处于更为不利的地位，在科学上是愚昧无知，他们只能听从殖民主义者的指挥，为他们提供尖端科学所需要的各类稀有金属。"② 这种经济社会的停滞与落后使非洲的人权更是无从发展，导致了现如今非洲孕产妇和婴儿死亡率高、人均寿命短、文盲率居高不下等恶果。

---

① 〔美〕丽莎·A. L. 琳赛：《海上囚徒——奴隶贸易四百年》，杨志译，中国人民大学出版社，2014，第105页。
② 吴秉真：《殖民统治是非洲不发达的最重要原因——黑人非洲史学家 W. 罗德尼及其著作评析》，载《西亚非洲》1991年第4期，第70页。

（二）在反抗压迫、争取人权斗争中非洲付出的努力

在遭遇奴隶贸易和殖民统治的近500年内，非洲人民深受压迫和剥削，对于种族歧视、种族隔离、殖民侵略和统治深恶痛绝，在这个过程中，非洲开始逐渐反抗，希望通过团结的集体力量，获得国家的独立，重新掌握独立自主权。

非洲反帝独立民族解放运动在一战后就掀起了第一次反抗高潮。非洲的民族资产阶级开始登上政治舞台，建立了第一批民族主义政党和组织，提出了民族自决的要求和泛非主义口号，并开始同群众运动相结合。[1] 二战结束后，非洲掀起了独立浪潮，英法殖民者在重重压力下，开始承认殖民地人民独立自决的权利。"在这个过程中，泛非主义作为非洲反抗殖民主义和种族主义的民族主义代表性思潮得到重视。泛非主义坚决地表示非洲的历史文化不仅不比西方的低劣，还独具形态和价值。这些共同的非洲文化价值称为非洲个性（African Personality），即一种在以往历史年代里由非洲人自己创造并且为全体非洲人共有的历史遗产、民族精神、文化个性。"[2] 该思潮深刻地影响了二战后非洲自主意识的觉醒。在这个过程中，非洲国家纷纷独立，在国家层面开启了从传统封闭的部落文化向现代民族国家发展的过程。民族国家意识普及并强化了非洲民众对于国家主权、国家利益的认知。

也正是在这个过程中，非洲人民认识到："殖民主义之所以能对非洲人权大肆践踏，主要就在于其拥有否定一个民族自决权的能力；而一个民族决定其政治、经济和社会前途的最基本权利无疑是其他人权存在、发展的前提和保障。"[3] 在反抗中争取来的独立自主来之不易，加之非洲传统文明中一直强调社会和义务在个人的权利之上，因此形成了非洲更加注重集体人权的观念。

在非洲自主意识觉醒后，非洲国家和人民进行了轰轰烈烈的民族解放

---

[1] 王绳祖主编《国际关系史（十七世纪中叶——一九四五年）》（第二版），法律出版社，1986，第370页。

[2] 刘鸿武：《"非洲个性"或"黑人性"——20世纪非洲复兴统一的神话与现实》，载《思想战线》2002年第4期，第90页。

[3] 曾龙、贺鉴：《论非洲的集体人权观与第三代人权的确认》，载《河北法学》2007年第2期，第169页。

运动,在20世纪60年代达到顶峰,大批非洲国家通过顽强的斗争获得了集体人权——国家独立与民族解放。1960年由于独立非洲国家之多成为著名的"非洲独立年"。非洲国家反抗殖民、争取集体人权的斗争收获了成果。

表2-1 撒哈拉以南的非洲国家获得民族独立的情况一览

时间	国家	前宗主国	备注
1956.1.1	苏丹	英埃共管	
1957.3.6	加纳	英国	黄金海岸
1958.9.28	几内亚	法国	
1960.1.1	喀麦隆	英法共管	
1960.4.4	塞内加尔	法国	
1960.4.27	多哥	法国	
1960.6.26	马达加斯加	法国	
1960.6.30	刚果民主共和国	比利时	扎伊尔
1960.7.1	索马里	意大利	
1960.8.1	贝宁	法国	
1960.8.3	尼日尔	法国	
1960.8.5	布基纳法索	法国	上沃尔特
1960.8.7	科特迪瓦	法国	象牙海岸
1960.8.11	乍得	法国	
1960.8.13	中非	法国	乌班吉-沙里
1960.8.15	刚果(布)	法国	
1960.8.17	加蓬	法国	
1960.9.22	马里	法国	
1960.10.1	尼日利亚	英国	
1960.11.28	毛里塔尼亚	法国	
1961.4.27	塞拉利昂	英国	
1962.7.1	卢旺达	比利时	
1962.7.1	布隆迪	比利时	
1962.10.9	乌干达	英国	
1963.12.12	肯尼亚	英国	
1964.4.26	坦桑尼亚	英国	坦噶尼喀和桑给巴尔合并
1964.7.6	马拉维	英国	

续表

时间	国家	前宗主国	备注
1964.10.24	赞比亚	英国	
1965.2.18	冈比亚	英国	
1966.9.30	博茨瓦纳	英国	
1966.10.4	莱索托	英国	
1968.3.12	毛里求斯	英国	
1968.9.6	斯威士兰	英国	
1968.10.12	赤道几内亚	西班牙	
1973.9.24	几内亚比绍	葡萄牙	
1975.6.25	莫桑比克	葡萄牙	
1975.7.5	佛得角	葡萄牙	
1975.7.6	科摩罗	法国	
1975.7.12	圣多美和普林西比	葡萄牙	
1975.11.11	安哥拉	葡萄牙	
1976.6.29	塞舌尔	英国	
1977.6.27	吉布提	法国	
1980.4.18	津巴布韦	英国	
1990.3.21	纳米比亚	德国	二战后被南非占领

二 从非统到非盟：非洲人权法律和制度建设

非洲人权保护的发展历程大致可按非洲联盟的成立为节点分成两个发展阶段。在非盟成立之前，非洲的人权保护思想是在反抗殖民压迫和剥削的基础上逐渐形成体系的，对争取集体人权、获得民族独立有着深切的渴望。因此，非统的建立是为了充分巩固非洲获得的集体人权和促进合作以实现集体人权。非洲结合自身情况制定的《非洲人权和民族权宪章》反映了非洲对集体人权的追求。而非盟成立后，使得非洲人权保护机制获得了全新的发展契机。

（一）非统的建立与《非洲人权和民族权宪章》

1963年5月25日，32个已独立的非洲国家在埃塞俄比亚首都亚的斯亚贝巴宣布成立非洲统一组织（Organisation of African Unity，OAU），主要目标在于促进非洲统一和联合,形成非洲的声音,致力于非洲民族解放运动,尊重成员国主权独立与领土完整,促进和改善非洲人民的生活水平。[①] 至此,非洲首次系统地提出了对集体人权的追求,侧重于争取民族独立,获得国家发展等。随后,非洲的人权理论和实践进入了全面发展时期。

1. 非洲统一组织与《非洲人权和民族权宪章》

20世纪60~70年代,大部分的非洲国家已经完成民族解放运动,成为独立主权国家。随后,这些国家纷纷加入联合国,在国际舞台上积极行动,发出非洲的声音。在联合国保护人权思想的影响下,非洲国家纷纷呼吁应该制定一部属于非洲的人权宪章,推动非洲的人权保护。

在这样的背景下,1979年,非统领导人会议中通过了一项决议,旨在尽快召开由有声望的人权专家参与的会议,商讨和起草非洲人权草案,并探索建立相应的人权保护机构。1981年6月28日,非统在肯尼亚首都内罗毕一致通过了《非洲人权和民族权宪章》,该宪章是非洲的第一份正式人权保护法案,借鉴了联合国《世界人权宣言》与欧委会的《人权保护公约》和《欧洲社会宪章》,并充分结合了非洲的情况,明确了非洲人权保护的内容并初步构建了非洲人权保护制度。该文件中对民族权的强调体现了非洲对人权的认知首先源自集体人权观。

《非洲人权和民族权宪章》由序言和三个部分共68条组成。序言中提及:"考虑到非统的章程,确定自由、平等、正义、尊严是非洲人民实现合法愿望的核心目标;重申消除在非洲的一切形式的殖民主义,在联合国《世界人权宪章》的指导下协调和加强非洲各国间的合作并努力改善非洲人民的生活水平;这份文件的制定也要充分考虑非洲的文化与传统,并将其反映到非洲人权保护的概念中;另外,基本人权源自人类本性,而为了保障人权必须要实现和尊重民族权;对发展权予以关注,同时经济社会和文化权利与基本的公民和政治权利不可分割。"[②] 由此可见,《宪章》在序言中便奠定了非洲人权保护机制的基调,即对三代人权均有强调,但将集体人权为代表的第三代人权观置于更重要的地位。

在具体内容中,第一部分大致分为个人权利和人民的集体权利两大部

[①] AU, History of OAU and AU, http://www.au.int/en/history/oau-and-au.
[②] OAU, African Charter on Human and Peoples Rights, http://www.humanrights.se/wp-content/uploads/2012/01/African-Charter-on-Human-and-Peoples-Rights.pdf.

分。其中第3~15条规定了公民权利和政治权利,包括在法律面前人人平等、生命和自由受到尊重和保护、宗教信仰自由、参政权利等,这些与国际社会其他的人权宪章内容类似。第16~18条是公民的经济、社会和文化权利,大致包含在平等和舒适条件下工作的权利、获得健康和医疗的权利、受教育权和参与文化生活的权利。与欧洲不同的是,该文件第19~24条规定了民族权和集体权利,具体有民族平等和自决权,自由处置财产的权利,享有经济、社会和文化发展的权利,享有国内和国际的和平与安全的权利以及享有有利于发展的良好环境的权利。此外,第一部分中的第二章是对公民义务的规定,包括个人对家庭、社会和国家以及国际社会负有义务。

《宪章》第二部分是为保障人权宪章良好实行设立的保护机制。第30条指出,为了促进人权事业的发展和保护非洲人权,特在非统内部建立非洲人权和民族权委员会,并规定了委员会的组织架构和运行机制。在45条中确定了委员会的主要职责,大致包括促进非洲人权和民族权保护的研究;拟定相关法律章程以及与非洲及国际有关促进和保护人权和民族权的机构合作三个方面。第三部分为一般性条款,涉及《宪章》的签署和修订等常规操作问题。

2.《非洲人权和民族权宪章》的特点与意义

根据对《宪章》详细文本的分析发现,《非洲人权和民族权宪章》主要有以下四个特点。其一,《宪章》涉及的人权内容非常全面,重点突出了经济、社会和文化权利,指出了第一代人权与第二代人权的不可分割性。同时,经济、社会和文化权利为代表的第二代人权是实现第一代人权的必要前提和保障。其二,《宪章》中将民族权置于最重要的地位。直接将民族权置于宪章的标题中,突出非洲对于反帝反殖反霸和反种族主义的追求,反映了非洲发展中国家的心声。该点也是非洲人权保护条约同西方国家人权保护条约的最主要区别。对民族权的强调表明非洲国家争取集体人权和民族解放斗争的艰难,其集体人权来之不易。其三,《宪章》在对权利界定后,明确规定了个人应承担的义务,体现了权利和义务的统一性。这一点的确定对非洲的人权保护非常必要。通过强调权利和义务的统一能够用更通俗易懂的方式向民众普及人权保护知识。其四,《宪章》中对非洲人权和民族权委员会的设定非常完善,在运行制度和组织架构设置中充分借鉴了欧洲等西方国家的人权保护机制,是非洲吸取优秀经验和制度的成功案例。

《非洲人权和民族权宪章》的制定与实行对非洲人权保护机制的建立和发展意义重大。首先，这是发展中国家第一份完整的地区人权法律文件，使非洲人权保护事业有法可依，也为广大发展中国家树立了榜样。其次，这份《宪章》由于内容和制度较为健全，在推进缔约国人权保护方面有进步意义，同时还对非洲一体化进程具有推动作用。再次，以《非洲人权和民族权宪章》为蓝本并借鉴经验，1990年，非统颁布了《非洲儿童权利与福利宪章》，对非洲儿童的权益提出重要关切。

总体而言，在非统时期，伴随反帝反殖反霸运动的发展，非洲结合自身民族解放的需求，发展出重点强调民族和发展权、具有非洲特色的人权保护机制。在这一时期，人权保护思想在非洲得到普及，人权保护实践也在《宪章》和委员会的指导监督下逐步开展，但人权保护机制依然不尽完善。

（二）非洲联盟与非洲人权保护的发展

在非统存在的冷战时期，非洲人权保护虽然已有《宪章》确立的制度基础，但现实环境决定了非洲国家无法过多关注人权问题。加之频繁的地区动荡尤其是1994年卢旺达大屠杀爆发给非洲人权事业的发展蒙上了阴影。非洲人权保护机制亟须改变获得新发展。2000年，非洲联盟取代非统，成为非洲区域一体化的重要组织，这一历史事件为21世纪非洲人权保护的持续发展提供了重要支持。

1.《非盟宪章》：强调人权保护

冷战结束后，整个非洲大陆完成争取集体人权的民族解放与独立运动，非洲面临的主要问题转向建设国家，亟须解决国家政权不稳定造成地区动荡、经济发展缓慢导致债台高筑等问题。同时，由于非洲自主意识的进一步觉醒，非洲各国对于地区一体化推进合作态度积极。在这一时间节点上，第三波民主化的浪潮也蔓延到非洲。数据表明，从1988年到1999年，非洲大陆实行多党选举制的国家从9个增加到45个，一党专制的国家从29个减少至1个。民主政治的发展为人权保护提出了更高要求。非统已经无法应对这些全新的变化，非洲急需功能性更加全面的区域一体化组织。

1991年，非统51个成员国共同签署《阿布贾条约》，旨在分阶段逐步实现非洲经济一体化，同时推进非洲各国及区域组织间的经济合作。

1999年,《苏尔特宣言》提出要建立非洲联盟以取代非统。2000年,第36届非统首脑会议正式通过了《非洲联盟章程草案》,2002年,非统的历史使命宣告结束,非洲联盟开始运行。

《非盟宪章》继承了非统的四项目标:"实现非洲国家和人民更紧密的联合;维护成员国主权、领土完整和独立;努力实现非洲人民更好的生活;在《联合国宪章》和《世界人权宣言》的指导下推进国际合作等。"①其中,将在非洲大陆消除一切形式的殖民主义这一条删除。除此之外,非洲联盟还提出了许多新的奋斗目标以适应新形势的变化。其中新加入"促进大陆的和平安全和稳定;推动建立民主原则和制度,积极践行良好治理;在《非洲人权和民族权宪章》以及其他相关人权保护文献的协调和指导下促进和保护人权"。此外,在原则条款中将"尊重民主原则、人权、法治和良好治理"作为非盟运行过程中应遵守的原则。② 由此可见,人权保护在非盟成立之初就被列为重要目标。由于非洲情况的特殊,维持地区和平、安全与稳定成为保护人权的前提条件。在非盟的领导下,21世纪以来非洲的人权保护机制逐步完善,取得些许进展。

2. 人权机制:泛非议会以及非洲人权和民族权法院

根据非盟章程的第十七条,为使全体非洲人民能够更广泛地参与到非洲发展和经济一体化的进程中,非盟特建立泛非议会(The Pan-African Parliament),该会议在职能设定方面类似欧盟议会,其建立充分说明非盟对公民参政权利的保护和支持,非盟章程的内容已经将民主和保护人权作为指导原则。

除泛非议会外,非洲人权和民族权法院的建立标志着非洲人权保护机制得以完善。早在1994年非统突尼斯峰会上,建立人权法院的问题就被探讨过,但迫于种种现实原因,直至1998年非统峰会才通过了《关于建立非洲人权和民族权法院的议定书》,决定要建立非洲人权与民族权法院,作为该《宪章》之实施与执行机构。③ 该议定书在2004年生效后,于

---

① AU, Constitutive Act of the African Union, http://120.52.72.29/www.au.int/c3pr90ntcsf0/en/sites/default/files/ConstitutiveAct_EN.pdf. I.
② AU, Constitutive Act of the African Union, http://120.52.72.29/www.au.int/c3pr90ntcsf0/en/sites/default/files/ConstitutiveAct_EN.pdf. I.
③ 朱陆民:《论区域性人权保护与人权的国际保护》,载《湘潭大学学报》(社会科学版)2004年第4期,第92页。

2006年7月非盟第七次领导人峰会通过决议，非洲人权和民族权法院作为非盟内的司法机构正式成立。

非洲人权和民族权法院吸收了欧洲和美洲人权法院的经验，并结合自身特性建立适合非洲情况的组织架构和运行模式，成为世界人权保护机制中一道亮丽的风景线。法院由11位德高望重且拥有丰富经验的法官组成。11人分为三组，第一次宣布选中的4位法官在任期两年后到期，另外4位4年后到期，其余3位任期为6年。人权法院的管辖权分为属事管辖权、属人管辖权和咨询管辖权三种。具体而言，非洲人权和民族权法院的管辖权不仅局限于非洲人权条款，人权保护内容还包括《世界人权宣言》规定的内容，这决定了非洲人权法院适用的法律范围较为宽泛。提起诉讼方除了包括缔约成员国和非洲区域组织外，还包括"在非洲人权委员会中具有观察员地位的非政府组织和个人都有权直接提起诉讼"。[1] 因此，非洲人权法院包括国家指控和个人申诉双重制度。在判决方面，法院必须在审判结束后90天内公开宣布判决，采取多数票胜出制。对于个别法官提出的不同意见也应在判决中予以解释。在判决执行力上非洲人权法院介于欧洲与美洲人权法院之间。

非洲人权和民族权法院的建立很好地填补了发展中国家区域性人权保护机制的空白，标志着非洲的人权保护机制走向健全，即在《非洲人权和民族权宪章》的指导下，非洲人权委员会和法院能够相互配合，共同行动。在机构设置和制度运行过程中逐步与国际人权保护标准接轨。

此外，非盟不断扩展人权保护议题，丰富非洲人权保护体系的内涵。主要体现在以下两点。其一，《非洲人权和妇女权利宪章议定书》于2003年签订。这份议定书是非洲第一份保护妇女权利的法律文件，重点强调妇女平权与不受歧视。对非洲妇女生活的各方面权利基本均有涉及。其二，由于非洲有大量的土著人群，《保护自然和自然资源非洲公约（African Convention on the Conservation of Nature and Natural Resources）》被纳入人权保护领域，通过对自然环境和资源的保护从而保障土著人民的生存权。这是非洲人权保护体系的特色之一，该公约受到《非洲人权和民族权宪章》的指导，能够给予社会问题更多的关注，还能够在更大程度上加强同土著

---

[1] 洪永红、周严：《非洲人权与民族权法院述评》，载《西亚非洲》2007年第1期，第63页。

人民的联合。①

3. 非洲人权保护意识："非漠视原则"出台

非盟成立后除了建立非洲人权和民族权法院等保护人权的专门机构外，还将人权保护扩展到更广泛的领域，为维护非洲和平，推动人权保护意识的转变与进步做出了重大贡献。其中，"非漠视原则"的出台是出色的代表。

伴随着非盟的传统安全观逐渐改善，在维护地区安全与公民的生命生存权方面形成全新的"非漠视原则"。冷战结束后，非洲不再是美苏争夺的对象，西方国家对其重视程度降低，许多非洲国家内部问题频发。1994年，卢旺达发生种族屠杀事件，当时的非统坚持"不干涉"原则以及非洲各国自身能力的弱小，加之国际社会的忽视，短短100多天内，超过100万名卢旺达公民被杀害，400多万人无家可归。1996年，刚果（金）内战爆发，后来周边多国卷入，战争持续到2003年，成为名副其实的"非洲世界大战"。持续时间之长、破坏程度之广令人瞠目，非洲的安全形势不容乐观，人权保障更是无从谈起。鉴于上述情况，非统坚持的"不干涉成员国内政"已无法面对新发问题。非盟章程添加修正案，承认"当一成员国国内出现了严重威胁到'合法性秩序'的情势时，为维护和平与稳定的目的，非洲联盟有根据其和平与安全理事会的建议对该成员国进行干涉的权利"。② 这奠定了非洲人权保护观念的转变的法律基础。"非漠视原则"正式成型，在其指导下，非盟建立了一支常驻待命部队，为其介入成员国内部冲突提供必要的武装支持。经过多年发展，非盟领导的非洲部队已经参与过多项维和行动，为地区稳定做出贡献。"非漠视原则"也逐渐深入人心。

非盟成立后除了推出以上保护人权的原则和行动外，2015年出台的"2063年议程"也提出保护人权的目标。在第三项愿景中，将人权、民主、法治和良治并列提出。对人权的保护被描述为："到2063年时，非洲大陆的人民将享受到足够且及时的独立司法服务，拥有公平公正。腐败与滥用权力将成为过去式。"③ 这些足以证明非盟充分关注人权的重要性，

---

① Treva Braun and Lucy Mulvagh, The African Human Rights System: A Guide for Indigenous Peoples, http://120.52.72.41/www.rightsandresources.org/c3pr90ntcsf0/documents/files/doc_1178.pdf.
② 聂文娟：《非洲人权机制建设的成就与挑战》，载《亚非纵横》2012年第2期，第27页。
③ African Union Commission, Agenda 2063: The Africa We Want, http://agenda2063.au.int/en/sites/default/files/01_Agenda2063_popular_version_ENGs.pdf.

并付诸行动。

三 非洲人权的现状与对人权导向援助的接受

自1981年《非洲保护人权和民族权宪章》颁布，开启了非洲人权保护机制的进程，并在30多年中逐步丰富与完善，为非洲人权保护事业的发展做出了积极贡献。一些非洲国家也在该宪章指导下较为成功地改善了人权状况。但总体而言，非洲人权的现状依然喜忧参半，人权保护在非洲的现实情况下面临诸多挑战。为持续提升地区人权保护水平，非洲接受了欧盟带有人权导向的发展援助。

（一）非洲人权的成果（《非洲人权和民族权宪章》颁布后至今）

1981年，在非统主持下颁布的《非洲人权和民族权宪章》奠定了非洲大陆人权保护的法律基础。非盟成立后，将保护人权作为非洲发展的重要目标，在诸多方面均强调人权的重要性，还成立了非洲人权和民族权法院，与人权委员会相配合，更好地实践《非洲人权和民族权宪章》。当前非洲联盟几乎囊括了所有的非洲国家，拥有54个成员国。这54个成员国也全部签署了《宪章》，表示对非盟章程和保护人权机制的认同。三十多年来，非洲人权状况得到了一定的改善。主要成果有以下四个方面。

其一，非洲各国人权保护的法律制度建设逐步完善。非统时期通过的《非洲人权和民族权宪章》以及非盟成立后《非洲人权和妇女权利宪章议定书》和《保护自然和自然资源非洲公约》等人权法律文件最大限度地覆盖了非洲的各项人权。非洲人权与民族权法院成为非洲人权法律的相应执行机构。可以说，非洲已建立起一套较为完整的人权保护法律体系。在这套法律体系的引导下，一些非洲国家积极配合，获得了人权状况的改善。比如，南非就将宪法第二章命名为权利法案，第7至第35条对各项人权进行了详细规定。为配合宪法实施，南非专门制定了一系列人权保护的专门法，诸如《就业平等法》《促进平衡和防止不公平差别对待法》《学校法》《国家环境管理法》等，涉及人权保护的方方面面。此外，南非根据这些法律设置了具体实施机构，其中特别注重人权委员会的建设，每年都向非盟人权委员会提交报告，从无延期情况。

其二，公民权中的生命权和参政权得到改善，但并不稳定。20世纪

90年代,非洲经历民主化浪潮后,纷纷建立起西方民主政治体制,在法律层面保障了公民基本的生存和生命权,也对公民的政治权利予以肯定。同时由于非洲在此次大规模民主化之后,多数国家的政权逐渐趋于稳定,尤其是进入21世纪以来,很多非洲国家都进入了经济发展的快车道,公民的基本生命权和政治权利确实有所改善。大多数国家政局和社会稳定,在社会动荡中受到生命威胁的风险降低。

其三,非洲公民的经济社会和文化权利保护有所进步,但依然有很长的道路要走。第二代人权中涉及的经济社会和文化权利与国家经济发展和政府的职能作为密切相关。在《非洲人权和民族权宪章》颁布后的初期,大多数非洲国家的经济陷于债务危机无法自拔。冷战结束后,非洲战略地位的下降也使西方发达国家对非洲的关注度降低,整个非洲大陆经济发展并不乐观。21世纪以来,经济状况才得到明显好转并进入了一个快速发展期。社会权利涉及的主要是教育和健康等方面的权利。"过去十余年,撒哈拉以南非洲成为全球中等教育发展最快的地区。1999~2011年,全球初中毛入学率从72%提高到82%,撒哈拉以南非洲地区入学人数则增加了一倍多。不过,由于基础差、起点低,就整个中等教育阶段的毛入学率而言,撒哈拉以南非洲地区远远低于世界平均水平(71%),也低于全球低收入国家的平均水平(43%),因此仍是全球中等教育发展最为落后的地区。"[1] 在健康权利的保障方面,非洲国家也面临诸多问题,至今为止,非洲绝大部分人口依然无法获得洁净的饮用水,疟疾、肺结核等在世界其他地区少见的传染病依然在非洲有较高的发生率,2014年,埃博拉疫情的爆发更是严重威胁到非洲的人权。因此,在第二代人权所承载的保护内容中,非洲仍有很多的功课要做。

其四,非洲的民族权等集体权利大部分得到了较好的保护和巩固,但发展权依然受到制约。由于世界范围内已形成对国家主权的尊重和维护,非洲国家获得独立后在国际上拥有了同欧洲国家主权平等的法律地位。非洲国家的政府在决定自身国家事务中有了更强的发言权。诸如卢旺达种族大屠杀后,政府在处理国内冲突与处理善后方面表现良好,有效地维护了国家的统一。首先,卢旺达政府将反部族主义和分裂主义纳入新宪法,引导民众正确建立对统一国家的认同。其次,依法惩处大屠杀的责任者,努

---

[1] 刘鸿武主编《非洲地区发展报告》(2013~2014),中国社会科学出版社,2014,第16页。

力实现司法公正。卢旺达根据大屠杀参与者众多的实际情况，起用了民间传统司法机制。由各受害社区选出法官组成"盖卡卡"（Gacaca）的传统法庭，同时发动当地广大群众参加审判。这种方式不仅对真正的罪犯依法治罪，又有效地发挥了调解作用，促进各部族互相谅解。[①] 虽然总体形势良好，但是西方发达国家对非洲的内部事务干涉时有发生，比如，北约对利比亚局势的干涉导致该国至今局势动荡。此外，在国际政治经济体系中，非洲国家依然受制于发达国家，迫切渴望获得的发展权利遭到挤压。

（二）非洲人权保护面临的问题与挑战

尽管非盟所有的成员国均签署了《非洲人权和民族权宪章》，接受非洲人权保护机制的指导，纷纷表示对人权保护的重视。近年来非洲大陆经济增速提高，大部分国家政局也较为稳定，非洲积极实践联合国千年发展目标，取得些许成绩，人权切实得到改善，但与世界其他地区相比，非洲的人权保护面临的问题与挑战众多，持续推进非洲人权改善是非洲国家的必然选择。

第一，组织架构和保护条款虽然较为完善，但是实施效率低，理论和实践有巨大反差。非洲的人权保护机制是第一份区域性的发展中国家人权保护国际文件。确立法律基础后，非洲建立了人权委员会和法院等机构配合《宪章》实施。官方文件中对这些机构的运行机制和组织架构进行了详细规定。由此可见，非洲人权保护机制在制度和理论层面十分健全。然而在实践过程中，暴露出诸多问题。按照非洲保护人权委员会的要求，缔约国需定期提交人权改善报告以便委员会进行评估和监督，提出进一步改善人权的要求。现实中，按期递交报告的国家仅有9个，延迟递交1至2个报告的国家有15个，延迟递交2个以上报告的国家为23个，还有7个国家从来没有提交过人权报告。此外，非洲人权法院的缔约国数量较少，部分非洲国家的侵犯人权的行为不受法院管辖，降低了《宪章》的法律效力。理论和现实之间的巨大反差是非洲人权保护机制之殇。

第二，部分非洲国家政局动荡及受到恐怖主义威胁等，民众最基本的生存和生命权无法得到保障，是非洲人权保护机制面临的紧迫问题。非洲局部地区动荡以及由于政治权力交接引发的政局动荡依然层出不穷。尤其

---

① 夏吉生：《非洲人权事业的新进展》，载《西亚非洲》2005年第5期，第21页。

在20世纪末，某些非洲国家经历了政权更迭，较为严重的刚果民主共和国、塞拉利昂、利比里亚和布隆迪等国，经历了多年的内战，人权状况极为糟糕。现如今，一些非传统安全问题诸如恐怖主义等依然威胁着非洲国家公民的基本生存权。近年萨赫勒地带又成为恐怖主义滋生的温床，地区安全状况雪上加霜。所有人权中，生命和生存权是一切其他权利得以存在的基础。因此，非盟章程中明确提及对和平、安全和稳定大陆的追求，观念转变也主要在于安全方面。在"非漠视原则"的指导下，非盟建立起非洲和平与安全架构，但在维和行动、部队培训和预警机制的建立方面，依然求助于欧盟提供援助，非洲和平基金的建立和运作就是典例。由此可见，非洲当前的安全状况是人权保护最大的阻碍，迫使非洲需要依靠外部力量。

第三，非洲国家的整体经济实力依然弱小，国民生活水平低下，导致人权保护依然需要关注发展权以及经济社会和文化权利，其中非洲公民的经济社会和文化权利的保障能力较弱。这一方面仍有很长的路需要走，而非洲人权保护的侧重点与欧盟援助中对人权关注的侧重点存在差异，给援助成效以及人权保护的改善带来负面影响。根据联合国人类发展报告，自1980年至2017年，撒哈拉以南非洲的人类发展指数是全世界最低的。在低人类发展水平的38个国家中有32个非洲国家。[1] 足见非洲国家经济、社会和文化等方面人权发展的缓慢。同时，据世界银行2015年发布的报告显示："1990年调查伊始，非洲贫困人口占非洲人口总数的56%，为2.84亿；近期非洲贫困人口占非洲人口总数比重虽下降至43%，但贫困人口数量上涨为3.88亿（贫困人口指标为每天生活成本为1.9美元以下）。"[2] 非洲国家的现状要求政府集中力量发展经济，改善民众的经济、社会和文化权利。以欧盟为主的西方主流援助则更强调建立民主制度和推行良治。双方人权保护的侧重点不同。这一问题并没有得到妥善解决，成为当前欧盟对非援助低效的制约因素。

(三) 非洲对欧盟带有人权导向援助的接受

随着当代人权观念的发展以及在全世界范围内的普及，当前无论欧盟

---

[1] UNDP, Human development Indices and Indicators: 2018 Statistical Update, http://hdr.undp.org/sites/default/files/2018_human_development_statistical_update.pdf.

[2] 中华人民共和国商务部：《非洲贫困人口数量较1990年增加1亿》, http://www.mofcom.gov.cn/article/i/jyjl/k/201510/20151001148967.shtml.

发达国家还是非洲发展中国家在保护人权的重要性认知方面已经有了一些共识，都意识到应尊重和保护公民的各项基本权利。保护人权对政局稳定和国家发展均有积极作用。这些共识具体表现在以下几个方面。

首先，保护公民的生命权和生存权是国家获得长治久安的保证。生命权和生存权得到妥善保护意味着人民的人身安全不受威胁，同时也能够获得基本的生活保障。因此，生命权和生存权是最为重要的人类权利，拥有至上性和基础性。《国际人权宪章》将生命权和生存权列为首位。同时，联合国等国际组织在诸多国家发展问题中首先关注世界各国的贫困问题。将减贫视为最重要的发展目标。当人类的生命权和生存权得到保护，能够起到稳定人心的作用。

其次，保护公民的政治权利是政府获得统治合法性的必要基础。政治权利是公民参与国家管理和参政议政的权利。具体包括选举权、知情权和监督权。政治权利是保障公民参与国家事务、维护切身利益的主要途径。根据近代启蒙思想家的思想，现代民族国家是通过社会契约建立起来的。正如美国《独立宣言》中强调的政府建立的基础是人民的同意。政府应该保护人民权利，如若人权遭到践踏，人民有权推翻它。政治权利中的选举权、知情权和监督权保障了广大公民与政府权力之间的平衡。统治者若想获得统治合法性，必然需要公民对执政政府的认同。通过保护公民的政治权利可以确保公民获得有效的保护切身利益的手段，进而成为政府积极努力改善的重要环节。

再次，保护公民的经济、社会和文化权利是国家获得可持续发展的重要保障。经济、社会和文化权利是工人阶级在反对资本主义剥削的斗争中提出的，主要关注的是广大处于社会底层劳动人民的权利。这部分人权同公民权和政治权利互相依赖，共同促进，可以保障公民获得更好的生活品质。如果没有经济、社会和文化权利，个人自由就会变成压迫人的工具，与此相关联的生活水平的提高也变成空谈，最后政治权利的保障也无从谈起。经济社会和文化权利极大地丰富了人权的概念，覆盖更广泛意义上的人权保护主体。从而保障了国家各个阶层人民的权利，给予人民建设国家、获得幸福生活的动力，成为国家可持续发展的重要保障。

在欧盟推出带有人权导向的发展援助政策时，非洲处于民主化浪潮中，绝大部分非洲国家的政权发生变动及反复，非洲人民的生命生存权依然遭受威胁。尽管非洲人权保护机制已发展多年，但非洲的个人权利的保护依然遭受多种威胁，其中一些国家的公民的生命权和生存权也无法得到保障，第二代人权囊括的权利更是无从谈起。加之上述共识的存在，非洲国家更加意识到人权保护对于促进国家发展的重要性。而国家的发展需要获得大量的资金支持，冷战结束后欧盟的发展援助为非洲提供了所需支持。虽然带有人权导向的援助政策干预了非洲国家的内部事务，但推进人权保护的主流思想得到肯定加之非洲的需求，非洲国家最终接受了欧盟该项援助政策。

第三节 欧盟援助中人权导向的实施及思考

在分别对欧盟和非洲对人权的概念的认知以及人权保护现状的论述和分析后，笔者认为，欧盟与非洲最大的争议体现在对个人和集体人权孰先孰后的认知上。这与欧盟和非洲各自的人权发展历史和现实息息相关。虽然欧盟自身更加强调第一代与第二代人权，但非洲的发展问题极大地制约着非洲人权水平的改善。本部分拟深入考察欧盟对非援助人权导向的具体实施，并结合理论分析，对人权导向援助的结果进行思考。

一 欧盟与非洲：人权保护观念与现实的差异

由于历史和现实等原因，欧盟与非洲在人权保护的观念和现实上，均存在差异。

（一）人权理念：欧洲的从个人到集体与非洲的从集体到个人

在观念上，欧洲的人权观念发展与保护经历了较长的历史实践，其对人权的认知以个人权利为主，后来加入集体权利。具体而言，发达国家受到启蒙思想家天赋人权思想和自然法理论的影响，将个人作为人权保护的首要主体，因此最关注公民权和政治权。西方发达国家的人权思想发源于欧洲资产阶级为维护私有财产和个人利益的考量，进而要求打破传统封建制度，强调保护个人的生命权和生存权，国家应该为个人提供庇护，保障公民的人身和财产安全。此外，天赋人权思想强调人人生而平等，人权是不可剥夺的权利深刻影响到西方人权观念的发展。经过两次世界大战的创伤，欧洲国家对于基本人权的尊重和保护越发重视，更多强调人的价值，尊重个人选择的多元性。时至今日，以欧盟为首的发达国家依然强调个人是权利的首要受益者。

非洲发展中国家的历史与西方截然不同，在殖民压迫中对于获得民族解放的集体人权格外珍视，认为唯有取得国家和民族的独立自主，才能保障个人人权的实现。因此，非洲国家对人权的认识主要侧重集体人权。同时在独立后，它们面临的是国家的发展和人民生活水平改善的问题，从属于集体人权的发展权成为新的侧重点。此外，受到苏联社会主义思想的影响，非洲国家也存在广大贫苦的无产阶级劳动者，也开始注重经济、社会和文化权利。在以上因素的作用下，非洲国家更为关注群体的利益，认为唯有国家整体获得经济等方面的发展，个人的权利，诸如生存权、政治权等才能得到保障，维护国家独立的权利和发展的权利是人权之首。因此，非洲发展中国家将团体和社会作为权利的首要受益者，个人的权利应是从属的。

由于二者的历史和面临的现实问题存在差异，导致欧盟同非洲在保护具体人权的优先性问题上出现分歧。1993年，以欧洲国家为首的发达国家群体发布《维也纳宣言》强调不发达不得成为剥夺国际上承认的人权的理由，进而强调所有的人权（包括发展权）无论何处都是普遍的、不可分割的和相互关联的原则。发展中国家颁布了《曼谷宣言》，提出国家政府有权将发展目标摆在优于其他人权政策的位置，人权的承认和执行通常要由当地政府控制，不受外界审查。① 双方在发展权问题上存在明显分歧，在发展权提出的伊始，遭到发达国家抵触，认为发展权差不多是极权政府将其体制同外界审查隔绝起来的一种做法。另外，欧盟认为发展权过度关注经济增长而忽略其他方面人权的保护，会给发展中国家人权的改善过程造成困扰。发展中国家包括非洲国家对该说法进行了坚决的抨击。冷战后，东亚诸多国家，尤其是中国则以自身实际的发展情况对发达国家的观点进行抨击。这些发展中国家获得的成功经验在推动国家经济发展的同时逐步改善了国内公民权利。为广大发展中国家树立了榜样。

迄今为止，欧盟与非洲在该问题上并没有达成一致，给欧盟对非发展援助的实施带来负面影响。欧盟方面在对外援助中加入保护人权的要求，该要求需要贯彻普适性原则、不可分性原则和关联性原则，在此基础上，

---

① 〔加拿大〕皮特曼·波特：《发展权：哲学上的分歧和政治上的含义》，载白佳梅主编《国际人权与发展：中国和加拿大的视角》，法律出版社，1998，第95~96页。

欧盟发展出"对人权的干预不视为干涉内政"的原则。在以上原则指导下，欧盟希望严格监控非洲的人权保护情况，将援助侧重于投入与保护生命权和生存权以及政治权利等基本人权。而非洲国家则坚持每个国家国情不同，为获得发展需要充分考虑国家的实际情况，因地制宜。当前非洲最需要的是维护独立自主与获得发展，因此格外看重集体人权，希望欧盟能够给予非洲国家更多的自主性，将援助首先用于促进国家经济发展的领域。在人权理念上分歧成为欧盟对非援助中人权导向实施过程中的障碍，在学理层面降低了援助有效性。

（二）人权现实：欧盟人权优势与非洲人权劣势

在本章前两节已对欧盟和非洲的人权保护现状进行了单独论述和总结，本部分将对欧盟与非洲的人权进行多方面综合对比。

首先，在人权保护的法律体系中，欧盟和非洲都拥有较为完善的多重法律文件，并且在制定过程中充分反映了地区特色。但在实际保障过程中，欧盟拥有强有力的人权保障机构和手段，并且对于人权法院等机构的工作有相应的监督方式。在这一点上，非洲则显得较为落后，即实践中非洲人权并没有获得与法律体系相匹配的保护制度。仍有诸多非洲国家虽然签订了《非洲人权和民族权宪章》但并没有积极践行人权保护工作。

其次，在以生命生存权和参政权为代表的第一代人权保护领域，欧盟拥有绝对的优势。由于欧洲的人权保护历史是从个人人权发展到集体权利，因此对第一代人权保护有丰富的成效与经验。现如今，对生命生存权的保障已不是欧盟国家面临的问题。而非洲除了自身可能发生的政局动荡外，恐怖主义等非传统安全问题近些年持续给非洲人民的生命安全带来威胁。

再次，在经济社会和文化权利为主要内容的第二代人权保护领域，欧盟处于世界的前列。欧洲社会拥有强大的经济实力以及以人为本的文化传统，非常注重人的价值，因此在发展与保障与人相关的经济社会和文化权利方面更是不遗余力。非洲的情况较为糟糕，由于经济的落后，国家并没有能力为公民提供足够的社会文化权利保障。"联合国千年发展计划"中，非洲仍没有完成大部分目标。

最后，第三代人权的保护中，欧盟在承认发展权后，将更多的目光集中于环境保护和人类遗产保护方面，并实施了多重计划，通过合作成功治理了莱茵河流域的水污染以及解决了欧洲的雾霾问题。如今，欧盟的环境保护政策与标准均是世界上最为严格的地区。这些为欧洲的可持续发展奠定了扎实的基础。非洲虽更关注第三代人权，但迫于现实，当前更多地追求获得公平的发展权。在环境保护等其他方面则凸显了诸多问题，制约了非洲未来的发展。

在人权保护的各个方面，非洲均存在问题，而欧盟在长期历史发展中实现了较为完善的人权保护制度与手段。由于彼此间的差异，更加坚定了欧盟试图以其积极经验"帮助"非洲实现人权保护的改善。同时，也促使非洲对欧盟的相关要求选择了接受。

二 人权导向援助实施的效果：难以测量

上文中从理念和认知层面分析了欧盟和非洲的人权观念与现实。本部分试图对欧盟对非人权导向实施的实际效果进行考察。通常而言，援助实施的具体效果需要采用定量研究方法进行分析和测量，但在面对欧盟对非人权导向的发展援助是否改善了非洲人权，程度究竟如何的问题上，并没有找到非常合适的定量研究方法。因此，笔者试图基于定性研究方法，借助相关数据和案例对援助的实施情况进行论述。

（一）对人权导向实施效果进行测量的方法探索与局限

如对欧盟对非援助效果进行定量分析，需要获取数据、方法选择和结果的得出以及方法的可信度检验及缺陷等。但在每一个部分中，都遇到较难克服的困难。

1. 数据的获取

通过最直观的考量，探索欧盟官方发展援助是否有效需要两方面的数据，其一，是欧盟在促进非洲人权方面所投入的发展援助金额；其二，是反映非洲人权状况的具体数据。

第一个数据较易获得，但在具体界定中存在些许问题。通过对欧盟发展援助资金分配的观察，发现其资金流向有以下领域，按投入从高到低的大致排序如下：商品和总体项目援助、运输和储存、政府与公民社会、交叉领域的投入、健康、水源及环境卫生、能源的产生分配及效率、农业、贸易政策规范和相关调整、援助方的行政花费、教育、其他社会基础建设与服务、人道主义援助、人口政策与生殖健康、商业与其他服务、工业、矿产资源与采矿、银行与金融服务、沟通、森林、旅游业、帮助偿还债务的援助、建设、援助国的难民以及一些未进行特别分类的援助[①]。

伴随着人权观念的不断衍化，发展与人权观念已相互融合。在考虑人权水平的改善时，发展成为必要的考量因素。欧盟为非洲提供的发展援助多达26个方面，其中健康、教育、水源及环境卫生、政府与公民社会、人口政策、人道主义援助等是非常直观地促进第一代和第二代人权援助，其他方面涉及基础设施建设和经济增长的也关乎第三代人权的改善。而发展援助就是以帮助发展中国家发展经济、提高人民生活水平为目的的。因此欧盟对非洲的官方发展援助的每一项都关乎非洲人权的改善，不能简单地割裂开来。因此本部分暂且选择欧盟对非官方发展援助的每一项数据[②]。

在人权改善情况的数据选择上，为配合援助数据，因此人权的指标也尽可能地需要包含基本人权和发展权，以数据形式反映出受援国人权的综合变化情况。陶德·兰德曼（Todd Landman）在《测量人权》一书中，明确提出了人权测量的事件导向、标准导向和调查导向三种方法。同时在第七章中指出，为了获得更加权威和可信的研究结果，官方统计数据在监测人权方面更有说服力。"考虑到官方的数据统计在收集数据时综合采用了以上三种方法视角，因此在实践中运用集合的数据指标诸如人类发展指数（HDI）和人类生活质量指数（PQLI）作为测量人权的替代数据是正当且可靠的。"[③] 以上两种数据指标均主要侧重于人类的基本权利，即生存、生命、经济与社会权利。具体而言，人类生活质量指数是1975年由美国海外发展委员会提出的，通过选取一些基本数据对一国的人口素质和物质福利水平进行测算。该方法简单易行，但是选取的指标较少，且通常运用于非常具体的社会学和医学统计，在反映人权改善方面不够完善。因此，笔者将选取人类发展指数作为反映非洲各国人权变化的关键指标。[④]

人类发展指数由联合国开发计划署下属的人类发展报告研究处（HDRO）进行调研和发布数据。"其所用数据是由具有相关授权、资源和

---

① European Commission, EU Aid Explorer, https://euaidexplorer.ec.europa.eu/Development-Atlas.do.
② 数据来源：EU Aid Explorer, https://euaidexplorer.ec.europa.eu/DevelopmentAtlas.do，详见附录3。
③ Todd Landman and Edzia Carvalho, *Measuring Human Rights*, London: Routledge, 2010, p.112.
④ 数据来源：http://hdr.undp.org/en/countries，具体数据见附录4。

专业知识的国际数据机构负责采集和整理的特定指标的国家数据。国际机构在整理各国数据时往往采用国际标准和统一规程对国际数据进行协调，有时还会对缺失数据进行估算以使不同国家提供的数据具有可比性。另一方面，国际机构可能无法获得最新的国家数据。所有这些因素都可能导致各国估算数据和国际估算数据之间存在差异。当人类发展报告研究处注意到这些差异时，会将此事项通知给各国和国际数据管理部门。"[①] 因此，人类发展指数获得的数据已尽量规避可能存在的误差。

具体而言，人类发展指数在统计时包括出生时预期寿命、教育获得水平（平均受教育年限、预期受教育年限）和人均国民总收入（GNI，以购买力平价计算）。这三类数据最直观地反映出一国人权改善的方面，因此计算结果能够较为准确地反映现状。在进行运算后，得出的数据在 0~1 之间，根据数据范围划分四种人类发展水平：低人类发展水平 HDI 值小于 0.550；中等人类发展水平 HDI 值介于 0.550 和 0.699 之间；高人类发展水平 HDI 值介于 0.700 和 0.799 之间；极高人类发展水平 HDI 值大于等于 0.800。此外，由于每年国家和国际机构不断改善其数据序列，因此每一年报告中获得的具体数据不具有可比性，为克服这一问题并展现出实际发展趋势，在人类发展报告中会附有人类发展趋势表格，基本以 5 年为分隔。为尽可能真实反映非洲各国人类发展水平的实际变化，笔者将 2015 年人类发展报告中列出 2000 年各国的发展指数作为基准数据，对本报告中缺失的年份数据进行了统一标准测算。

2. 方法选择与得到的结果

在获得了欧盟对非人权导向援助和非洲人权指数的相关数据后（数据时间段：2004~2016），笔者试图通过对比两者的发展趋势，通过曲线的相符和相异程度判断援助的效果。

表 2-2　两项指标曲线对比后不同趋势分类的国家个数统计

单位：%

	相符	相异	不相关	趋势对半	没有数据
国家数量（个）	10	10	17	9	3
所占比例	20.4	20.4	34.7	18.4	6.1

---

① 联合国开发计划署：《2014 人类发展报告——促进人类持续进步：降低脆弱性，增强抗逆力》，2014，PBM Graphics，第 155~156 页。

首先，援助投入与人类发展指数明显呈现正相关的非洲国家有：博茨瓦纳、吉布提、加蓬、几内亚比绍、肯尼亚、莫桑比克、尼日尔、尼日利亚、卢旺达和塞拉利昂。在正相关的国家中，国家类型呈现明显的两端性，其中博茨瓦纳、吉布提、加蓬、肯尼亚、莫桑比克和尼日利亚六国是非洲的一直处于发展优势地位的国家，而几内亚比绍、尼日尔、卢旺达和塞拉利昂则处于世界最不发达国家（LCDs）的行列。

其次，援助投入与人类发展指数明显呈现负相关的非洲国家为：安哥拉、布基纳法索、喀麦隆、中非共和国、科摩罗、刚果（金）、科特迪瓦、毛里求斯、纳米比亚和塞舌尔。呈负相关的国家也根据国家发展情况的不同明显分为两类，一类是经济与国家发展较为优良的安哥拉、喀麦隆、毛里求斯、纳米比亚和塞舌尔。其中塞舌尔和毛里求斯的人类发展指数长期位列非洲前两名。由于国家发展较好，有典型的支柱行业，两国对欧盟的援助依赖性小，国家政策并不随欧盟援助的增减而有所改变。另一类是发展较差的布基纳法索、中非、科摩罗、刚果（金）以及科特迪瓦。这一类国家主要受到国内政局动荡以及区域武装冲突的持续影响，使得援助无法发挥作用，人权水平因为战乱而受到影响。

再次，援助投入与人类发展指数曲线相关性不明显的非洲国家有：贝宁、乍得、埃塞俄比亚、冈比亚、几内亚、马拉维、马里、马达加斯加、毛里塔尼亚、圣多美和普林西比、塞内加尔、南非、斯威士兰、乌干达、多哥、赞比亚和津巴布韦。这部分国家的数量占据撒哈拉以南非洲国家总数的35%。这个分类中的国家，欧盟援助变化与人类发展指数变化并不能通过趋势对比发现相关规律，国家间的情况也各有不一。

最后，还有部分国家在援助投入与人类发展指数变化趋势上在前半部分明显呈正相关，而后半部分呈负相关，因此这部分国家需要另拿出讨论。其中，加纳在2008年后趋势开始呈现负相关，苏丹在2009年后呈现负相关，布隆迪则于2009~2012年呈现负相关，赤道几内亚则是在2010年后呈现正相关。最后，刚果（布）、佛得角、莱索托、利比里亚和坦桑尼亚均在2010年后从正相关转为负相关。造成以上趋势的原因较为多样，但主要均与欧盟在2008年经济危机后，经济下滑有关，加之2010年欧债危机爆发，提供持续增长的援助显得力不从心。此外，不同国家依然有不同的情况。

在曲线趋势对比后，笔者发现结果是多样的，并且每一类中的国家都没有显著的相关规律和相似性,结果的可信度存疑。

3. 方法的可信度检验与缺陷

通过对比数据变化曲线趋势的方法得出的结果并无明显规律,且可信度较低,说明该方法的运用存在缺陷。

具体而言,首先,数据的局限。其一,虽然欧盟对非官方文件中论述的人权保护涉及各个方面,但在援助的实际投入过程中,欧盟人权导向的援助更加关注第一代人权,即公民的生命权和政治权利。因此,欧盟对非洲各国为改善人权而投入的援助数据其实并无法实现准确获得。其二,选取人类发展指数反映非洲的人权改善状况也不可避免地存在缺陷,大致表现为:首先,有些情况下,国家申报的人权数据可能并不一定准确。最近的一项研究显示,数据收集过程可能存在政府为获得持续援助从而持续显示该国存在人权问题的现象。其次,多名学者,诸如高德斯坦(Goldstein,1992)、萨缪尔森(Samuelson,1999)、弗里德曼(Freedman,1999)等在其研究中均表示,由于国家对同一目标项可能有不同的定义,并且在收集数据的方法上也存在差异,运用不同国家政府提交上来的数据进行交叉对比得出的结果不一定准确。再次,人类发展指数主要组成的指标个数不多,与欧盟对非援助数据无法完全对应,不可能全面客观反映人权的发展变化。

其次,欧盟人权导向的援助与非洲的人权状况之间没有明显的因果关系。援助只是外部力量,虽然其目标在于促进非洲国家人权的改善,但援助与非洲人权状况间的因果关系难以确定。有以下两种可能:其一,欧盟提供援助促进受援国人权的改善;其二,因为欧盟对人权保护的推崇,非洲国家如果在人权保护方面表现良好,可能使欧盟提供更多的发展援助作为对受援国的支持和鼓励。因此,不能判定人权的改善是因为援助的增加。所以上述方法在运用过程中前提假设不成立。

再次,也是最重要的,自变量与因变量之间的相关性无法通过量化分析得以确定。也就是说,欧盟对非的人权导向援助与非洲的人权状况之间缺乏相关性。人权状况的变化可能受到多种因素的影响,包括经济情况、政局稳定性、战争、突发危机等,而援助只是其中的影响因素之一。同时,欧盟对非人权导向的援助覆盖非常广泛的领域,与非洲人类发展指数之间有交叉,自变量与因变量并不完全独立。因此没有办法用计量的办法得出两者之间准确的相关性。

因此，量化方法在分析欧盟对非援助人权导向的实施效果时适用度差，笔者将采取定性分析的方法对该问题进行考察。

(二) 对人权导向援助实施结果的定性分析

虽然欧盟对非人权导向援助的结果不能通过定量分析获得，但是其提供的数据与相互关系也可以为我们进行定性分析提供佐证。因此，本部分将细致考察非洲国家的具体情况，选取部分案例，借助相关数据，对援助的实施结果进行论述。

对欧盟人权导向援助的相关数据进行观察和分析后，明显发现在遭受经济危机和欧债危机的双重打击后，欧盟对非援助总量有明显的下降。而与此同时，非洲的人类发展指数变化仅在2010年有所下滑，之后都保持平稳增长，可见在2008年经济危机后，非洲人权状况的发展与非洲援助的投入增减关联性不大。

表2-3　2004~2015年欧盟对非人权导向援助的投入和非洲人类发展指数
（撒哈拉以南的非洲）

年份 数据	欧盟援助（美元）	人类发展指数（0~1分）
2004	13105816606	0.472
2005	19294396267	0.453
2006	23522260277	NA
2007	18196236141	0.468
2008	19658897039	0.478
2009	18822515753	0.514
2010	19918437000	0.497
2011	20903862881	0.504
2012	19322579050	0.510
2013	18174155834	0.515
2014	18527504958	0.520
2015	15609600151	0.523
2016	16153260848	0.526

资料来源：欧盟援助来自 EU Aid Explorer, https://euaidexplorer.ec.europa.eu/DevelopmentAtlas.do, 人类发展指数来自, http://hdr.undp.org/en/countries.。笔者整理，下文中有关援助和人类发展指数的数据均来自以上网站。

但细致考察诸多非洲国家后，也会发现以下情况。

首先，某些非洲国家的人权改善与欧盟援助相得益彰。这些国家诸如博茨瓦纳、肯尼亚、尼日利亚、吉布提、加蓬、莫桑比克、加纳等，它们的共同特点是21世纪以来基本保持了人权状况的逐步改善，同时欧盟对非援助也呈现增长趋势。这些国家均同欧盟保持较为良好的双边关系。以肯尼亚为例，其最早是英国的殖民地，二战后成为英联邦成员，并于1975年加入《洛美协定》。长期以来，欧盟一直是肯尼亚最大的贸易伙伴和商品最大出口地。欧盟支持肯尼亚在地区的领导地位，同时将其作为东非最重要的贸易通道。欧盟的公司也积极向肯尼亚投资，带来数以千计的工作岗位和大量税收。这种友好关系保障了肯尼亚对于欧盟援助的依赖，同时面对欧盟提出的指导性要求，肯尼亚也选择接受。具体而言，早在2004年，肯尼亚就与欧盟签订了第一个共同发展协议，此后还定期签订国家指导计划，在2008~2013年间，欧盟给予3.83亿欧元的援助，侧重交通建设、地区经济一体化以及改善乡村的发展，还为肯尼亚提供解决乡村干旱提高人民生活水平的专项援助，2014~2020年更是承诺将继续提供4.45亿欧元。[①] 总的来说，这一类国家较为认同欧盟价值观，都是英国、法国、德国等欧盟主要成员国的前殖民地，21世纪以来一直同欧盟保持良好双边关系。因此它们更易接受欧盟提出的带有人权导向的援助政策。

　　其次，一些实力弱小的非洲国家，对欧盟援助格外依赖。这类国家中法国前殖民地较多，包括塞拉利昂、尼日尔等。它们自身的人权状况非常糟糕，长年依靠欧盟的援助维系基本人权。因此欧盟援助在其人权发展过程中起到了重要的作用。在塞拉利昂的案例中，经过1991~2002年长达十余年的内战后，塞拉利昂整个国家遭受毁灭性打击。但是其政府有着基本的民主体制架构。在此前提下，欧盟的援助成为塞拉利昂国家经济恢复的重要来源。长期以来，欧盟机构以及成员国是塞拉利昂最大的援助国。塞拉利昂也与欧盟签订了国家指示计划，严格指导塞拉利昂的国家重建。在第十届欧洲发展基金下，欧盟为塞拉利昂确定了良治与安全、促进经济增长与人类发展三大改善方向，并引导其签订多份国际人权条款。[②] 此后

---

① European Commission, International Cooperation and Development: Kenya, http://ec.europa.eu/europeaid/countries/kenya_en.

② Sierra Leone – European Community, Country Strategy Paper and National Indicative Programme (2008–2013), https://ec.europa.eu/europeaid/sites/devco/files/csp-nip-sierra-leone-2008-2013_en.pdf.

在2014~2020年间又承诺在政府与公民社会、教育、农业与食品安全以及一些紧急人道主义事件中提供高达3.76亿欧元的援助，几乎与肯尼亚获得的援助持平。由此可见，塞拉利昂虽然在人类发展指数方面表现不尽如人意，但是其对外援的依赖性极强，欧盟的援助已成为这类极不发达国家得以改善人权的重要资金来源。

再次，一些国家的人权状况基本不受到援助增减的影响。比较有代表性的案例是安哥拉与刚果民主共和国。21世纪以来，安哥拉的人权状况改善进步明显，而欧盟对其援助则逐年减少。其原因主要在于安哥拉与欧盟关系与其他非洲国家相比，不算紧密。此外，安哥拉政府在国家发展方面更有主见，对欧盟提出的政治条件认同度低，与中国关系良好，从而寻求其他外援，降低欧盟人权导向发展援助对安哥拉的实际影响。

从欧盟对外行动总署（EEAS）对欧安关系的描述来看，欧盟虽一贯关注安哥拉的减贫、人权、民主和良治发展，但双边关系的发展不够深入，交往多停留在政治对话的层面，欧盟对安哥拉国家发展的指导性弱小。外援从第十届欧洲发展基金的2.14亿欧元到第十一届时减少到2.1亿欧元。同时，安哥拉并没有加入欧盟与南部非洲共同体签署的经济伙伴协议（EPA）。

安哥拉自身在发展过程中对欧盟的依赖较弱。其一，安哥拉在历史上是葡萄牙的殖民地，因此并不受到欧盟主要成员国的关注。其二，安哥拉有丰富的石油资源，以资源为导向的经济发展使其可以不用过多依赖欧盟的援助。其三，中国同安哥拉合作持续升温，双方优势互补，实现互利共赢，进一步弱化了欧盟对安哥拉的影响。据统计，自2006年起，中国一直是安哥拉第一大贸易伙伴。2014年，安哥拉是中国在非洲第二大贸易伙伴。[1] 多年来，中国与安哥拉多层次全方位的合作，不仅使安哥拉获得了重建资金、技术、人才和人力等多方面的支持和协助，促进了经济发展，稳定了国内政局，惠及了普通百姓，而且保证了其外交的独立自主性。[2]

由此可见，非洲国家政府与欧盟关系的疏离将使欧盟直接减少援助投入。在援助减少的情况下，对于发展水平低、国家能力弱的大部分非洲国家而言，维护人权的持续改善便显得力不从心。

---

[1] 中华人民共和国外交部：《中国同安哥拉的关系》，http://www.mfa.gov.cn/chn//gxh/cgb/zcgmzysx/fz/1206_2/1206x1/t6493.htm。

[2] 刘青建、李源正：《中国与安哥拉经济合作特点探析》，载《现代国际关系》2011年第7期，第38页。

最后，以刚果民主共和国为代表的一些国家，因受到内乱和政局动荡的影响，使得再多的援助也对人权改善无济于事。从援助资金投入的情况来看，欧盟在21世纪后对刚果民主共和国投入的援助总量非常巨大，远高于地区的其他国家，并不断减免其债务，但效果依然有限。因此，在冲突过程中，受援国的人权水平会受到严重影响，而援助仅能提供些许人道主义援助，保障难民的一些基本生活，并不能解决人权问题。

除了以上国家的问题会影响援助实施的结果外，欧盟对非洲带有人权导向的援助也存在一些问题，进一步减弱实施效果。一是非洲国家众多、人权覆盖的领域也非常广泛，尽管欧盟是世界上最大的援助方，但援助金额依然不足以满足非洲各国的需求，不可能面面俱到。加之在分配过程中，欧盟更加重视与其关系良好的国家，以英法前殖民地为例，援助金额分配并没有严格遵循公平的标准。二是欧盟带有人权导向的援助在进行资金投入和运作的过程中设置了诸多条件。虽然在一定程度上能够保障侵害人权的事件不发生，但也无形中给援助的有效使用增加了障碍。比如，要求非洲国家在采矿过程中采取欧洲的管理标准，禁止使用童工。虽然儿童权益得到维护，但其管理方式与条例并不适用于非洲国家的实际情况，造成企业效益降低、工人收入减少等问题。三是援助来源于外部，不能代替非洲国家自身的努力。过多的援助可能导致非洲国家过于依赖外部力量而无法培养独立发展的能力。而过少的援助则根本无法发挥作用，可能导致非洲人权状况的进一步恶化。欧盟试图以外部力量推动非洲内部人权的改善，并没有厘清内外因素的相互关系。四是援助的实施过程难以得到全面的监管，使得援助结果受损。欧盟在设定援助要以保护人权为政治条件时，要求非洲国家接受是提供援助的前提。但归根结底，人权的改善是非洲国家的内政，非洲国家政府是最重要的角色。欧盟无法做到援助金额的严格监管，也不可能决定每一个国家的具体政策。许多非洲国家仅是为了获得援助而接受欧洲提出的政治条件，实践效果大打折扣。因此，该政策自身存在的先天缺陷使得援助实施的结果面临严峻挑战。

三 对人权导向援助结果的思考

通过对欧盟对非人权导向援助进行理论和实践分析后，笔者进行了以下思考。

第一，欧盟与非洲在人权领域的分歧与差异导致欧盟援助无法在非洲大陆发挥广泛而有效的作用。首先，欧洲对人权保护的认知与实践经历了较长的历史时期，第一代人权观在经济基础上发源于欧洲资产阶级对私有财产进行保护的需求，在思想基础上来自启蒙思想的传播和发展，这些现实以及思想提出的均是保护个人生存生命权以及私有财产不受侵害，人人生而平等。其次，欧洲的人权保护有一个循序渐进的发展完善过程。一开始只有上层阶级白人男子拥有相应的权利，伴随着多年的权利斗争，社会底层阶级、妇女及有色人种才逐步获得了平等的权利。再次，欧洲在历史上并没有受到过殖民压迫，对于民族权等集体权利并没有非常深刻的体会，因此对于集体的权利认知是伴随国际形势的发展而逐步加入欧洲的人权观念中的。多方因素决定了欧洲的人权观格外重视个人的权利，强调个体的重要性。这种人权观的形成是独特的，与其历史进程息息相关。

非洲的情况则正好相反，在欧洲殖民者到来以前，非洲大陆基本没有国家的概念，是以种族或者部族为单位进行群居的社会。在这个社会体系中，个人是集体的一分子，彼此由于血缘联系在一起。如果个人做出违背群体利益的事情，将会受到严厉的惩罚。唯有维护整个群体的利益，个人的权益才会得到相应的保护。这种文化渊源促使非洲对人权最早的认知来自对集体权利的保护。再后来，非洲遭遇奴隶贸易与殖民压迫，民众更加体会到独立自主、民族自决的重要性，没有这种集体权利，所有的个人权利均无法得到切实的保障。

欧非双方在人权观念的认知上有显著差异，欧盟对非援助的人权导向，试图将欧盟的人权观附加给非洲，并试图以自身丰富的人权发展经验对非洲进行指导。欧盟这种通过保护个人权利来实现集体权利的方式并不适用于非洲的现实。在当前情况下，非洲国家的发展不及欧洲国家，优先关注个人权利的改善并不容易得到巩固。非洲随时可能发生的传统和非传统安全问题都会将取得的人权保护成就毁于一旦。同时，这种优先进行个人权利保护的政策无法得到非洲的认可，使得政策在实践中无法获得预期效果。

第二，欧盟人权的优势得益于长期的经济发展，对非洲而言，援助帮助人权发展的首要任务是促进经济的快速发展，同时改善非洲的人文社会环境。欧洲国家对第一代人权的保护与其经济发展的历史和水平密切相关。人权保护内容与行动逐渐完善的过程伴随着欧洲资本主义经济的快速发展。经济基础为欧盟改善区域内的各项人权提供了不可或缺的资金支持。其中，涉及社会公共物品的教育、医疗、劳工福利、公共设施等都需要国家财政的大力支持。这些都建立在欧洲经济快速发展的基础上。在两次世界大战中，欧洲损失惨重，多国受到战争影响发生了国家动乱、经济衰退、饥荒等问题，人权保护水平也随之倒退。在接受马歇尔计划后，欧洲经济才得以复兴，也正是这一段经济快速发展的时期带来二战后欧洲人权保护水平的快速上升。现如今欧洲在环境和人类遗产保护方面有积极表现，也依然得益于强大的经济支持。

正因此，非洲想要获得人权发展也必须首要实现经济的快速发展，非洲国家要求获得公平发展权的追求是非常正确的。然而欧盟对非援助的人权导向在实践过程中虽然为非洲提供了部分资金支持，但并没有将重点放在促进非洲的经济发展上，并且在很多时候采取了双重标准，将更多金额援助给予那些同欧盟保持紧密关系并认同其价值观、拥有欧洲所需资源的非洲国家。因此援助的效率势必受到影响。

第三，人权的实现是非洲政治发展的终极目标，而这些需要尊重非洲现实，在发展的基础上逐步实现。简而言之，保持发展是提高非洲人权保护水平最根本的办法。欧盟对非带有人权导向的发展援助在理论层面并不符合非洲对人权的认知。在现实层面由于采用双重标准和更多考量自身利益也导致援助效果不尽相同。虽然欧盟援助的出发点确实有帮助非洲改善人权的愿望，但并没有正视非洲的现实和问题。欧洲的人权保护经历了很长的历史时期，建立在欧洲经济快速发展的基础上，非洲也需要一定的发展时间与经济基础。另外，欧盟与非洲的人权发展历史截然不同，欧盟应尊重非洲的现实，使非洲拥有更加公平的发展环境，并将援助投入促进其经济社会全方位发展的领域，唯有如此才能够提升援助的效果，带来非洲人权保护的成功。

第四，欧盟对非援助提出的人权导向要求主要停留在思想层面，缺乏制度支持，效果必然不佳。欧盟/欧共体的援助政策对非洲最早提出人权要求是在第三个《洛美协定》签订之时，欧洲开始关注非洲的人权状况，认为在公民的生命权和参政权都无法保障的前提下，经济获得的发展是无意义的。经济发展的成果应该惠及人民。因此在实践过程中，欧洲反复要求非洲改善人权状况。需要非洲国家政府明确对人权保护的支持。而在援助过程中，受援国政府的承诺没有配合实施的机制和规则。加之非洲更加重视发展权，在政治权利与经济权利发生冲突时会优先考虑保护经济权利，与欧盟的要求背道而驰。所以，欧盟开始反思该援助政策存在的问题，认为必须建立相应的制度来保障公民的各项权利，尤其是政治权利。

综上所述，人权理念在经过几个世纪的不断丰富和完善后，尊重和保护人权成为全世界共同追求的目标。然而在该问题上，发达国家与发展中国家对于人权的认知存在差异，并拥有不同的侧重点。总体而言，欧盟的人权保护水平明显高于非洲。因此，欧盟将人权作为重点宣传的规范价值，并与援助相结合，试图通过援助促进非洲国家人权的改善。在实际操作中，欧盟带有人权导向的发展援助对受援国产生的实际效果并不理想。进入21世纪以来，多数非洲国家均发生过政治动荡或军事冲突，严重影响到援助发挥效果。欧盟经过分析后认为，良好的政治制度是保持国家政局平稳的必要条件，西方民主制在维护欧洲社会稳定和持续发展中作用重大。为更好地提高援助的效果并丰富与强化欧盟的规范性外交，要求受援国建立西方民主制成为欧盟的必然选择，民主导向很快出现在援助政策中。

第三章 欧盟对非洲援助政策的"民主"导向

欧盟在对非援助政策的调整中,民主导向在第四个《洛美协定》修订案中被提及,之后与人权并行成为欧盟对外援助的必要条件。民主思想发源于欧洲,在近代历史发展中,资本主义的发展推动了现代国家和民主制度在西欧的建立。民主政体是从欧美国家发展壮大并向世界传播的,因此该导向对西方国家意义重大,被视为最重要的政治条件。人权理念在非洲得到推广后,欧盟认为需要建立相应的制度对西方的价值观进行巩固,欧盟结合自身在民主政治的发展过程中积累的丰富经验,要求非洲国家建立西方民主制,民主导向因此成为对非援助的必要条件。冷战后,非洲大陆民主化进程加速,大部分非洲国家仿照欧美建立了西方民主制,又陆续开展了换届选举,但非洲国家的政治稳定性依然较差。本章试图分析欧盟对促进非洲民主化投入的援助,探索其结果与存在的问题。

第一节 欧洲民主理论的实践与发展

民主思想同人权一样,发源于欧洲。最早可追溯到古希腊雅典时期的克里斯提尼时代,苏格拉底、柏拉图等先哲对民主进行了最早的探索。近现代民主理论也在欧洲得到发展。启蒙时期,欧洲经历了民主思潮的大发展,直接促成了近代民主政体的建立,为现代国家的建立提供了重要的保障。健全的民主制度为西方国家的发展带来诸多好处,也为其他国家提供了政治发展的经验。伴随着第三波民主化浪潮,世界大部分国家均建立起民主制度。世界民主化的发展状况以及欧盟较为成功的民主实践经验为调整对非援助奠定了现实基础。

一 欧洲对民主理论发展的贡献

对西方民主的追溯直至古希腊城邦时期,在当时这些城邦建立了寡头议会和公民大会等早期国家机构,被视为民主制度的雏形。然而占雅典人口比重最大的奴隶是没有参政权利的,因此古希腊时期的民主并不是现代民主。现代民主制度兴起于英国资产阶级革命之后，受到近代启蒙思想家的影响，是社会发展到一定阶段后的产物。本部分将通过对欧洲民主理论的发展进行梳理，探讨其对当代民主制度的贡献与影响。

（一）欧洲近代民主思想的兴起与发展

民主源于希腊文 Demokratia，词源意思大致为"人民的权力"，西方先贤均对民主进行过描述，修昔底德认为："我们的制度之所以被称为民主政治，因为政权是在全体公民手中，而不在少数人手中。"[1] 亚里士多德在《政治学》中认为民主制即指多数人的执政。早期的民主活动大多发生在古希腊与中世纪意大利城邦时期，但由于并没有广泛性的公民制度，因此严格意义上并不能称为民主，却为近代民主在欧洲的发展奠定了基础。直到18世纪近代民主制度才有了重大进步，并在19世纪的西欧快速发展，到20世纪才建立起完善的现代民主制度。

近代民主思想为现代民主制度的建立提供了智力支持。民主思想的产生根源于西欧资本主义的发展，之后产生的文艺复兴运动和宗教改革将思想从神学束缚中解脱，开始思考人与国家和社会的关系。进入17世纪后，格劳秀斯主张的世俗自然法得到复兴，斯宾诺莎提出了天赋人权观和社会契约论的雏形。此时英国爆发了资产阶级革命，霍布斯与洛克进一步丰富和完善了社会契约论，开始探讨国家主权和政体理论。新兴资产阶级要求保护个人私有财产，初步建立的英国政权表露出对公民权利的保护。启蒙运动的代表人物孟德斯鸠对法的精神和政体理论有了更深入的认识，将政体分为三种，其中共和政体包括民主政体和贵族政体。此外，孟德斯鸠还提出了三权分立原则。卢梭发展了社会契约论，提出主权在民的人民主权思想，该思想成为现代民主制度的基石，推动了欧洲大陆民主制度的建立，更成为美国建制的指导思想。卢梭本人也被称为"现代民主之父"。后来，潘恩、杰斐逊积极发展了代议民主制政治，汉密尔顿吸取了民主思想，将联邦共和制成功应用在了美国的建制中。

至此，近代民主思潮经历了逐渐完善到应用于实践的过程，民主制度在西欧和美国被建立起来这一过程中，民主思想和建立民主政体的理论被

---

[1] 〔古希腊〕修昔底德：《伯罗奔尼撒战争史》（下卷），谢德风译，商务印书馆，2005，第371页。

提出，为民主理论在后来历史中的壮大打好了地基。

(二) 欧洲民主与现代国家的发展

在对民主与现代国家建立的关系探讨前，需要对现代国家的概念进行界定。吉登斯认为："现代理性国家形成于西方现代初期，是一种自立于其他民族之外的、独特的、集权的社会制度，并在已经界定和得到承认的领土内，拥有强制和获取的垄断权力。"① 哈贝马斯指出："现代意义上的国家是一个法学概念，具体所指是对内对外都代表着主权的国家权力。"② 国内学者在对多种现代化国家定义进行考察后，将其含义概括为："现代国家是民族国家，是民主国家，是公民国家，是主权国家，是宪政国家，是国际社会成员，是建立在现代经济秩序基础上的国家，等等。从结构的角度，现代国家是一个以最高权力为核心，以广泛的民族认同为基础，功能完备、分工专业、组织严密和法制健全的宪政体系。"③

在现代国家概念中，民族和民主是最重要的属性和特征。代表民族认同的民族主义是现代国家出现的原生力量。在固定地区生活的一群人因为相同的历史、生活方式和思维模式等形成了共同的身份认同。这种认同确定了国家的边界，现代国家因此拥有了基本国家形态。另外，民主在现代国家的建立过程中起到了至关重要的作用。学界普遍认同主权是现代国家最核心的特征，主权在民的论断指出了主权的实质。因而人民主权理论所代表的民主主义的出现是现代国家建立的根本原因。民主主义与民族主义相互作用，推动了现代国家的最终成型。一方面，民主主义促使民族主义诞生。"民主意味着自主治理，即共同体内部的人们是平等的，人们按照多数的意志实现共同体自身的治理，要实现自治，就意味着人们首先要形成自己的政治共同体的认同，而后才能按照民主的原则行使相应的权利。"④ 这种认同就是民族主义。反过来，民族主义促进了民主主义的发展以及民主制度在现代国家的建立。由于民族对国家疆界的确定，为民主

---

① 〔英〕安东尼·吉登斯：《民族—国家与暴力》，胡宗泽等译，生活·读书·新知三联书店，1998，第18~21页。
② 〔德〕尤尔根·哈贝马斯：《包容他者》，曹卫东译，上海人民出版社，2002，第127页。
③ 常士訚等：《现代国家及其政治制度：东亚与西方》，中国社会科学出版社，2008，第28页。
④ 杨光斌、杨洪晓：《民主主义、民族主义与现代国家》，载《行政科学论坛》2014年第4期，第3页。

制度的建立与运行提供了现实基础。

现代国家建立后，民主成为现代国家统治合法性的来源。近代西方思想家不同程度地提及国家主权源自人民权利的让与。为保障人民让与的权利不被国家统治阶级侵犯和滥用，建立和发展民主制度成为最优选择，民主能够保证人民掌握国家权力（协商或者选举等），赋予人民拥有参与国家事务、管理国家的权利。

总而言之，欧洲的民主思想推动了现代国家的建立，而后现代国家为民主制度的建立和完善提供了必要现实条件。通过实行民主制度，现代国家获得了权力合法性来源。民主与现代国家从而形成了相辅相成不可分割的关系。

（三）民主制度对西方现代国家发展的积极影响

现代国家最早在西欧建立起来，逐渐扩展到美洲大陆。在现代国家的发展过程中，国家权力从精英阶层手中逐渐延伸扩展至社会大众。民众通过选举参与政治分享公共权力，代议民主制度在西方国家建立起来，参与到现代国家的发展进程中，对西方国家的发展产生了积极的影响。

首先，民主强调平等，保护个人的基本权利，推动了资本主义经济的发展。托克维尔认为，民主制度中对平等的追求引导人们转而从事商业活动。"那些生活在情况易变的民主社会的人，眼前浮现的总是变幻莫测的偶然因素的影子，所以，他们都热爱从事偶然因素在其中发生作用的事业，因此，他们都选择去经商，而经商的目的不仅仅是为了牟利，还因为喜欢商业给他们带来的冲动。"[①] 商业带动的工业化是资本主义制度兴盛和发展的灵魂。民主打破了西方封建社会的等级制，保护了新兴资产阶级的自由与私有财产，使平民大众获得追求物质福利的渴望。内心的原始驱动加之制度的保障推动社会财富的积累，带来国家经济的繁荣发展。

其次，完善的民主制度保障国家机器的高效运转，维护国家稳定。西方代议民主制将立法、行政和司法权分立，彼此相互制约。再通过定期选举制，由公民自主选择中意的代表组成议会行使立法权，维护选民权利。在这个过程中，为了更好地表达民意，不同政党得以产生，成为连接代表

---

① 〔法〕托克维尔：《论美国的民主》，张杨译，湖南文艺出版社，2011，第426页。

与民众，国家与社会的桥梁。党派之间的竞争与更替，促进公共政策的改善，使政府能更好地代表公意。该过程给大众表达民意提供合理渠道，有助于国家政局的稳定。

再次，民主催生公民社会的出现，发展社会力量制衡国家力量，防止国家对公民权利的践踏。按照人民主权原则建立起的国家在法律上保护言论、出版和结社自由，能够更好地保护人民权利，催生健康的公民社会。公民社会的出现扩展了公民表达意见的渠道，监督政府行为，发展出强大的社会力量。西方在多年的发展中逐渐形成了国家与社会力量的大致平衡。

最后，民主制度培养出追求自由、平等和法治的西方政治文化，增强民众认同度，提高文化吸引力。民主制度在西方国家多年的实践中，民众通过进行选举，参与公民社会活动，提高了政治参与度，从而不断积累与强化对民主的认知，以及与民主相关的自由、平等和法治的重要意义，对民主制度的认同度加深。这种观念反过来塑造了人们的行为，使得民主制度得以延续。互动过程中民主文化在欧美扎根，成为西方引以为豪的核心价值理念。

代议民主制对西方经济、政治、社会和文化等多方面的发展均有积极贡献，但代议民主制也在近代历史中经历了逐步修正和完善的过程。这种修改与调整是根据西方发展过程中遇到的问题而逐步改进的，经历长时段的发展才达到民主制度与国家发展的有效契合，积累的经验拥有明显的西方特色。

二 民主制度在欧盟及其成员国的实践

欧盟是在民主原则基础上建立的国家联盟，对民主的重视程度不亚于保护人权。民主思想在欧洲发源与壮大，英法等是第一批建立现代民主制度的国家。民主成为最具欧洲特色的价值理念与规范，欧盟拥有较为丰富的民主发展经验。因此，欧盟的运行机制与组织架构均体现其对民主原则的尊重。同时，欧盟认真吸取主要成员国的民主建设经验，并对申请加入欧盟的国家提出实行民主制的具体要求。欧盟在扩大的过程中，多个新加入的成员国完成了民主转型并初步巩固了民主，为欧盟向非洲推行带有民主导向的发展援助，希望在非洲国家建立起完善的西方民主制度提供了些许经验。

（一）欧盟的民主架构及其对新型民主制度的探索

经过二战后多年的发展，西欧国家的民主制度不断完善，主权国家将更多权力下放至地方，公民社会得到充分的发展，国家和社会的良性互动进展顺利。1987年《单一欧洲法案》生效和1993年欧盟正式成立，欧共体从单一的区域经济一体化组织迈向政治一体化组织。这一变化促使成员国让渡更多主权权力给欧盟机构，极大地加强了超国家机构的权力。欧盟成员国自身民主制度的发展以及欧盟成立急需更合理的组织架构与运行制度成为其推出多层治理模式实践民主的重要前提条件。

1. 欧盟多层治理结构背景下产生的民主制度

欧盟探寻多层次治理模式来实现民主是经过深层次考量的。首先，一体化的快速发展促使欧盟成为超国家行为体。成员国需要让渡更多的主权权力赋予欧盟的超国家机构更多的权力。此时欧盟存在作为民族国家的成员国和欧盟超国家机构两个拥有决策权的参与者，需要合理分配双方权力，相应事务也需要彼此协调。其次，欧洲一体化进程中，成员国中央政府将权力进一步下放，使得公民社会发展迅速。公民社会的壮大并发挥作用是欧盟实践多层治理的重要前提。公民社会可以同时与成员国政府及欧盟超国家机构进行互动，为欧盟推行民主决策提供保障。再次，欧盟除了存在成员国和欧盟超国家机构两个主体外，还存在成员国之间和超国家机构与成员国之间两个层面的相互关系。平衡与协调相互关系，确保主体充分履行职责，需要多层治理模式的辅助，进而在各个层面确保民主。

由于欧盟的特殊性，多层治理结构在欧盟成立后长期处于发展与完善的过程中，至今欧盟并无一个特定的民主形式，其民主机制在不同主体和不同层面中包含不同的形式，是在发展过程中不断平衡的多重民主制度的结合体。欧盟会根据不同需要采取相应的民主制度解决问题，域内民主制度的复杂与多样性也给欧盟民主的完善带来了挑战。

2. 不同民主制度在欧盟的运作过程

欧盟运行过程中不同主体及相互关系的存在促使其选择多层治理的模式维护民主原则，增强欧盟的合法性。因此，欧盟域内存在代议民主制、参与式民主和协商民主三种基本民主制度，在实际操作中，同一主体和层级均可能包含多种民主形式，三者各司其职，不断探寻更适合欧盟的完善的民主制度。

其一，在成员国政治体系中，代议民主制是最主要的民主形式，维系着主权国家统治的合法性基础。虽然欧盟已成为超国家行为体，但是成员国依然是独立的主权国家，受到欧洲历史发展进程的影响，议会制的代议民主制度是欧盟成员采用最多、使用时间最长、经验最为丰富的民主形式。欧盟基本法律文件中提及的民主原则就是代议民主制。欧盟成员国的发展受益于代议民主制，是政府合法性的重要支撑。

其二，在关乎成员国关系的政府间层面，包含国家的间接代议制和协商民主。欧盟作为超国家行为体将成员国联系在一起，促使成员国处理政府间关系时，需要借助民主制度实现共同利益。欧盟的决策机构主要有欧洲理事会和欧盟部长理事会，二者均由成员国政府参与，是欧盟核心政治的决策机构。成员国政府代表受到民众的授权，代表民意，因此存在间接代议民主制。在议事过程中，欧盟的第二和第三大支柱涉及高政治领域，是政府间合作最主要的领域，协商民主成为重要选择。在这些决策中，各成员国的意见均应被充分反映和尊重，协商一致能够有效避免"多数人的暴政"。此外，协商民主可以更充分地反映民意，发挥谈判和磋商的作用，专家和技术小组的政策建议也将被纳入考虑，对欧盟做出明智的决策更加有益。这种民主形式为处理欧盟成员国政府间关系开辟了路径。

其三，在欧盟超国家机构主体层面，代议民主制、参与式民主和协商民主相互交织。欧盟的超国家行动集中于第一支柱欧洲共同体范围内。代议民主制主要应用于欧洲议会，在欧洲源远流长，欧盟运用这种形式的民主增强作为超国家行为体行政的合法性。目前，欧洲议会已经拥有立法、人事、弹劾、预算、审议、咨询和监督等权力，议会代表由成员国民众选举产生，民主原则得到巩固。参与式民主体现在欧盟委员会通过多种方式加强民众参与度，希望弥补代议民主制产生的民主参与度下降等问题，试图使欧盟贴近民众生活，增强认同。针对参与欧盟决策的各方机构没有统一领导的问题，协商民主的作用受到重视，实现彼此相互协作、制约和监督的过程。

其四，在处理欧盟超国家机构与成员国、利益集团等相互关系时，参与式民主得到更多的推崇与实践。参与式民主的提出为应对欧盟作为庞大的超国家机构行政能力较弱、成员国公民对欧盟事务参与度较低的问题，即用直接民主弥补间接民主的不足，从而提高欧盟决策质量。目前，欧盟实行的参与式民主举措有三类："第一是增加欧盟公民直接参与决策的机会；第二是欧盟机构同利益团体，特别是同公共利益团体代表加强磋商；第三是一些成员国对欧盟的重大条约修订实行全民公决。"[1] 以上举措，均为拉近欧盟与成员国之间的紧密关系，让民众真正参与到欧盟事务中，并充分发挥利益集团的作用，完善欧盟的民主决策过程。

（二）欧盟主要成员国的发展经验及对非成员国的民主要求

欧盟作为超国家行为体在运作中，为尽可能展现民主原则、保护各方利益，采取了多种民主制度配合实施的多层治理模式，从而发挥不同民主制度的最大效用。其中，代议民主制依然是欧盟最重要的民主形式。原因主要有：代议民主制是欧洲发展时间最长最为完善的民主制度；欧盟主要成员国均实施代议民主制，经验丰富；要求申请入盟的国家必须拥有代议民主制政体。以上决定了代议民主制在欧盟众多民主形式中无可取代的重要地位。主要成员国英、法、德的发展经验更为欧盟对申请入盟国家提出具体的民主要求提供了制度基础和经验支持。

1. 英、法、德的民主制度及发展经验

英、法、德作为欧盟最主要的成员国，是近现代民主制度的发源地，民主制度发展完善，民主原则深入人心。虽然三国的政治制度不尽相同，但均是代议民主制的不同表现形式。英、法、德在国家政治制度的建设和发展过程中，丰富和完善了代议民主制度，使其更好地与本国国情相适应，从而总结出相应的成功经验。

英国的政治制度起源可以回溯到《大宪章》时代，在资产阶级光荣革命后，英国逐渐建立起君主立宪制，通过了《权利法案》和《王位继承法》后，英国议会成为国家权力的核心。经过多年的发展，现代英国的政治制度，是代议民主制的优秀代表。首先，英国的宪法由不同时期的宪法法案、惯例法和习惯法组成，宪法中明确了法治原则和议会至上原则。其次，政党制度是自然而然出现的，1679年，议会由于反对天主教的《排斥法案》迅速分裂为两派，后来逐渐发展成为工党和保守党两党制并确立轮流执政的格局。再次，英国有一套完善的选举制度，明确划分659个选区，每个选区选举一名下院议员，由大选中获得更多议席的政党执政，负

---

[1] 赵晨：《超越国界的民主——欧盟民主问题研究》，中国社会科学院博士学位论文，2008年，第58页。

责组阁。在选举过程中，司法机关作为监督机构确保选举的公平公正。

近代西方民主思潮的大发展直接推动了法国大革命的爆发，进而促进法国政治的现代化，成为较早开始民主历程的国家。具体而言，"大革命确立了资本主义政治的基本原则，即'自由、平等、博爱'；推进了法制化进程；建立了一整套三权分立的国家机构，进行权力制衡；带动了民众积极参政"。[1] 在后来的历史中，法国的代议民主制发展进程较为曲折，政府更替频繁。1958年，戴高乐执政后，总结第四共和国的经验教训，并借鉴了英美的经验，颁布了新宪法，确立了法国独特的半总统半议会制。总统成为国家权力中心，是国家元首。议会分为参议院和国民议会。法国的选举制度较为复杂，民众进行普选时不仅要选总统还要选执政的政党，在总统选举中采用多数两轮投票制，议会选举中采用单记名两轮投票制。二者形成相互牵制的关系，但总统依然占据优势。在政党方面，法国是典型的多党制国家，政党间时常结成执政联盟以获取选票。总体而言，法国的代议民主制处于英国和美国的中间地带。

德国的民主政治在二战后才得到完善与发展。魏玛共和国时期，德国制定了第一部宪法，但对总统权力的限制不足导致法西斯上台。二战结束后，德国通过《德意志联邦共和国基本法》（简称《基本法》），作为国家根本宪法，确定了共和制、联邦制和民主制的原则。根据《基本法》，德国的代议民主制在联邦设立两院，其中联邦议院是权力中心，是唯一由公民直接选举的人民代表所组成的机构，拥有立法权。联邦总理由议会投票产生，拥有最高实权。总统在德国是国家首脑，象征意义大于实际意义。在选举制度方面，德国采取两票制，分别投给参选的个人和政党。德国还根据国情有一个特殊的5%条款，这是为了防止政党林立造成国家贫弱，最后给法西斯主义提供可乘之机，所以规定在选举中得不到5%有效选票的政党是不准进入议会和组织议会党团的。[2] 目前德国的主要政党有：基民盟、基社盟、社会民主党和自由民主党以及以绿党为代表的新兴政党。

通过对英、法、德政治制度的梳理，虽然制度安排有诸多不同，但代议民主制的核心是相同的：其一，民主制度是为保障人民权利而设计的，因此必须使公民的普选权得到保障，政府的权力必须得到制约。其二，立

---

[1] 崔建树、李金祥编著《法国政治发展与对外政策》，世界知识出版社，2009，第50~62页。
[2] 常士訚等编著《比较政治制度》，天津人民出版社，2013，第167页。

法、行政和司法机构之间形成有效的相互制约。这个过程是内生的，民主制度形成自适的良好运行。其三，根据国家的发展历史不断调试和解决民主政治中的问题，维护国家稳定，确保代议民主制能够更好地发挥效用。其四，不同政党的执政理念逐渐趋同，加之资产阶级控制国家经济命脉，减少了政权交替对经济发展产生的负面影响。

经过长期的调试和发展，代议民主制在欧盟主要成员国运行良好，较为有效地保障了人民选举的权利，使英、法、德对自身政治制度更加自信，将欧盟核心价值观中的民主原则特指为代议民主制，之后作为加入欧盟的必要条件。

2. 欧共体/欧盟对申请入盟国家提出的民主要求

欧共体/欧盟在"马约"中声明：任何欧洲国家只要尊重欧洲的民主价值观并致力于推广，就可以加入欧盟。最早对申请入盟国提出的民主要求明确反映在1993年6月的《哥本哈根标准》中，该标准规定，一个国家只有满足以下条件才能加入欧盟："政治上——有稳定的体制保障民主、法治和人权；经济上——有运作良好的市场经济，能够应对欧盟内部的竞争压力和市场力量；法律上——接受欧盟既定的法律和做法，特别是政治、经济和货币联盟的主要目标。"[1] 其中，稳定的体制保障民主是最为重要的要求。针对该标准，欧洲理事会从1998年开始要求申请入盟国递交发展进度报告，并委托委员会对递交的报告进行审查，"从哥本哈根标准的角度看，有关国家在入盟的道路上已经做出了哪些进步，特别是看它以多快的速度接受了欧盟的成果"[2]。

1997年，《阿姆斯特丹条约》中强调民主是联盟成立的基础，是成员国共同认可的规范。2007年，《里斯本条约》出台，结束了欧盟倡导6年的制宪议程，是目前欧盟的根本法律，维系着欧盟的建设与发展。在第一部分的1a条款中再次明确："联盟建立的价值基础是尊重人类尊严、自由、民主、平等、法治，尊重人权也包括少数民族的权利。"[3] 因而，欧盟在扩大过程中，希望以上核心价值得到更多的认同，也希望这些价值得

---

[1] Delegation of European Union to China, The Copenhagen Criteria, http://eeas.europa.eu/delegations/china/key_eu_policies/enlargement/index_en.htm.
[2] 〔奥〕马丁·赛迪克、〔奥〕米歇尔·施瓦辛格：《欧盟扩大——背景、发展、史实》，卫延生译，中央编译出版社，2012，第30页。
[3] European Communities, "Treaty of Lisbon – Amending the Treaty on the European Union and the Treaty Establishing the European Community", *Official Journal of European Union*, C306, December 17, 2007, p. 11.

到更有效的推广。原东欧社会主义国家在政治、经济和法律等方面发展较为薄弱，设定入盟标准一方面为这些已改制转型的国家顺利融入欧盟提供必要的准备条件；另一方面，也能够为欧盟积极推行欧洲核心规范和价值提供经验。民主要求成为政治标准中最重要的一环，因为制度是承载理念和维系组织的基础。欧盟对申请入盟国家提出的民主要求极大地推动了成员国的民主转型和巩固，也积累了丰富的经验。

（三）欧盟扩大过程中的民主转型与巩固

自欧盟/欧共体成立以来，起初只有6个成员国，先后经过7次扩大，[①] 现已成为拥有28个成员国的超国家行为体。在欧盟的历次扩大中，冷战时期希腊、葡萄牙和西班牙为加入欧共体进行了民主转型与巩固，南欧是民主发展较为成功的案例。冷战后欧盟第五次至第七次扩大面向东欧地区，除塞浦路斯和马耳他外，全部是原苏东集团社会主义国家，入盟前的民主转型和巩固显得更加重要。事实证明，这些国家全部实现了代议民主制，运行较为平稳。为此，欧盟对西方民主制度与原则更加自信，坚定了在非洲推行规范性外交、实施具有民主导向的发展援助政策。

1. 20世纪70年代南欧国家的民主转型与巩固

20世纪70年代，南欧国家西班牙、葡萄牙和希腊的民主转型和迅速巩固是积极且成功的案例，葡萄牙和西班牙的民主进程引领了第三波民主化浪潮的发展。南欧三国的民主发展为欧盟积极推广西方民主制提供了初步经验。

按照时间顺序而言，1974年，"康乃馨革命"爆发，葡萄牙开始了由中下级军官发动政变，建立临时政府召开制宪会议，进行选举民主转型和巩固的进程。1975年4月25日，葡萄牙进行全国性的制宪会议选举，支持程序民主的中左政党、中右政党和保守政党赢得72%的选票，1976年，继而举行的第一次自由议会选举中，上述三个政党赢得了选票的75%、263个议席中的222个。[②] 但1976年军队对权威的强调给葡萄牙的民主化

---

① 分别是：第一次扩大（1973，英国、丹麦、爱尔兰）；第二次扩大（1981，希腊）；第三次扩大（1986，西班牙、葡萄牙）；第四次扩大（1995，奥地利、瑞典、芬兰）；第五次扩大（2004，塞浦路斯、匈牙利、捷克、爱沙尼亚、拉脱维亚、立陶宛、马耳他、波兰、斯洛伐克、斯洛文尼亚）；第六次扩大（2007，保加利亚、罗马尼亚）；第七次扩大（2013，克罗地亚）。

② David B. Goldey, "Elections and Consolidation of Portuguese Democracy: 1974–1983", *Electoral Studies*, Vol. 3, No. 2, 1983, pp. 229–240.

带来负面影响。而民主思想已经在民众心中扎根，从后来的选举情况看，宣传民主思想遵守民主程序的政党获得更多的支持。1982年，葡萄牙进行了宪法修订，全面限制军队权力，标志着全面民主巩固的实现。

与葡萄牙不同，西班牙的民主转型与巩固过程相对平稳，也没有遭遇严重的经济危机。受到葡萄牙的影响，西班牙当权者认为，"尽管反对政权者尚未积聚起（至少是尚未马上积聚起）足够的力量来推翻政权（特别是由于军队对政权的忠诚），但是鉴于西欧的环境背景，如果不采取极端的镇压措施，他们将无法继续掌握权力"。[1] 因此，西班牙的民主转型是在社会压力下，自上而下发生的。其中，阿道夫·苏亚雷兹发挥的领导作用是西班牙获得成功的重要因素。他说服立法机关同意进行公开选举，从而建立一个全新的立法机构，之后再进行政党的公开选举。西班牙政治改革法制定后得到77%的投票率，94%的赞成票得以通过。国会起草的宪法在1978年全民公决中得到批准。民主转型增强了中央政府的合法性，获得了民众的支持，降低了动乱发生的概率。1982年10月大选后，西班牙政治权力进行了和平转移，标志着民主巩固进程平稳发展。

希腊的民主转型始于1974年7月21日，仅仅经历了142天。希腊民主转型中，高级军官推翻了政权，并迅速将权力转交给一个保守的但支持民主的政府，民主进程得到合理控制。总理卡拉曼利斯引导召开议会，进行选举，制定宪法，恢复公民自由权。同时展开军事审判，有效限制军队力量，巩固了希腊的宪政结构。在1977年选举中，各党派基本达成一致，接受民主政治，并合理利用宪法规定下的权利，希腊于1981年完成了民主巩固。

总体而言，南欧三国在完成民主巩固并加入欧共体后，民众对国家民主合法性和效力均持积极观点。

表3-1 葡萄牙、西班牙和希腊回答"民主是最好的政府形式"的比例及与欧盟国家平均水平的对比（合法性指标）

回答者	百分率（%）
葡萄牙	83
西班牙	78

---

[1] 〔美〕胡安·J. 林茨、阿尔弗莱德·斯泰潘：《民主转型与巩固的问题：南欧、南美和后共产主义欧洲》，孙龙等译，浙江人民出版社，2008，第88页。

续表

回答者	百分率（%）
希腊	90
欧盟平均水平	78

资料来源：Standard Eurobarometer 37, 1992, http://ec.europa.eu/commfrontoffice/publicopinion/archives/eb/eb37_en.htm。

表 3-2 葡萄牙、西班牙、希腊回答"对民主的运行方式非常满意"或者"还算满意"的比例与欧盟国家平均水平的对比（效力指标）

回答者	百分率（%）				
	1985	1987	1989	1991	1993
葡萄牙	34	70	60	75	51
西班牙	51	55	60	57	40
希腊	51	49	52	34	39
欧盟平均水平	49	51	57	50	43

资料来源：Eurobarometer Trend Variables, 1974-1993, https://www.gesis.org/eurobarometer-data-service/search-data-access/eb-trends-trend-files/list-of-trends/。

由以上数据得出，南欧三国在20世纪70、80年代，利用较短的时间完成了民主转型和民主巩固，代议民主制得以建立并有效运转，民众对民主制度也持积极态度，是西方民主制度在欧洲范围内首次成功尝试。

2. 冷战后新入盟成员国的民主转型与巩固

苏联解体后，对于已改制的原苏东集团国家而言，加入欧盟意味着为国家发展争取更多的有利条件。因此，这些国家选择接受欧盟条件，建立西方民主制度，开启了民主转型与巩固的尝试。欧盟第五次扩大中加入了东欧十国，其中塞浦路斯和马耳他在获得独立后就加入了英联邦，所以直接建立了代议民主制，设立议会、进行普选。因此在申请入盟的过程中主要侧重经济领域的调整。其他的11个国家都是原苏东集团国家，鉴于数量众多、情况也不尽相同，笔者对这些国家的民主转型和巩固过程进行了梳理（见附录）。

中东欧国家建立与运行西方代议民主制过程较为曲折，但总体完成了民主转型与巩固，为加入欧盟奠定了政治条件的基础。1993年，自由之家对这些国家民主的情况评分，可以反映出东欧地区的民主进程。

表 3-3　1993 年 11 个原苏东集团国家民主转型得分

国家	政治权利	公民自由	民主门槛等级："之上"、"之下"、"边缘"
波兰	2	2	之上
匈牙利	1	2	之上
捷克	1	2	之上
斯洛伐克	3	4	边缘
斯洛文尼亚	1	2	之上
爱沙尼亚	3	2	边缘
拉脱维亚	3	3	边缘
立陶宛	1	3	之上
保加利亚	2	2	之上
罗马尼亚	4	4	之下
克罗地亚	4	4	之下

资料来源：Raymond D. Gratil, ed., *Freedom in the World: Political Rights and Civil Liberties*, 1993 – 1994, New York: Freedom House, 1994, pp. 677 – 678。

由表 3-3 可见，唯有罗马尼亚和克罗地亚在 1993 年并没有实现民主，因而，它们也是较晚加入欧盟的国家（罗马尼亚 2007 年，克罗地亚 2013 年）。欧盟对申请入盟国提出的民主要求具有一定的约束力和示范效应，迫使这些国家积极建立西方民主制度以获得更多的国家利益。

3. 欧盟在地区民主化进程中取得的经验

由于欧洲地区国家众多，它们在民主转型和巩固过程中面临的问题也纷繁复杂，但无论容易还是艰难，短期还是长期，这些国家均完成了代议民主制在本国的确立，实现了民主制度的良好运行。欧盟对周边国家产生制度影响，更加坚定了其对西方民主制度的笃信，并在地区民主化进程中了解并学习到诸多经验，有了向其他地区推广民主的智力支持。

在推广代议民主制的过程中，欧盟认为自己是成功的。其一，欧洲模式的民主，即宪政民主或者议会制民主更有助于国家完成民主化，实现发展。因为欧洲的民主模式强调宪政框架下的民众动员和政治参与。从上述国家的民主转型和巩固过程而言，南欧和东欧国家均效仿了欧盟主要成员国议会制或半总统制的民主制度，也因此赋予民众更多的自由。其二，南欧的经验证明了民主转型和巩固可以先于经济改革，并且政治制度的存在可以为经济制度改革和发展提供必要的基础。东欧国家的情况虽然较为复杂，但依然可以佐证南欧的经验。奥勒·诺格德在审视了20个原苏东集团国家的民主化和经济制度改革后认为："只有当相应的政治基础存在时，激进的经济制度改革模式才是可取的，如果经济与成本太高而不能在民主框架内被接受，缓慢而渐进的改革模式更为可行，半途而废的制度改革在短期内造成的社会成本则甚于根本不改革。"[1] 这一经验强化了欧盟对民主的认知，更加坚信民主制度对国家经济发展的重要性。其三，欧盟的地区政策和针对地区邻国的政策是成功的，对欧盟周边国家产生了强大的辐射作用和政策吸引。欧盟/欧共体长期鼓励和支持周边国家进行民主转型和巩固，冷战时期处于阵营对抗，冷战后则出于维护自身利益的考量。这些申请入盟国家建立起的一系列奖赏机制对周边国家产生了影响。一方面，加入欧盟可以为国家发展带来诸多益处；另一方面，欧盟国家的民主制度有吸引力，给周边国家的非民主政权造成压力。此外，这些国家的民主转型和巩固进程相互影响，产生彼此效仿的连锁反应，降低了欧盟的政策成本。

欧盟通过历次扩大，有效地强化了自身实力，同时也推动欧洲地区的民主化进程，并在过程中积累了丰富的经验，更加确信西方民主制度具有优越性，能够为其他国家带来经济改革和发展动力，同时保障人权、自由、平等等西方思想的传播和巩固。在非洲援助中加入民主导向势在必行。

三 民主与欧盟对非援助

按照当代民主的形式，可以分为直接民主和间接民主。其中直接民主指人们亲自参与决定国家重大事务的方式和方法，需要满足以下四个条件：小国寡民、交通发达、国家事务简单和公民知识程度较高。[2] 然而实践中，诸多国家的条件并不能充分满足直接民主的条件，因此间接民主成为最优选择。代议民主制是间接民主的最主要内容和表现形式。欧盟主要成员国均实行代议民主制。由于欧盟对代议民主制有丰富的实践经验以及积极的认知，因此便在对非援助中极力推崇。此外，由于葡萄牙、西班牙等国家在第三波民主化中实现了良好的民主转型与巩固，欧盟对非援助政

---

[1] 〔丹〕奥勒·诺格德：《经济制度与民主改革：原苏东国家的转型比较分析》，孙友晋等译，上海人民出版社，2007，第212页。
[2] 周叶中：《代议制度比较研究》，商务印书馆，2014，第15页。

策也以此为典型，加大了向非洲推广西方民主制度的力量。

（一）欧洲对代议民主制的认知及对非援助民主导向界定

代议民主制的基本概念指国家公民通过选举制度选出民意代表，由这些代表制定决策进行统治，公民不直接参与政策制定过程但保留定期改选代表的权利。20世纪后，代议民主制由于具有良好的商议、决断、调和和监督功能，成为当代接受和使用范围最广泛的民主制度。部分国家可能会在选举机制、决策程度以及权力监督方面存在差异，但依然包含代议民主制运行中各项原则，即人民主权原则、普选原则、法治原则、多数决议原则、程序原则和公开原则。总体而言，代议制赋予了民众形式上的平等权、选择权、参与权和监督权，存在诸多优点。正因此，代议民主制成为欧盟对非援助民主导向的首要选择。

欧盟对非援助中提出民主要求是欧盟实行规范性外交的重要表现，其多次提出："发展并强化民主制度是基本目标，也是欧盟共同外交与安全政策及第三国合作政策的关键目标。"[1] 欧洲作为近代民主思想的发源地，在建立和实施民主政治方面经验丰富。欧盟的重要法律文件都强调对民主和法治的尊重，并对申请入盟国家也提出践行民主制度的要求。在《洛美协定》及《科托努协定》中，欧盟毫无例外地提出了民主条件。

结合欧盟援助在非洲的实践，可以将欧盟对非援助的民主导向界定为欧盟要求非洲国家建立西方民主制度，在国家运行中遵守和坚持民主原则。"由于多党选举的代议民主制是欧盟主要成员国以及美国的政体形式，加之以正当竞争、代议制、普选权、周期性选举、精英轮替执政等为核心的自由代议民主制的产生，从形式上赋予了民众平等的政治权利以及监督政府行为、保护自身合法利益、选择差异化公共政策的可能性，并且为在当代大型复杂社会实现某种意义的民主提供了一套逻辑严密的理论框架和结构完整的制度体系，因此，戴着'重大历史进步'光环的自由代议民主制成为当今民主的主要甚至是唯一模式。"[2] 欧盟对非援助的民主导向实则是希望在非洲国家建立多党选举的代议民主制，具体而言包括制定反映

---

[1] Council of European Union, EU Annual Report on Human Rights – 2005, http://www.consilium.europa.eu/uedocs/cmsUpload/HRen05.pdf.

[2] 郑慧：《参与民主与协商民主之辨》，载《华中师范大学学报》（人文社会科学版）2012年第11期，第17页。

民主精神的宪法、实行三权分立并进行定期选举等。从而在政治制度上保障西方理念在非洲的巩固，从而产生更深刻的影响。

(二) 民主化进程与欧盟援助的民主导向

根据亨廷顿的论述："民主化进程中的关键就是，用一个通过自由、开放和公证的选举途径产生的政府取代一个并非经由这一途径产生的政府。它包括非民主体制的崩溃，民主体制的诞生以及这一民主体制的巩固。"[①] 由此可见，民主化的过程包括民主转型与巩固。虽然早期的民主化实施过程遭遇了一些挑战，但是二战后西方资本主义的快速发展依然吸引了周边国家模仿与学习，开启了民主转型与巩固进程。随后，民主转型形成燎原之势，第三波民主化蓬勃发展，波及亚洲与拉美地区。冷战结束后，民主化浪潮蔓延至非洲。大量的亚非拉国家均进行了民主转型，一些国家也进行了一定程度上的民主巩固。民主化适用的主体是非原生民主国家。平稳的民主转型与完善的民主巩固对国家的发展至关重要。借着第三波民主化浪潮，欧盟积极推动实行对非援助的民主导向，试图通过援助巩固非洲已建立的西方民主制。

1. 民主化所需的条件

民主化的过程包括民主转型与民主巩固，具体而言，民主转型主要指政府获得权力的途径是通过自由和普选，通过选举才能产生政府的观念已成为民众的广泛共识。新成立的政府拥有制定新政策的权力，立法权、行政权和司法权均来源于民主程序。以上定义中需要明确两个问题：其一，选举只是民主的必要条件，但不是充分条件；其二，民众必须对民主转型后建立起的民主制有统一的认识，这样能够减少在民主建制过程中的分歧。

对于大多后生民主国家而言，民主巩固是更大的挑战，付出的精力与时间更多，同时还可能遭遇反复。民主巩固最重要的前提条件是，在该国的当前情况下，民主已经成为最佳的政体选择，即国内民众已经对追求民主制达成一致，民主已经内化入制度和心理层面。若要民主巩固能够良好进行，必须包含以下5个方面的成功：①存在能够发展自由活跃的公民社

---

① 〔美〕塞缪尔·P. 亨廷顿：《第三波：20世纪后期的民主化浪潮》，欧阳景根译，中国人民大学出版社，2013，第6页。

会的条件；②必须有相对自主并受人尊重的政治社会；③必须有法律可以保障公民的各项权利；④必须有民主政府能够运用的完整官僚体系；⑤必须有制度化的经济社会。这5个方面是相互促进缺一不可的，其中前三个是民主巩固的先决条件。后生民主国家经历的民主化进程涉及民主转型与民主巩固。

如果二者完成顺利，民主制度就在该国正式建立起来。欧盟对非洲援助的民主导向，正是希望通过援助提出的要求，促进非洲实现西方民主的转型与巩固。

2. 第三波民主化浪潮与欧盟民主导向援助的推出

第三波民主化肇始于1974年葡萄牙的"康乃馨革命"，统治长达35年的萨拉查独裁政府垮台，建立了新的民主政府。随后直至1990年的15年中，欧洲、亚洲和拉美有30多个国家进行了民主转型和巩固，民主制取代了威权统治。起先是欧洲的葡萄牙以及西班牙，随后1977～1985年间，厄瓜多尔、秘鲁、玻利维亚、阿根廷、乌拉圭、巴西、洪都拉斯、萨尔瓦多和危地马拉先后建立民主制度。与此同时，亚洲的印度、土耳其、韩国、中国台湾以及巴基斯坦等国家和地区也步入民主道路，开放党禁，进行选举。20世纪80年代末，由于东欧剧变的影响，其他东欧国家也进行了民主转型。据自由之家估计，1973年，世界上有32%的人口生活在自由国家；到1990年相比之下，有接近39%的人类生活在自由社会。[1]

第三波民主化覆盖国家多，产生的原因多样且复杂，大致分为：其一，威权政府的合法性在国家发展过程中遭遇挑战；其二，全球范围内经济和教育水平的增长，为民主化提供了物质基础；其三，民主化的示范效应，民主制度中透露出的自由和平等价值激发了民众内心对其追求的渴望；其四，欧美国家对外政策中对民主制度的格外推崇。由此可见，在冷战结束时，除了非洲是民主化的未及之地外，世界的大部分国家都受到民主化浪潮的影响。强化了世界各地人民对民主的认知。很快，第三波民主化浪潮便对非洲产生了巨大的影响。

由于苏联解体，美国成为世界唯一的超级大国，其所代表的西方资本主义与代议民主制度得到广泛的宣传，加之东欧国家在剧变后纷纷接受了

---

[1] 〔美〕塞缪尔·P.亨廷顿：《第三波：20世纪后期的民主化浪潮》，欧阳景根译，中国人民大学出版社，2013，第20页。

民主思想，进行了民主转型。西方民主制度的优点被不合理地过度放大，致使欧美国家对西方民主的优越性坚信不疑。

在这种思想的影响下，以欧盟为首的西方国家对发展中国家的援助中开始附带实行民主制的要求。第三波民主化中，非洲是最后被波及的地区，此外非洲的发展需要西方的援助，欧共体（欧盟）将民主导向援助的实施重点转向非洲。整个90年代，大部分非洲国家纷纷进行了民主转型。进入21世纪以来，这些非洲国家在欧盟援助的支持下开始了民主巩固的进程，然而直至今日，非洲国家依然存在腐败、政局动荡、内部动乱、行政乏力等问题。

第二节 非洲民主政治的发展演变

非洲大陆于20世纪60年代开启了轰轰烈烈的民族解放运动，前宗主国纷纷宣布放弃对殖民地的直接控制。在独立后初期，非洲国家效仿宗主国，建立了与之相似的政治制度。然而该制度频频遭遇问题，并没有发挥应有的作用，70~80年代，绝大多数非洲国家都发生了政变，建立了独裁和军人政权。直至冷战结束，第三波民主化的浪潮蔓延到非洲，西方民主制度又重新纷纷在非洲国家建立。半个多世纪的发展中，非洲国家几乎都存在政权不稳的问题。西方代议民主制在非洲重新建立后，非洲国家也经历了些许波折才将该制度逐渐巩固。当前，西方民主制在非洲已经得到了普遍认可，但在实践中依然不同程度地存在问题。

一 独立后非洲的政治制度设计与实践（20世纪60年代）

在殖民统治时期，非洲国家受到宗主国的统治与影响，在独立后内外双重环境的影响下，英法前殖民地国家基本接受了前宗主国的政治体制模式，即建立西方民主制度，实行议会制或者总统共和制。以此作为国家的基本政治体制形式。此时非洲民主政治制度的设计与实践受到前宗主国深刻的影响，大多数非洲国家对该制度的接受也有着深刻的历史和现实原因。

（一）独立初期非洲国家对西方政体的移植

二战结束后，非洲大陆反帝反殖民民族解放运动的蓬勃发展使英、法等国在非洲的殖民统治岌岌可危。为了继续保证欧洲对非洲殖民地的控制和影响，英、法等宗主国主动放弃殖民统治，但将自身的政治形式完全移植到非洲国家，为新生国家规划了民主制度，并要求前殖民地保持与前宗主国的紧密联系。由于西方殖民国家的主动"让步"，有40多个非洲国家通过非暴力方式取得了国家独立，在独立后，它们纷纷在前宗主国的影响下召开制宪会议、颁布宪法，此后进行大选，成立文官政府，实行民主政体。

具体而言，在20世纪60年代轰轰烈烈的独立运动中，英属殖民地国家加纳、肯尼亚、尼日利亚、赞比亚、马拉维、坦桑尼亚、乌干达、毛里求斯、博茨瓦纳等仿照英国实行议会内阁制。而法属殖民地中非、刚果（布）、乍得、加蓬、毛里塔尼亚、布基纳法索、贝宁、多哥、尼日尔、几内亚、科特迪瓦、喀麦隆和马达加斯加等纷纷建立与法国相同的总统制。比利时殖民地的刚果和卢旺达实行总统制。此外，莱索托和斯威士兰实行二元制君主立宪制。无论是议会内阁制还是总统制，除了实行三权分立以外，非洲国家也基本移植了前宗主国的政党制度，即实行多党制。在非洲国家独立初期，从政体到政党制度，西方国家对其均有着非常重要的影响。

（二）非洲国家采取西方民主制的原因

新生非洲国家的政治经济和社会现实并没有适合西方民主制度移植的土壤，然而该制度依然较为广泛地在非洲建立起来，这其中有着深刻的主观因素与现实压力。

其一，前宗主国的"去殖民化"行动与提出的要求使得非洲国家选择继承了西方民主制。二战结束后，资本主义发展进入国家垄断资本主义阶段，这一时期的显著特点就是国家政权与垄断资本相结合，从而以国家行政权力更好地保护垄断资本的收益最大化。这一时期，资本主义不再需要大量的原始积累，反而需要广阔的市场以维持经济的持续发展。大量的非洲殖民地在长期的被殖民统治中，仅仅作为原料供应来源，其市场价值没有得到释放。蓬勃发展的亚非拉国家民族解放运动，使得非洲国家要求摆脱殖民统治，实现独立自主的呼声高涨。从经济发展需求与现实压力等多方面来看，放弃殖民统治势在必行。因此，英、法等主要殖民国家开始主动放松对殖民地的控制。为保证非洲国家在获得独立后依然受到前宗主国的控制，英、法主动提出帮助非洲设计与制定独立后的政治制度，以此在政治上维护宗主国的利益。鉴于此种情况，非洲国家在现实压力下选择了实行多党选举的民主制度。

其二，多党制能够较好地平衡非洲国家独立初期面临的国内外双重问题，最大限度地实现和平过渡。对内而言，非洲国家在独立过程中有多个部族的共同努力，每个部族也有不同的领袖人物。建立多党制能够使国内的不同势力分享权力，暂时搁置双方存在的分歧与斗争。最大限度地将不同部族团结到一起，应对挑战，共建国家。对外而言，由于长期的殖民统治，非洲国家经济社会发展较为落后，且对前宗主国形成了一定的依赖。非洲国家主动选择与前宗主国相同的多党选举的民主制度，能够使西方国家继续对国家发展进行多方的支持。可见，于内于外，西方民主制都是保证非洲国家利益最大化的选择。

其三，在摆脱殖民统治前，非洲并没有独立的建设国家与发展政治经济的经验，接受西方民主制成为较为可行的选项。经过长期的殖民统治，英、法等主要殖民国家已经在非洲殖民地建立起一套以总督为核心，与宗主国政治形式类似的，带有立法、行政和司法等部门的殖民统治体系。这些统治机构在运行过程中，对西方民主制的传播有一定的推动，也为非洲国家的新政府承袭多党选举的民主制度提供前提条件。另外，非洲国家在殖民时期受到高压统治政策，没有积累多少统治和管理国家的经验。争取民族解放运动的领导人也多受过西方的教育，对西方民主制度较为熟悉。为尽快摆脱殖民统治，选择西方民主制作为国家的政治制度更为便捷。

二 民主制度在非洲的畸变与回归

独立后，非洲国家效仿宗主国建立的多党制，并没有坚持太久便纷纷发生畸变，建立起一党制，成立集权政府。这个时期持续了20多年，从20世纪60年代末期一直到80年代，在此过程中非洲发生了频繁的军事政变，多个国家建立了军人独裁政权。直至东欧剧变，第三波民主化的浪潮席卷非洲，西方民主制度在非洲大陆回归。

（一）20世纪70~80年代非洲的集权制及其失败

由于西方民主制度在非洲缺乏维持其生存的各项基础，非洲的西方民

第三章 欧盟对非洲援助政策的"民主"导向

主制实行了短短不到十年便纷纷夭折。从20世纪60年代中后期开始，一党制逐渐取代了多党制，非洲国家政治体制从民主向集权发展。"据统计，到1989年初，非洲51个独立国家中实行一党制的有27国（超过总数的一半），实行军人统治或禁党制的有12国。"[①] 非洲国家纷纷转向集权制是有深刻的背景原因的。然而随着时间的推移，非洲一党制暴露出的问题也愈演愈烈，最终走向失败。第三波民主化浪潮快速蔓延，使西方民主制重回非洲大陆。

首先，非洲国家从民主制向集权制发展的首要表现就是国家从最开始的多党制向一党制的转变，唯一的政党牢牢把控国家权力，并且取消选举等民主活动，不轻易转交权力。逐渐将权力集中在单一政党手中主要通过三种方式。第一，原本从独立后就实行一党制的国家，通过修宪，成为国内唯一合法的政党。诸如利比里亚、科特迪瓦、马拉维，还有一些70年代中期独立的葡属殖民地国家（莫桑比克、安哥拉、几内亚比绍等）。第二，照搬和延续前宗主国民主制度的国家，在独立初期就拥有两个及以上的政党，执政党通过合并、改组以及取缔等方式，最终成为单一政党，这些国家包括肯尼亚、坦桑尼亚、喀麦隆和塞拉利昂等。第三，直接通过暴力军事政变，解散议会和政党，成立军政府并通过法律将这种执政形式合法化，政变领袖随之成为新的国家领导人。

其次，从民主向集权转变的第二个显著表现为逐步废弃三权分立制度，总统获得非常大的权力。比如在喀麦隆，其宪法规定："共和国总统是国家元首、政府首脑兼武装部队总司令，有权任命总理和批准由总理提名的部长，有权颁布法律和法令，有权宣布紧急状态，总统负责主持最高国防会议和最高司法会议。"[②] 同时，行政机关的地位远远高于立法与司法机关，立法和司法权受到行政权的严重影响与挤压，三权失衡，无法发挥有效的监督作用。这与之前建立的西方代议民主制背道而驰。

最后，从民主向集权转变的第三个显著特征为军人干政，通过暴力手段推翻文官政府上台执政，之后实行党禁，独掌国家大权。军人干政的行为在非洲国家发展迅速，"据不完全统计，在非洲50个独立国家（不包括

---

① 贺文萍：《非洲国家民主化进程研究》，时事出版社，2005，第69页。
② 徐济明、谈世中主编《当代非洲政治变革》，经济科学出版社，1998，第20页。

南非）中，有26个国家在独立后经历过军人执政。1984年约有23个非洲国家的首脑由军人担任"。[①]

1. 非洲国家转向集权制的原因

非洲政治向集权制转变也有着深刻的原因。首先，独立后选择实行西方民主制并不符合非洲的现实。非洲根深蒂固的部族主义在独立后显示出重大的影响力。"部族主义的本质内涵在于我群与他群的对立与区别，它是通过具有相对稳定的一系列文化特征而得以维系的，是基于部族成员共同创造的文化而产生的一种对我族的认同感，即部族自我意识。"[②] 非洲国家的领土划分受到殖民统治的影响，几乎每个国家都存在多个部族，在实行多党选举代议民主制的过程中，部族便与政党结合，阻碍了现代国家的发展进程。此外，受部族主义影响，多党制成为部族间冲突爆发的引线。此时，一党制能够更好地调和部族矛盾，使人民更加团结。

其次，集权的政体更加符合非洲的历史文化，易于被人民接受，有利于国家的发展。非洲传统社会是基于血缘为基础的部族关系进行发展的。在受到殖民入侵以前，非洲一直保持着传统的生产和经营方式，即生产资料归部族所有，并进行集体分配。部族的首领拥有至高无上的权威，重大事宜将召开公民大会进行协商。这种以公社为基础的社会更加倾向于拥有一个代表群众的政党，以便更好地集中权力，对国家进行管理，全民共同商议国家的发展问题，这也是非洲传统文化中对民主的认知。

再次，实施集权能够更好地协调资源，举全国之力更好地发展经济和进行现代化建设。在实行多党制的过程中，由于部族之间的冲突，诸多政党为了私利对国家资源进行抢夺，严重制约了国家经济的发展。集权的一党制则能够将全国的力量统一起来，集中力量应对独立后面临的经济发展需要以及外部威胁等。

最后，非洲一些知名的领导人在争取国家独立中做出了杰出贡献，受到民众的支持与爱戴，其领导的党也更容易获得长久的执政权，形成事实上的权力集中。这些领导人包括恩克鲁玛、卡翁达、雷尼尔等。这些国家主要政党的领导人在接受民众的推崇后，也逐渐自负起来，不愿同其他政治力量分享争取独立的胜利果实，对他们自身领导的政党也充满了自信，

[①] 徐济明、谈世中主编《当代非洲政治变革》，经济科学出版社，1998，第24页。
[②] 张宏明：《多维视野中的非洲政治发展》，社会科学文献出版社，2007，第36页。

认为其是领导国家最合适的人选。

2. 非洲国家集权政体的危机与失败

在以上因素的影响下,非洲国家在20世纪60年代后期一直到80年代末实行了长时间的集权政体。随着时间的推移,集权政体存在的弊端逐渐显现。其一,军人政权干政以及频繁政变的发生使得国家的发展遭受致命打击。虽然在军政府上台之初,利用高压政策确实实现了国家的稳定,但是这种稳定并不能维持长久。非洲的各种矛盾依然存在。并且,这种通过暴力获得统治权的行为给非洲国家带来极大的负面影响。反对力量以及相关组织但凡掌握了武装力量也会采取相同的方式推翻现政府。这个过程使得轻小武器在非洲泛滥,民众的生命健康遭到严重威胁。

其二,长期执政的非洲国家单一政党也存在缺陷。主要表现为,由于缺乏合适监督,执政党在管理国家的过程中日渐腐化。单一政党及其领导人大肆贪污国家财产,任人唯亲,官僚气息严重,相应的政府效率也急剧下降。政治的腐败进一步加剧了贫富分化,使得普通民众对政府的不满情绪逐渐高涨。在政府腐败的内忧中,非洲外患又起。1975年后,全球性的债务危机爆发,发展中国家首当其冲,非洲国家主要的经济支柱初级产品价格大幅跳水,多数非洲国家经济陷入负增长,国家财富大量蒸发。整个80年代被称为"非洲失去的十年"。在内忧外患下,非洲的集权政体逐步走向末路,东欧剧变成为压死骆驼的最后一根稻草。西方民主制度再次回到非洲大陆。

(二) 20世纪末非洲的民主化进程与特点

到冷战末期,非洲成为世界最贫穷和落后的大陆。在冷战结束、全球化以及第三波民主化浪潮等外部环境刺激下,非洲国家经济危机与社会问题的日益严重加大了国内政治变革的压力。"到20世纪80年代后期,人们普遍感觉到,只有废除威权、腐败和无效的一党制政权,经济复苏才有希望;同样感觉到,多党制政府能够遏制非洲经济的螺旋下降。"[1] 80年代末和90年代,非洲开展了大规模的民主化运动,大量非洲国家纷纷建立了多党选举的代议民主制。

---

[1] 〔英〕威廉·托多夫:《非洲政府与政治》(第四版),肖宏宇译,北京大学出版社,2007,第13页。

1. 非洲民主化发展进程

1988年，阿尔及利亚和贝宁两国率先发生游行示威，提出政治改革的要求，开启了非洲大陆民主化的进程。笔者对撒哈拉以南49个非洲国家民主化发生的时间与结果进行了统计（见附录2）。根据对撒哈拉以南非洲国家民主化进程的考察，按照时间顺序可以大致分为三个阶段。第一个阶段，1989~1991年为大量变革阶段，这一时期有近30个非洲国家开始提出实行多党制，民主化浪潮迅速席卷整个非洲。第二个阶段，1992~2000年为调试期，这一时期非洲大陆民主化深入发展，也有诸多国家发生动乱，民主化进程曲折。2000年至今为稳定阶段，这一时期虽然个别国家由于民主改革发生内部冲突，但民主化总体趋势趋于平稳，民主化在许多国家也发挥了积极作用。撒哈拉以南的非洲进入了一个较为和平和稳定的发展期。

此外，根据附录2，非洲国家的民主化大致也分为四种模式。第一种是召开全国会议，各个派别均有参加，达成一致实行多党制，颁布新宪法。这种情况多发生在西非的法语区国家，包括贝宁、多哥、马里、乍得、加蓬、尼日尔、马达加斯加、刚果和刚果民主共和国等。第二种模式是反对党力量强大，渐进式地实现民主改革。其中，有代表性的有喀麦隆、布基纳法索、几内亚和肯尼亚。第三种模式是执政党力量强大，政府主动转变，平稳实现民主转型。其中主要有加纳、坦桑尼亚、几内亚比绍、赤道几内亚、毛里塔尼亚、塞舌尔、塞内加尔、科特迪瓦以及民主化初始阶段的津巴布韦。最后一种则是国内要求民主呼声大增，执政党选择宽容的态度，通过多党民主大选实现民主转型。这些国家大致有马拉维、佛得角、圣多美和普林西比以及中非等非洲国家。

2. 非洲民主化的特点

通过对非洲冷战后民主化进程的总结和论述，笔者认为非洲的民主化主要呈现以下特点。

第一，非洲国家冷战后经历了迅速和普遍的民主转型，涉及国家广泛，势头迅猛。在1988年之前，撒哈拉以南的非洲只有毛里求斯和博茨瓦纳有较为稳定的多党选举制度，其他国家大部分实行一党专政或者军人专政制度。到1999年，撒哈拉以南的非洲推行多党代议民主制的国家已经达到了42个。仅有布隆迪和刚果民主共和国仍在实行军人专政，斯威士兰是二元制君主立宪制，索马里为无政府状态，乌干达是无党制国家，厄立特里亚成为仅剩的一党制国家。在短短十余年间，非洲民主化运动来势汹涌，到21世纪之前基本完成了整个大陆的政治民主化。

第二，外部环境对冷战后非洲的民主化影响深刻。第三波民主化在冷战结束时达到顶峰，此时由于苏联解体，以美国为首的西方资本主义阵营获得了胜利，自由民主得到西方国家更加大力的推崇，伴随着第三波民主化迅速传播。同时，国际货币基金组织和世界银行等国际组织也受到西方国家的影响，对发展中国家提出调整经济结构、开放市场、实行经济私有化等要求。面对西方国家的诱惑和压力，非洲国家纷纷开展民主化运动。

第三，虽然非洲国家内部问题严重，民众积极参与到民主化进程中，但民主化仍然是自上而下发生的。虽然不同非洲国家的民主化进程不尽相同，但总体而言此次民主化过程大致是，"首先，城市地区出现少数游行示威活动，抗议者主要将矛头对准与结构调整计划相关的一些紧缩性措施。后来，游行示威持续进行，组织性也更强，示威者的经济目标从经济方面转向了政治改革。很快，实行彻底的多党民主竞选成为示威者的共同目标"。[①] 从以上看出，民众积极参与到民主化进程中对此次运动起到了极大的推动作用，但在进行民主化的过程中，依然是执政党与反对派之间的磋商，参加全国会议的也多是处于社会上层的精英。其中许多受过西方教育，对西方价值较为认同。因此为国家设计的制度也均效仿英、美等国家。民主化进程依然是自上而下发生的。

总体而言，非洲20世纪的民主化进程从制度建立的层面而言颇有成效。整个非洲大陆拥有了多党代议民主制的政治环境。个别国家虽经历了内部动乱，民主化进程遭受挫折，但后来大多数国家均稳定国内局势，民主化趋于平稳，确定了非洲21世纪以来政治发展的基本前提。

三 非洲民主的现状和问题及对民主导向援助的接受

经过20多年的发展，西方民主制度在非洲大部分国家建立起来，被非洲国家执政者所接受，非洲的民主转型到21世纪第二个十年基本稳定。然而综观非洲政治的发展现状，依然发现其民主制度运行效率差、经济发展水平较低、政治腐败屡禁不止、个别国家安全局势不容乐观等问题的存

[①] 〔英〕阿莱克斯·汤普森：《非洲政治导论》，周玉渊、马正义译，民主与建设出版社，2015，第432~433页。

在。因此,民主化并没有带来非洲的全面发展,客观而言民主并不等于政治发展。"即'民主'作为政治发展诸多变量中的一个最关键变量,在实践中既可以促进也可以阻碍非洲的'政治发展'。也就是说,兼顾效率(经济发展)和秩序(社会稳定和法制)的民主可以极大地促进政治发展,反之,则会造成政治衰败或政治不发展。"[①] 本章节将探讨非洲民主政治发展的现状,揭示非洲政治发展存在的问题。

(一) 非洲民主政治的现状

当前,非洲民主政治经过多年的发展,逐渐稳定。民主政治发展总体态势良好,多党选举的代议民主制发展方向已不可逆。

第一,非洲国家普遍回归到西方民主制度,进行多党选举,得到民众认可。截至1999年,撒哈拉以南的非洲实行多党制的国家已经达到42个。2000年以后,刚果民主共和国、布隆迪、乌干达和索马里也在内外压力下转而建立西方民主制度,颁布新宪法,进行总统和议会选举。新成立的南苏丹也顺利进行了民主化。除斯威士兰、厄立特里亚外,多党选举的代议民主制在撒哈拉以南非洲的47个国家建立起来,非洲实行民主制的国家比例达到95.9%。在20多年的发展中,大部分非洲国家也进行了多次多党选举,代议民主制逐渐被非洲民众所接受。具体表现在以下两个方面。其一,党派获得政权需要通过选举来实现,这是维持统治合法性的重要基础。在这些年中部分非洲国家发生内部动乱,成功夺权的派系会尽快召开选举以此使既得统治权得到认可。其二,执政党为争取选票获得胜利会更加关注民众利益,在改善民生方面有所作为。民众对于投票选举重要性的认知也有所提高。

第二,众多非洲国家民主得到了一定的巩固,政党政治发展迅速。经过近30年的发展,大部分非洲国家巩固了民主的基本形式,虽然效果不一,但总体态势良好。非洲民主政治的良性发展体现在以下几个方面。首先,非洲国家政党政治在实际运行中不断完善,趋于成熟。大多数非洲国家开放党禁后建立起多个政党,力量较强的政党在执政过程中积累了丰富的经验,在野党也通过联合其他政党,相互博弈强化实力。政党之间良性竞争增多,能够更有效地代表民意。其次,选举制度得到完善,政权交替

---

① 贺文萍:《非洲国家民主化进程研究》,时事出版社,2005,第375页。

越发平稳。经过实践,非洲国家根据国情不断完善和调整选举制度,强调公开透明,以减少权力转移过程中爆发冲突的可能性。据统计,2013年中有22个非洲国家进行了全国性的选举,大多数国家实现了选举过程的平稳。再次,民主文化和价值观在民众观念中的初步形成。民主制度的框架在非洲得到确立后,民主文化和价值观的巩固成为非洲民主面临的重要任务。在多年发展中,民众已经对暴力夺权和选举后的骚乱感到厌恶。大量民众已经认同民主选举是保障权力和平交接的重要方式。另外,民众手中的选票关系到政党的命运,政党会尽可能地以改善民生为由拉选票,民主价值观因此得以巩固。

第三,非洲民主政治发展结合了部分非洲特点,政治精英的自主意识逐渐觉醒。其一,非洲由于独特的历史发展情况,宪政安排会结合实际国情。博茨瓦纳自独立以来一直采取君主立宪制,后来根据国家发展情况充分考虑后,决定改为共和制。另外,一些非洲国家的执政党并非为获得议会多数而组织多党联合执政,非洲执政党在占据议会绝对多数议席的情况下仍然组织多党联合执政,往往是因为非洲传统的部落习惯或者谋求更大的社会公正性,如喀麦隆和南非等国。[①] 其二,非洲政党对国家政权的控制能力有所加强。非洲大陆民主化受到外部的重要影响,制度建立时主要确保民主多项特征的实现,鼓励政党政治的发展,但公民社会的建设遭到忽略,因而使政党拥有把控国家政局的强大力量。近些年非洲公民社会在西方扶持下有所发展,对政党控制力造成一定的冲击,但依然无法动摇其地位。其三,政治精英自主意识逐渐觉醒,希望减少西方对国内政治的干预,探索有非洲特色的民主政治发展路线。民主化进程也变相推动了非洲政治精英自主意识的觉醒,开始思考更适合非洲的发展道路。其中迫切希望减少西方对非洲国家发展干预的愿望凸显,民主化固然拥有进步意义,但在非洲的实践中,应处理好普遍性与特殊性的关系。非洲精英希望掌握主动权,更加审慎地推进非洲的民主政治发展。

(二) 非洲民主政治面临的问题

同非洲民主政治多年发展取得的成果相比,其中存在的问题与爆发的危机更是不胜枚举。图3-1反映了非洲国家自由与民主发展的实际统计数据。

---

① 王洪一:《非洲政党政治的新特点和新趋势》,载《当代世界》2013年第12期,第63页。

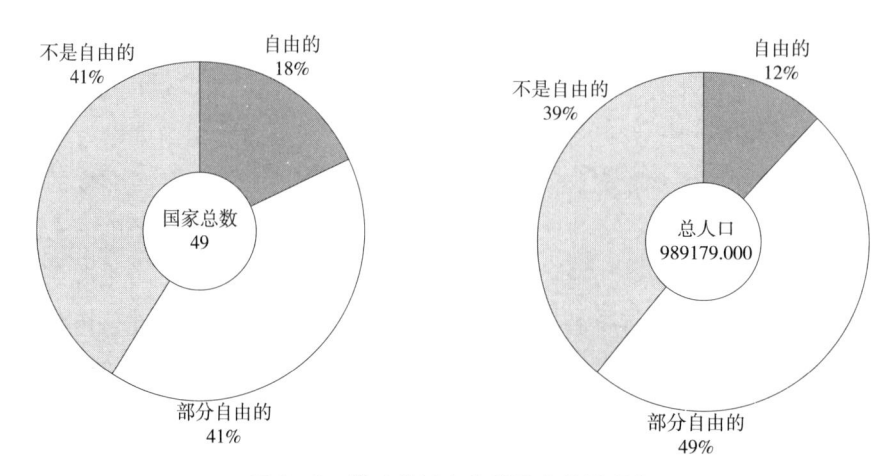

图 3-1　撒哈拉以南非洲民主发展现状

资料来源：Freedom House，Freedom in the World 2016，https：//freedomhouse.org/sites/default/files/FH_FITW_Report_2016.pdf。

由图 3-1 中的数据可见，民主化多年以来，撒哈拉以南的非洲只有 9 个国家成为自由的民主国家。部分民主和不民主的国家各占 20 个。然而据前文统计，非洲实行多党代议民主制的国家已高达 47 个。足见非洲政治发展存在有民主之形式而无民主之实的窘境。如此现状对非洲大陆的政治发展带来诸多负面影响。

首先，民主制度有广度但无深度，民主质量差引发诸多问题。政治民主是国家进行管理的一种形式，在过程中是一个不断扩大的公民政治的参与过程。因此，民主政治发展是有程度高低之分的。"在现代社会，政治参与不仅是公民表达各自政治态度的需要，而且也是政治体系得以有效运作的重要支持条件。因此，通常把政治参与的程度和质量作为衡量一个国家政治民主化程度的一项重要指标。"[①] 其中政治参与的比例表现为民主的广度，参与是否充分和有效为民主的深度。非洲国家民主政治最突出的问题就是民主制度有广度而无深度。良好的民主制度应实现代表对选民负责，选民能够对代表进行有效的监督，确保维护双方利益。但在非洲实践中，民众对国家机构的监督是缺失的。政党在选举前为赢得选票而关注选民利益，在当选后就抛之脑后。大多非洲国家均陷入政府权力不受制约的境地，腐败内乱等问题频发。

① 张宏明：《多维视野中的非洲政治发展》，社会科学文献出版社，2007，第 288 页。

其次，代议民主制在非洲水土不服引发政局动荡和民主倒退。多党选举的代议民主制发源于西方资本主义社会。西方国家是由于生产力先行发展，产生了资本主义经济制度，民主政治是为更好地配合生产力进步而架构的制度。在欧美西方国家，三权分立使立法、行政和司法权相互独立而又相互监督，并以宪法进行巩固，宪法的权威不容挑战。从而保护各项权力在运作过程中不受侵犯且获得有效监督。另外，政党制度也是伴随着选民人数的大量增加，需要一种手段来动员广大选民而产生的。"政党通过争夺议会席位以及总统人选而不断争取选民的支持。通过这样的方式上台执政。议会成为两党发表各自政见的场所。由于多党制的存在，使得民主政治得以发展，有效地防止了一党专权的专制以及多党竞争导致的政局不稳。"① 西方多党代议民主制以及三权分立的政治体制均建立在其历史发展和现实需要的情况下，民主制度是内生的。综观冷战后非洲广泛而迅速的民主化过程，外来力量起到更大的作用。快速建立起的民主制在许多方面制度并不完善，在近30年来诸多非洲国家由于制度不完善引发政局动荡和民主倒退，严重威胁到非洲的和平进程和人民生活水平的改善。其中，卢旺达1994年的大屠杀就是西方民主制度在非洲水土不服的最惨痛教训。还有之后的刚果（金）内战，布隆迪多年的动荡，索马里至今无法实现全国的统一，等等。由于民主制度运行不善，中央政府缺乏对政局的控制力直接威胁到民众最基本的生命和生存权。这一问题是冷战后非洲发展最大的制约因素。

非洲民主政治发展受到经济、社会、文化等条件的严重制约，发展中容易出现多种问题。在民主化的过程中，非洲国家的经济依然处于工业化的起步阶段，许多国家农业仍然是支柱产业，主要依靠出口初级产品获得经济发展，物质财富非常匮乏，并无实行西方民主制的经济基础。在社会方面，许多国家的边界受到殖民历史的影响，留下诸多民族问题，中央政府弱小，很多国家都无法有效地实现对全国的控制；此外，社会结构中缺乏强大而独立的中产阶级，社会的稳定性降低。三权分立中，立法权和司法权弱小，无法对行政权力形成有效监督。在文化层面，民众普遍受教育程度低，国民素质低下，很多人对民主没有基本的认知，选举时易被眼前

---

① 赵雅婷、高梵：《西方民主制度在阿富汗失灵的原因探析》，载《新疆社会科学》2012年第4期，第83页。

的利益所蛊惑。另外，非洲的部族文化影响依然非常深厚，人们会根据部族亲缘的关系进行选择，民主选举缺乏理性的判断，不能发挥最大效用。因此，经济、社会和文化等因素的制约，使非洲的民主政治缺乏深度发展的核心动力。

综上，非洲民主政治当前的情况是，多党代议民主制在非洲普遍建立起来，大多数国家也通过大选进行了较为平稳的权力交接，西方民主制在非洲得到初步的巩固。但非洲民主制度在运作中也出现了诸多问题，非洲的现实情况导致民主政治有广度而无深度，非洲政治无法实现健康发展。该问题也使欧盟进一步反思对非援助政策，意识到提高民主质量是促进非洲发展的重要环节，良治导向因此被提出并作为政治条件加入援助。

（三）非洲对民主的维护及对民主导向援助的接受

由于历史和第三波民主化的双重影响，非洲大陆逐渐接受了西方民主政治制度，政治精英也意识到政治民主对于国家发展的重要性，同时经过国内选举与政权转移的实践使得民主思想在非洲民众中得到一定的传播。因此，非盟及非洲国家开始在发展中以集体力量积极推进非洲民主政治的发展，并且接受了欧盟带有民主导向的发展援助。

1997年，南非总统姆贝基首次提出了"非洲复兴"思想。该思想的第二条核心内容为尊重人权与政治民主的建立，提出"非洲要建立普遍的民主政治，实现人民期待的民主和良治。主张人民进行公开、公正的大选，选举自己的政府和领导者，把自己的命运掌握在自己的手中。要求政府管理做到透明可靠，铲除腐败、维护人权、实现良治"。[①] 在非洲复兴思想的影响下，根据现实需要，2000年，《非洲联盟章程草案》在非统第36届首脑会议上得到通过，非盟在2002年正式取代非统，成为非洲地区一体化最重要的组织。非盟章程目标的第七条为"促进民主原则和制度、民众参与和良治"，为配合目标实现还提出"尊重人权、民主、法治和良治原则"。因此，促进非洲地区一体化和推动非洲民主化进程对非盟意义重大。为发挥作用、实现目标，非盟积极制定各种政策、进行斡旋和实际干预，以集体力量应对成员国民主退化。

---

① 罗建波：《通向复兴之路——非盟与非洲一体化研究》，中国社会科学出版社，2010，第42页。

《非盟章程》中明确提出"通过非宪制方式获得权力的政府不得参加非盟的各项活动,严重时非盟会中止成员国资格",这是非盟为应对成员国民主退化提出的最明确原则——"非宪制更迭(Unconstitutional Change in Government)"。2003 年,《非盟章程》修订案中在第四条的 h 款和 j 款明确指出:"当发生严重紧急情况,例如战争犯罪、大屠杀和其他反人类的罪行时,非盟有权在大会的授权下对成员国进行干预,同时成员国也有权利要求非盟对其进行干预以帮助重建和平与稳定。"[1] 这一条款中提及"合法性秩序(Legitimate Order)"的概念,除了包括之前提到的战争罪行等,还包括不按宪法程序获得政权的行为,如若这些行为威胁到"合法性程序",非盟便有权进行干涉。

后来,非盟在发展过程中细致界定了"非宪制更迭"的具体内容以及应对措施。主要包括以下五种情形:"一是针对民选政府的军事政变;二是雇佣军干预取代民选政府;三是武装分子和起义力量取代民选政府;四是在自由、公正和定期选举后,现任政府拒不向获胜政党交权;五是现任政府欲对宪法法律政府民主变更所做的任何修改或修订。"[2] 在具体措施方面采取循序渐进的策略,先是进行公开的谴责,之后提出必须 6 个月内恢复宪政的要求,如果 6 个月后依然无改善,将会采取针对性的制裁,中止成员国身份等。

在具体实践中,2000 年后非洲大致发生了 22 次军事政变(包括成功与未遂的),非盟暂停了相关国家的成员国资格,此外还专门组成国际联络小组前往政变发生国进行斡旋和调停。在延长任期的"反宪制行为"上,非盟的态度较为温和,主要取决于当地局势是否稳定。非洲最容易发生的民主退化事件是争议性选举后执政党拒绝移交权力,非盟在应对该类问题上采取了积极举措。在肯尼亚和津巴布韦的选举中,通过组成"非洲名人小组"督促各方达成一致,组建联合政府或者进行权力分享等,最后大多数非洲国家均重获稳定。总体而言,非盟在应对非洲国家民主退化方面作用巨大。

以上足见非盟及非洲国家对当前民主政治制度的维护。在非洲对西方

---

[1] Ben Kioko, "The right of intervention under the African Union's Constitutive Act: From non-interference to non-intervention," *International Review of the Red Cross*, Vol. 85, p. 807.

[2] 聂文娟:《非盟地区组织的新议程:反"非宪制更迭"》,载《亚非纵横》2014 年第 6 期,第 63 页。

民主制度接受的基础上，为了获得国家发展和维护政治稳定的必要资金，非洲国家逐渐接受了欧盟带有政治导向的发展援助。很多情况中，这种对民主导向援助的接受均是非洲政府的权宜之计，在后续进程中可能不会尽力执行，使援助效果大打折扣。

第三节　欧盟民主导向援助的实施与思考

自欧盟将民主列为欧洲共同体核心价值规范后，对内积极发展与对外广泛推行西方民主成为欧盟政策的重要内容。民主的概念对于欧盟更具深刻意义。其产生于欧洲，成长于欧洲，并且帮助欧洲实现国家的发展。尤其在21世纪后，伴随着欧洲政治一体化的快速发展以及国际局势的变化，民主成为欧盟对外政策中最重要的价值取向。而非洲作为欧洲传统的"势力范围"，政治发展较为缓慢并存在诸多问题。因此，欧盟以其天生的优越感，关注非洲民主状态，要求非洲国家建立和巩固民主制度的倾向就成为必然。发展援助也成为帮助欧盟实现这一政策取向的重要手段。欧盟为此投入大量的人力、物力，利用西方民主制度在非洲的巩固来维护对非影响力。

一　民主发展：欧盟的优势与非洲的艰难

西方多党选举的代议民主制诞生并发展于欧洲，具有内源性与长期性，使得欧盟在民主发展方面有着诸多优势。

其一，欧盟主要成员国拥有较为完善而高效的民主制度，成为推广欧盟民主价值观的中坚力量。英、法、德作为欧盟的主要成员国，虽然民主形式略有不同，但核心均为多党选举的代议民主制。在近现代历史中，代议民主制很好地帮助英、法、德实现了公民意见的表达、政府部门权力的行使以及国家的全方位发展。西方民主制为英、法、德带来稳定和发展，使得欧盟对该制度拥有了更大的信心。

其二，欧盟的其他成员国在入盟前较为顺利地实现了民主转型，完成了民主巩固，民主制度已经在这些国家有效运作起来。这些国家主要是第三波民主化中涉及的南欧国家以及苏联解体后的中东欧国家。其中南欧国家尤其是西班牙和葡萄牙的民主转型与巩固较为成功。中东欧国家也在由社会主义向资本主义的转型过程中几乎没有发生大的动荡，西方民主制度在运作中虽然遇到一些问题，但基本保持稳步推进。这些国家民主转型与巩固的实现，使得欧盟积累了在非原生国家移植民主制度的经验。加之这些国家在实行西方民主后依然实现了国家的发展，更加坚定了欧盟对西方民主制的自信心。

其三，多党选举的代议民主制为欧洲实现现代化发挥了重要的作用。该制度的具体形式与规则，是在欧洲国家资产阶级掌权后，为实现资本主义的快速发展，更好地维护新兴资产阶级的利益而设计并实施的。可以说，多党选举的代议民主制是与欧洲国家的经济、社会与文化相符合的。因此，更易得到接受与实践，从而有效地推进欧洲国家的经济发展，实现现代化。西方民主对欧洲国家近现代的经济增长、政治发展、社会进步和文化塑造功不可没。因而针对发展中国家实现现代化这个问题，欧盟的大力推崇通过建立民主制度实现现代化的路径，即首先进行政治现代化会促进经济现代化的自动实现。持这一观点的欧美学者包括伊斯顿、阿尔蒙德以及亨廷顿等。他们认为："政治民主化、自由化、分权化是现代化过程的必然结果，在现代化过程中保持政府能力的有效性，实现政府权威的合理性，维护政治秩序的稳定性，提高政治制度化水平，以及保证社会资源的公平分配是保障现代化顺利进展的重要条件。"[1]

正因以上三点，欧盟对西方民主制度有着充足的信心，并认为将该制度移植到非洲除了可以增强对非洲国家的影响外，也能够以政治发展推动非洲经济的发展，可谓一举两得。

然而，非洲的情况同南欧及中东欧国家并不相同，在长期的殖民影响下，非洲虽然受到欧洲的影响，但是这种影响大多导致非洲单一的经济形式、不合理的国家边界划分以及民生之多艰。在社会和文化方面，非洲依然保留着诸多传统观念与生活方式。从某种程度而言，非洲是被西方殖民者强行带入现代社会的，但是在这个过程中，殖民统治并没有使非洲真正接受现代国家观念。民主制度是欧洲移植到非洲的，具有外源性与短期性。因此在非洲国家独立后，效仿宗主国建立的民主制度会很快被一党集权制以及军人政权所取代。

在后来的第三波民主化浪潮中，西方民主制又重新在非洲建立起来，但依然是形式大于内容。在近30年中，虽然代议民主制已经在非洲得到确立，但非洲国家仍然时常发生多种阻碍国家发展、导致民主倒退的事件。具体诸如以下几个方面。其一，因军事政变而发生的流血冲突。自20世纪90年代

---

[1] 燕继荣主编《发展政治学》（第二版），北京大学出版社，2010，第62页。

西方民主制在非洲国家确立后，每一年都有部分非洲国家发生政变与冲突。其中刚果内战的伤痛依然历历在目，超过500万人在该内战中丧生。2010年以后，军事政变依然引发了科特迪瓦、中非和马里等国的乱局。

其二，领导人试图通过修改宪法获得超长连任实现实际意义上的专权，引发民主倒退。对此行为非盟态度温和，而学界大多持负面态度，认为对民主发展不利。当前非洲多国都发生了通过修改宪法实现第三任期的情况，这些国家有苏丹、多哥、加蓬、乍得、乌干达、喀麦隆、吉布提、卢旺达、布隆迪、刚果（金）和刚果（布）。此外，仍有部分国家领导人试图谋求超长连任但并没有成功，这些国家有赞比亚、马拉维、尼日利亚、尼日尔、塞内加尔和布基纳法索。即便修宪举动失败，也会对非洲民主进程带来负面影响。

其三，因大选及政权交接发生矛盾最终演变成武装冲突。最有代表性的事件要数2007年肯尼亚的政治动荡。由于反对党对总统选举结果提出质疑，2007年12月，肯尼亚当选总统齐贝吉所在的基库尤族和参选的反对党领袖奥廷加所在的卢奥族发生了严重的族群冲突和厮杀，造成死伤无数，30多万人流离失所，肯尼亚的国家发展进程大受打击。这些都给非洲国家的可持续发展带来严峻的挑战。

相较于欧盟，非洲国家民主政治的发展存在的问题较多，过程艰难。欧盟充满信心地从理想的角度，试图在援助中强调西方民主制以促进非洲的民主巩固，实现国家发展。

二　民主导向援助的实施和结果

民主导向援助的实施和人权导向有诸多不同。首先，援助的民主导向与人权导向虽然均作为提供援助的前提条件要求非洲国家予以承认，但是人权涉及的领域更加广泛，民主的内容则相对狭窄，并且民主中的政治权利与人权部分有重合。此外，欧盟对外政策文件中针对民主的论述均与人权紧密相连，二者并不能完整分割。其次，改善非洲国家民主状况的援助数据不易获得。具体表现在，一方面，欧盟对非洲国家援助领域分类中并没有改善民主这一项，使得民主导向的直接援助数据缺失；另一方面，欧盟对非洲国家民主制度发展的资金支持分散在多个援助工具中。其中，最主要的是欧洲民主与人权倡议（European Initiative/Instrument for Democracy and Human Rights，EIDHR），而这些工具的数据中也没有非常详细地分地区和分国家统计。再次，在援助的民主导向方面，政治性要强于经济性，即欧盟主要将建立民主制度和巩固民主进程作为是否提供援助的条件，对非洲国家政治发展产生影响。最后，在帮助非洲改善民主状况的过程中，欧盟的援助主要用于民主支持，包括立法行政司法部门的能力建设、民众参政等，以及选举观察，即为非洲国家的议会和政府选举等提供资金支持，派出观察团监督选况等。这些援助的投入通过欧盟的多个援助手段，并且会根据非洲的实际情况进行增减，并不好收集和统计。以上原因决定了在对援助民主导向实施的论述和结果的讨论中，笔者将选取新的方式。

(一) 欧盟对非援助民主导向的实施

对民主导向的分析将主要依据欧盟对外事务署每年发布的《世界范围内人权和民主年度报告》(Annual Report on Human Rights and Democracy in the World)。该报告的发布有以下背景，2001 年，欧盟委员会出台了名为《欧洲联盟在促进第三国人权和民主化中的角色》的政策指导文件。为欧盟对外政策中的民主导向进行了定义，并将民主与人权紧紧联系起来。欧盟将建立和巩固第三国的民主制度纳入发展政策主要基于三个原因。其一，欧盟发展政策的核心是减贫，而减贫目标能否达成取决于国家拥有参与性强的民主制度与有效的政府。其二，全球化是一把双刃剑，对于弱势群体和落后的欠发达国家很容易受到全球化进程带来的负面作用的影响，欧盟的人权与民主化政策希望能够降低这些负面作用，实现全球化的积极全面发展。其三，稳定的政局与自由的社会是吸引国外投资的保障，欧盟的人权与民主化政策能够更好地促进多边贸易和投资的发展。

具体而言，欧盟主要通过加强援助项目的影响力实现促进人权和民主化的目的。主要有以下 5 种方式："(1) 通过欧盟援助在受援国的国家战略发展文件中强调人权和民主；(2) 利用国家战略重点关注交叉领域在促进治理环境方面的作用，并且使欧盟援助工具发挥应用于更广泛的领域；(3) 在《科托努协定》的框架下利用欧盟发展合作支持对公民社会的参与；(4) 在项目设计和评估方面采取积极的参与方式，检测和强化私人项目的影响力；(5) 将受援国人权、民主和法治的表现列入主要合作项目下的援助分配决定体系。"[①] 欧盟委员会发布世界人权与民主年度报告，就

---

① Commission of European Communities, The European Union's Role in Promoting Human Rights and Democratization in the Third Countries, http://aei.pitt.edu/37812/1/com2001_0252en01.pdf.

是为更好地配合与实践欧盟在世界范围内推动人权和民主发展的目标，同时较为真实地反映第三国民主发展的实际情况，以便欧盟及时调整援助政策与金额，为提高援助有效性给予事实参考。

世界人权与民主年度报告主要分为两个部分，第一部分是主题性的，主要反映欧盟该年度在推动世界人权和民主发展方面的总体政策变化以及为实现这些计划所需要发展的重点领域。第二部分是分地区和国家对第三国的人权和民主发展状况进行说明，详细论述了欧盟在其他发展中国家的具体行动。些许报告中也提及欧盟在该年度投入的援助金额。报告的文本非常明显地反映出欧盟的政策微调、变化以及项目的实施情况。将作为本部分中反映欧盟对非洲国家民主导向援助的政策调整与资金投入的资料来源。

对非洲国家的民主状况，笔者选择了经济学人智库（Economist Intelligence Unit，EIU）的民主指数（Democracy Index）。该指数为世界上165个国家提供民主发展状况的具体指数，几乎覆盖世界上所有的人口和绝大部分的国家。每一年，经济学人智库都对所考察国在五个方面进行打分，最终得出自0~10分的最终分数（0代表民主政体状态最差，10代表状态最好）。民主指数具体考察的五个方面分别是：选举过程与多元化；公民自由；政府的运行情况；政治参与度与政治文化。此外，根据最终分数，民主指数还划分了四个政权类型，以更加直观地展现世界各国政治制度的发展状况。其中，0至4分为威权政体（Authoritarian Regime）；4至6分为混合政体（Hybrid Regime）；6至8分为有瑕疵的民主政体（Flawed Democracy）；8至10分为完全的民主政体（Full Democracy）。

选择经济学人智库的民主指数主要基于以下几个原因。首先，测量国家数量多，获得的结果更加充分。除了圣多美和普林西比、索马里、苏丹共和国和南苏丹四个国家外，数据覆盖剩下45个撒哈拉以南的非洲国家以及撒哈拉以南非洲的总体指数得分。其次，该指数比自由之家（Freedom House）以及民主晴雨表（Democracy Barometer）等民主指数的结果更加全面和富有说服力。具体而言，自由之家更多考虑的是"选举民主"，这一概念与其定义的"自由国家"存在矛盾，比如有些"部分自由"的国家依然被归类为"选举民主"政体的行列。[1] 另外，自由之家对民主的

---

[1] Laza Kekic, The Economist Intelligence Unit's Index of Democracy, http://www.economist.com/media/pdf/DEMOCRACY_INDEX_2007_v3.pdf.

考察缺乏对政治参与度和政治文化的考量，得出的结论不够全面。而民主晴雨表考察的国家数量少，也不足以用于本文的研究。最后，该指数为每个国家进行打分并按照分数区间分成四种政体状态，这对于民主政治发展整体落后的非洲国家而言，通过比较分布在每一类型的国家个数变化，能够更好地反映出非洲整体的民主发展状况。

（二）民主导向援助实施的结果探讨

由于民主自身的特性，国际社会并没有对其进行量化的公认方法，因此本部分对援助结果的探索主要采取文本分析与对比的方法进行。在文本分析上通过欧盟自2001年以来的世界人权与民主年度报告，对其涉及的有关民主的政策、具体内容、对非洲大陆民主状况的概述、覆盖的非洲国家以及项目金额等方面进行整体梳理，以此归纳总结出欧盟对非援助民主导向的变化情况。此外，还通过词频分析软件对历年来的报告中的人权和民主等相关词汇进行统计，以此观察欧盟对在非洲发展和巩固民主制度的态度变化，从而展示出欧盟对民主导向的重视程度。而在民主指数方面，根据划分的四种政体类型，对45个撒哈拉以南的非洲国家进行分类和统计，通过不同类型的国家数量变化展示非洲民主状况的实际变化，再对两者的变化发展进行比较分析。

在2009年之前，欧盟的报告名为《人权年度报告》，主要侧重欧盟对自身以及第三国人权水平的改善，直至2009年才正式更名为《世界范围内的人权和民主年度报告》，并沿用至今。虽然在2009年之前欧盟重点关注人权，但是其中也包括对第三国民主发展的支持，主要体现在每一份报告中均有欧洲民主和人权倡议（EIDHR）、民主支持行动以及各地区的民主和人权发展状况这三个部分。因此，对年度报告的文本梳理主要分为这三个部分。最后，再对关键词频进行统计，展示民主导向在欧盟对外援助中重要性的变化。

1. **欧盟对非援助民主导向的文本分析**

第一项：欧洲民主和人权倡议（EIDHR）的政策变化

欧洲民主和人权倡议（EIDHR）成立于1994年，旨在通过巩固民主制度、法治、尊重所有人权和基本自由来促进受援国的发展。在2002年的报告中，欧盟明确提出该倡议的5个详细目标："（1）维护人权和基本自由；（2）支持民主化进程和加强法治；（3）预防冲突和重建和平来保护人权和实现民主化；（4）国际刑事法院的建设支持；（5）支持民主转型和监督选举过程。"① 到 2005 年的报告时，倡议增加对项目的评估部分。2006 年，倡议发生了巨大的变化。项目的选择与分类变为全球倡议、具体国家倡议和无倡议三种方式。欧洲民主与人权倡议也被全新的欧洲民主和人权工具（European Instrument for Democracy & Human Rights，简称也是 EIDHR）所取代。2007 年，全新的欧洲民主和人权工具不再按照之前的每年单独分配资金，根据欧洲发展基金的整体规划确定预算。其目标也被重新定义："正如人权和其他国际和区域人权文书宣言中宣布的，加强对遵守人权和基本自由的尊重，促进和巩固第三国的民主和民主改革；促进民主和法治的国际和区域框架以进行人权保护和监督，并强化这些框架内的公民社会组织发挥积极作用；强化选举进程的信任度，特别是通过选举观察团以及参与这些过程的当地民间社会组织的支持。"② 到 2011 年的报告中，欧洲民主和人权工具重点强调了两个目标："（1）为人权活动和公民社会提供支持以促进那些处于人权发展薄弱的地区进行人权保护；（2）加强公民社会网络的力量从而促进人权进步和民主改革，并支持废除死刑。"③ 2012 年后，由于该工具的持续发展，欧盟将其预算和资金分配文件单独分离出去，不再体现在年度报告中。

第二项：民主支持行动梳理

民主支持行动一直是欧盟民主和人权报告重要的主题问题之一。其名称从最初的选举支持与观察逐渐变为民主支持与选举，再到后来直接命名为民主支持。内容也从 2001 年的选举援助、选举观察、媒体监督和培训观察员发展到 2011 年的选举观察团（EOMs）、选举专家团（EEMs）、选举援助（EA）和欧盟直接民主资金以及与世界他国议会的合作。欧盟的民主支持是其强化民主法治和人权全球战略的关键内容。在 2012 年后的报告中，由于欧洲民主和人权工具不再放入年度报告中，民主支持的具体活动也一并分离出去，但欧盟在民主支持方面的资金和活动并没有减少。

在多年的发展中，选举观察团和选举援助一直是欧盟进行民主支持的

---

① Council of European Union, Annual Report on Human Rights 2001, https://www.consilium.europa.eu/uedocs/cmsUpload/HR2001EN.pdf.

② Council of European Union, Annual Report on Human Rights 2007, https://www.consilium.europa.eu/uedocs/cmsUpload/2007.5997 – EN – EU_annual_report_on_human_rights_2007.pdf.

③ European Union, *Human Rights and Democracy in the World: Report in EU Action in 2011*, European External Action Service, June 2012, p. 26.

第三章 欧盟对非洲援助政策的"民主"导向

重点方式。表3-4将对2001年以来欧盟在这两方面对非洲国家的支持行动进行归纳。

表3-4 欧盟对非洲进行的选举观察团和选举援助行动梳理

时间	选举观察团/（万欧元）	选举援助/（万欧元）
2000.7~2001.6	科特迪瓦：19 坦桑尼亚：52 津巴布韦	科特迪瓦：900 坦桑尼亚：600 加纳：353 乍得：190 刚果：48.5
2001.7~2002.6	赞比亚：127.1 津巴布韦：200 刚果：99.6 塞拉利昂：155.8	津巴布韦：25 赞比亚：580 刚果：55 多哥：163 莱索托：203.9 塞拉利昂：199.9
2002.7~2003.6	马达加斯加：97.4 肯尼亚：1800 尼日利亚：271.5 卢旺达：37.9684	马达加斯加：19.5 莫桑比克：72 尼日利亚：650
2003.7~2004.6	卢旺达：147.3265 莫桑比克：93.6647 马拉维：98	塞拉利昂：200 莫桑比克：160 卢旺达：180
2004.7~2005.6	布隆迪：13.4 埃塞俄比亚：281 几内亚比绍：250 莫桑比克：224.4312	布隆迪：400 几内亚比绍：120
2005.7~2006.6	刚果民主共和国：180 利比里亚：200 毛里塔尼亚：5 坦桑尼亚：20 乌干达：180 布隆迪：124 埃塞俄比亚：281 几内亚比绍：250	刚果民主共和国：33000
2006.7~2007.6	刚果民主共和国：7700 赞比亚：290 毛里塔尼亚：300 尼日利亚：600 马达加斯加：10.1	刚果民主共和国：300 尼日利亚：2000 马达加斯加：120 多哥：1360 几内亚：700 坦桑尼亚：150

续表

时间	选举观察团/（万欧元）	选举援助/（万欧元）
2007.7~2008.6	塞拉利昂：300 多哥：207.3 肯尼亚：460	乍得：500 赞比亚：45 塞拉利昂：1170 乌干达：1200 赞比亚：300
2008.7~2009.6	安哥拉 卢旺达 几内亚比绍 加纳 马拉维 莫桑比克	科特迪瓦：1800 马拉维：150 坦桑尼亚：244 赞比亚：100 多哥：900 科摩罗：100
2009.7~2010.6	多哥、苏丹、埃塞俄比亚、几内亚、布隆迪、坦桑尼亚、科特迪瓦	布隆迪、科摩罗、科特迪瓦、中非共和国、加纳、几内亚、肯尼亚、利比里亚、尼日尔、塞拉利昂、苏丹约10000
2010.7~2011.6	尼日尔、乍得、乌干达、尼日利亚、赞比亚、刚果民主共和国	刚果民主共和国 津巴布韦

资料来源：根据历年人权发展报告整理。部分年份和部分国家没有预算数据，故忽略。

自 2012 年开始，欧盟将选举观察团作为监督非洲国家民主巩固的重要手段，为选举观察团和选举援助的功能和运行设置了严格的行动标准。欧盟于 2012 年向马拉维、塞内加尔、塞拉利昂和多哥，2013 年向几内亚、肯尼亚、马达加斯加、马里、斯威士兰，2014 年向几内亚比绍、莫桑比克和马拉维等国，2015 年向布基纳法索、布隆迪（中途退出，因为缺乏实现可信大选的最低条件）、几内亚、尼日利亚、坦桑尼亚，2016 年向加蓬、加纳、赞比亚和乌干达派出了选举观察团。

第三项：非洲地区人权和民主发展状况梳理

自 2001 年到 2016 年欧盟的世界民主和人权年度报告在分地区的情况说明中明确展现出以下变化。首先，纳入论述的非洲国家个数逐年增多。在 2001 年探讨极个别本年度在人权或者民主方面有明显变化的国家，到 2014 年已经按照国家顺序对每一个非洲国家的人权民主发展情况进行说明。其次，对非洲整体的人权民主发展情况说明越发详细。在 2001 年，完全没有对非洲整体情况的大致说明，直接进行个别国家分析。而 2016 年报告论述非洲情况的第一部分是非洲联盟与非洲欧盟联合战略。对近一年欧非伙伴关系的发展有明确说明，重点关注非盟在改善人权和发展成员国民主方面起到的作用，并对近两年欧非在改善人权和民主合作方面取得的进步加以关注。再次，在分国家论述的过程中，内容更加详尽。在早些年的民主报告中，欧盟提及的国家多是该年度接受了大量援助和民主支持活动，从而提及该国在接受援助后的大致变化。而近年来的国家论述中，会先对受援国在该年度的人权和民主发展情况进行综合评价，之后对欧盟在该年度发挥的作用有所说明，甚至细致到欧盟的每一个与之民主发展相关的部门，更加清晰明了，因而每个国家所占的篇幅也有所加长。

第四项：民主导向关键词频统计和分析

笔者利用词频分析网站，将2001~2016年的16份民主和人权报告进行词频统计。得出如下结果：

表3-5　欧盟民主和人权报告中相关词频统计

单位：%

词语	人类	权利	民主	民主的	发展	政治的	选举	民主词汇总和	民主与人权词频比例
2001	540	660	46	56	62	67	40	102	18.8
2002	621	728	51	39	64	80	79	90	14.49
2003	699	797	67	38	79	94	73	105	15.02
2004	794	937	75	58	85	100	55	133	16.75
2005	295	358	33	6	29	24	5	39	13.22
2006	837	966	77	51	123	126	109	128	15.29
2007	871	1002	93	65	102	148	108	158	18.14
2008	994	1143	71	73	95	168	110	144	14.49
2009	1028	1193	193	86	74	171	147	279	27.14
2010	2163	2479	237	156	188	374	192	393	18.17
2011	1187	1396	162	110	120	240	123	272	22.91
2012	1844	2224	288	123	204	327	146	411	22.29
2013	1664	2081	203	99	204	253	131	302	18.15
2014	2106	2547	593	105	205	309	132	698	33.14
2015	700	628	204	26	92	52	30	230	32.86
2016	3012	2468	551	117	271	388	165	668	22.18

注：用 Word Frequency Counter 进行统计，http://www.writewords.org.uk/word_count.asp。表格中民主词汇总和为 democracy 与 democratic 相加的总和，民主与人权词频比例为民主词汇总和除以 human 词汇的个数得出。

资料来源：笔者根据历年欧盟人权与民主年度报告整理，报告参见 https://eeas.europa.eu/headquarters/headquarters - homepage_en/8437/EU%20Annual%20Reports%20on%20Human%20Rights%20and%20Democratisation。

从词频统计结果来看,"人权"依然是年度报告出现最多的核心词汇,但是"民主"以及"民主的"两个词汇也展现出逐年增多的趋势。尤其在2009年人权报告更名为民主和人权年度报告后,"民主"的词频明显增高。在2009年达到27.14%的比例。此后的年份也一直保持20%左右的词频比例。在2014年更是达到33.14%。除了"民主"外,"政治的"和"选举"两个词汇的词频也一直增长。充分说明欧盟在进入21世纪以后对世界范围内民主政治发展的关注度提高。

从以上四个方面对21世纪以来欧盟对非政策和援助的民主导向进行分析后,可以看出,首先,欧盟将民主导向与受援国人权发展紧密地联系到一起,在强调改善人权的同时逐渐强调和深化建立和巩固民主制度的意图。其次,欧盟在非洲民主发展问题上倾注了越来越多的关注。除了通过欧洲民主和人权倡议(EIDHR)为非洲民主发展提供资金援助外,还积极扩展民主支持方式,并且对非洲国家的人权和民主状况的论述和分析也更加翔实。再次,欧盟对非洲的援助从重点强调人权向强调民主转向。这一点从民主词频的提升以及报告名称的更改得到印证。在很多论述中,欧盟甚至将对民主的支持放在保护人权之前,以凸显良好的民主制度会给国家人权的发展带来巨大助益。

2. 民主指数的变化和分类统计

根据经济学人智库历年的民主指数报告,笔者整理得出表3-6。

表3-6 撒哈拉以南非洲国家的民主指数(2006~2016年)

	国家	2006	2008	2010	2011	2012	2013	2014	2015	2016
1	安哥拉	2.41	3.35	3.32	3.32	3.35	3.35	3.35	3.35	3.4
2	贝宁	6.16	6.06	6.17	6.06	6	5.87	5.65	5.72	5.67
3	博茨瓦纳	7.6	7.47	7.63	7.63	7.85	7.98	7.87	7.87	7.87
4	布基纳法索	3.72	3.6	3.59	3.59	3.52	4.15	4.09	4.7	4.7
5	布隆迪	4.51	4.51	4.01	4.01	3.6	3.41	3.33	2.49	2.4
6	喀麦隆	3.27	3.46	3.41	3.41	3.44	3.41	3.41	3.66	4.36
7	佛得角	7.43	7.81	7.94	7.92	7.92	7.92	7.81	7.81	7.94
8	中非共和国	1.61	1.86	1.82	1.82	1.99	1.49	1.49	1.57	1.61
9	乍得	1.65	1.52	1.52	1.62	1.62	1.5	1.5	1.5	1.5
10	科摩罗	3.9	3.58	3.41	3.52	3.52	3.52	3.52	3.71	3.71
11	刚果(布)	3.19	2.94	2.89	2.89	2.89	2.89	2.89	2.91	2.91

续表

	国家	2006	2008	2010	2011	2012	2013	2014	2015	2016
12	刚果民主共和国	2.76	2.28	2.15	2.15	1.92	1.83	1.75	2.11	1.93
13	科特迪瓦	3.38	3.27	3.02	3.08	3.25	3.25	3.53	3.31	3.81
14	吉布提	2.37	2.37	2.2	2.68	2.74	2.96	2.99	2.9	2.83
15	赤道几内亚	2.09	2.19	1.84	1.77	1.83	1.77	1.66	1.77	1.79
16	厄立特里亚	2.31	2.31	2.31	2.34	2.4	2.4	2.44	2.37	2.37
17	埃塞俄比亚	4.72	4.52	3.68	3.79	3.72	3.83	3.72	3.83	3.6
18	加蓬	2.72	3	3.29	3.48	3.56	3.76	3.76	3.76	3.74
19	冈比亚	4.39	4.19	3.38	3.38	3.31	3.31	3.05	2.97	2.91
20	加纳	5.35	5.35	6.02	6.02	6.02	6.33	6.33	6.86	6.75
21	几内亚	2.02	2.09	2.79	2.79	2.79	2.84	3.01	3.14	3.14
22	几内亚比绍	2	1.99	1.99	1.99	1.43	1.26	1.93	1.93	1.98
23	肯尼亚	5.08	4.79	4.71	4.71	4.71	5.13	5.13	5.33	5.33
24	莱索托	6.48	6.29	6.02	6.33	6.66	6.66	6.66	6.59	6.59
25	利比里亚	5.22	5.25	5.07	5.07	4.95	4.95	4.95	4.95	5.31
26	马达加斯加	5.82	5.57	3.94	3.93	3.93	4.32	4.42	4.85	5.07
27	马拉维	4.97	5.13	5.84	5.84	6.08	6	5.66	5.55	5.55
28	马里	5.99	5.87	6.01	6.36	5.12	5.9	5.79	5.7	5.7
29	毛里塔尼亚	3.12	3.91	3.86	4.17	4.17	4.17	4.17	3.96	3.96
30	毛里求斯	8.04	8.04	8.04	8.04	8.17	8.17	8.17	8.28	8.28
31	莫桑比克	5.28	5.49	4.9	4.9	4.88	4.77	4.66	4.6	4.02
32	纳米比亚	6.54	6.48	6.23	6.24	6.24	6.24	6.24	6.31	6.31
33	尼日尔	3.54	3.41	3.38	4.16	4.16	4.08	4.02	3.85	3.96
34	尼日利亚	3.52	3.53	3.47	3.83	3.77	3.77	3.76	4.62	4.5
35	卢旺达	3.82	3.71	3.25	3.25	3.36	3.38	3.25	3.07	3.07
36	圣多美和普林西比	NA	NA	NA	NA	NA	NA	NA	NA	NA
37	塞内加尔	5.37	5.37	5.27	5.51	6.09	6.15	6.15	6.08	6.21
38	塞舌尔	NA	NA	NA	NA	NA	NA	NA	NA	NA
39	塞拉利昂	3.57	4.11	4.51	4.51	4.71	4.64	4.56	4.55	4.55
40	索马里	NA	NA	NA	NA	NA	NA	NA	NA	NA
41	南非	7.91	7.91	7.79	7.79	7.79	7.9	7.82	7.56	7.41
42	南苏丹	NA	NA	NA	NA	NA	NA	NA	NA	NA

续表

	国家	2006	2008	2010	2011	2012	2013	2014	2015	2016
43	苏丹	NA	NA	NA	NA	NA	NA	NA	NA	NA
44	斯威士兰	2.93	3.04	2.9	3.26	3.2	3.2	3.09	3.09	3.03
45	坦桑尼亚	5.18	5.28	5.64	5.64	5.88	5.77	5.77	5.58	5.76
46	多哥	1.75	2.43	3.45	3.45	3.45	3.45	3.45	3.41	3.32
47	乌干达	5.14	5.03	5.05	5.13	5.16	5.22	5.22	5.22	5.26
48	赞比亚	5.25	5.25	5.68	6.19	6.26	6.26	6.39	6.28	5.99
49	津巴布韦	2.62	2.53	2.64	2.68	2.67	2.67	2.78	3.05	3.05
	撒哈拉以南非洲整体	4.24	4.28	4.23	4.32	4.32	4.36	4.34	4.38	4.37

资料来源：EIU, Democracy Index 2015: Democracy in an age of anxiety, http://www.eiu.com/public/topical_report.aspx? campaignid = DemocracyIndex2015。

鉴于每个国家的得分随年份变化并不明显，按照其划定的四种类型整体对 44 个国家进行统计后得出表 3-7。

表 3-7　撒哈拉以南非洲国家民主政体类型数量统计

	2006	2008	2010	2011	2012	2013	2014	2015	2016
完全民主政体（full democracy）	1	1	1	1	1	1	1	1	1
有瑕疵的民主政体（flawed democracy）	6	6	8	9	10	9	8	8	7
混合政体（hybrid regime）	14	15	10	11	9	10	10	9	13
极权政体（authoritarian）	23	22	25	23	24	24	25	26	23

资料来源：笔者根据经济学人历年民主指数报告统计整理。

如表 3-7 所示，可以明确看出自 2006 年至 2016 年，撒哈拉以南的非洲国家的民主状况呈波动式发展，在 2012 年达到最高水平后逐渐走低，2015 年专制国家的数量达到有数据统计以来的最大值。有瑕疵的民主相较 2006 年增量不多，但是混合政体数量下降较多。因此可以判断非洲民主状况在近年来并没有获得良好的发展。

（三）欧盟对非民主导向援助结果解释

在对欧盟对非援助民主导向的政策和评估文件进行文本分析后，说明欧盟对非洲民主的关注是逐年增长的，无论在资金投入、支持行动数量、行动方式还是官方文件表述上，都展现出欧盟越发积极的态度。多党选举的代议民主制也因其具有典型的"西方特色"成为欧盟大力推崇的价值观和政治条件。然而经济学人智库这一组织在用西方民主标准对非洲的民主发展状况进行评估后，得出了非洲民主并没有得到显著改善、甚至情况持续恶化的结论。也许对某些非洲国家或者在某些民主支持行动中欧盟确实取得了积极的成果，当地的民主政治得到发展，但从总体趋势和结果来看，欧盟对非援助的民主导向的实施没有取得欧盟预期的结果。欧盟的对非洲提出的建立和巩固西方民主制度的要求遭遇挫折，即绝大多数非洲国家拥有了西方民主的形式，但在实际运行过程中并没有获得良好的民主质量。

三　对民主导向援助结果的思考

欧盟对非援助的民主导向是冷战后欧盟对非的重要政策，其试图通过在援助中附带政治条件，迫使非洲国家为获得国家发展的资金而主动接受、建立和发展多党选举的西方代议民主制。欧盟制定该政策的出发点主要有二：一方面，西方民主制在近代欧洲的发展中发挥了重要的作用，欧盟试图将这种制度优势移植到非洲，在促进非洲发展的同时维护自身经济利益；另一方面，通过在非洲国家建立和发展西方民主制度，深化同非洲国家的政治共通性，从而维持欧盟在非洲的传统影响力，提高国际政治地位。

通过施与民主援助的政策导向，早在第四个《洛美协定》签订后就初见端倪，直接导致20世纪90年代非洲国家大规模的民主化运动。使得西方民主制度形式在非洲扎下根。然而在此之后，非洲国家依然政局动荡，民主巩固遭遇挑战。西方学者史蒂夫·柯乃科（Stephen Knack）在考察了1975～2000年之间对外援助在受援国的实际活动后，通过数据模型得出结论认为"没有证据显示援助促进了民主的发展"[1]。

尽管如此，在21世纪后，欧盟对民主援助进行了调整，但依然坚持推进民主制度在非洲的发展，提高对民主导向的关注，并将民主与人权导

---

[1] Stephen Knack, "Does Foreign Aid Promote Democracy?" *International Studies Quarterly*, Vol. 48, 2004, pp. 251–266.

向紧密联系在一起。然而实际效果却依然不尽如人意。为此，笔者有以下几点思考。

第一，内生性是民主制度稳步发展的前提，外源性民主难以维持稳定及短期内实现。民主政治制度在欧洲出现及发展之前，西欧的资本主义制度已经非常完善。民主的诞生是新兴资产阶级为保护自身利益、防止国家对私有财产的剥夺而设立的。再后来，多党选举的代议民主制逐步发展，其制度设计完全依据欧洲的历史与现实，能够最大限度地解决欧洲国家政治发展面临的问题，促进国家健康发展。因此内生性对民主的稳步发展至关重要。非洲国家的建构是外力塑造的，缺乏现代民族国家的实际内核，缺乏民主制度赖以生存的土壤。纵观非洲国家的构建过程，殖民历史对非洲大陆的国家边界确定产生深刻影响，致使多个民族由于国家划分无端分割，这些民族在新的国家中成为少数族群，为国家认同构建带来困扰。此外，被分割的民族在新国家中除无认同外，自身利益容易受到主体民族的侵害，使得民族矛盾频发，国家边界政局不稳。南北苏丹的分裂就是典型例证。部分时候，少数族裔还可能挑战中央政府的权威，进一步破坏国家的政治制度。在这样缺乏国家认同和民族凝聚力的国家内，民众对主权的概念是模糊的，人民民主更是无从谈起。另外，非洲在殖民统治之前，经济体制属于较为原始的公有制。殖民带来的私有制发展反而在非洲培养了一批肆意掠夺国家财产的统治者。20世纪末轰轰烈烈的民主化运动后，非洲国家接受了自由市场经济。但大多数非洲国家仍然以出口初级产品作为实现国家经济发展的唯一方式，工业化基础薄弱。这种经济结构不能催生民主制度的建立，统治阶级对国家的管理成为牟取私利的过程，进一步抑制经济的健康发展。欧盟移植来的民主制度完全是外源性的，在非洲缺乏必要的生存和成长条件，因此时常出现不发展、不稳定的情况。

第二，民主制度的健全完善和效率提高是一个长期的发展过程，不能一蹴而就。欧洲国家以及欧洲联盟均经历了较长的民主制度调试与实践。主要欧洲成员国在近代发展过程中多次修改宪法，寻找最适合自身的民主政治制度。期间经历了些许挫折与困难。诸如男女平权、议事规则设置等多个问题依然处于不断完善的过程中。欧洲联盟更是如此，由于其超国家性，之前并无完全适配的民主制度。欧盟及其成员国便不断探索，建立了多层治理的民主框架。在其中，代议民主制、参与式民主和协商民主相互交织，各司其职，形成了欧洲特色的民主制度，通过不同组合在实践中推进欧盟的各项工作。即便如此,欧盟的多层治理模式依然存在问题。在欧盟的实践中,欧洲议会一直存在选举投票率低、党团建设不完善等问题,对社会福利等方面的决策力较小,进一步降低了民众的关注度。另外,欧盟多中心分散化的政治权力结构也使代议民主制容易成为"多数人的暴政",持反对意见的民众被边缘化。参与式民主存在民众参与度低下、缺乏有效监督机构以及全民公决成本过高等问题。《里斯本条约》中规定来自一定数量的成员国并超过100万名公民,可以提出适当提案,影响欧盟决策。但在实际操作中这项规定很难实现,降低了参与式民主的有效性。即便是民主政治建设与发展经验非常丰富的欧盟及其成员国,其民主制度的完善也经历了较长的时间。非洲国家的民主建设起步晚、发展经验少,更不能要求其快速实现西方民主制度的良好运行,需要循序渐进,给予多方面的支持。

第三,非洲国家的社会结构和政治文化深受非洲传统部族影响,普通大众对西方民主缺乏认知。在长期的历史发展中,部族统治结构是非洲的基本现实。在殖民者入侵后,为方便统治,直接利用非洲已有的统治阶层继续对国家进行统治。原有的部族社会结构和亲缘社会关系并没有向现代化的社会结构迈进,这些统治者也多缺乏对现代国家的管理能力。"非洲各国取得独立后,欧洲殖民者撤走了,而他们培养出来的、只关注自己小集团私利的'奴仆',而非专业的公务员群体占据了各级政府部门。非洲民众在同本国的政府机构打交道时,就已预料到这个政府是'无能、偏见、受贿和腐败的,并且在通常情况下确实如此'。"[①] 在这样的社会结构中,形成了当权者更关注自身利益、民众对政府态度存疑的政治氛围。健康的民主政府的权力来自公民授予,政府的权力应该受到有效制约。这些基本条件在非洲国家均存在不同程度的缺失或者薄弱。即便在冷战后西方民主制度在非洲得到大力推广,非洲民众对于民主的认知也基本停留在表面,将民主等同于投票选举,严重阻碍民主政治的健康持续发展。

第四,欧盟对非洲援助的民主导向更多强调民主的形式而忽略了民主的实质,政策存在缺陷。在提出要求非洲国家建立和发展民主制后,欧盟重点关注的是非洲国家在经济上是否进行私有制改革,在政权形式上是否

[①] 王涛、张嘉宸:《非洲国家发展特征的三个维度及其本质——以撒哈拉以南非洲国家为考察中心》,载《中北大学学报》(社会科学版)2016年第4期,第41页。

实现了三权分立,在运行过程中是否定期进行代议制选举。对达到上述标准的非洲国家给予持续的援助。欧盟对非援助的民主导向产生了负面效果,过于重视民主制度形式导致许多非洲国家为获得援助而刻意迎合欧盟的要求——快速建立起的政治体制只有民主的外皮。贪腐严重、政府职能差、中央政府软弱、公民的国家认同度低、民众对民主制度的认知存在偏差等问题并没有因此得到改善,这些成为冷战后至今非洲国家迟迟无法实现真正发展的原因。因此,很多学者提出,非洲的发展并不是经济快速增长可以解决的,归根结底是国家职能的失败。

时至今日,多党选举的代议民主制已经在非洲实施,民主化进程已不可逆。然而非洲政治发展进程却不尽如人意,尤其是20世纪90年代,民主化初期大量非洲国家发生了动乱,卢旺达和刚果(金)的惨痛教训历历在目。进入21世纪后民主退化的现象也时有发生,持续威胁非洲的和平与发展。针对西方民主制度在非洲的坎坷发展以及欧盟对非援助民主导向的长期低效,西方学者提出对非援助应该进行政策调整,关注制度建设,提高民主质量。具体而言,作为援助方的欧盟应该围绕对社会和经济的考虑对公民社会的发展给予援助,同时找寻和搭建民主与以经济为导向的能力建设项目之间的关系。[①] 至此,国家职能、公民社会越来越多地出现在欧盟的政策探讨中。欧洲民主与人权倡议的目标也从最初的强调支持民主转型和人权改善,逐渐发展到支持政府职能建设和鼓励公民社会的发展。至此,良好治理作为欧盟提升援助效果的手段,作为重要导向出现在欧盟对非援助政策中,成为欧盟对非援助政治导向的第三大条件。

---

① Richard Youngs, "European Approaches to Democracy Assistance: Learning the Right Lessons?" *Third World Quarterly*, Vol. 24, No. 1, 2003, p. 137.

第四章 欧盟对非洲援助政策的"良治"导向

在人权和民主成为欧盟对非援助政策的必要条件后，非洲的发展并不尽如人意，国家行政效率低，民主质量差成为制约非洲发展的重要因素。为改善这一问题并巩固西方民主制度在非洲的建立，欧盟将"良好治理"作为政治导向于2000年在《科托努协定》中加入对非援助政策，成为"基本条件"。从人权、民主到良治导向的逐步发展，体现了欧盟对非援助有效性问题的不断探索，形成了一个从思想观念到政治制度再到制度能力三个层面的递进路径。因此，良好治理所代表的制度质量与能力成为欧盟以政治导向为基础的对外援助重要的部分。根据欧盟的官方数据，2013年欧盟对良治和公民社会领域投入的援助资金占总援助比例的15.3%，几乎达到社会领域投入的一半，[1] 足见良治导向在欧盟对非援助中的重要性。本章将对良治理念进行学理分析，通过探讨和对比欧盟与非洲的良治情况，最后分析欧盟对非援助良治导向的实施结果。

第一节 良好治理理论的发展与欧盟的实践

良好治理成为欧盟推崇的重要"政治导向"与全球化和国家治理理论的产生与发展息息相关。20世纪90年代以来，随着全球化的快速发展，推动社会经济生活发生深刻的变化，"治理"一词在学术界得到普遍的关注，人类社会政治过程的关注重点从统治转向治理，与此对应的善政也走向了良好治理。治理理论在这一时期发展迅速，并建立了较为完善的评估体系，在世界范围内产生了深刻的影响，使良好治理成为普遍接受的理念。欧盟在这一方面进行了积极的实践，取得了一些经验。由于良好治理要求国家拥有更有效的制度和行政能力，从而使公众利益最大化，最终实现有效的发展，因此对发展援助有效性的提出和实施产生重大影响，遂成

---

[1] OECD, Development Aid at a Glance: Statistics by Region – Africa, 2015 edition, https://www.oecd.org/dac/stats/documentupload/2% 20Africa% 20 – % 20Development% 20Aid% 20at% 20a% 20Glance% 202015. pdf.

为欧盟援助最主要的政治条件之一。

一 治理理论及其评估体系

二战后的历史进程中,全球化成为最显著的时代变化。"在这个过程中,全球化所驱动的经济、金融技术以及社会生态之间的相互依赖性,使人们逐渐感知到政府行为的自主性和合理性存在局限。"[1] 与此同时,全球市场扩大迅速,情况愈加复杂,市场的失效也不断凸显,即便在政府实施干预后也无法达到帕累托最优。政府和市场的失效已超出了国家统治的范围,使传统的政治学理论遭遇挑战。在现实和理论双重压力下,治理被赋予全新的含义,成为评估制度质量与国家能力的新理论。

(一) 治理的产生与发展

治理(Governance)一词本意是控制、引导和操纵。常与统治一词共同用于国家对公共事务的控制和管理。20世纪90年代以来,诸多西方学者对治理一词赋予了许多新的含义,将其同统治严格区分开来,治理也从政治领域扩展到经济、社会等领域。

早在1992年,罗西瑙明确提出了治理与统治之间有重大的语义和内容区别。治理是一系列活动领域里的管理机制,虽未得到正式授权,但能有效地发挥作用;同时,治理的主体不一定是政府,也无须政府强制力实现。"与政府统治相比,治理的内涵更加丰富,它既包括政府机制,同时也包括非正式的、非政府的机制。"[2]

格里·斯托克(Gerry Stoker)在对多位学者的治理理论进行梳理后指出以下观点:"第一,治理意味着一系列来自政府,但又不限于政府的社会公共机构和行为者;第二,治理意味着在为社会和经济问题寻求解决方案的过程中,存在界限和责任方面的模糊性;第三,治理明确肯定了在涉及集体行为的各个社会公共机构之间存在的权力依赖;第四,治理意味着参与者最终将形成一个自主的网络;第五,治理意味着办好事情的能力并不仅限于政府的权利,不限于政府的发号施令或运用权威。在公共事务

---

[1] Hirst P., Thompson G., *Globalization in Question: The International Economy and the Possibilities of Governance*, Cambridge: Polity Press, 1996, pp. 56 – 79.

[2] James N. Rosenau, Ernst-Otto Czmpeil, eds., *Governance without Government: Order and Change in World Politics*, London: Cambridge University Press, 1992, p.5.

管理中，政府有责任使用新的方法和技术来更好地对公共事务进行控制和引导。"①

总体而言，"治理一词的基本含义是指官方的或民间的公共管理组织在既定的范围内运用公共权威维持秩序，满足公众的需要。治理的目的是在各种不同的制度关系中运用权力去引导、控制和规范公民的各种活动，以最大限度地增进公共利益。所以，治理是一种公共管理活动和公共管理过程，它包括必要的公共权威、管理规范、治理机制和治理方式"。②

(二) 治理理论的发展

治理理论诞生后，其主体不再仅仅局限于政府，加之公民社会的引入，使治理理论的适用范围得以扩大，更加便于应对超越国界的全球公共问题。全球治理理论在此后获得快速的发展，成为治理理论的重要扩展。

罗西瑙、赫尔德和麦克鲁格等人均对全球治理理论进行了详尽的探索和论述。罗西瑙认为治理是有效政府管理的基础及对有效政府管理的补充。麦克鲁格认为："全球治理不仅意味着正式的制度和组织——国家机构、政府间合作等——制定（或不制定）和维持管理世界秩序的规则和规范，而且意味着所有其他组织和压力团体——从多国公司、跨国社会运动到众多的非政府组织——都追求对跨国规则和权威体系产生影响的目标和对象。"③ 全球治理理论主要属于国际政治领域，在冷战后获得快速发展，应对全球公共问题卓有成效。

另外，治理理论内向化衍生出国家与政府的治理也是本文讨论的重点。国家治理主要表现为政府治理，"政府治理是政府联合多方力量对社会公共事务的合作管理和社会对政府与公共权力进行约束的规则和行为的有机统一体，其目的是维护社会秩序，增进公共利益，保障公民的自由和权利"。④ 从以上定义中可以看出，国家治理大概包括两个方面：一个是以政府为主体，包括政府内部管理的效率和对社会治理的有效性；另一个

---

① Gerry Stoker, "Governance as Theory: Five Propositions", *International Social Science Journal*, Vol. 50, 1998, p. 18.
② 俞可平：《论国家治理现代化》，社会科学文献出版社，2014，第21页。
③ 〔英〕戴维·赫尔德等著《全球大变革：全球化时代的政治、经济与文化》，杨雪冬等译，社会科学文献出版社，2001，第70页。
④ 何曾科、陈雪莲主编《政府治理》，中央编译出版社，2015，第3页。

是以社会为主体，即社会能否对政府行为进行有效的约束。

国家治理衍生出国家建构的问题，即国家的制度设计与职能大小是国家能力的体现，而国家能力的好坏对国家的建构和发展产生重要的影响。良好的国家治理能够使政府和公民社会之间达到某种平衡，提高政府效率，防范权力滥用。在现实情况中，西方国家由于经济发达，制度较为健全，因此有较强的国家治理能力，而发展中国家则正好相反，治理效果不佳。为此，多位学者与国际组织对国家治理理论进行研究，提出了多个对国家治理进行测量的评估体系，以此反映出每个国家发展的弱项，从而针对这些问题逐个击破，为发展中国家实行良好治理提供指导方向。

（三）良好治理的要素与主要的治理评估体系

为了推进治理的效率，克服失效风险。"善治"和"良好治理"（Good Governance）的理论被提出，其大致指一种社会管理过程，以此实现公共利益最大化。在这个过程中，公民社会作为与政府相对应的概念被提出，公民社会的作用成为良好治理得以实现的重要因素。良治为政府和公民社会的良好互动提出了全新的要求，成为检验治理效用的关键。良好治理包含十大要素，分别是：合法性（Legitimacy）、法治（Rule of Law）、透明性（Transparency）、责任性（Accountability）、回应（Responsiveness）、有效（Effective）、参与（Civic Participation/Engagement）、稳定（Stability）、廉洁（Cleanness）和公正（Justice）。①

为更好地确保良治的各项要素得以实现，建立完善的治理评估体系不仅是反映国家治理状况的重要前提，更可以给国家发展给予指导。国家治理覆盖内容广泛，数据庞大，因此多个政府间国际组织建立起一些治理评估体系，其中以世界银行开发的世界治理指标（Worldwide Governance Indicators，WGI）最具权威性。

世界治理指标将治理定义为：通过传统和制度而使权力在国家内得以行使，它包括政府的选择、监督和替换过程；有效制定和执行健全政策的能力以及尊重公民权利并向其解释管理经济和社会活动的制度。在此基础上，世界治理指标从六个维度对治理进行评估："一是言论与问责（Voice and Accountability）：主要指一个国家的公民在多大程度上能够参与选择政府，

---

① 参见俞可平《论国家治理现代化》，社会科学文献出版社，2014，第27~30页。

以及言论、出版、结社与媒体的自由;二是政治稳定和杜绝暴力(Political Stability and Absence of Violence):指政府被违宪或暴力手段等破坏的可能性;三是政府效能(Government Effectiveness):指公共服务的质量和制定政策的质量,也包括提供社会服务的能力等;四是监管质量(Regulatory Quality):指政府是否有能力提供健全的政策法规,促进私有部门的发展;五是法治(Rule of Law):主要指代理者在多大程度上对社会规则有信心并遵守;六是控制腐败(Control of Corruption):指公共权力在多大程度上被行使为牟取私利,包括各种大小形式的腐败行为,以及精英和私有利益占有国家利益。"[1]

该评估体系自1996年建立起,出台了多份工作文件,自2007年以来每年均有评估报告,覆盖世界上200多个国家和地区。其权威性除了体现在世界银行作为发起方和评估体系完善外,最重要之处在于数据来源非常广泛,内容翔实。近些年由于数据库的不断扩充,评估结果的误差逐渐减少,基本反映出世界各国治理水平的真实情况。这有助于提醒各国统治者集中精力应对存在的问题,提高治理能力,最终推动国家发展。

除了世界银行的世界治理指标外,一些多边机构也拥有自己的治理评价指标体系,诸如经合组织的Metagora项目,英国海外发展组织的世界治理评估等。某些国家也有相应的体系,如美国国际开发署的民主与治理评估框架、荷兰的治理与腐败战略评估等。还有一些独立研究机构针对更具体的治理指标设立的评估体系,比较有名的有自由之家的全球自由评估与地方转型评估、透明国际的清廉指数与行贿指数等。

在诸多评估体系中,联合国开发计划署充分考虑到当前治理评估存在的问题,诸如评估过程中本土国国内参与少、不一定能找到制度安排存在的问题、甚或不一定能提出提高治理有效性的方案。因此,计划署开展了治理指标项目(Governance Indicators Project),旨在通过对本国自身进行民主治理的评估和测量提供支持和帮助,进而促进该国的民主治理。这种本国自己制定的评估体系不仅能在国家内形成自下而上的改革力量,同时也能提高民主过程中的公民参与以及政府效率。[2] 该评估体系为发展中国家提高治理能力提供了切实有用的援助和指导,并且关注贫富差距和性别平等问题,使之与其他评估体系有所区分。尽管该项目目前取得的成就不

---

[1] WB, "Worldwide Governance Indicators", http://info.worldbank.org/governance/wgi/index.aspx#doc.
[2] 俞可平主编《国家治理评估——中国与世界》,中央编译出版社,2009,第88页。

容小觑,由于其计划是针对不同国家的,在特殊性得到强化的同时,一般性降低。

治理理论和良好治理提出的几年时间内,多个与之相关的治理评估体系便得以建立,足见国际社会对良好治理的重视。2000年,非洲自身亦建立了名为非洲治理的易卜拉欣指数,从安全法治、人权参与、持续的经济机会和人类发展四个方面,考察了多达93项指标,对非洲54个国家进行打分,为非洲国家政府提高治理能力提供参考和借鉴。这些治理指标体系为本文考察非洲良好治理的具体情况提供了充实的数据支持。

二 欧盟内部治理的理念与实践

良好治理在提出伊始,主要为应对某些国家政府效率低下、管理不善的情况。而后,良治受到更多重视,理论得到壮大和发展。欧盟及其大多数成员国在推进区域一体化和国家治理方面成就突出。一体化进程中,欧盟发展出了多层治理结构,其中个人、政府、跨国家和超国家角色相互关联,国内结构和欧盟制度对欧盟管理结构都产生了影响,使欧盟已经具备传统国家行为体角色中的某些功能,并开展了有效治理。[①] 另外,成员国在经济、社会、文化等多个方面均实现了长期的持续发展,治理体系发挥了积极作用,较为成功。欧盟不仅发展了良治理论,还通过良好治理实现了发展。因此,欧盟自然而然地将良治视为重要规范,加入对外政策中,积极向区域外国家宣传良好治理的重要性与经验。

(一) 欧盟的治理理念

在欧盟的认知体系中,治理主要涉及两个主要层面:一是欧盟的超国家治理,主要指伴随欧洲一体化发展而出现的欧盟多层次治理;另一个层面是由于成员国在国家治理中取得了可观的成果,使欧盟在这个方面积累了丰富的经验,进而影响到欧盟的对外政策,将良好治理作为新的重要内容。因此良好治理在欧盟拥有重要的地位。

欧盟的治理内容主要包括经济治理、民主治理和文化治理三个方面。欧盟对于治理的认知同国际社会主流观点对治理的分析并无二致。但是由

---

① 朱贵昌:《多层治理理论与欧洲一体化》,山东大学出版社,2009,第23页。

于欧盟超国家机构的存在使得欧盟更加关注"多层治理"。多层治理降低了欧盟成员国政府的权威性,增强了该区域公民社会的力量。因此欧盟对良好治理的认知侧重公民社会的建设。

2001年,欧盟推出了《良好治理白皮书》,其中认为良治是推进欧洲成为更加紧密政治行为体的重要手段。此后,欧洲议会提出了欧盟内部良好治理的12个原则,其中前五项是关于良好治理最基本的内涵,主要指:第一项是公平竞选、代表和参与(Fair Conduct of Elections, Representation and Participation):强调选举应严格按照法律程序执行,严禁舞弊、每一个公民都有表达意愿的权利、重点关注弱势群体的权益、通过协商尽量照顾各方的利益、男女平等、按照少数服从多数的规则决定,但也要尊重少数;第二项是反应迅速(Responsiveness):目标、规则和程序等需要合乎法律并满足公民的需要,另外公共服务在传递、被请求和被投诉时应有合理的反应时间;第三项是效率和有效性(Efficiency and Effectiveness):结果需要达到既定的目标、合理利用有限资源、管理体系要实现公共服务的评估和效率的提高、定期进行审计以提升机构的表现;第四项是公开与透明(Openness and Transparency):决定的达成和执行需要有一定的规则和制度指导、公众需要获得信息的渠道,正如法律中提供的那样,例如保护公民隐私或者确保采购过程的公平,决议的信息,政策的实施和结果都应该呈现给公众以提高当地政府的执政能力;第五项是法治(Rule of Law):地方政府需要遵守法律并服从司法决定、规章制度要按照法律规定得以采纳并秉公执行。

从第六项开始是更具欧洲特色的治理特征描述。第六项是道德行为(Ethical Conduct):公众利益需置于个人利益之上,以有效措施来防止和打击一切形式的腐败,遇到利益冲突要及时申报,与其相关的人员必须立即避嫌。第七项是竞争力和能力(Competence and Capacity):治理的专业技能需要维持和加强从而增进效能和影响力、官员需要有不断改善其表现的动力、实用的方法和程序的创建和使用,将技能转化成能力,从而产生更好的效果;第八项是创新与改革开放(Innovation and Openness to Change):寻求最新和有效的解决问题的方式,探究提供现代服务的优势,有准备试点和试验新的方案,并从他人的经验中学习,有利变化的氛围是达成更好结果的利益创造;第九项是可持续性和长期导向(Sustainability and Long-term Orientation):目前的政策需要考量未来几代人的需求,不断考虑社会可持续性,努力解决当前遇到的问题、不可转移问题和紧张局势,无论是对环境、结构、财务、经济和社会还是对后人,都需要有一个发展意识来广泛而长远地看待当地社区的未来发展,还要结合当地的历史和文化,并对社会复杂性有基本认识;第十项是健全的财务管理(Sound Financial Management):开支不得超过提供服务的成本,也不过分减少需求,特别是重要的公共服务、财务管理过程应更加谨慎,对贷款、资源、收入等进行估量,准备多年度的预算计划并与公众沟通,正确评估风险进行管理,公布报告,在公司伙伴关系中切实共享风险,当地政府需要在城市之间团结互助,公平分享收益和负担;第十一项是人权、文化多样性和社会凝聚力(Human rights, Cultural Diversity and Social Cohesion):在地方政府管理的范围内,人权得到尊重和保护,文化多样性被视为一种资产,需要努力保护,确保在当地社区能够识别并不被排斥。提升社会凝聚力,整合贫困地区、拥有获得基本服务的权利,特别是对最贫困的阶层;第十二项是问责制(Accountability):所有决策者、集体和个人,要对自身的决策负责,决议应该被上报和解释并可以进行制裁,制定有效的补救措施以应对行政失当和侵犯公民权利的行为。[1]

以上12项原则全面而充分地反映了欧盟对良好治理的认知。欧盟良好治理最显著的特点是强调公民社会的作用,注重政府和社会的互动,在良治中社会处于更重要的位置。从某种程度而言,欧盟的治理是"自下而上"的。在实践中,欧盟以此为指导原则,努力提高治理效率。在此理论基础上,欧盟将良好治理应用于对外政策中,通过多种手段宣传良治的重要性与欧盟的积极经验,试图增强欧盟的国际影响力。

(二) 欧盟的治理结构与模式

欧盟在内外政策中对良好治理的认知主要来自欧盟一体化进程中不断尝试的治理实践。多层治理是欧盟区域内最主要的治理模式,其内容丰富,结构复杂,涉及主体多元,对欧盟的发展意义重大。欧盟多层治理及相应理论的出现主要基于欧盟成立后,超国家因素大大加强,欧盟机构与成员国之间的关系发生了一些变化。表现在:"成员国政府向超国家机构

---

[1] 资料来源:http://www.coe.int/t/dgap/localdemocracy/Strategy_Innovation/12principles_en.asp,笔者整理。

转让了某些主权;在转让出的主权领域内,成员国政府不再享有独立行动的权利;为了完成欧盟职责,欧盟有可供自己支配的机构,这些机构创造、执行和实施欧盟法;一个具有独立地位的欧盟委员会作为欧盟的发动机代表欧盟利益,拥有独占的提出议案权。"[1] 面对以上情况,欧盟建立新的制度和机构,协调成员国与超国家机构之间的关系,同时培养欧洲意识,发展欧洲公民社会。

1. 欧盟的多层治理和特征

欧盟的多层治理主要为克服一体化进程中政府间主义和新功能主义/超国家主义在解释一体化问题上的分歧,这是欧盟的首创。多层治理将国际与国内、公共和私人领域等多方面的治理联系在一起,组成了更加宏观和复杂的"治理"。多层治理也造就了一个关于欧盟的概念,认为欧盟是由不同政府层面相互重叠的权限以及这些不同层面之间的政治行为体的互动构成的。[2] 在此基础之上,多层治理被视为一种更加合理和优越的权力分配和治理模式,将欧盟作为由国家、超国家和次国家行为体相互作用而构成的政治体系,欧盟的进程也不再单纯地只受主权国家的主导。

多位欧洲学者都对多层治理进行了界定,从成员国国内与欧盟结构的互动、超国家层面以及国家行为体方面,根据侧重点的不同提出了多项解释。桑德霍尔兹(W. Sandholtz)和斯通·斯维特(Stone Sweet)认为多层治理是各成员国在不断互动过程中所发展出来的被共同接受的结构或模式,并为所有成员国共有,是典型的"非政府式治理"。[3] 然而,最早对多层治理进行系统论述的是盖里·马科斯(Gary Marks)和李斯贝特·胡格(Liesbet Hooghe),他们认为"欧盟的多层治理反映出欧洲一体化是一个政体创建的进程,其中权威和对决策的影响被多重政府分享(次国家的、国家的和超国家的)。在国家政府难免是欧盟政策指定的参与者的同时,控制权已从他们手中转向了超国家机构。国家已丧失了一些它们早先的对其各自领土上的个体的权威控制。简而言之,政治的中心已经发生了变化,国家主权已稀释在欧盟的集体决策中,包括成员国政府以及自主的

---

[1] 雷建锋:《欧盟多层治理与政策》,世界知识出版社,2011,第41页。

[2] Tanja E. Alberts, "The Future of Sovereignty in Multilevel Governance Europe – A Constructive Reading", *Journal of Common Market Studies*, Vol. 42, No. 1, 2004, pp. 23 – 24.

[3] W. Sandholtz, A. Stone Sweet, *European Integration and Supranational Governance*, Oxford: Oxford University Press, 1998, pp. 1 – 4.

欧洲议会、欧盟委员会和欧洲法院"。[①]

多层治理理论的出现很好地解决了欧盟面临的一体化深入发展的问题，在国家、次国家和超国家等多个层面处理彼此关系。实现良好治理是欧盟独特的发展经验。多层治理因此拥有多个独有的特征。其一，欧盟的政治活动是在国家、次国家和超国家等三个层面上进行的，各个层次相互依赖，遇到分歧彼此协商，从而形成了欧盟独特的集体决策模式。其二，在多层治理中，各个层面的行为体共同参与欧盟活动。超国家层面有欧盟的各个机构，次国家机构包括成员国政府和成员国首脑组成的欧洲理事会，国家层面包括地方政府、私人部门、利益集团和非政府组织等。其三，在多层治理中，欧盟各个层次间行为体的关系是非等级制的。不同层次的行为体有专属的决策领域。诸如欧盟委员会、欧洲议会和法院等欧盟机构的决策权是独立做出的，成员国只能通过集体决策机制表达意见，单个成员国并不能独自决定欧洲事务，同时，成员国的决策也制约着欧盟机构的决策。多层治理通过分权和相互制约将多个行为体连接到一起。其四，多层治理坚持"多元一体"的核心。虽然成员国之间存在诸多差异，在政府间和与欧盟超国家行为体的互动中采取的方式也不尽相同，但始终保证治理有着共同目标和共同利益，即实现欧盟一体化的持续发展和各成员国的共同发展。因此各行为体积极进行协调，以期完善多层治理的政治架构。

2. 欧盟多层治理的运行模式

欧盟多层治理的运行模式经历了不断丰富和完善的过程，大致发展出五种。这几种模式分别针对不同层级间权力的分配与共享，大致由国家层级到次国家层级最后到超国家层级，形成了欧盟政治体系庞大、相互制约的治理体系，运行模式中的决策和执行过程也兼具复杂性和多样性。

多层治理的具体模式如下。模式一：彼此协调与改善模式。该模式主要在欧共体时期运用较多，成员国之间彼此进行互动，逐渐摸索治理的方式。欧共体的税收和社会保障制度就在该模式下形成，但是由于没有统一的治理主体，时常发生信息不对称的问题，容易造成彼此间的矛盾，产生不必要的治理成本，因此需要更高一级的协商模式。

---

① Gary Marks, Liesbet Hooghe, Kermit Blank, "European Integration from the 1980s: State-Centric Vs Multilevel Governance", *Journal of Common Market Studies*, Vol. 34, No. 3, September 1996, pp. 342 – 343.

模式二：政府间协商模式。欧盟虽然将一体化从经济领域外溢到政治领域。但成员国政府依然是高政治领域治理的主体。在外交和司法领域，即第二和第三支柱的领域内，成员国政府依然是治理的主体，通过定期召开部长理事会和首脑会议对欧盟的政治、外交与安全事务进行协商，进一步达成共识，确保欧盟在高政治领域的核心价值是一致的。

模式三：超国家机构模式。该模式的出现是欧盟成立后超国家机构出现的必然结果，同时也是为应对在模式一中存在的信息不对称问题，对欧盟在经济和社会方面的事务进行共同治理。超国家层面的治理模式是欧盟独有的，这个过程中减少国家层级的干涉对提高治理效率以及经济一体化的深化和发展意义重大。

模式四：共同决策模式。该模式主要为了融合政府间协商和超国家两个层面的治理，减少不同层级之间治理的分歧。这一模式的引入创造了理事会与欧洲议会共同决策的程序。《欧洲联盟条约》中第189B条规定，如果欧洲议会与理事会出现分歧，则应组成调解委员会，努力达成一致意见。共同决策模式给予欧盟机构更大的自主性，同时与成员国政府形成良性制约。

模式五：公开协商模式。该模式在近些年兴起，"是为了弥补共同决策和政府间协商模式决策能力低下和合法性不足的缺陷而提出的新的治理模式。它最早见诸《阿姆斯特丹条约》中有关就业问题的条款，由里斯本欧盟委员会会议确定，并最终成为一项涵盖信息、科研、教育以及就业等方面的政策机制"。[①] 该模式为成员国提供了更加广阔的治理空间，在与欧盟整体政策保持一致的同时，相互学习，实现自身治理效果的最大化。

欧盟区域内的多层治理经过多年发展形成了较为完善的治理体系，将国家、次国家和超国家层面的不同行为体的治理联系起来，并较为有效地消弭了产生的分歧和摩擦，成功弱化了成员国的绝对权力，增强了欧盟超国家机构对欧洲整体治理的能力。虽然其中依然存在不少问题，但欧盟的多层治理获得了丰硕的成绩，实现了多层次之间的良性互动，扩展了欧盟的治理理论，极大提升了欧盟对于良好治理的信心。

（三）欧盟及其成员国的良好治理

在多层治理的框架下，欧盟及其成员国在多个层面开展了区域和国家

---

① 吴志成：《欧盟治理与制度创新》，载《马克思主义与现实》2004年第6期，第55页。

治理，推动了欧洲公民社会的发展、民主政治的稳定、经济的持续增长、公民生活水平的改善和多元文化的维护。与此同时，欧盟仍审视自身的治理体系，不断提出改进意见。总体而言，欧盟及其成员国在治理方面积累了较为丰富的经验，对欧盟的发展带来了积极的影响。

1. 欧盟成员国良好治理的基本情况

欧盟提出良好治理有六项核心原则，分别是：适当性、透明性、参与性、实效、问责制和人权。在实践中，良好治理包含法治、民主和制度发展三个重要领域。欧洲学者阿丁克（G. H. Addink）按照这些原则以及三大层面对欧盟28个成员国的治理情况进行了评估，分别考评了这些国家的经济、社会、政治和文化等方面的治理效果。[①] 为了方便归纳，划分为五个地区：北欧（NE）、西欧（WE）、南欧（SE）、中部欧洲（CE）和盎格鲁-撒克逊欧洲（AE）。其评估结果较为客观地反映了当前欧盟成员国的治理现状。

具体而言，斯堪的纳维亚半岛的三个北欧国家（挪威、瑞典和芬兰）由于是单一制国家，均很好地实践了良好治理的观念，其中芬兰在宪法中明确提出了良好治理。良治的六个原则基本反映在上述国家的法律中，但个别情况依然受到该国政府机构的影响，欧盟治理原则应用到国家的过程中依然存在影响。北欧在透明性方面发展迅速，但是参与性不高。人权依然对良好治理规范的实施有深刻影响。有效性原则在金融机构中得到良好发展，而问责性则成为北欧国家发展最缓慢的部分。

西欧六个国家（荷兰、德国、奥地利、比利时、法国、卢森堡）在语言、国家政体等方面存在诸多差异。西欧将良治原则编入法律的情况要弱于北欧，因为这些国家拥有更加活跃的司法系统以推行良治，同时它们的审计法院在发展问责制和有效性原则中非常积极。西欧的联邦国家的地区政府有着更强的实行援助的意愿，国家越小则中央政府的意愿越强。人权在西欧获得了极大的发展，比利时的发展尤为惊人。西欧国家很少将国家完整性与良治相关联，唯有荷兰是个例外。此外法国较为重视行政效率，奥地利关注适当性与人权，卢森堡倾向于发展平等、参与性和有效性。

南欧国家均为单一制国家（西班牙、葡萄牙、意大利、马耳他、希

---

① G. H. Addink, Good Governance in the EU Member States, https://www.ris.uu.nl/ws/files/18826324/final_version_september_2015.pdf.

腊、塞浦路斯），因此中央政府在推行良治方面的力量要强于地方政府。伊比利亚半岛上的西班牙和葡萄牙存在诸多不同。西班牙在宪法中明确写入了良治的一些原则，在司法解释方面也有所进步，但是在实践中民主方面的透明性和参与性发展缓慢，同时还存在腐败的问题。这些良治原则近些年在葡萄牙获得了快速发展，其中有效性最为突出。亚平宁半岛上的马耳他和意大利也是如此，意大利近些年在法律、行政和司法领域都发展了良好治理，行政程序方面相关法律的改善是良治进步的重要方面。马耳他则是在人权保护方面发展较快。希腊的法律中确实可见多个良治的原则，但是民众的参与性很低，并且有较为严重的腐败问题，为此其加入了美国倡导的开放政府伙伴关系，以期在各方面提高公共行政效率。塞浦路斯是完全远离欧陆的国家，在其法律中可以找到法治的基本原则，在良治的发展过程中，监督起了重要作用，促进了问责制和有效性的提升。

中欧国家众多（爱沙尼亚、拉脱维亚、立陶宛、波兰、匈牙利、克罗地亚、斯洛文尼亚、捷克、斯洛伐克、保加利亚、罗马尼亚），与波罗的海三国情况比较类似，立法、行政和司法权划分明显，欧盟有较强的影响力。公民对政府的信任度不高，适当性已经被列入国家的法律中。波兰和匈牙利在适当性和人权方面有非常强的法律条约，波兰的宪法法院在保护人权方面扮演了重要角色，匈牙利则更加侧重民主原则——透明性和参与性。良治在斯洛伐克的三权中都有较好的发展，民主原则发展较快，人权保护也达到相应的水平。捷克则开始得较晚，不过近些年良好治理发展迅速。斯洛文尼亚和克罗地亚的政治体制比较相似，但是也存在两个明显的不同。斯洛文尼亚的情况明显更好，克罗地亚在良好治理的实践方面仍有较长的路需要走。保加利亚于2007年之后受到欧盟的影响开始努力践行良好治理，然而发展依然缓慢。罗马尼亚已经有了良好治理的经验，但是原则之间却存在冲突，诸如透明性和隐私权。

最后，盎格鲁-撒克逊欧洲（英国和爱尔兰），两国之间的差异比较明显。爱尔兰在实践良治中遭遇诸多挫折。良治的价值观和指导在爱尔兰都较弱，权力机构之间在执行原则时也会采取相反的行动。但在2014年地方政府改革法案实施后，爱尔兰取得了一些进步，尤其在保护人权方面。英国在良治方面更倾向采取"软法"的方式，以防止良治在实施中遭到程序上的滥用。

2. 欧盟及其成员国良好治理的经验

从上文论述中可见，良好治理的基本原则在欧盟多国被列入成员国法律，虽然治理成果不尽相同，但成员国在欧盟总体政策的指导下依然在努力向更有效的治理迈进。自20世纪90年代良好治理受到重视后，欧盟及其成员国已经在良好治理方面取得了诸多经验。

欧盟的存在为欧洲地区的良好治理提供了高屋建瓴的指导，从宏观层面制定良好治理的原则和重点发展目标，对成员国的良治情况进行监督并提出意见，成为欧洲良好治理快速发展的重要因素。具体而言有如下几个方面。其一，欧盟每六年制定一个良好治理的发展规划，充分结合各成员国的情况，确定良好治理的重点发展领域。在2007~2013年规划中，欧盟强调在国际和地方的项目设计、监督和评估中加强政策实施的能力建设，并且开始侧重支持公共领域改革。在2014~2020年的规划中，支持公共领域的改革成为重中之重。此外，还提出了一些新目标，诸如培育公共领域的创新、建立结果导向的执行框架和事前协调机制。其二，欧盟从公共财政中专门拨款，促进欧盟与成员国良好治理的改善。其中比较有代表性的是欧盟社会基金，为成员国以公共领域的治理提供帮助，根据欧盟的数据，2007~2013年社会基金为成员国的改善治理行动提供了8.156亿欧元，到2012年已经投入了超过一半的资金。[①] 其三，欧盟会为成员国提供个性化的治理意见，从而更好地解决不同国家的治理难题。表4-1反映了欧盟具体的良治改善建议。

表4-1　2013年欧盟针对提高公共行政质量和改善良治的具体国家建议

建议的领域	成员国	成员国数量
提高公共行政的效率和有效性	保加利亚，塞浦路斯，捷克，西班牙，希腊，克罗地亚，意大利，罗马尼亚，斯洛伐克	9
司法改革	保加利亚，希腊，西班牙，匈牙利，拉脱维亚，马耳他，罗马尼亚，斯洛文尼亚，斯洛伐克	9
改善商业环境	保加利亚，希腊，西班牙，匈牙利，意大利，波兰，罗马尼亚	7
反腐败	保加利亚，捷克，希腊，克罗地亚，匈牙利，意大利	6

---

① European Commission, *Promoting Good Governance: European Social Fund Thematic Paper*, Luxembourg: Publications Office of the European Union, 2014, p.6.

续表

建议的领域	成员国	成员国数量
公共采购	保加利亚，希腊，匈牙利，克罗地亚	4
对社会基金的吸收	保加利亚，罗马尼亚，斯洛伐克	3

资料来源：European Commission, *Promoting Good Governance: European Social Fund Thematic Paper*, Luxembourg: Publications Office of the European Union, 2014。

除了给予个性化建议外，欧盟还对成员国提出了公共行政能力达标的原则，包括结果导向、受众为主、有目标的领导、过程和实践的管理、公民的发展与参与、持续的创新和进步、伙伴关系发展和社会责任性。

另外，欧盟成员国在各自国家治理方面亦获取了若干经验，主要体现在以下三个方面。第一，成员国努力维护完善的民主制度，确保各项权力受到制约。该论点在上一章欧盟的民主制度中已有所论述，总体而言欧盟成员国的民主制度质量较高。第二，成员国鼓励公民社会的发展，与政府权力形成良性互动。公民社会的壮大可以有效减少腐败，防止政府对公民权利造成侵犯。第三，成员国在欧盟框架下保留着国家自决的权力。当欧盟政策会有损国家治理成果时，成员国有权根据自身情况循序渐进地实现欧盟提出的要求，特别情况下还可以予以拒绝。

三 欧盟治理与对非援助

治理理论衍生出的良好治理逐渐受到国际社会尤其是欧盟的关注，并得到快速发展，有着深层次的原因。首先，伴随经济全球化的快速发展，发展中国家成为全球市场不可分割的一部分。由于发展中国家在政策执行力方面有着明显差异，对投资者的利润预期利益攸关，国际社会逐渐意识到，发展中国家良好的治理水平将为国家经济发展吸引更多国外直接投资。其次，20世纪80和90年代的发展改革政策宣告失败，崇尚市场化的人们发现市场在资源优化配置方面依然存在不可避免的缺陷，因此需要对市场进行一定的治理。再次，学术界斯诺为代表的新制度主义经济学获得迅猛发展，认为国家治理体系的优劣对经济增长和长期发展有着至关重要的作用。由此可见，治理水平直接关系到国家经济的发展。随着治理理论逐渐被国际组织应用于发展援助理论，欧盟基于其在良治方面拥有较为丰富的经验，从而将良治加入对外援助政策中，成为欧盟规范性外交的重要组成部分。

(一) 国际组织的观念转变与对发展援助的调整

在大多数实践中，发展中国家通过自主努力依然不能获得充足的制度供给，因此便需要外部的制度引导和资金帮助。发达国家成为发展中国家制度的外部帮助提供者。仅靠一个发达国家并不能解决所有发展中国家遇到的治理水平低下的问题，需要建立相关的国际组织，着眼于为发展中国家提供外部援助，促进发展。

为发展中国家提供经济援助和制度指导的国际组织主要有联合国、国际货币基金组织、世界银行以及最大的多边援助机构经济与合作组织（OECD）。此四者在二战后为发展中国家的发展提供了大量的援助，为发达国家提供援助理念指导，引导援助的流向，为国际发展援助提供智力支持。因此，经合组织、世界银行等国际组织观念的变化直接影响了冷战后国际发展援助政策的调整，良好治理作为基本条件和发展目标被列入发展援助政策中。

具体而言有以下两个方面。其一，冷战结束宣告了以美国为首的西方资本主义国家的胜利，发达国家对援助的态度和行为发生了实质性的变化。经合组织作为世界最大的国家发展援助多边机构，由34个成员国组成，其中绝大多数是发达国家。"鼓励和协调成员国为援助发展中国家做出努力，帮助发展中国家改善经济状况，促进非成员国的经济发展"[①] 是经合组织的宗旨之一。因此，经合组织的政策指导对发达国家的发展援助影响重大。冷战后，由于两极对抗的消失，广大亚非拉发展中国家不再是美苏争夺的对象，在国际体系中的地位下降。另外，发达国家在二战后保持了长期的经济增长，对资本主义市场经济和西方民主政治制度的自信提升，认为这是帮助发展中国家摆脱贫穷落后的唯一出路。经合组织下属的发展委员会便开始要求成员国在提供援助时，关注援助有效性。而增强有效性最可行的方式则是推行良好治理，在经济、政治和社会等多个维度改善发展中国家的制度，传授西方经验。

---

① 杨立杰、王翠莲：《经济合作与发展组织（OECD）》，新华网，http://news.xinhuanet.com/ziliao/2003 - 01/27/content_709625.htm。

其二，世界银行是最早推出良好治理概念的国际组织，开始根据借款国的治理水平和体制决定是否给予援助与援助金额的多寡。早在1992年，世界银行就发布了一本小册子名为《治理与发展》，其中明确提到："良好治理是创造和维持一个强大和公正发展环境的核心，同时也是良好经济政策的核心组成部分。在提供公共产品方面起到关键作用，能够有效应对市场失灵，使其更有效率。"① 再后来世行出台多份文件反复强调良好治理的重要性。世行主要在四个方面对发展中国家的治理进行指导和监督，分别是：公共领域管理、问责性、发展的法律框架和信息与透明。世行根据受援国在这些方面的表现进行评估后，继而提出改善建议，注重制度层面的设计和调整，在考评受援国政策执行情况后再决定后续援助计划。治理质量成为获得援助的关键指标。

联合国和国际货币基金组织也逐渐将良好治理与发展联系在一起，观念从援助有效性到发展有效性，良好治理均直观地体现在政策文件中。

欧盟成员国是经合组织的主体，也是西方民主国家的主体，在发展援助政策上自然受到国际组织观念的影响，加之欧盟的观念中，一直将开展多边合作的国际组织视为国际社会的维护者，甚至高于单一民族国家的意志，这也是欧盟得以建立的关键，欧洲国家愿意将更多权力让渡给超国家机构。

良好治理、国家能力、制度调整和发展援助彼此间有深刻的联系。首先，提高国家能力主要依靠制度的调整与改善。其次，制度的调整和改善是良好治理的重要方面。再次，国家能力改善后能够充分利用资金，发挥援助有效性。因此，四者间的关系应该是良好治理能够带来制度调整，进而改善国家能力，最终提高发展援助的效率。同时，援助有效性的提高不仅能够推动国家的全方位发展，还可以使发展中国家获得持续的援助，彼此实现，相辅相成。治理理论和良好治理的兴旺发展深刻影响了冷战后国际发展援助政策的走向，为欧盟对非发展援助中加入良好治理提供了理论基础。

(二) 良好治理融入欧盟对非援助政策

良好治理要求实现有效的经济管理和政治制度，欧盟在域内治理方面

---

① World Bank, Governance and Development, http://www-wds.worldbank.org/external/default/WDSContentServer/WDSP/IB/1999/09/17/000178830_98101911081228/Rendered/PDF/multi_page.pdf.

有严格的标准，已经取得了可观的成果和丰富的经验。适逢欧盟成立，对国际政治地位的追求更加迫切。良好治理的各项特点使其成为欧盟推行"规范性外交"政策的重要内容之一。主要体现在：在欧盟理念中，良好治理包含的内容非常广泛，大致有提倡效率和有效性、公开透明、问责制、可预测性、良好的财政管理、抗击腐败，同时也包括尊重人权、民主和法治等。由此看来，良好治理更多被归类为操作层面，是保护人权和实现民主的保障，其重要性得到凸显。

正因此，欧盟将良好治理逐渐融入对外政策中，即将良好治理作为重点宣传的价值向区域外国家推广，必要情况下为发展中国家进行良好治理提供指导和资金支持，同时将援助纳入发展援助的评估体系，会根据受援国实施良治的情况决定奖罚。

由于欧盟的超国家性，在对外政策中推行良好治理有两个重要的对象，一个是国家的政府，另一个是该国的非政府组织及相关行为体。在政策的实施过程中，也分为两个方面：输出型和输入型。因此，欧盟对外政策中促进良治的行为大概可以归为四种方式，分别是："方式一：针对国家政府的输出导向，该方式主要侧重通过加强政府及其行政能力从而实现有效的统治，行政能力是核心；方式二：针对非政府行为体的输出导向，即通过影响非政府行为体使其在实践良好治理的过程中能够产生更好的政策以应对多种不利条件，也可表述为加强非政府行为体的建设从而提高其实施政策的能力；方式三：针对国家政府的输入导向，其目标在于使政府有足够的力量建立和维持一个公共领域，在该领域中利益可以成倍增长，也可称为构建民主的政府；方式四：针对非政府行为体的输入导向，该方式希望加强非政府行为体在公共政策制定中的话语权，从而改善政策制定过程中的民主质量，该方式可被视为民主治理（Democratic Governance）。"[1]

欧盟通过以上四种方式在对外政策中推行良好治理的导向，主要运用三种手段：一是政治对话；二是条件性；三是援助。这些手段在实践中相辅相成，相互促进。作为世界上最大的发展援助提供方，援助成为欧盟对外推行良好治理最重要的手段，政治对话和条件性都能在其中得到体现。

---

[1] Tanja A. Börzel, Yasemin Pamuk, Andreas Stahn, Good Governance in the European Union, *Berlin Working Paper on European Integration*, No. 7, January 2008, p. 9.

良好治理成为欧盟发展援助的重要导向有深刻的背景因素。人权保护思想在二战后经过联合国等国际组织的大力宣传和推广已经成为国际共识。经过第三波民主化浪潮和苏联解体，大量亚非拉国家建立起西方民主制度。欧美等发达国家对世界的影响力得到增强，然而发展中国家并没有按照西方预设的路径持续发展，依然存在政局不稳、经济停滞不前的问题，更有些国家陷入了长久的动荡中。此时，良好治理的出现成为促进人权保护、巩固民主制度、提高民主质量和实现良好经济管理的一剂良方。欧盟便开始同区域外国家进行政治对话，宣传良好治理的效用，使其充分认识良好治理的重要性。之后提出通过给予援助帮助发展中国家实现良好治理，如若效果显著，将获得更多的奖励，反之则受到惩罚。欧盟还专门为该国设立一些具体指标，作为衡量良治的标准，以此体现条件性。在实践中，直接对国家政府提出的条件被认为是侵犯国家主权的行为，遭到受援国的抵制和批评。在近些年的发展中，欧盟弱化了政治条件性的表述，更多的转向支持受援国非政府行为体的建设。具体而言，欧盟在对外政策中提出的良好治理主要关注其他国家政府减少腐败和促进公民社会的发展。良好治理在欧盟内外政策中达到统一，成为深刻的欧洲规范。

综上所述，欧盟作为最早接受治理理论和推广良好治理的地区，在治理领域发展迅速，成果斐然。同时根据自身的情况逐渐发展出多层次治理，较为有效地解决了欧盟成立后在超国家、次国家和国家多层面以及彼此之间的治理问题。在实践中，欧盟将良好治理置于内外政策的重要部分，成为与人权、民主和法治并列的欧盟价值；同时制定良好治理发展的总体方向，并提供专门资金，提供针对性的建议，帮助成员国改善治理水平。在欧盟视角中，强调政府社会互动的"自下而上"的良好治理已经成为可持续发展最重要的手段和目标。

第二节 非洲国家的治理现状

世界银行等国际组织提出良好治理的主要目的是为提高发展中国家的政府职能，应对国家治理和发展援助的低效。非洲是世界最贫穷的大陆，冷战后虽然逐步建立和实行西方代议民主制，但运行不稳，未来前景依然堪忧。此外，在经济和社会管理及监督方面，非洲也存在诸多问题。良好治理成为国际社会解决政府和外来援助低效的重要办法，受到国际组织以及西方国家的大力推崇。非洲国家在外部影响和内部压力下逐渐接受了良好治理的理念，并开始了有非洲特色的治理实践，取得若干成就，但总体而言，非洲的治理仍然任重道远。

一 非洲治理的理念与特点

非洲对于良好治理的认知最早来自西方以及国际组织对非洲发展提出的新要求。20世纪90年代，大部分非洲国家在外部压力下，纷纷实行西方民主制度，调整经济结构以配合世界银行和西方国家等提出的诸多要求，从而获得国家发展必要的援助。来自西方的治理理论以及良好治理概念便在非洲传播开来。2000年以后，伴随着非洲联盟的成立与非洲自我意识的不断觉醒，非洲对治理与良好治理的认知发生了新变化，融合了非洲国家在多年治理实践后的非洲意识。

（一）非洲治理的概念与内容

非洲对良好治理的认知主要来自外部的观念影响，联合国的《非洲治理报告》反映出国际社会对非洲治理的指导与期望。经过多年发展后，根植于非洲自身的易卜拉欣指数（Ibrahim Index of African Governance, IIAG）综合了非洲的情况后提出了非洲良治的四个主要方面，包含93个具体指标。综合对比非洲内外针对良治的定义和内容后，笔者认为非洲良好治理主要包含以下内容。

其一，政治治理。该项是对非洲政治发展提出的核心要求，具体包括民主政治体制的完善、公民选举和被选举权的保护、表达意见的渠道畅通、选举程序公开透明等。政治治理主要由外部力量施与非洲，覆盖了非洲民主发展的部分内容，说明良好治理是实现民主健康发展、提高民主质量的重要手段。

其二，经济治理。具体包括公共财政管理、良好的商业环境、公开透明的市场、基础设施建设以及私人领域的发展等。经济治理是当前非洲治理的重点发展领域，对非洲治理的可持续发展意义重大。

其三，人权保护与发展。良好治理是各方面均形成良性发展，情况得到改善，因此人权的保护以及人类发展也是良好治理的重要内容。非洲良治中对人权和发展的定义重点侧重受教育、健康、福利和人身安全，这是实现非洲良好治理的基础。

其四，制度与法治。此项是良好治理的核心内容，包括制度和组织的合理设计、反腐败、法律体系健全、立法和司法体系独立以及有效、完善的问责制度和公民社会健康发展，与政府形成良性制约。这是非洲治理亟须改善与持续关注的部分。制度与法治的完善与进步对于非洲其他方面的治理均有积极意义，治理的成功与否主要取决于此。

由于非洲是世界上最贫穷的大陆，其发展面临诸多问题，因此更加需要良好治理，同时决定了非洲的良好治理所涵盖的内容也非常广泛，涉及政治、经济、社会、安全等诸多领域。然而有效的制度作为核心内容，可以贯穿在非洲治理的方方面面。这是非洲实现良治的核心，也是最具挑战的部分。对于如何实现有效的制度的问题，非洲更加注重政府的作用，认为必须依靠中央政府强有力的政策和行为支持才是非洲实现良治的最优办法。换言之，非洲更倾向于一种"自上而下"的良好治理。

(二) 非洲治理的特点

非洲的治理意识在2000年之后得到迅速发展，受到西方国家的深刻影响，因而较为重视民主政治层面的治理。同时，由于非洲自身存在的贫穷落后等问题，在进行治理的过程中，非洲国家更加重视政府能力的建设与国家经济的发展。因而非洲的良好治理展现出西方要求与非洲需求相结合的整体特征。具体而言有以下四个方面。

其一，非洲重视治理，积极表达对良治的追求。治理理论和良好治理观念在非洲传播后，很快得到非盟与非洲国家的认同。这不同于人权和民主观念中非洲对西方概念采取的迟疑态度，并且与西方良好治理的观念并不具有核心分歧。实现良好治理成为非洲发展的重点目标，非盟在多个官方文件和发展规划中均明确提出发展良好治理。非洲发展新伙伴计划以及非洲"2063年议程"均将良好治理作为重点发展领域。作为后2015年发展规划的重点文件，"2063年议程"的第三个愿景明确提出："我们期望到2063年时，非洲是一个实现良治、民主、尊重人权和法治的大陆。针对良治而言，非洲将是一个各项制度均为民众服务的大陆。公民能够积极地参与社会、经济、政治的发展和管理，有能力的、专业的、有规则的和择优的公共政策将服务于非洲大陆并且递送高效的服务。政府各个层级的制度都将是发展的、民主的和负责任的。"① 此外,非洲还建立了"非洲互查机制"(African Peer Review)以应对非洲国家普遍存在的贪腐问题,以集体力量共同推进非洲大陆良好治理的实现。

其二,非洲治理关注政府能力的建设,良治中优先强调良政。从以上非洲多个政策文件对良治的表述中可以发现,非洲的治理较为重视民主政治制度的构建与政府职能的改善。非洲的治理起步晚,虽然民主政治框架在20世纪90年代初步搭建起来,但是民主运行效果堪忧,普遍存在贪污腐败、族群政治等问题,有些国家甚至存在独裁政治。同时,非洲国家的中央政府对地方的控制力较弱,兼之诸多发展问题并存,导致地区动荡时常发生,严重威胁良好治理的践行。"非洲国家领导人认为,非洲可以在实行良治的过程中建设'有能力的国家'(Capable States),通过良治来发挥、释放政府的职能和功效。"② 唯有政府能力的提高才能获得经济等其他方面的发展。因此,提高民主质量、提高政府的行政能力与强化对全国的掌控力成为非洲治理优先发展的领域,充分体现"自上而下"的特点。

其三,西方对非洲治理的影响具有引导性作用,强调公民社会的发展,但主导权一直掌握在非洲手中。以欧盟为首的西方资本主义国家对非洲良好治理的发展作用巨大。作为世界最大的官方发展援助提供者,欧盟通过援助对非洲治理观念的普及,治理内容的扩展起到了关键作用。除了非洲国家关注的民主政治建设和政府职能的提升外,西方国家的良好治理更多强调公民社会的发展。公民社会大致可界定为:"社会中基于自愿组合而形成的组织,其介于扩大化的家庭和政府之间。"③ 公民社会的存在能够关注到诸多政府职能所不及的领域,通过宪法赋予公民的权利实现对政府的有效监督,防止公民权被践踏,有效维护公众利益。公民社会组织主要包括媒体、非政府组织、工会等。在西方的影响下,非洲的公民社会有了明显发展,众多公民社会组织均得到西方国家的援助。当前,非洲国家也逐步开始强调私人领域的发展以及对政府权力的监督,但是非洲依然

---

① African Union Commission, Agenda 2013: The Africa We Want, http://agenda2063.au.int/en/sites/default/files/01_Agenda2063_popular_version_ENGs.pdf.
② 杜小林:《良治还是良政——非洲国家如何治国理政》,载《当代世界》2014年第9期,第23页。
③ 〔英〕阿莱克斯·汤普森:《非洲政治导论》,周玉渊、马正义译,民主与建设出版社,2015,第10页。

坚持发展具有非洲特色的良好治理，表达出对西方理念的接受能够为推进良治获得更多的资金支持。

其四，非洲存在国家认同较弱的问题，成为制约良治统筹协调的障碍。非洲国家的边界基本是殖民者划定的，使非洲国家错失了先形成民族认同再建立现代国家的过程。"这种民族建设进程的迟滞，在很大程度上导致了当前非洲国家的社会整合程度不高、国家凝聚力不强，并有可能由于族群利益冲突和族群关系的紧张而一再引发政治冲突和动荡。"[①] 该问题的存在使得非洲国家政府无法有效地履行职能，民众对参与国家治理也缺乏积极性。因此，为了非洲治理的长远发展，国家认同的构建也是亟待提升的方面。

二 非洲的治理重点及举措

非洲选择的治理重点主要由上述治理特点决定，主要目标在于维持非洲国家政局的稳定、提高政府的行政职能、建立健康的公民社会从而与政府实现良性互动和实现国家的可持续发展。在西方国家的影响下，非洲结合自身情况，推出了多项举措努力实现良好治理，具体包括非洲新伙伴计划的实施、非洲互查机制的持续运行以及"2063年议程"第一个十年计划的制定等。非洲治理的重点领域及其举措如下。

（一）针对贪腐问题：非洲互查机制与相关法律法规的确立

2001年制定的《非洲发展新伙伴计划》中，非盟首次提及建立非洲的互相审查机制。随后，非洲互查机制得到了经合组织和联合国经社理事会的支持，为其提供相应的技术支持与帮助以及部分配套资金。2003年3月，非盟大会通过了非洲互查机制的指导性文件，确定了该机制的目标、机构、审查指标和程序等，安哥拉、刚果（金）、埃塞俄比亚、加纳、肯尼亚、莫桑比克、尼日利亚、卢旺达、乌干达和南非作为首批签署《理解备忘录》的国家加入非洲互查机制。

根据国际组织的实践，相互审查是指："由国际组织中的几个国家对某一个国家的情况进行系统的审查和评估，借此帮助被评估的国家提高政

[①] 罗建波：《非洲国家的治理难题与中非治国理政经验交流》，载《西亚非洲》2015年第3期，第78页。

策制定的水平，实施更为有效的方案，完成预定的计划，并达到既定的目标。"① 非洲互查机制也是建立在这个初衷上的，是帮助非洲发展新伙伴计划顺利实施的重要手段。其首要目标是在政治和经济治理方面培养合适的政策、价值、标准和实践以促进政治稳定，加速次区域和非洲大陆的经济一体化、增长和可持续的发展。加入非洲互查机制的成员国同意自愿和独立地审查它们的治理情况。审查设置四大领域：经济治理与管理、民主与善治、社会经济发展和企业治理。这些领域下又分设了诸多目标。非洲互查机制的审查范围包括成员国的行政、立法和司法机构，以及私人领域、公民社会和媒体，覆盖了国家治理的各个方面。

在操作过程中，非洲互查机制要求成员国基于秘书处设计的问卷准备好自我评估报告，之后由一位德高望重的人员领导的非洲互查机制的国家支持任务团将前往该成员国对其自查报告和实际情况进行检验，并补充一些内容建议，起草国家审查报告。国家报告将在非洲互查机制论坛上由成员国总统递交给同行审议，对该国的治理情况进行监督，成员国也会根据建议有针对性地改善治理情况。② 截至2014年9月，非洲大陆已有34个国家③签署备忘录加入了非洲互查机制，其中17个国家已经完成了审查过程。

非洲互查机制的众多治理目标中，反对腐败在政治和经济治理领域均有提及，从而使反腐成为其最重要的目标之一。此外，良好治理要求有责任的和透明的政府行为，而腐败是非洲国家普遍面临的问题，成为阻挡良治顺利推进的主要障碍。加入非洲互查机制的国家在反腐问题上表现出空前的决心和行动力，加之相互审查软压力的存在，各个成员国均表现出明确的改善意愿。

除了非洲互查机制，非洲还出台了一些法律法规以解决普遍存在的腐

---

① 欧令湘、梁益坚：《软压力视角下的"非洲国家相互审查机制"》，载《西亚非洲》2009年第1期，第30页。

② NEPAD Kenya Secretariat, Africa Peer Review Mechanism (APRM), http://nepadkenya.org/aprm.html#.

③ 这34个国家分别是：阿尔及利亚、安哥拉、贝宁、布基纳法索、喀麦隆、乍得、刚果、吉布提、埃及、赤道几内亚、埃塞俄比亚、加蓬、加纳、肯尼亚、莱索托、利比里亚、马拉维、马里、毛里塔尼亚、毛里求斯、莫桑比克、尼日尔、尼日利亚、卢旺达、圣多美和普林西比、塞内加尔、塞拉利昂、南非、苏丹、多哥、突尼斯、乌干达、坦桑尼亚和赞比亚。

败问题。最有代表性的是2003年非盟出台的《非洲联盟预防和惩治腐败公约》，该公约的目标是："一是各成员国应促进和加强预防、侦查、处罚和消除非洲的公共以及私人领域的腐败和相关犯罪所需机制的发展。二是促进、推动以及规范成员国之间的合作，以确保预防、侦查、处罚和消除非洲地区的腐败以及相关犯罪的措施和行动的效力。三是为了在本大陆预防、侦查、处罚和消除腐败，调整和协调成员国之间的政策和立法。四是促进社会与经济的发展，消除障碍，享有经济、社会和文化权利以及公民和政治权利。五是为公共事务的管理提供必要的条件，以促进透明度和信赖。"[1] 公约还对牵涉腐败的各项法律词汇加以定义，规定了相应适用范围和立法措施，并根据领域的不同，对不同的腐败犯罪提出了指导性的惩罚措施。

（二）完善政府职能与制度建设："2063年议程"第一个十年规划的出台

反腐是非洲在接受良好治理后首要提及需要应对的问题。经过多年的发展，非洲对良治的认知有了进一步的提升，因此提出了新的更有针对性的治理重点和相应计划。"2063年议程"是非洲为配合联合国后2015发展计划推出的非洲大陆发展规划。希望在2063年前实现七大愿景，分别是："第一，一个基于增长和持续发展的繁荣非洲；第二，一个联合的大陆，政治联盟将给予泛非主义和非洲复兴精神；第三，一个拥有良治、民主、尊重人权、公平和法治的非洲；第四，一个和平与安全的非洲；第五，一个拥有强大的文化认同、共同文化遗产、价值观和道德标准的非洲；第六，一个民众主导发展，依靠非洲人民的潜能，尤其是妇女和年轻人以及关怀儿童的非洲；第七，作为强大的、联合的、适应力强和有全球影响力的参与者和伙伴的非洲。"[2]

愿景三明确提出了实现非洲的良好治理，针对这一目标，非盟制定了"2063年议程"第一个十年行动指导计划。其中对良治提出了两个优先发展领域，一是制度和领导力，二是参与发展与地方治理，具体内容如表4-2所示。

---

[1] 赵秉志、王水明：《非洲联盟预防和惩治腐败公约》，载《中国刑事法杂志》2007年第4期，第108页。

[2] African Union Commission, Agenda 2063: The Africa We Want (Final Edition), http://www.un.org/en/africa/osaa/pdf/au/agenda2063.pdf.

表4-2 "2063年议程"第一个十年计划良好治理的优先领域

优先领域	层次	2023年目标	非盟框架下2023年的关键行动进程
一、制度和领导力（Institutions and Leadership）	国家层次	1. 至少70%的民众了解公共服务需要实现专业、有效、有回应、负责、公正和清廉。 2. 至少70%的民众认同立法部门良好的运作是实现民主的关键组成部分	1. 在2015年下半年之前，公共服务委员会（PSC）运用宪章促进指导条约来引导宪章的实施。 2. 公共服务委员会在成员国签署宪章的最少用六个月促进宪章的实施
	区域层次	1. 至少70%的成员国在实施非盟宪章关于公共行政的价值观和原则。 2. 至少70%的成员国在实践《非盟预防和惩治腐败公约》	1. 在2015年上半年之前发展促进宪章的指引作用。 2. 促进成员国在2016~2018年间采用宪章。 3. 在2019年召开国家会议。 4. 在2020年之前设立相应体系以监督成员国的实施情况
二、参与发展与地方治理（Participatory Development and Local Governance）	国家层次	1. 所有的当地政府均有完全的行政和制度能力以及合适的财政力量。 2. 当地社团有公平的分享探索自然资源的权利，并且有权从中获取利益。 3. 在2020年前消灭地区冲突。 4. 当地社团的文化、价值观和规范需要被尊重和保护	1. 2017年前发展"推广宪章的指导条款"和当地权威的高级会议。 2. 在2017~2019年间确保一定数量的成员国签署宪章以推动发展。 3. 2019年组织特别技术委员会会议（STC）和当地权威高级会议，配合监督宪章实施体系确保2020年成员国到位

资料来源：African Union Commission, Agenda 2063: First Ten - Year Implementation Plan (2014 - 2023), http://agenda2063.au.int/en/sites/default/files/Agenda%202063%20Final%20revised%20First%20Ten%20Year%20Implementation%20Plan%2012%2010%2015.pdf。

由此可见，"2063年议程"中提出的良治更加侧重非洲大陆和国家政府职能和制度能力的建设。当前非洲面临的发展问题纷繁复杂，唯有有力的政府和有效的执政才有可能最大限度地降低发展中存在的风险。这是非洲逐步认识到自身问题，不断调整良治进行的方向，并综合考量非洲情况后的进步。

（三）建设健康的公民社会：西方援助的应用

非洲国家纷纷独立后，公民社会一直发展缓慢，直到20世纪90年代非洲开展轰轰烈烈的民主化运动以来，才获得了初步的发展。在非洲公民社会的发展中，西方的援助与政策要求起到了重要的作用。

西方积极要求非洲建设健康公民社会主要目的在于提高民主制度的质量。公民社会的健康发展能够产生以下积极效应："一是公民社会有助于人们发展出个人的民主能力，提供信息、教育公民，发展他们的政治效能感，培养协商能力，培育公民的优点，如宽容、信任、尊重他人和互助等。二是公民社会作为公共领域中的社会基础设施，能够传播信息和向公民沟通信息，控制政治精英，发起公共商谈，有助于形成公共舆论。三是公民社会通过代议和利益表达的活动，开辟反对政治精英的途径，提供替代性的治理渠道，有利于解决政治冲突和提升政治合法性。"[①]

在西方思想的影响下，再加上建立了民主政治体制后，非洲对公民社会采取了较以往更为开放和积极的态度，非洲的公民社会因此得到发展，在非洲多国的政治现代化进程中起到了有力的促进作用。但总体而言，非洲国家在良治的发展中依然更加重视政府能力的建设以及经济的平稳持续发展。因此，对公民社会的倾注较小。加之公民社会力量在某些情形下可能成为颠覆政权的隐患，导致非洲对待公民社会的态度较为模糊。

但由于西方国家长期的坚持并对非洲国家的一些公民社会组织长期提供支持和帮助，促使非洲近些年对公民社会的态度有了变化。近几年，非盟以及非洲国家的政府也意识到发展公民社会对国家长远发展的积极意义。因此在多个提及发展良治的政策文件中均表达了对建设健康公民社会的支持，诸如提及媒体自由、鼓励草根组织发展、适当分权以强化私人领域的力量，等等。

综上，非洲在反腐、提高政府职能和发展公民社会作为推进地区良好治理改善的重点领域，采取了不同的政策措施。"非洲互查机制"和"2063议程"是在非洲自主意愿上建立并发展的。此外，非洲还在不断变化的环境中认识到公民社会对良治的积极作用。可见，在良治方面，非洲经历了从外来事物渗透到逐步融入自身特点、开展具有非洲特色的良好治理的过程。

---

① 陈尧：《非洲民主化进程中的公民社会》，载《西亚非洲》2009年第7期，第34页。

三 非洲大陆及部分成员国治理的初步成效

自2000年以后,经过非盟和非洲各国政府的努力,非洲治理已经循序渐进地开展起来,以维护稳定的政治环境,进行有效的经济管理,保持国家经济的可持续增长,从而促进公民社会的健康发展。其中最显著的成就是非盟和非洲国家对非洲治理模式的积极探索,并将非洲治理从单纯的政策文件表述向全方位机制化的程度发展。迄今为止,非洲的良好治理已经表现出以非盟和成员国政府为主导和以发展为导向的特征,特色治理初具规模,这与欧盟自下而上、格外重视公民社会发展的治理有着极大的区别。在此治理模式影响下,非洲治理在多方面有积极表现。

第一,非洲地区国家的民主政治体制得到巩固,地区总体局势趋于稳定。2010年以后,民主制度在几乎所有撒哈拉以南的非洲国家得以确立,诸多国家也实现了平稳的选举与权力交接,标志着非洲民主治理取得有效进展。根据经济学人智库提供的全球各国民主年度指数显示,撒哈拉以南非洲国家的指数从2006年的4.24分逐渐增长到2016年的4.37分[1]。虽然增幅不大,但总体趋势呈现良好态势。除西方智库得出了非洲民主治理有所发展的结论外,由非洲自身主导的易卜拉欣治理指数也佐证了非洲地区民主治理的有效进展。

根据易卜拉欣指数统计的相关数据,整个撒哈拉以南的非洲国家,民主治理是缓慢增长的。联合国开发计划署发布的《非洲治理报告2013》中,以选举和管理的多样性作为主题,表明自2005年发布首个治理报告以来,非洲在选举进程的独立性与可信度、立法和行政的效能、公民服务的透明度和责任、政府服务效能、机构分权、尊重人权和法治、公民社会组织和媒体的独立自主性等方面均实现了持续的增长。[2] 非洲民主治理的巩固和发展充分证明非洲各国政府和人民在维护非洲稳定、实现非洲发展上所下的巨大决心与倾注的大量努力。

第二,非洲互查机制开展了有效的实践,对非洲腐败问题的改善有所

---

[1] Economist Intelligence Unit (EIU), Democracy Index 2016: Revenge of the "deplorables", http://felipesahagun.es/wp-content/uploads/2017/01/Democracy-Index-2016.pdf.

[2] UNDP, *African Governance Report III: Elections & the Management of Diversity*, United Nations Economic Commission for Africa, Addis Ababa, 2013.

裨益。这主要表现在两个方面。其一，加入非洲互查机制的国家经过多年的实践，已基本进行了一到两次的定期国家审查。这种审查有助于成员国政府发现自身问题、提高执政水平、强化治理的透明性以及促进成员国之间经验的相互交流。对外国投资者而言，治理报告可以提供充分的投资意见参考与评估。这对于提高对外援助的有效性与扩大对外贸易意义重大。其二，非洲互查机制在发展过程中不断完善制度框架，如在实现国家项目行动（NPOA）中，专门出台了监督、报告和评估框架（The MR & E Framework），以督促成员国在8年内完成一次评估，并且保证成员国按照设定的目标，循序渐进地完成国家项目行动。这种监督的存在，能够降低发生贪腐的可能性。

第三，非洲治理机制化进展显著，为统筹各国政府实现国家治理、改善职能建设奠定了基础。非洲发展新伙伴计划，与新出台的非洲"2063议程"，助推非洲不断获得治理主动权，有效统筹分散的治理机制，提升治理效果。其中，非洲发展新伙伴计划与非盟开展了一系列机制协调工作，进行机构调整加入了非盟框架，最终实现伙伴计划的代表性，以及全面提升制度性和参与性。在实现了机制统筹后，非洲发展新伙伴计划开始探索非洲独特的治理模式。通过对非洲历史和现实情况的综合考量，"非洲发展新伙伴计划在战略上整合内外发展因素的基础上，将发展设定为治理的基本导向，强调政府在治理中的主导作用，这种立足于本土发展经验（教训）及客观实际的战略选择是非洲国家寻求发展和治理主动权的最新实践，形成了本世纪非洲治理模式的雏形"。[①] "2063议程"更是为非洲治理设定了具体目标，督促各国政府积极实践。

四 非洲治理存在的问题及对欧盟良治导向援助的接纳

虽然非盟及其成员国在良好治理方面收获了可观的成效，但总体而言，非洲政府主导的治理依然存在不少弊端，制约着非洲国家的发展以及援助有效性的提升。同时，近年来良好治理观念在国际社会被广泛接受，欧盟与非洲国家在良治对国家发展的作用方面存在共识，因而欧盟良治导向的援助得到非洲的接纳。

---

① 赵晨光：《"非洲发展新伙伴计划"与非洲治理研究》，中国社会科学出版社，2016，第207页。

（一）问题：非盟和非洲国家政府主导的治理存在的弊端

非洲根据实际情况设定了更为适合自身发展的治理方式，经过多年发展，在良好治理方面有了进展，但是地区内部不同国家发展情况各异，甚至某些国家在良治方面只退不进。由此可见，非洲治理仍然存在诸多问题，治理方式和效率尚需要不断完善与提高。

非洲根据自身情况设计的国家政府主导的治理，在21世纪助推大多数非洲国家实现了一定程度的良好治理。此种政府主导的治理模式在遇到有责任心和强有力的民主政府时，将发挥较大的作用。诸如南非、加纳等民主政治较为完善，且执政党与在野党之间对国家发展的方向无重大分歧的国家，采用这种政府主导的治理模式，促进了国家快速发展。

但其存在的一些弊端也是不能忽视的。主要体现在对某些政府能力较弱或者有可能践踏公民权利的偏集权政府而言，政府主导的治理模式将有可能给国家发展带来灾难。

第一，政府能力弱小的国家，对地方的控制较差，中央政府的命令并不容易在地方实施，导致政府改善治理状况、提高行政效率的愿望成为空想。另外，中央政府能力弱小也预示着承担公共服务的能力差，使国家的贫困、饥荒、失业等问题无法得到改善。在这种情况下，如果有的地方政权较为强势，很可能对中央政府权威发起挑战，轻则和平政变，不仅国家的有关政策会发生变动，并且新政府依然存在力量弱小的问题；重则发生武装冲突，对国家转入正轨的经济和民生发展造成毁灭性打击。国内的政局动荡也会影响周边国家的局势，刚果（金）内战就是血淋淋的教训。整个非洲中部地区均卷入这场内战，经济多年难以恢复。国内冲突还会导致国际投资中断，国家信用评级下调，百害而无一利。因此，对于政府能力弱小的国家，政府主导的治理很有可能并无成效，更有甚者会破坏国家的持续发展。

第二，偏集权的政府主导的治理很可能对公民权造成践踏，并进一步巩固集权的现状，使政治民主化发生倒退。近些年非洲的民主治理虽有所改善，但部分国家领导人在位期间谋求修改宪法，实现无限期连任的行为，实际上对民主政治的发展可能产生负面影响。如若该领导人有较强的责任心与政策执行力，国家经济依然能够保持稳定的发展。但这种情况是不可控的。很多时候，这种行政权过大、影响甚至控制立法权的行为不仅是民主的倒退，还会滋生现行政府的贪腐问题，从而使良好治理的发展功亏一篑。

此外，非盟统筹指导的良治是自上而下的，虽然能够使非洲国家尽快接受良治理念并有效实施，但依然缺乏相应的民众基础。不仅如此，总体的指导政策在应用于每个国家时，还需要政府制定合理政策以实现上行下效。这对于不同国家的政府能力也是一个考验。

政府主导的治理模式是非洲近些年良好治理得以发展的重要因素，但由于非洲国家政府的多样性，其治理模式也成为部分非洲国家推进良治的掣肘。从实际情况来看，非洲国家主导的治理模式对非洲发展是利大于弊的，存在问题的国家的治理应先强化国家政府职能的建设，并推动政治民主化循序渐进发展，这才是有效克服不利条件的重要手段。

（二）欧盟与非洲的共识：良好治理对国家发展的作用

福山认为，国家概念有两个维度。其一是国家权力的强度，具体指国家制定和实施政策的能力，即国家能力或者制度能力。其二是国家的活动范围，主要指政府所承担的各种职能和追求的目标。二者可以分别作为 X 轴和 Y 轴构建国家实际效用的坐标系。每个国家都可以根据自身情况对国家能力和职能范围进行测量，进而显示出在坐标系中的具体位置。

通过将不同国家代入坐标系，可以发现西方民主国家大多处于国家力量强度高的范围内，国家职能范围中等；而发展缓慢处于世界最不发达行列中的国家则处于国家能力差、职能范围也差的区域；还有一些发展中国家虽然国家职能范围很广泛，但由于国家能力较差，在实际管理方面也存在诸多问题。

以上分析证明了国家概念的两个维度中，国家能力或制度能力对国家建构和发展的作用更加重要。由此可见，制度能力是推动经济发展和政治民主化问题的核心，是减少贫困的重要因素。良好治理理论主要包括十个代表性要素，其中制度的设计与实施，是实现这些要素的必要前提与手段。至此，与制度相关的一系列内容与问题被纳入治理理论，成为良好治理能否实现的重要因素。可以说，合理的制度设计和有效实施将助推良治实现。

具体而言，制度的供给包括四个方面：一是组织的设计和管理；二是政治体系设计；三是合法性基础；四是文化和结构因素。[1] 这四个方面关

---

[1] 〔美〕弗朗西斯·福山：《国家构建：21 世纪的国家治理与世界秩序》，黄胜强、许铭原译，中国社会科学出版社，2007，第 23 页。

乎国家运行中的社会、经济、文化等各个方面。组织的设计和管理主要针对经济发展过程，通过制定合理的制度尽量规避市场在资源配置方面的缺陷，使国家经济体系在可控和稳定的环境中运行；政治体系的设计则为国家统治提供制度支持，通常而言，国家的政体属于这个范畴；合法性基础则直接与民主相连，因为公民的支持与权利让渡是政府统治权的来源，并且民主制度是一种约束机制，能够在一定程度上降低统治者发生腐败和专制的概率，因为民众可以通过选举将其赶下台；文化和结构因素具有一定的特殊性，制度的实际发展受到一国社会和文化的影响。

由此可见，较强的制度能力能够保障国家在多方面实现良治，而良好治理带来的最直观效果就是国家全方位的发展，诸如减少腐败、提高政府效率、推进参政主体多元化等。在以上四个制度的供给内容中，前三个方面均具有一定的可传授性，唯有文化和社会价值观等难以实现共通。现实情况中，非洲的制度能力明显较弱，因此希望调整和改善制度以实现国家的发展。欧盟国家制度能力较强，在治理方面拥有更多的经验。良好治理所代表的好的制度和政府效能成为全世界为实现发展而共同追求的目标。正因如此，非洲接受了欧盟带有良治导向的发展援助政策，努力推进国家良好治理进程，关注公民社会的发展。

第三节　欧盟援非良治导向的实施与思考

良好治理作为最后被加入欧盟对非援助的政治导向，虽然并不是欧盟核心的价值规范，但21世纪以来却逐渐发展为欧盟对非政策中最重要的政治条件之一。在人权导向实施的结果无法准确测量、民主导向无法提高民主质量的情况下，良好治理被欧盟视为提升援助效果、促进人权保护以及巩固民主制度的重要方式。除了作为给予非洲国家援助的条件外，欧盟将越来越多的援助资金投入改善非洲国家政府职能建设和公民社会成长的领域中。具体而言，欧盟对非洲投入的良治援助，主要用于帮助非洲国家政府打击腐败、提升政府职能、有效分权以及促进公民社会的发展（诸如加强媒体独立性、帮助促进草根非政府组织发展等，从而对政府权力进行有效制约并建立官民之间的有效沟通渠道）等四个方面。欧盟与非洲在良治方面认知的差异，导致在实践中双方的侧重点不同。现实中，欧盟的治理水平也优于非洲。虽然近些年非洲治理有所进步，但仍然不尽如人意。

欧盟以自身较为成功的治理经验，通过援助督促非洲按照欧洲方式进行治理。欧盟良治导向的对非援助虽有助于向非洲传授欧盟的有益经验，但在非洲的实施效果有待观察。

一 欧盟与非洲：观念分歧与现实差异

欧盟在良好治理中积累了丰富的经验，取得了有益的成果，而非洲的治理则处于弱势。非洲需要资金扶助良治，推动国家的发展。这一差异有利于欧盟通过援助非洲提升治理水平。在推行人权、民主为政治导向的对非发展援助效果并不理想的情况下，促使欧盟把大量的援助投入非洲的良好治理方面。然而，欧盟与非洲由于历史以及国家现实情况的不同，良好治理的侧重点与实施方式上有较大的差异。这给欧盟良治导向的对非援助在非洲的实践带来负面影响。

（一）欧盟与非洲良治观念的分歧

虽然欧盟同非洲都认为良好治理的实现对于国家政治、经济以及社会的全方位发展均有所助益，但双方在何为好的治理以及治理方式的采用等观念上存在分歧。

第一，在对何为好的治理的认知上，欧盟更强调国家与社会力量各尽其责，实现相互制约以达到平衡。而非洲则认为，应赋予国家更多的责任，在其政府的领导下实现国家全方位的发展。简而言之，欧盟的良治理念侧重以公民社会的健康程度作为衡量良治的标准，而非洲的良治认知则更加关注政府的职能与行政效率。二者认知差异的产生主要由于在接受良治理念时，欧盟与非洲各国的国情与发展水平的巨大差异而导致面临的问题不同。欧盟国家拥有较高的经济发展水平，当良治理念提出时，欧盟正处于崇尚以人为本和尊重多元文化的思潮中，人的发展成为欧盟最为关注的问题。通过建设公民社会能够更好地鼓励多元文化，保护人的权利，促进社会发展。而非洲则在历史上长期处在殖民统治之中，独立的历史不长，发展的水平落后。20世纪90年代中期才从80年代的经济停滞中得到恢复。此时恰逢西方推动的第三波民主浪潮席卷整个非洲大陆，导致政局更迭频繁。因此，非洲国家不仅面临尽快发展经济的难题，还遭遇着民主政治体制转型与巩固带来的挑战。而这双重任务的担当者只能是各自国家的政府。因而政府职能及效率在非洲国家的治理中尤为重要。

第二，在具体治理方式的选择中，欧盟倾向于自下而上的治理，即通过公民社会发挥作用，为民众意见的表达提供更多的渠道，使政府活动受到有力的制约。在欧盟的良治白皮书中，欧盟强调公民权利的维护、问责制以及政府的公开透明。这些均体现出欧盟对健康公民社会的追求。而非洲则更加倾向于自上而下的治理。即政府应该在良好治理中发挥重要作用，通过制定合理的政策以及强有力的执行力促进国家经济的发展，从而改善人民的生活水平，保障人权。欧盟与非洲国家采取完全相反的途径实现良好治理是由各自国家和公民社会的发展和现实决定的。欧盟国家的公民普遍受教育程度高，对于民主政治有较多的认识，这使得民众的力量非常强大。非洲则正好相反，诸多底层民众仍在努力争取生命与生存权，谋求对这些权利的保护，改善民生是政府的主要责任。因此，非洲选择自上而下的治理方式应该是目前最合理的选择。同时，在非洲的发展过程中，基本呈现出强国家弱社会的国家形态，政府更易把握良好治理的主导权。

欧盟与非洲对良好治理的观念差异使得欧盟带有良治导向的援助政策没有充分考虑非洲的现实情况与需求，因此减弱了以良治为政治导向的援助在非洲实施的实际效果。欧盟良治导向的对非援助以欧盟的良治认知为标准，即关注公民社会的发展，希望通过援助来帮助非洲建立强大的公民社会，从而达到国家与社会的平衡。然而，非洲国家当前面临的最主要问题是经济发展问题，在落后国家发展经济更加需要国家及政府的力量。在此情况下便出现了两个问题：其一，欧盟带有良治导向的援助并没有投入非洲改善治理水平最需要的领域，限制了非洲良好治理的有效开展；其二，欧盟援助对非洲公民社会的大量投入，在某些情况下带来了负面效应，体现在一些反政府组织利用这些资金得到发展壮大，进而采取了过激的反抗活动，导致一些非洲国家政局不稳，使这些国家的发展面临更多麻烦。

（二）欧盟与非洲良治现实的差异

鉴于世界银行的世界治理指数是较为权威地反映世界各国以及各地区治理水平的指标，其六个指标的数值以及变化能够直观地展示出欧盟与撒哈拉以南非洲在良治方面的具体差异。

表4-3　21世纪以来欧洲与撒哈拉以南的非洲治理水平对比（满分100）

地区 项目　　年份	欧洲				撒哈拉以南的非洲			
	2000	2005	2010	2015	2000	2005	2010	2015
言论与问责	64	66	66	66	30	33	32	33
政治稳定和杜绝暴力	59	60	61	61	32	34	35	32
政府效能	63	66	67	70	28	27	27	27
监管质量	65	67	70	70	29	29	30	30
法治	61	62	65	67	29	29	30	31
控制腐败	61	62	62	64	33	31	32	31

注：世界治理指数的地区分类中欧洲部分为"欧洲与中亚（Europe & Central Asia）"，由于并不影响问题分析，故本部分选取该数据。实际中欧盟国家的整体水平应该高于现有分数。

资料来源：http：//info.worldbank.org/governance/wgi/#reports。

从表4-3展示的数据来看，欧盟在各个指标中的治理分数几乎都比撒哈拉以南非洲高出一倍，并且自2000年至2015年，欧盟治理的各个领域基本呈平缓的上升趋势，展现出欧盟治理水平的缓步提升。反观非洲的情况，则不尽如人意。首先，撒哈拉以南非洲整体的治理水平在世界范围内均处于较低的位置。唯有第一个指标"问责与言论"与第二个指标"政治稳定和杜绝暴力"略高于中东、北非地区。其他几项在世界排名垫底。其次，在政府效能指标中，满分100分的评判基准上，非洲只有不到30分，显示出政府职能差依然是非洲发展良好治理的瓶颈所在。再次，除了监管质量和法治水平在21世纪以来呈现了缓慢增长外，其他四个方面均呈止步不前，甚至反复或退步的状况。

由此可见，在良治水平上，欧盟有着较高的治理水平，并且持续向上发展。虽然欧盟治理侧重强调发展健康的公民社会，与非洲国家的关注重点截然不同；但在非洲重视的政府效能方面，欧盟也表现得更加出色。在提高政府效能、建立合理完善的制度方面，欧盟拥有丰富的自身发展的经验。同时，出于自身利益和道义的双重考量，欧盟愿意为非洲提供进行良好治理的资金支持，并向非盟以及非洲国家传授治理经验，但前提是非洲国家必须按照欧盟设定的标准与要求加以实施。然而，欧盟的经验与非洲的实际相去甚远，尽管非洲需要良好治理，需要良好治理的资金投入，尽管非洲在饥不择食的情况下接受了欧盟以良好治理为政治导向的发展援助，但是与非洲国家现实不相适应的治理投入和治理方式，未必能够取得良好治理的效果。

二 欧盟良治导向援助的实施与结果

自《科托努协定》签署以来,良治导向的援助已实施多年。本部分将探讨和分析欧盟对非洲良治导向援助的实施和结果。

(一) 欧盟对非良好治理导向援助的实施

无论是在官方文件内容上,还是在援助资金的投入和援助机制的建设上,欧盟都对良好治理在非洲的推行表现出极大的决心和较强的行动力。

首先,在欧盟国际合作与发展的政策文件中,良好治理被列为重要的部分,其中提出:"如果政府不能有效地提供公共服务,减贫项目将注定失败。欧盟坚持认为许多发展中国家应该实施良好治理。但这一点确实是个复杂的挑战:支持良治不是技术问题,更是一个政治问题,因为涉及处理组成社会的原则和规范。在支持欧盟伙伴关系国家的良治方面,欧盟委员会坚持以下两项战略——在良治的关键领域支持特定的干预;在其他领域的合作中促进良好治理。"[①] 其中提及的良治关键领域具体指:一是民主化与促进保护人权;二是当地治理改革进程(主要通过欧盟与伙伴国间的政治对话,包括相关方,即政府、公民社会、政治运动、议会和地方政府等);三是促进公平与法治,主要提升社会的公平体系使民众受惠;四是赋予公民社会和非政府机构权力;五是改革公共行政系统,包括加强透明度和责任性、减少腐败以及加强政府在国家、地区和地方各级间为民众提供公共服务的能力;六是为抗击腐败和预防冲突提供援助。政策指导文件与领域规定确定了欧盟为非洲提供的治理援助资金的具体流向。

其次,欧盟对非洲良治导向的援助总额逐年增长。在欧盟对非洲提供的官方发展援助中,"政府与公民社会"(Government and Civil Society)成为欧盟改善发展中国家治理水平的专门领域。在《科托努协定》中确定将良好治理列为提供援助的"基本条件"后,该领域的资金总额持续上升,已成为欧盟对非援助最大的投入领域。

由于撒哈拉以南的非洲是欧盟对外援助投入最集中的领域,从图4-1中可以得出2004~2016年,欧盟对非洲良治领域的投入总量不断增长,

---

① European Commission, Governance Policy, http://ec.europa.eu/europeaid/sectors/human-rights-and-governance/governance_en.

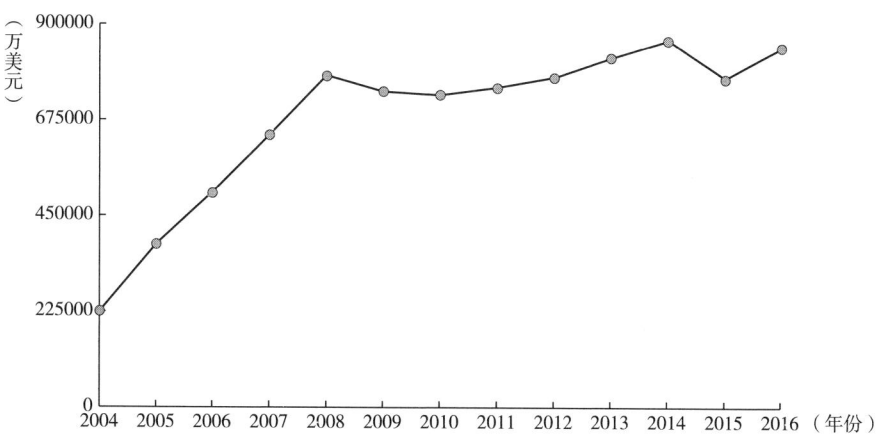

图 4-1 2004~2016 年欧盟机构及其成员国在良治领域投入的援助总额

数据来源：EU Aid Explorer, https://euaidexplorer.ec.europa.eu/DevelopmentAtlas.do。下文案例中援助的具体数据也来自此网站。

虽在2008年经济危机后有所下滑，但2010年后总体保持了缓慢增长势头的结论。欧盟机构及其成员国一直是撒哈拉以南非洲最大的援助提供方，同时良好治理也是欧盟非常关注的领域。21世纪以来，接受欧盟援助的非洲国家的良治政策的制定和实践的推进难免不受到欧盟的影响。

再次，欧盟积极为良治导向援助的推行设立相关机制，并与非洲国家开展合作。在公民社会方面，欧盟认为有利的公民社会是民主政治重要的组成部分，它可以代表和培育出多元文化，对有效政策、公平与持续的发展和增长均有益处，也是保障和平的关键。由于公民社会关注公民的权益，公民社会组织（Civil Society Organisations, CSOs）在公共领域以及治理方面均扮演着重要的角色。为此，欧盟委员会在对外政策中特地确立了三个优先领域以促进他国公民社会的健康发展："其一，在伙伴国不遗余力地推动建立一个针对公民社会组织发展的引导性环境；其二，在项目制定和政策实施过程中提高参与度与建设性，从而在各个正面建立更加强大的治理与问责制；其三，增强当地公民社会组织的能力以更好地发挥作用，使这些独立的发展参与者更加有效。"[①] 为此，欧盟为该领域专门设计了实施路线图以及援助规划。在治理方面，欧盟认为成功的发展政策不

---

① European Commission, Civil Society, https://ec.europa.eu/europeaid/sectors/human-rights-and-governance/civil-society_en.

仅仰仗于援助,更重要的是良好的治理,它包含的方面非常广泛,因此也面临着非常复杂的挑战。以上足见欧盟对良好治理的重视。正因如此,良治方面所需要的发展援助数额也将是最多的。

(二) 非洲国家的治理现状

针对非洲国家的良好治理发展状况,世界范围内有多个良治评估体系,并且均有相关数据。比较有权威性的有两个:一个是世界银行的世界治理指数(WGI),另一个是易卜拉欣非洲治理指数(IIAG)。其中世界银行的治理数据权威性更强,该数据将治理分为六个部分,对每个国家历年的情况分别打分,对良好治理的反映非常全面。鉴于上文中曾提及该评估体系,在此不做赘述。

本部分重点介绍易卜拉欣非洲治理指数,该数据来源于世界33个官方数据库,诸如非洲发展银行、非盟委员会、联合国发展相关组织、经济学人智库、自由之家等。这保障了数据的公正与独立性,以此对非洲国家在良治方面的表现可以达到一个准确的评判。该指数为非洲国家提供了透明且友好的治理指数,主要目标为:"一是帮助公民、政府、相关机构和私人领域能够准确地提供公共产品与服务;二是鼓励以数据导向减少治理中存在的问题;三是帮助决定、讨论以及加强政府的表现。"[1] 易卜拉欣指数将非洲的治理划分为四个部分进行分别测量,即安全与法治,涵盖法治、问责制、个人安全与国家安全;参与度与人权,包括参与度、权利与性别平等;持续的经济机会,涵盖公共管理、商业环境、基础设施以及乡村部门;最后是人类发展,包括福利、教育与健康。在对上述四个方面分别评判后,由此得出每个非洲国家的年度综合得分。该指数还有一些优势在于以下几个方面。其一,该数据的覆盖范围自2000年至2016年,在17年中都拥有统一的测量标准、参照系以及数据来源。这可以有效地反映出非洲国家治理水平的变化趋势。其二,该指数的调研主体就是非洲国家,在调查过程中对非洲的情况更加了解,能够更加真实地反映非洲治理的具体情况。其三,虽然易卜拉欣非洲治理指数是非洲自身的指标体系,但是其应用非常广泛。联合国开发计划署每三年发布的非洲治理报告均以该指

---

[1] Mo Ibrahim Foundation, 2015 Ibrahim Index of African Governance Executive Summary, http://static.moibrahimfoundation.org/u/2015/11/03174252/2015 - Executive - Summary.pdf?_ga = 1.128694280.52570548.1469415955.

数作为数据来源和证据支撑。许多西方学者也在发表的论文中对该指数的权威性进行佐证。在考夫曼的文章《良好治理指数：我们在哪里，我们该去哪里？》中，明确将世界治理指数与易卜拉欣非洲治理指数归纳为"结合了专家意见和调研"的结果导向型总体治理指数。[①]

为此，对于非洲的良治发展状况笔者主要参考易卜拉欣指数，在案例分析时，结合世界银行的世界治理指数，以此更好地反映非洲的治理情况。

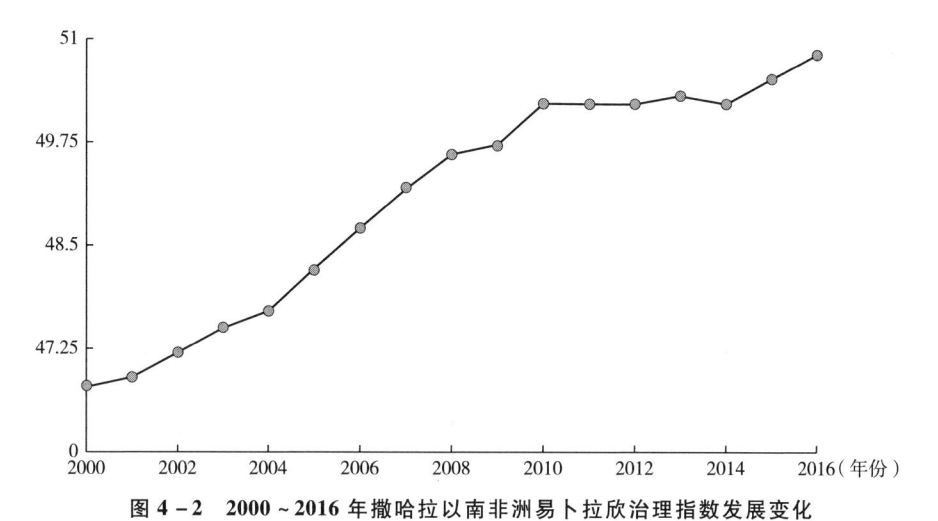

图 4-2　2000~2016 年撒哈拉以南非洲易卜拉欣治理指数发展变化

数据来源：http：//static. moibrahimfoundation. org/u/2015/12/15185044/2015 - IIAG - Data - Portal. xlsm？ _ga = 1. 60084777. 52570548. 1469415955。

总体而言，非洲的治理状况在 2000 年以后有明显的进步，基本维持了持续的增长，在 2008 年后发展速度放缓，个别年份有所下滑。这与欧盟良治导向援助的投入趋势大致相同。这是由于，良治导向的援助是以欧盟为首的西方援助国特别重视的领域。良好治理似乎成了西方国家的"专属"领域。在良好治理概念的提出、推广和践行过程中，欧盟均有绝对的优势。因此，良好治理在非洲的发展受到欧盟深刻的影响。无形之中减少了其他因素对非洲国家治理能力的影响。

但仅仅依靠以上两项数据并不能够说明欧盟对非援助导向在非洲的实际结果。因此笔者将选取肯尼亚和索马里两个具体案例，来对欧盟对非援

[①] Daniel Kaufmann, AartKraay, "Governance Indicators：Where Are We, Where Should We Be Going？" *The World Bank Research Observer*, Vol. 23, No. 1, 2008, p. 18.

助良治导向的实施结果进行阐释和说明，进一步深入思考和分析。

(三) 良治导向援助实施结果的两个典型案例及解析

在欧盟对非良治导向的援助的具体实施中，肯尼亚和索马里是非常具有代表性的典型案例。

1. 肯尼亚案例

在对肯尼亚案例进行具体分析前，有必要了解欧盟对肯尼亚良治导向援助的投入金额和肯尼亚治理的基本情况（见表4-4）。

表4-4 欧盟对肯尼亚良治导向的援助投入与肯尼亚的治理状况

单位：美元

年份	欧盟援助金额	易卜拉欣治理指数	年份	欧盟援助金额	易卜拉欣治理指数
2004	50370576	52.9	2011	136596654	54.7
2005	48020375	52.8	2012	184091733	54.4
2006	90629150	52.9	2013	193591079	54.7
2007	130182391	52.8	2014	177030128	56.8
2008	94369088	52.6	2015	220116021	58.1
2009	107773337	52.6	2016	202225189	59.3
2010	141128027	53.5			

世界银行 WGI 指数

	2004	2005	2006	2007	2008	2009	2010	2011	2012	2013	2014	2015	2016
VA	44	42	43	39	39	36	40	39	40	42	42	42	42
PS	16	12	15	11	11	9	13	13	10	14	9	10	10
GE	34	30	32	36	34	33	36	36	36	39	43	43	41
RQ	46	48	50	48	48	48	50	45	43	43	42	43	42
RL	20	21	22	17	16	16	17	23	28	38	37	33
CC	22	17	19	17	13	12	19	18	12	13	16	14	17

注：VA代表言论与问责，PS代表政治稳定和杜绝暴力，GE代表政府效能，RQ代表监管质量，RL代表法治，CC代表控制腐败。

数据来源：上述指标数据库，笔者自行整理。

从表4-4可知，欧盟对肯尼亚在良好治理领域的投入在2004~2016年的13年中虽然小有波动，但总体而言有较大幅度的增长。在易卜拉欣治理指数方面，肯尼亚也基本维持了持续增长，仅在2009年和2010年两年中稍有回落。而世界银行的世界治理指数中，肯尼亚在政府效能和法治两项中有长足的进步。言论与问责和监管质量两项基本保持先期水平，但政治稳定、杜绝暴力和控制腐败方面则表现不佳。

欧盟的援助投入与肯尼亚治理指数的变化表现出较为明显的相关性。在2008~2009年欧盟援助总额下降后，肯尼亚的易卜拉欣治理指数在2009~2010也出现了回落。其他绝大部分时期，两者均表现出同步增长态势。

就肯尼亚的实际情况来看，欧盟确实较为关注肯尼亚的治理情况，而肯尼亚政府也迫切希望通过获得援助来改善政府的治理水平。因此看到在政府效能和法治上肯尼亚的明显进步。而政府效能是非洲国家在治理问题上最为关注的领域。

肯尼亚之所以能够使欧盟援助发挥正向作用，最终实现本国各个领域尤其是良好治理的改善是内外因素相辅相成的结果。在援助的需求层面，肯尼亚有极大的需求。主要体现在以下两个方面。其一，肯尼亚一直希望成为东部非洲的领导国家，因此在内外政策上努力追求相应的国际地位，从而获得更多的援助。其二，在遭遇1999年的经济危机后，肯尼亚于2003年实行经济复兴计划，积极发展农业和旅游业，希望经济能够快速恢复，因此对援助更是渴望。也就是说，在欧盟侧重于强调良好治理援助推出之时，正赶上肯尼亚急需援助的时期。援助为肯尼亚的各项发展提供了必要的资金。因此肯尼亚接受了欧盟援助中附带的政治导向条件。在援助的使用层面，肯尼亚政府在其中发挥了主导作用。首先，肯尼亚的民主发展较为稳定，仅2007年发生过一次骚乱，这次骚乱对治理水平带来的负面影响在表格中也可以反映出来。但总体保障了政府良治政策较强的可持续性。其次，肯尼亚同欧盟签订了国家指示计划，重点关注和改善其中侧重的领域。在国家指示计划中，良好治理是重要的领域之一。再次，除了运用欧洲发展基金给予的官方发展援助外，肯尼亚还利用欧盟的非洲紧急信托基金在促进法治、社会和谐度以及提升公共机构的职责方面有显著改善。

2. 索马里案例

索马里与肯尼亚均属于东非国家，在区位和自然资源方面并没有显著的差异，欧盟对两国的良治导向援助也基本呈现逐年上涨的态势，然而两国的治理水平变化则明显不同。

如图4-3所示，自2004年以来，欧盟对索马里投入的治理援助总量逐年上升，然而，索马里的治理指数却呈现逐年下降的趋势。同时，索马

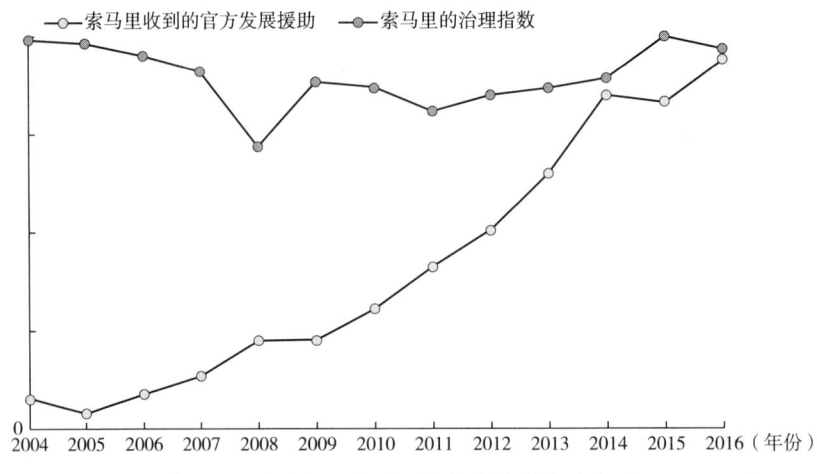

图 4-3 索马里的良治投入与治理指数变化趋势对比（2004~2016）

里的治理分数长年低于 10 分，是非洲治理能力最差的国家。在世界银行的世界治理指数中，索马里仅有言论与责任、监管质量部分年度的数据，且均低于十分，并逐年下滑。其他四项指标均为零。这些治理指数充分反映出索马里糟糕的国家治理能力。良好治理无从谈起。

欧盟投入索马里的治理导向援助发展趋势与索马里良好治理指数变化趋势明显相异的主要原因如下。其一，殖民统治对索马里的影响造成了独立后国家南北分离，为国家内战的爆发与持续冲突埋下隐患。"国家成立后，位于南方的中央政府一直对北方游牧民族进行剥削，并且实行歧视性的经济政策。中央政府很不愿意投资北方急需的畜牧业、'农业'公共工程和工业，在巴雷统治时期，整个北方获得的发展投资仅为南方的10%。"① 其二，海盗活动带来的暴利使原本羸弱的国家雪上加霜。索马里地处非洲之角，是船只进入红海通向苏伊士运河的要道，在国家政府无能、人民生存为艰的情况下，从事海盗活动、打劫过往船只成为一种选择。海盗拥有金钱和武器，使国家安全形势进一步恶化。其三，长年的内战对索马里中央政府的能力造成毁灭性打击，是导致援助无法充分运用、国家治理几乎无效的最重要的原因。政府不仅无力应对国内的战乱与海盗问题，而且使得大量的援助无法正常投入使用。在索马里的案例中，中央

---

① 卢凌宇：《"怨恨"、"机会"与国内冲突的发生——基于索马里内战的个案研究》，载《国际论坛》2015 年第 5 期，第 64 页。

政府基本形同虚设，在多数情况下根本无力治理国家，甚至还出现中央政府真空的状态。多年以来，国际社会对索马里的援助基本侧重人道主义救援方面。但如果国家没有中央政府发挥有效作用，再多的人道主义救援也是杯水车薪并且永远无法解决关键问题。因此2000年后欧盟在索马里提高治理能力方面的投入越来越多，而该国治理状况却越来越差。失败的国家能力建设本身就是充满挑战的议题，而索马里现存的诸多问题为进行良治带来数不尽的困扰。

在索马里和肯尼亚的案例中，肯尼亚因为国家转型发展需要援助，而索马里则是因为国家极端贫穷而需要援助。在欧盟援助逐年增长的情况下，两国的治理水平却截然不同。可见，国家的中央政府自身的能力不同直接导致了国家治理的不同结果，也成为援助能否发挥更大作用的关键。

结合以上案例并进一步考察其他一些非洲国家后，笔者发现，欧盟对非良治导向援助实施的结果还呈现这样一些特征。其一，国家面积小且发展落后国家的治理水平受到援助增减的影响大。该特点重点表现在曾经是法国殖民地的西非国家。其二，对于政权不稳、国内冲突不断的国家，治理援助几乎无效，并且很多时候对该国治理水平的改善起反作用。其三，经济发展情况与国家综合实力的强弱和援助取得成效无直接关联。即使在地区发展良好的非洲强国，欧盟援助对其治理水平产生的效果并不确定。例如尼日利亚和南非等非洲强国，治理援助与治理水平并无明显相关性。而加纳、肯尼亚等国家，则产生了正相关作用。其四，治理水平的改善主要有赖于政局的稳定和国家能力的提高，欧盟的治理援助对国家治理水平产生的影响是次要的。即当一国政府同欧盟及其成员国关系密切并积极开展治理，援助能起到锦上添花之效。而一国政府更加注重独立自主地改善治理水平时，欧盟援助效果的关联性就随之减弱。其五，对于国家能力弱小的国家，治理援助的减少与治理水平的恶化存在某种关系。即可能存在由于政变发生导致的欧盟减少援助，进而对治理水平造成打击；也有可能由于政府无法进行有效的治理，导致政局不稳的发生，最后对治理水平造成负面影响。

三 对欧盟良治导向援助实施结果的思考

从上述分析可知，为实现国家良治的快速改善，除了积极获得援助外，最为重要的是国家能力的培养和建设。当国家能力强时，援助可以为良治的发展锦上添花，在良治援助减少的年份依然能够维持国家治理水平的持续提高。但对于国家能力弱的非洲国家，如果同欧盟关系密切则很可能对援助产生深深的依赖，国家治理水平的发展全部维系于外界的帮助，这是非常危险的。其他能力弱小的国家不仅面临援助无效的问题，还可能遭遇更严重的发展危机，诸如政变、骚乱和经济崩溃等问题，导致获得的援助进一步减少，百害而无一利。对于撒哈拉以南的非洲国家而言，多年来困扰其发展与进步的重要原因，就是国家的失败，即国家能力的弱小。

欧盟对非良治导向援助的结果分析启示笔者思考非洲国家发展面临的一个非常重要的问题——国家能力的建设与提高的问题。早在欧盟决定将良好治理列入援助条件之前，已认识到国家能力建设的重要性。欧盟为非洲国家提供良治援助出发点中也有增强非洲国家治理能力的考量，但在实施过程中，许多问题逐渐显露。

导致欧盟良治导向援助的结果喜忧参半的最重要的原因是欧盟与非洲国家对治理认知的不同，以及双方在治理路径上存在的现实差异。欧盟强调的治理更多从国家与社会的关系层面进行分析，如琳达·维斯（Linda Weiss）引入了"治理性互赖"（Governed Interdependence）的概念表明国家和社会之间的协调和合作才是国家能力的关键所在。[1] 因此欧盟对非洲的治理援助中，强调公民社会的作用，并利用援助向多个非洲的非政府组织提供资金支持，希望自下而上推动非洲治理。然而由于历史和现实原因，非洲国家更关注国家能力的建设。这里的国家能力从政治学的角度讲，是统治阶级通过国家机关行使国家权力、履行国家职能，有效统治国家、治理社会，实现统治阶级意志利益及社会公共目标的能量和力量。[2] 对非洲国家而言，政府的能力是关系国家能否持久发展的重要因素，即非洲国家更重视自上而下地推行良好治理。欧盟与非洲国家在治理路径上的不同导致了援助的效果并不显著。

欧盟对非良治导向援助实施的结果引发笔者如下思考。第一，欧盟对非良治导向的援助政策已经认识到制约非洲发展的症结所在，但在具体实施的过程中仍然以欧盟的意志（利益）和欧洲模式为重，从而成为限制欧

---

[1] Linda Weiss and John M. Hobson, *States and Economic Development: A Comparative Historical Analysis*, Cambridge: Polity Press, 1995, p. 34.
[2] 黄宝玖：《国家能力：涵义、特征与结构分析》，载《政治学研究》2004年第4期，第70页。

盟提升对非援助效果的关键因素。虽然近些年非洲国家接受并认同了欧盟的良好治理理念，并接受了以良治为导向的发展援助，但其实施具体到每个国家，则援助无效的情况较多。由于欧盟双重标准的存在，使得投入非洲的良治导向援助不是按照非洲国家的需求来分配的。在实际分配中，表现出对同欧盟关系密切的前殖民地国家投入更多，尤其是前法属西非国家。欧盟援助在多大程度上促进了受援国治理能力的改善依然无法得到准确的评估。援助对治理水平高的国家促进作用有限，对于治理水平低的国家也并没有促使情况得到明显好转。这种援助结果的不确定性更加说明了欧盟良治导向的援助依然存在问题。

第二，非洲国家治理能力的建设与提高仍然应该坚持独立自主，并且根据各国的国情制定政策。这是提升援助效果、改善国家治理水平的国家关键。掌握国家的自主权能够给予非洲国家更多的选择和更广阔的发展前景。综观世界上成功获得发展的国家，坚持独立自主是被实践证明有效的经验。另外，因地制宜，根据国情制定发展政策并实施是实现良好治理的必由之路。非洲大陆国家众多，每个国家的基本情况与面临的发展问题各不相同。欧盟对非援助政策对于非洲国家差异性的关注仍然欠缺。其症结依然在于良治导向的援助一直在干预非洲内部事务，抑制受援国自主性的发挥。在此情况下，欧盟对于许多最不发达非洲国家提供的治理援助，可能在短时期内帮助这些国家在一定程度上改善了治理水平，克服些许发展困境，但也进一步加深了这些国家对援助的依赖。诸如西非的马里、多哥等国，如果停止援助，国家政治经济发展将遭遇重挫。从长期来看，欧盟对这些国家的援助并没有促使这些国家治理能力的提高，甚至会带来较大的负面影响。

第三，欧盟对非洲良治导向的援助对非洲国家的治理能力的改善治标不治本。国家能力建设的核心力量来自国家内部，对外援助通过各种手段从外部作用于受援国，引导其进行能力建设，不可避免地带有援助国的价值观念和意志，难以从根本上提高受援国的治理能力和水平。非洲国家以及欧盟都应正视援助的作用。欧盟增加治理援助金额是必要的，但如何治理应该由非洲国家自己选择，非洲国家自身的积极努力才是提高治理能力和水平的根本。虽然欧盟试图改变援助方式，在援助的投入及实施方面建立更完善的制度，以期让援助发挥作用，但是如果不放弃通过治理导向的援助干涉非洲国家内部事务，实现自身利益，那么，援助的目标则难以实现。对于非洲国家而言，在面对欧盟以良治为导向的发展援助时，如何独立自主地根据国情合理利用这些援助，加强国家能力建设则是目前面临的最大挑战。

综上所述，治理导向作为最后加入欧盟对非援助的政策，是有其理论和现实背景的。欧盟关注非洲国家的治理问题并将其附加在对非援助中是其理念、战略定位和政策实施等多种因素相互作用而产生的顺理成章的结果。在实际运作中，由于双方的历史和现实情况的不同，导致欧盟视角中的良治同非洲的治理存在差异。该差异也给援助结果带来了负面影响。在对欧盟对非良治导向援助的实施和结果进行分析后，笔者发现，21世纪以来的欧盟良治导向的援助对撒哈拉以南非洲产生了重要的观念方面的影响。它不仅使非洲国家认识并逐步接受了良好治理观念，也使一些国家在改善治理方面获得了必要的资金支持。但是对于大多数非洲国家而言，欧盟带有良治导向的发展援助并没有带来当地治理水平的提高，甚至对部分非洲国家的治理产生了负面的作用。

第五章　欧盟对非洲援助政策政治导向的案例分析

在对欧盟对非援助人权、民主和良好治理政治导向的实施结果进行分别论述后，为更好阐释与论证当前的结果，笔者在遵循比较案例选择的理论并综合考量后，选取了欧盟对非援助政策综合有效和无效的两个国家加纳和津巴布韦作为案例进行具体分析。选择此二者作为案例的原因在于加纳和津巴布韦在历史和现实中有诸多相似性，然而欧盟带有政治导向的援助在两国却产生了相异的作用。加纳和津巴布韦的相似性主要体现在以下几个方面。首先，两国都曾是英国的殖民地，有着类似的殖民历史，都受到英国文化以及制度的影响，在英津关系恶化前，加纳和津巴布韦均是英联邦国家。其次，两国自然资源丰富，是非洲自然条件较好的国家。加纳的矿产资源丰富，津巴布韦亦然，并且拥有富饶的耕地。再次，在独立后，加纳的罗林斯和津巴布韦的穆加贝在促进国家发展方面均贡献了巨大的作用，两国都曾受到强人政治多年的影响。最后，在经济改革和政治制度建设方面，加纳和津巴布韦均采纳了国际货币基金组织和世界银行的结构调整建议，政治制度也仿照西方实行多党选举的代议民主制。因此，在历史、基础条件、政治制度等多方面两国均拥有相似之处，同英国和欧盟的关系在前期发展中也较好，自20世纪80年代独立后两国并没有发生严重的战乱与政局动荡。在这么多的相似条件下，欧盟对两国的援助本应发挥相似的作用，但该援助政策在两国却产生了完全不同的结果。本章拟通过比较两国情况以分析欧盟对非援助产生效用的机理，并佐证前文的论断。

第一节　加纳案例：良好制度和行政效率保障经济发展

加纳在20世纪80年代罗林斯上台执政后，国家政治和经济发展迈入正轨。此时恰逢欧盟开始调整发展援助政策，提出保护人权、发展民主和推行良好治理的政治条件。加纳正好借助这一契机，利用欧盟给予的资金支持，采取积极灵活的国内发展政策，维持政治民主稳定，成功地推动了国家的发展。加纳是接受欧盟对非援助政治导向政策所提供的援助而取得一定成效的成功案例。

一 加纳的基本情况与发展过程

加纳地处非洲西部，南濒大西洋，国家土地肥沃、物产丰富，是拥有独特历史文化传统的非洲国家。在近代历史中，由于遭到英国的殖民统治，加纳从此受到英国深刻的政治经济影响。1957年，加纳成为二战后撒哈拉以南非洲第一个获得独立的国家，自此开启了独立发展道路。作为英国长期的前殖民地，加纳独立后，英国仍然试图保持对加纳的传统影响。因此，加纳成为英联邦成员，同英国以及欧盟（欧共体）保持着良好的关系。

20世纪80年代以前，加纳大致经历了恩克鲁玛统治时期的"社会主义"试验和军政府时期的频繁政变。恩克鲁玛执政时期重视发展民族经济，努力巩固国家政权和统一，奉行中立不结盟的对外政策，积极支持其他非洲国家的民族独立运动。恩克鲁玛本人受到社会主义思潮的熏陶，在加纳的经济建设中主动践行"村社社会主义"。"在政治上，恩克鲁玛认为，社会主义是一种建立在'社会正义'和'民族宪法'基础上的政治制度，就是要建立一种'在人民议会社会主义政体内的一党制国家'，从而使通过'多数'表达出来的'人民意愿'具有'至高无上的'权威。后来他将这种理念付诸实践，建立了'人民议会'的'一党制国家'。"[1] 在此阶段，加纳获得了有效的发展。然而好景不长，1966年，加纳发生了政变，恩克鲁玛的民主政府被推翻，加纳自此进入长期的政权频繁更迭、社会动荡和不安的历史时期，多年来取得的经济社会发展成就毁于一旦。这种情况一直持续到1981年底，罗林斯发动军事政变，执掌政权，坚持"据本国的实际情况，走自己的路"，在经济、政治领域开展了一系列改革，加纳进入发展的快车道。

（一）20世纪80年代后加纳的经济发展

罗林斯上台后，接受了西方国家的多种要求，对经济体制进行改革，实施市场导向、自由开放和私有化的发展政策。"将经济活动的重点由市

---

[1] 陈仲丹：《加纳——寻找现代化的根基》，四川人民出版社，2000，第157页。

场贸易为主转为以生产为主,在重视发展工业的同时,也重视农业发展,提高农产品收购价格,加强基础设施建设,积极引进外国技术和资本。"① 在罗林斯执政时期,加纳国内经济获得了初步发展,经济基础得以确立。2000年,由于国际市场的波动,可可和黄金价格大跌,加纳经济遭遇重创,货币贬值,财政赤字上升,国家财政危急。"库福尔政府及时制订了稳定宏观经济、加速国内生产总值增长和改善基础设施的计划。为了恢复和发展经济,政府将重点放在实施农业现代化,加强基础设施建设,改善卫生、教育方面的社会服务,实行良政和着力发展私人企业等五个方面。同时,政府还注意改善投资环境、增加非传统商品出口、发展旅游业和服务业,并通过减免外债、增加税收、紧缩银根、节约开支、减少内债和降低贷款利率等具体措施,不同程度地缓解了财政压力。"② 这些政策对症下药,有效改善了加纳的经济窘境,保障了21世纪以来加纳经济的持续增长。多年来的发展使加纳已经从低收入国家进入中等收入国家行列,先后被国际社会誉为非洲国家经济结构调整的"样板"。

(二) 经济步入正轨后加纳政治的发展

自20世纪80年代,罗林斯上台以来,加纳的政治发展取得了显著的成就,基本保持了政局的平稳更迭和国家政策的持续推进。良好的政治环境为加纳的经济发展提供了保障。

1981年,罗林斯执政后,向民众普及民主知识,开启了加纳的民主化进程。但80年代的民主发展主要处于试验阶段。这一时期罗林斯政府的政策主要侧重国家经济发展,而经济基础也为政治结构调整奠定了基础。1991年,罗林斯宣布接受西方多党制原则,建立了"全国民主大会党",并出台了新宪法,解除党禁,使加纳迈入宪政民主时期。1992年11月3日,罗林斯代表全国民主大会党提出"统一、稳定、发展"的竞选口号,成功当选总统。在第一个任期内,罗林斯政府显示了稳健、容忍的政治特点,成功地驾驭了民主化转型。③ 此后每四年加纳都如期举行了大选,其中2000年大选罗林斯主动退出了选举,保证民主政治的健康发展。

---

① 任泉、顾章义编著《加纳》,社会科学文献出版社,2010,第5页。
② 赵章云:《非洲经济发展的"样板"——加纳纪行(下)》,载《人民日报》2005年8月12日,第3版。
③ 肖宏宇:《加纳政治民主化实践及其启示》,载《西亚非洲》2007年第11期,第40页。

2008年大选，新爱国党的库福尔承认选举落败，保证了政权平稳交接，再次显示出加纳民主进步取得的成绩。西方学者认为：自1992年以来，加纳民主政治发展比较顺利，主要体现为竞争的政治精英之间增进了团结，领导层由不同派别的政治精英组成，具有了广泛的代表性，这是加纳政治稳定和民主化不断持续发展的重要因素。[①]

与政治制度稳定发展相辅相成的，加纳的人权与治理水平也得到了显著提升。根据联合国开发计划署人类发展指数数据显示，加纳从1990年的0.455增长到2017年的0.592。[②] 在治理水平上，加纳的发展情况如下。

表5-1 世界银行治理指数（WGI）加纳的数据（1996年和2016年）

年份 项目	1996	2016
言论与问责（Voice and Accountability）	44	67
政治稳定和杜绝暴力（Political Stability and Absence of Violence）	38	40
政府效能（Government Effectiveness）	54	46
监管质量（Regulatory Quality）	38	46
法治（Rule of Law）	44	55
控制腐败（Control of Corruption）	46	51

资料来源：Worldwide Governance Indicators，https：//datacatalog.worldbank.org/dataset/worldwide-gorernance-indicators。

从以上数据中可知，加纳在治理的各方面基本都维持了总体趋势的增长，这与其多年来的政治发展是分不开的。在加纳的经济、政治和社会发展中，欧盟的援助是重要的外部力量，对于加纳近30年来的国家发展意义重大。

二 欧盟援助在加纳的实施与结果

欧盟/欧共体一直是加纳最大的援助提供者。早在《洛美协定》时期，加纳就是欧盟的受援国。据统计，自1975年以来，欧盟对加纳的援助金额高达12亿欧元。在最近的第11届欧洲发展基金中，欧盟将继续向加纳提供32300万欧元的各类援助。某经济学者运用简单的最小二乘法

[①] Johanna Odonkor Svanikier, "Political Elite Circulation: Implications for Leadership Diversity and Democratic Regime Stability in Ghana", *Comparative Sociology*, Vol. 6, February 2007, pp. 114-135.

[②] 数据来源：http://hdr.undp.org/en/data.

(OLS)，选取了包括国外援助在内的 5 个独立变量对加纳 26 年 (1982~2007 年) 的经济增长进行了回归运算。[①] 结论证明，发展援助确实对加纳的经济发展产生了重要影响。

在政治发展方面，欧盟自 20 世纪 80 年代起开始进行发展援助政策的调整，关注非洲发展进程，为非洲国家改善人权、发展民主和推进良治提供资金支持，从而推动非洲国家的政治转型并维护自身利益。为此，欧盟根据其带有政治导向的发展援助政策，对加纳提出了诸多要求，作为持续为加纳提供援助的先决条件。

(一) 欧盟带有政治导向的发展援助政策对加纳提出的要求

欧盟带有政治导向的发展援助对加纳提出的要求包括以下几个方面。第一，保护人权是重中之重，欧盟在必要情况下会采取惩罚措施。在《科托努协定》中，欧盟将尊重人权列为协定的必要条件，违反必要条件必须在 15 天之内举行磋商，并采取中止协定执行的相关措施。加纳作为缔约国，也受到该协定的约束。这是欧盟首次在对非发展援助政策中提出详细的监督和干预办法。欧盟对加纳的人权规定与联合国的千年发展计划[②]密切配合，对加纳减贫、消除饥饿尤为关注。欧盟成员国诸如英国和德国也对加纳的初等教育普及投入大量的援助。在 2005 年欧盟委员会出台的欧盟对非战略中，明确将提高基本社会服务和保护环境以实现千年发展目标作为支柱目的之一。

第二，民主要求主要体现为欧盟试图巩固和完善西方民主制在加纳的实施。除多次在双边关系文件中突出民主原则的重要性，欧盟还对加纳的民主政治进程进行评估和监督。欧盟设立专门对非的民主关系伙伴计划，鼓励加纳遵循民主原则，积极推进西方民主制度。在《加纳—欧共体：国家战略白皮书和国家计划指示项目 (2008 - 2013)》(Ghana - European Community: Country Strategy paper and National Indicative Program for the Pe-

---

[①] [加纳] Caroline Ohene - Poku、魏欣：《加纳经济的增长谜题：国外援助是不是重要的决定因素》，载《学理论》2010 年第 6 期，第 67 页。

[②] 联合国千年发展计划的目标包括：1. 消除极端贫穷与饥饿；2. 普及初等教育；3. 促进两性平等并赋予妇女权利；4. 降低儿童死亡率；5. 改善产妇保健；6. 与艾滋病、疟疾和其他疾病作斗争；7. 确保环境的可持续能力；8. 制订促进发展的全球伙伴计划。参见：http://www.un.org/zh/millenniumgoals/。

riod 2008 – 2013)中,有一部分对加纳的政治环境进行评估,并提出新的要求,包括加纳民主进程需要巩固、不同社会团体对政治的参与有限、性别平等仍然没有达到理想情况、公民权利的保护机制依然薄弱。欧盟认为,加纳必须重视这些问题,并不断改善才能获得更多援助。

第三,良好治理是政治发展的核心指标,欧盟在该方面提出的要求甚繁。其认为:良好治理应该让政府及非政府实体增强参与发展过程的能力并在促进和平与稳定方面增强合作;让私人机构和公民社会有能力参与国家建设,以创造一个更加有效、负责的政府。同时巩固和扩大民主实践,从而保证非洲互查机制的实施。欧盟认为加纳行政权力过大,导致立法和司法部门权力薄弱,同时公共服务部门责任不够、专业性差、效率低下。在《2014~2020年加纳与欧盟国家计划指示项目》(Republic of Ghana and European Union: National Indicative Programme for the period 2014 – 2020)的官方合作文件中,欧盟将"良好治理:公共部门的管理和问责制"单独列出作为第一项援助领域,指出:"欧盟希望继续支持在加纳推行民主原则,良治领域的进步。一方面能够使公共部门更加负责有效,同时能够将公平的服务给予当地居民,另一方面可以对抗腐败,通过分权加强议会和司法部门的权力,同时培育独立的非政府组织和媒体。"[1]

(二)欧盟对加纳提供的援助结果分析

根据欧盟委员会与加纳政府签订的国家计划指示项目,欧盟在2008~2013年与2014~2020年两个时间段内,通过第十届与第十一届欧洲发展基金,分别对加纳的不同领域进行了援助分配与投入。

表5–2 欧盟在第十届欧洲发展基金中对加纳的援助分配

单位:百万欧元,%

10th EDF(欧洲发展基金)	总额	所占援助总量百分比
领域一:交通连接与地区融合(Transport Connectivity and Regional Integration)	76	21

---

[1] European Union External Action Services, Republic of Ghana and European Union: National Indicative Programme for the period 2014 – 2020, http://eeas.europa.eu/development – cooperation/docs/national – indicative – programme_2014 – 2020/2014 – 2020_national – indicative – programme_ghana_en.pdf.

续表

10th EDF（欧洲发展基金）	总 额	所占援助总量百分比
领域二：治理（Governance）	95	26
领域三：为促进宏观经济稳定和发展的预算支持（General Budget Support）	175	48
其他项目（Other Programmes）	21	5
援助总额	367	100

资料来源：http://ec.europa.eu/europeaid/sites/devco/files/csp-nip-ghana-2008-2013_en.pdf。

表 5-3 欧盟在第十一届欧洲发展基金中对加纳的援助分配

单位：百万欧元，%

11th EDF（欧洲发展基金）	总 额	所占援助总量百分比
领域一：治理：公共领域管理与问责（Governance：Public Sector Management and Accountability）	75	23
领域二：莎瓦娜经济区农业的有效投资（Productive Investment for Agriculture in Savannah Ecological Zones）	160	50
领域三：就业与社会保障（Employment and Social Protection）	75	23
其他措施：支持公民社会	9	3
支持手段	4	1
援助总额	323	100

资料来源：http://ec.europa.eu/europeaid/sites/devco/files/nip-ghana-20140619_en.pdf。

从上述援助金额分配情况来看，促进加纳经济发展和推进良好治理是欧盟一直重点关注的目标。那么，21世纪以来欧盟向加纳投入的援助对其人权、民主和良好治理实际产生的作用如何，笔者将利用数据进行论证。

1. 关于人权

表 5-4 欧盟对加纳的援助投入与加纳人类发展指数的变化（2004～2016年）

年份	欧盟对加纳援助投入金额（美元）	加纳的人类发展指数（0~1分）
2004	711651033	0.465
2005	874062920	0.509
2006	509486031	0.508
2007	575110072	0.532

续表

年份	欧盟对加纳援助投入金额（美元）	加纳的人类发展指数（0~1分）
2008	631176083	0.542
2009	742194840	0.521
2010	608822960	0.554
2011	547766646	0.566
2012	507848924	0.572
2013	461228886	0.577
2014	360321019	0.579
2015	447976841	0.579
2016	347455475	0.589

资料来源：欧盟对加纳援助投入金额参见 EU Aid Explorer, https://euaidexplorer.ec.europa.eu/DevelopmentAtlas.do, 加纳的人类发展指数参见 http://hdr.undp.org/en/countries, 笔者自行整理。

从表5-4可以看出，欧盟对加纳人权方面的投入在2009年后出现持续的走低，但在2009年之前，加纳人类发展指数与援助均呈现增长态势，这说明在2009年前，欧盟援助对加纳人权发展可能起到了一定的帮助，而2009年后欧盟遭遇经济危机继而引发欧债危机，在援助投入方面力不从心，加纳作为非洲长期的政治稳定国家，在保护和改善人权方面已经拥有了较为丰富的经验，在欧盟援助减少后，加纳依然保持了人类发展指数的持续提高。

2. 关于民主

在欧盟对加纳民主改善的具体投入方面，欧盟对其历次大选给予支持并进行监督。2001年，库福尔当选总统，与罗林斯完成权力交接，实现加纳独立以后首次政权平稳过渡。在2008年和2012年两次大选中，欧盟派出选举观察团对加纳的选举过程进行监督并进行报告。欧盟认为加纳2008年的大选是在一个开放透明和竞争的环境下进行的，尽管也存在个别暴力事件，但影响有限。2012年12月，欧盟继续派出观察团并向加纳提供了700万欧元的援助以实现和平选举。这些援助分别给予了三个独立组织——选举委员会（Electoral Commission）、全国公民教育委员会（The National Commission on Civic Education）和全国媒体委员会（National Media Commission），这些组织在加纳的总统及议会选举中扮演了重要的角色。[1]

---

[1] European Union External Action Services: EU launches EUR 7 million Electoral Support to Ghana for 2012 elections, http://eeas.europa.eu/delegations/ghana/press_corner/all_news/news/2012/20120612_03_en.htm.

表 5-5 反映了加纳 2006~2016 年民主指数的变化。

表 5-5 加纳的民主指数变化（2006~2016 年）

年份	2006	2008	2010	2011	2012	2013	2014	2015	2016
民主指数	5.35	5.35	6.02	6.02	6.02	6.33	6.33	6.86	6.75

从表 5-5 可看出，自 2006 年后，加纳的民主状况得到持续的改善，在 2015 年甚至高达 6.86 分。在经济学人智库的民主指数政体分类中，6 分是区别有缺陷的民主政体和混合政体的分界线。由此可见，加纳在 2010 年实现了从混合政体向有缺陷的民主政体的迈进，并在此后保持了民主状况的持续改善。欧盟对加纳民主政治发展提供的支持，应该起到了一定的正面作用。

3. 关于良好治理

就实际情况而言，良好治理在 21 世纪后，尤其是第十届和第十一届欧洲发展基金对加纳的投入中，都是重点强调的优先领域。加纳在良好治理方面取得了切实的成就。其一，在分权及权力下放方面，欧盟不仅支持制度建设，还帮助地方政府充分运用资源。重点支持地方政府、农村发展与环境部门（MoLGRDE），确保该部门充分发挥核心作用。其二，发展公民社会。欧盟通过鼓励社会问责制促进权力下放。提供资金帮助非政府部门参与政府决策与对话。对政府行为起到真正的监督作用，尤其鼓励民间草根组织的发展，从而预防腐败滋生。其三，加强缺乏行政能力部门的监管能力。欧盟将帮助加纳建立审计服务以加强议会同公民社会之间的联系。通过强化公民参与以及立法、司法等部门的能力，对行政权力进行监督。

总而言之，欧盟在调整发展援助政策，加入人权、民主和良好治理作为提供援助的前提条件和重要目标后，加纳作为同欧盟保持传统友好关系的非洲国家，利用欧盟的援助，在国家的人权保护、民主发展和良治水平提升方面确实有成效。在这样的前提下，加纳获得了欧盟持续的发展援助，推动了国家的长期发展。欧盟援助在加纳实施的效果较好，因此多年来欧盟也将加纳视为其对非援助政策的成功案例。

三 加纳实现经济和政治双重发展的原因与经验

在前文的分析中，21 世纪以来加纳的人权保护、民主制度和良好治理水平都有显著提升，同时欧盟对加纳的援助也在这三个方面有所侧重，对人权和良好治理的投入在2009年后总量均有所减少，但加纳依然保持了这三方面的持续发展。欧盟的援助对加纳的经济和政治发展均起到了一定的积极作用。因此，加纳也被欧盟视为对非带有政治导向援助的成功案例。但从本质分析，欧盟的发展援助始终是加纳获得发展的外部因素，而加纳之所以获得经济与政治的双重发展，与其自身的内部因素是分不开的。欧盟对加纳的援助只是起到了锦上添花的作用。在明确了加纳获得发展的内外因之后，笔者认为加纳取得成功的原因与经验主要有以下三点。

第一，掌握政治发展的主动权，其宪法精神与欧盟要求具有相合性。在发展中始终掌握主动权，是加纳获得成功的根本原因。首先，作为加纳的领导人，罗林斯正确处理了经济与政治发展的关系。在其上台执政后首先发展经济，与欧盟签订第四个《洛美协定》后，加纳已经拥有基本的经济基础，政府行政效率高。1992年开始推行的民主政治得到民众的拥护。自此，加纳的经济增长与政治发展步入良性发展轨道，二者相互促进，相得益彰。

其次，加纳宪法的核心精神与欧盟的要求具有相合性。其规定，加纳是一个民主国家，致力于实现自由和公正，尊重基本人权、自由和尊严。[①] 这与欧盟提出的要求保护人权、发展民主政治以及推行良好治理的援助要求不谋而合。二者的核心目标是一致的。加纳政府开展的多项经济与政治发展活动都受到该宪法的指导。政府尊重宪法精神，政坛的两大党在执政理念方面没有重大分歧，从而确保了政府政策的稳定和连贯，维护国内政局稳定。同时这也为民众带来诸多好处，有助于人民树立对政府执政的信心。政局稳定有利于吸引更多的国外投资，从而使经济可持续发展顺理成章。欧盟方面也乐见加纳宪政的不断发展，从而给予更多援助。至此，加纳的发展与欧盟援助形成良性循环。

最后，加纳在发展民主政治的道路上一直循序渐进，主动且谨慎。政治进步过于冒进会带来灾难性后果，如今发生在中东及北非的颜色革命就是血淋淋的教训。加纳政府领导层在民主政治发展过程中积极主动，作用巨大。在同欧盟签订发展援助协定时，主动表示对人权、民主和良治等理念的支持，从而掌握了主动权。罗林斯在位期间注重地方民主的发展，

---

① 张怀印、胥胜超：《从2008年大选透视加纳宪政民主的发展》，《西亚非洲》2011年第4期，第61页。

试图削弱酋长部族在地方的势力，在一定程度上为普通民众普及了民主概念。2000年大选中，罗林斯主动退出，为之后的领导人树立榜样，实现了加纳政治权力的首次代际交接。2008年，库福尔在选举后主动承认大选失败，再次实现了加纳党派之间的政权交接。在重大政治民主事件中，加纳领导人都表现审慎，遵从民主法治，将国家的发展权牢牢掌握在手中，减少外部力量的干涉。

第二，关注国家核心利益，根据国情制定与欧盟要求相符的政策。加纳正确处理了欧盟提出的要求与国家发展的实际需求，始终关心国家的核心利益。政治稳定是国家发展的必要条件。1957年独立后，加纳虽一直获得西方援助，但政局长年动荡，导致经济无法发展，人民生活困苦。政治稳定成为加纳人民共同的愿望。罗林斯深知加纳的实际需求，并且决意推动加纳各方面的发展，其各项举措也受到加纳人民的拥护。经济方面，加纳政府理智分析加纳经济存在的利弊，分阶段制定国家经济发展计划，有针对性地解决经济发展难题。稳定的国内环境及政府的开放政策吸引了更多的国外投资，助推加纳经济起飞。

经过20世纪80年代经济实力的增长，加纳已经获得推进民主政治发展的经济基础。此时恰逢欧盟发展援助向发展与安全相关联的政策方向转变，即欧盟认为发展与安全是相辅相成的，唯有稳定的安全形势才能保障发展得以进行，而国家获得发展又将反作用于安全，给予政府执政更多的合法性。欧盟认为，保护人权、发展民主政治与推进良好治理正是维持政局稳定的必要条件。欧盟政治导向发展援助政策的提出正好符合加纳的实际需求，双方在加纳发展问题上目标一致——加纳需要获得经济发展，同时注重减贫，需要政治稳定作为保障，而民主和良治的发展能够为经济的可持续增长提供保障。这为加纳成功地处理援助要求与国家需求创造了积极条件。

第三，顺应全球和平发展大趋势，借助与欧盟国家的传统关系实现自身利益。20世纪70~80年代，经济全球化快速发展，世界经济总量快速增长。罗林斯上台后，接受了国际货币基金组织等国际组织的建议，首先制定"经济复兴计划"，推动经济私有化和市场自由化，顺应了全球经济发展的趋势，因此经济先行得到恢复。第三波民主化浪潮虽然兴起于1974年葡萄牙"康乃馨革命"，但直至80年代末期才达到高潮。东欧剧变使得西方民主制度席卷了撒哈拉以南的非洲。

加纳作为英国殖民地中最早获得独立的非洲国家，长期同英国保持良好关系，是英联邦成员国。加纳的发展受到英国的关注与支持。1975年，英国加入欧盟后，加纳同欧盟成员国的关系进一步深化。英国是加纳最大投资国和第二大贸易伙伴国。加纳也是英国在撒哈拉以南非洲的第三大市场和最大受援国。长期以来，加纳政府都较为重视同欧盟国家尤其是英国发展关系，精英阶层深受开放市场和自由经济理念的影响，在政治方面推崇西方民主制度，其领导层均认为推行民主政治是国家发展的必经之路。

另外，加纳主要出口产品可可和黄金以及后来的石油都是欧盟的必需品。在多年的援助实践中，加纳与欧盟没有重大冲突，建立了相对稳定的政治与经济关系。加纳经济的持续增长以及政治环境的逐渐改善促使欧盟提供源源不断的援助，将加纳树立为援助成功的典范。而与欧盟的良好关系也保障了加纳可可、黄金和石油等初级产品拥有稳定的出口渠道，可谓一举两得。

总而言之，加纳在接受欧盟以民主、人权和良治为政治导向的发展援助时，从国家利益与自身发展的需求出发，审时度势，采取了比较灵活的方式，把欧盟的要求与国家的发展目标联系起来，把国家经济发展和政治发展结合起来，并在与欧盟的良性互动中，掌握了国家发展的主动权。加纳的发展显然离不开欧盟提供的大量援助，但加纳成功的根本原因仍在于自身的努力。作为欧盟对非援助的积极案例，加纳确实为非洲国家在处理同西方关系上，在利用援助获得发展上提供了有意义的经验。

第二节　津巴布韦案例：土改后的经济崩溃与民主倒退

在消极案例选择中，笔者选取津巴布韦案例主要基于以下思考：其一，津巴布韦在20世纪80年代的发展中与加纳拥有类似的国家情况和发展经历；其二，津巴布韦政府是受到欧盟带有政策导向性援助政策制裁态度坚决、政策严厉、持续时间长的国家。欧盟对非援助政策对津巴布韦21世纪以来的国家发展进程产生了深刻的影响。在遭到制裁后，津巴布韦政府并没有实现欧盟的预期，即重回经济和民主政治共同发展的道路，欧盟的发展援助依然通过其他渠道投入津巴布韦，即便如此，津巴布韦还是发生了经济的全面崩溃与民主政治的倒退。欧盟长期以来对津巴布韦提供的援助基本宣告无效，津巴布韦也因此成为最具代表性的失败案例。

一 津巴布韦的基本情况与问题的爆发

津巴布韦最早是英国的殖民地南罗德西亚。英国最初试图在此建立一个白人国家。二战后，随着亚非拉国家民族解放运动的蓬勃发展，罗伯特·穆加贝领导的津巴布韦非洲民族联盟（ZANU – PF，简称津民盟，后与人盟组成爱国阵线）开展游击战，为津巴布韦广大黑人民众争取权利。在国际社会和国内民族解放运动的双重压力下，英国殖民者同意南罗德西亚于1979年4月举行大选。所有年满18岁的公民不分种族，均可参与选举。5月，非洲人全国委员会领导人、黑人主教穆佐雷瓦（Abel T. Muzorewa）成为"黑人多数政府总理"，南罗德西亚这个"白人国家"宣告终结。[1] 但是，这一政权仍然遭到多方反对，后在英国的调停下，于1980年2月再次举行大选，爱国阵线党获得胜利，穆加贝出任总理，将国名改为津巴布韦。独立初期，穆加贝领导的津巴布韦政府以"公平增长"为目标，旨在创建一个真正平等和民主的社会主义社会。[2] 独立后的十年间，由于津巴布韦政策的循序渐进和土地问题的暂时搁置，加之接受了大量的发展援助，其国内生产总值实现了年均5%的增幅。

随后，由于爱国阵线党的经济政策僵化，津巴布韦的经济出现下滑，90年代初，穆加贝接受了国际货币基金组织的结构调整建议，转向以市场主导的经济体制。然而，该计划并没有实现预期的目标，津巴布韦经济形势进一步恶化，民众怨声载道。因此，穆加贝领导的津巴布韦政府将改革目标转向了之前搁置的土地问题。

（一）津巴布韦的土地问题

在殖民时期，白人采取了野蛮的驱赶政策大肆圈地，非法剥夺津巴布韦大量黑人的土地，将黑人赶到土地贫瘠的保留区内，肥沃的土地都掌握在白人农场主手中。黑人没有土地，生活水平一直较为低下，津巴布韦种族间的矛盾十分尖锐。津巴布韦独立初期，英国政府为防止土地问题的爆发，与津巴布韦政府签订了《兰开斯特宫协定》（*Lancaster House Agreement*）。该协议中规定：政府为白人农场主提供10年的保护，承诺在此期间不进行土地改

---

[1] Trevor Owen Lloyd, *The British Empire*: 1558 – 1983, London: Oxford University Press, 1984, p. 378.
[2] 陈玉来：《津巴布韦》，社会科学文献出版社，2011，第3页。

革和土地再分配,同时政府给土地被征收的白人农场主以补偿。① 为了促成这项协定的实施,英国和美国政府均许诺出资20亿美元支持津巴布韦政府采取赎买的政策购买白人农场主的土地,再由津政府分配给黑人民众。穆加贝政府遵守了这一约定,将土地问题搁置,保护了白人农场主的权益。

土地问题为后来津巴布韦危机的爆发埋下隐患。20世纪90年代初,穆加贝推行较为温和的《土地征收法案》,实施效果不佳,广大的黑人农民依然没有得到土地,经济增速开始持续减缓。1997年,工党上台后,布莱尔认为给津巴布韦提供土地赎买的资金是保守党遗留的政治沉疴,拒绝按照以前签订的《兰开斯特宫协定》继续为津巴布韦提供土地赎买资金。这一行为促使津巴布韦的土地矛盾被激化。

由于英国政府违约在先,穆加贝政府为缓和国内矛盾,并为赢得大选做准备,便主持起草新宪法,提出将白人农场主的土地分给黑人。虽然全民公投没有通过该宪法,但激进的政府支持者开始抢占白人的农场,而穆加贝没有制止。随着快速土改进程的推进,黑人抢占土地的势头不可阻挡,过程中还发生了许多暴力事件。黑人获得土地后,由于缺乏相应的种植技术,导致粮食大幅减产。以农业为支柱的津巴布韦经济陷入衰退。在短短两年内,大量的白人农场主丧失了土地,这一情况立即引起了西方国家尤其是英国的关注,认为津巴布韦发生的抢占土地行为严重破坏了民主原则,践踏了人权。

与此同时,穆加贝政府为显示自己的作为,1998年派遣部队发动了进入刚果民主共和国的军事行动。参战人数从开始的6000人逐渐增加至13000人,占到津巴布韦部队的1/3。至2000年,约600名津巴布韦军人战死,而且这一军事行动估计造成超过5亿美元的花费。这一行动无疑使津巴布韦国内的经济雪上加霜。

总而言之,津巴布韦的土地问题是长期殖民遗留的恶果,成为其实现经济发展的重大掣肘,布莱尔执政后的违约行为致使津巴布韦的土地矛盾激化。以英国为首的西方国家是津巴布韦危机的始作俑者。而穆加贝政府对于抢占土地行为的默许更使英津关系急剧恶化,加之入侵刚果民主共和国的武装行动性质恶劣,欧盟开始了对穆加贝政府的制裁,随后双边关系剑拔弩张,直接导致21世纪以来欧盟对津巴布韦的援助基本宣告无效。

---

① 潘兴明:《津巴布韦问题探因》,载《国际政治研究》2005年第2期,第79页。

（二）英国政府对津巴布韦政策的转变与后果

英国在津巴布韦危机中的作为应该置于工党"第三条道路"整体外交政策的大背景下分析。工党认为，解决非洲问题的三个关键点在于建立和平、繁荣和民主。布莱尔提出其对津巴布韦的政策不是针对穆加贝本人，而是反对津巴布韦人民真正的敌人：贫穷、疾病、饥饿、压迫和社会不公正。此外，布莱尔提出了五条英国对津巴布韦政策的指导原则：第一，英国希望看到一个稳定、繁荣和民主的津巴布韦；第二，津巴布韦人民值得国际社会的支持；第三，津巴布韦未来的繁荣依赖于对法律的尊重和尽快结束政治暴力；第四，英国会帮助民主的津巴布韦通过成功的土地改革实现繁荣；第五，津巴布韦的未来应该交给它的人民，同时应该给予人民真正的机会和渠道表达意见。[1] 然而英国试图在津巴布韦危机中进行调和的美好愿望落空了。由于英国质疑其给予津巴布韦政府赎买土地的资金没有得到公正和透明的利用而停止提供后续款项，致使穆加贝政府采取激进的手段开展快速土改。布莱尔政府违约在先，成为津巴布韦危机爆发的导火索，后续的行为自然遭到穆加贝的反感和不满。

面对津巴布韦的危机，布莱尔不是采取缓和危机的措施，而是采取了一系列的制裁措施，试图以英国在国际社会的影响力以及同津巴布韦之间的深刻渊源控制其局势。起初，英国对津巴布韦进行了部分制裁，但均不严厉，是希望利用在英联邦的主导地位对津巴布韦施加压力，这促成了2001年英联邦关于津巴布韦问题的外长会议举行，签订了《阿布贾协议》。该协议达成了某些共识：目前的土地所有权状况需要进行整顿，并且必须以透明、合法、公平和公正的方式进行；同时要贯彻法治、民主和尊重人权的原则。会议还敦促津巴布韦政府采取相应的行动，宣布加强与联合国开发项目的有关合作；继续为津巴布韦减贫的英联邦项目提供资金；英国承诺继续向津土地改革提供财政援助，并争取其他来自国际社会的援助。[2] 但两国在协议的具体执行方面各执一词，《阿布贾协议》终成一纸空文。

此后，布莱尔政府开始公开支持津巴布韦反对派争取民主变革运动

---

[1] Ian Taylor and Paul Williams, The Limits of Engagement: British Foreign Policy and the Crisis in Zimbabwe, *International Affairs*, 3 (2000), p. 552.

[2] Conclusions of the Meeting of the Committee of Commonwealth Foreign Ministers on Zimbabwe, Abuja, Nigeria, 6 September 2001, http://webapps.dfait-maeci.gc.ca/minpub/Publication.asp.

(Movement for Democratic Change，简称民革运），并联合美国和欧盟，开始了西方社会对津巴布韦的全方位制裁，津巴布韦的经济也随着其与西方关系的恶化全面崩溃。国家政治倒退，民生问题频发，国家发展遭遇前所未有的困难。

二　欧盟援助的变化与结果

英国中止条约导致津巴布韦土地问题矛盾尖锐，穆加贝政府的土改引起英津关系的恶化，同时津巴布韦的国内矛盾也进一步激化。国内反对党民革运公开与穆加贝政府对抗，宣扬人权、民主等理念，使得社会矛盾不断爆发，津巴布韦遭遇经济和政治的双重倒退。

（一）欧盟及其成员国对津巴布韦政府的制裁

津巴布韦土地改革后，英国最先开始对其制裁。初始阶段，英国非常认真地区分一般的贸易制裁和所谓的"巧妙的"制裁。布莱尔政府认为，传统意义上的经济制裁最后影响的只能是津巴布韦人民，因此试图通过制裁支持穆加贝的反对者，同时最大限度地打击津巴布韦政府。这些制裁主要包括对津巴布韦实行武器禁运，停止英国军事训练顾问小组在津巴布韦的活动，减少了三分之一的对津援助。英国政府在2000年的制裁并没有改善津巴布韦的情况，穆加贝继续坚持国内的快速土地改革。

英国同津巴布韦关系的恶化也引起了欧盟的重视。早在2000年，津巴布韦作为非加太77个成员国之一，同欧盟签订了《科托努协定》。此时欧盟对非援助的人权、民主和良治等政治条件要求已经非常完善，并且有详尽的"不履行条款"。2001年10月，欧盟意识到津巴布韦目前的情况已经违反了《科托努协定》中提出的保护人权、发展民主与法治和推进良好治理。因此同津巴布韦政府展开对话，然而效果不佳。同年10月29日，欧盟开启了《科托努协定》中的磋商程序，即"如果正式的磋商后75天内该国仍然没有在人权问题上有所改善，欧盟将采取适当的措施，这些措施包括制裁"。[①] 津巴布韦于2002年1月12日加入磋商程序，但是

---

① 国际危机组织：《津巴布韦的制裁僵局》，《非洲简报》2012年2月6日，第3页，http://www.crisisgroup.org/~/media/Files/africa/southern-africa/zimbabwe/Chinese%20translations/b086-zimbabwes-sanctions-standoff-chinese.pdf。

双方并没有在停止暴力和破坏人权活动、举行公平公正总统选举的问题上达成一致。津巴布韦公开拒绝欧盟为津大选派出的选举观察团和相关媒体。为此英国强烈要求欧盟尽快实施制裁措施。

2月15日,欧盟正式开启了对津制裁,主要包括三个方面。第一,欧盟援引《科托努协定》第96条中止了同津巴布韦政府间的合作。欧盟不再向津巴布韦政府提供援助,但依然承诺对当地人民提供援助,尤其在农业、食品安全、健康与教育和治理这四个方面。这些援助改为通过联合国相关组织和地区非政府组织投入津巴布韦。第二,欧盟提出了针对津巴布韦政府个人和相关公司的制裁。具体而言,"欧盟决定限制津巴布韦总统穆加贝和津政府部长及其亲属入境;还冻结了一项价值1.28亿欧元、为期五年的援助贷款,并冻结其在欧盟国家的存款和财产"。[①] 第三,在欧盟共同安全与外交政策的框架下,欧盟对津巴布韦实施了武器禁运。禁止向津巴布韦出售武器以及与武器有关的技术援助,还停止出售和供应可能用于国内镇压行动的装备。

该制裁一直持续到2011年2月,欧盟认为津巴布韦的情况有所改善,于是欧盟将35人从限制名单中剔除,但依然保留了对163人的旅行限制和资产冻结。[②] 直至2014年11月,欧盟才正式解除对津巴布韦制裁,进而与津巴布韦签订了第十一届欧洲发展基金框架下高达2.36亿欧元援助的国家指示计划(NIP)。该计划中依然将良好治理作为欧盟关注的重点领域,提出通过援助帮助津巴布韦进行制度建设,从而促进经济发展并巩固民主进程。

在欧盟对津巴布韦的援助策略改变的12年中,津巴布韦经济一路下滑,国内生产总值从2002年的63.42亿美元跌到2008年的44.16亿美元。津元持续通胀,津巴布韦从2009年起宣布采用美元作为国家流通货币,本土货币体系彻底崩溃。在南部非洲发展共同体和国家社会的斡旋和调解下,津巴布韦终于组建了联合政府,至此津巴布韦的经济状况才有所好转。

[①] 《欧美缘何制裁津巴布韦》,新华网,2002年3月5日,http://news.xinhuanet.com/newscenter/2002-03/05/content_302206.htm。

[②] EEAS, EU Relations with Zimbabwe: What do the measures entail? http://eeas.europa.eu/zimbabwe/docs/zimbabwe_measures_en.pdf.

(二) 欧盟对津巴布韦援助的结果

虽然欧盟对津巴布韦进行了长期的制裁,但主要针对穆加贝政府,即欧盟援助不再给予津政府,而是利用其他渠道进入津巴布韦——欧盟将大量的对津援助主要给予了联合国等第三方政府组织、津巴布韦的非政府组织以及反对党。在制裁的年份中,虽然政府间关系恶化,但面对津巴布韦经济和政治状况的倒退,欧盟对津援助的总量持续增加。笔者将从人权、民主和良治三个方面对欧盟援助结果分别进行考察。

1. 关于人权

表5-6 欧盟对津巴布韦的援助投入与津巴布韦人类发展指数的变化 (2004~2016年)

年份	欧盟对津巴布韦的援助投入(美元)	津巴布韦人类发展指数(0~1)
2004	141315905	0.4
2005	155302663	0.412
2006	190363546	NA
2007	243645676	0.404
2008	283219770	0.422
2009	339355898	0.218
2010	350635238	0.461
2011	332099783	0.474
2012	457277249	0.491
2013	365711582	0.501
2014	349684162	0.509
2015	324634621	0.516
2016	280741879	0.517

资料来源:笔者根据上述数据库整理。

从津巴布韦人类发展指数的变化来看,在2008~2009年度发生了严重的下滑。2010年后进入平缓增长期,但总分并不高,基本维持在0.5左右,是极低人类发展水平国家。从欧盟援助的增减变化趋势来看,2004~2016年,援助的数额总体呈现先增长后下降的趋势,以2012年为分水岭。具体来说,在2002年的制裁后,虽然欧盟停止了对津巴布韦政府的合作援助项目,但是其他多边渠道和非政府组织渠道依然畅通,加之津巴布韦经济持续走低,欧盟对津巴布韦的援助总额逐步提升,但在2009年津巴布韦经济恢复以前,似乎并没有对其人权改善起到显著作用。2009年之后，虽然津巴布韦人类发展指数不断攀升，但欧盟的援助却呈现出波动的趋势，并在2012年后持续减少。因此综合评定认为欧盟援助在津巴布韦人权改善方面作用不大。

2. 关于民主

该方面首先需要列举津巴布韦在受到制裁后民主状况的具体数据，以显示津巴布韦民主状况的发展。由于经济学人智库的民主指数从2006年开始，因此本部分笔者还将运用自由之家的数据，虽然这些数据均是西方设定的民主标准，但欧盟援助的效果评估是以这些数据为标准来进行评判的。

表5-7 津巴布韦的民主指数变化（2006~2016年）

年度	2006	2008	2010	2011	2012	2013	2014	2015	2016
民主指数	2.62	2.53	2.64	2.68	2.67	2.67	2.78	3.05	3.05

数据来源：http://www.eiu.com/public/topical_report.aspx?campaignid=DemocracyIndex2015。

表5-8 津巴布韦公民自由和政治权利评估（2000~2014年）

年度	公民自由（Civil Liberties）	政治权利（Political Rights）	状态评估（Status）
2000	5	6	不自由
2001	6	6	不自由
2002	6	6	不自由
2003	6	6	不自由
2004	6	7	不自由
2005	6	7	不自由
2006	6	7	不自由
2007	6	7	不自由
2008	6	7	不自由
2009	6	6	不自由
2010	6	6	不自由
2011	6	6	不自由
2012	6	6	不自由
2013	6	6	不自由
2014	6	5	不自由

注：数字1~7表示自由程度，其中1为最自由，7为最不自由。区间具体为1~2.5为自由，3~5为部分自由，5.5~7为不自由。

数据来源：https://freedomhouse.org/report/freedom-world/2016/zimbabwe，笔者自行整理。

根据上述两个数据库的民主指数分析，津巴布韦在遭到欧盟制裁后，民主状况反而持续走低，2008年达到最低水平，这与欧盟试图通过制裁促使津巴布韦政府尽快回归西方民主道路、维护公民政治权利的初衷背道而驰。

在现实中，津巴布韦自从1997年与英国关系交恶开始，国内的政治状况便开始走下坡路，穆加贝领导的爱国阵线党始终牢牢把控国家权力。在2005年大选中，该党获得议会选举的胜利，2006年决定延长总统任期，穆加贝采取了较为强势的政治统治。这遭到以茨万吉拉伊为领导的反对党的强烈抨击。这段时期，反对党的官员和议员不断遭遇与选举相关的暴力、骚扰、刑讯和谋杀。茨万吉拉伊在2003年和2007年两次入狱，在媒体上被扣上诸如"外国代理人"、"不爱国"和"合法国家政治的局外人"的标签。[①] 直至2008年大选，反对党终于获得了议会的多数席位，但在总统选举中穆加贝再次获胜。后来双方在多方压力和南共体的调停下最终组建了联合政府，但穆加贝的权力依然强大，2009年，茨万吉拉伊的夫人遭到暗杀。

由此可见，欧盟试图通过制裁和派出选举观察团等手段督促津巴布韦民主政治发展的愿望基本落空了。津巴布韦的民主政治状况在21世纪后进入历史最低点，2009年联合政府成立后虽有所改善，但效果并不显著。

3. 关于良治

表5-9 欧盟良治导向援助投入与津巴布韦的治理指数（2004~2016年）

年份	欧盟对津巴布韦的良治导向援助投入（美元）	津巴布韦治理指数（0~100分）
2004	27100909	36.7
2005	28923707	35.1
2006	32538438	35.6
2007	48737654	35.9
2008	54526553	33.5
2009	67812744	36.2
2010	96246825	37.4
2011	127939217	38.6

---

① 〔津巴布韦〕布莱恩·拉夫托帕洛斯、A.S.姆拉姆博：《津巴布韦史》，张瑾译，东方出版中心，2013，第224页。

第五章 欧盟对非洲援助政策政治导向的案例分析 245

续表

年份	欧盟对津巴布韦的良治导向援助投入（美元）	津巴布韦治理指数（0~100分）
2012	131788329	39.6
2013	130496150	41.7
2014	101906887	42.8
2015	103351270	44.7
2016	78751368	45.4

资料来源：欧盟对津巴布韦的良治导向援助投入参见 EU Aid Explorer, https：//euaidexplorer. ec. europa. eu/DevelopmentAtlas. do，津巴布韦的治理指数参见 http：//iiag. online，笔者自行整理。

从表 5-9 中的数据变化趋势来看，2004~2012 年，欧盟为津巴布韦提供的良治援助持续增长，2008~2011 年度有显著的提高。然而津巴布韦的治理水平则于 2004~2008 年持续走低，之后才开始缓慢增长。2012 年后欧盟援助的减少对津巴布韦的治理情况并没有产生影响。基本可以断定欧盟良治导向的援助对津巴布韦治理水平改善帮助甚少。

在世界银行的世界治理指数（WGI）数据库中，非常详尽地展现了津巴布韦在 2000 年以后良好治理的实际变化情况。

表 5-10　世界治理指数数据库中津巴布韦的治理情况（2000~2016 年）

项目/年份	言论与问责（VA）	政治稳定和杜绝暴力（PSAV）	政府效能（GE）	监管质量（RQ）	法治（RL）	控制腐败（CC）
2000	17.3	10.6	22.9	7.8	9.1	15.1
2002	10.1	9.6	18.0	2.0	3.3	3.9
2003	9.6	17.8	16.1	2.0	1.9	6.3
2004	6.3	13.0	13.7	1.5	1.4	5.9
2005	5.3	13.0	8.3	1.0	1.0	7.8
2006	7.2	18.0	7.8	2.5	1.4	4.4
2007	7.2	15.4	7.8	1.5	1.4	2.4
2008	7.7	13.4	3.4	1.9	1.4	4.4
2009	7.1	14.2	2.9	1.9	0.9	5.3
2010	8.1	14.2	3.8	2.4	0.9	4.8
2011	8.0	19.3	6.6	2.4	0.9	2.3
2012	7.1	21.8	11.5	2.4	1.9	5.3
2013	10.4	24.6	12.4	2.4	2.4	2.8
2014	12.3	23.8	12.0	2.4	4.3	4.3

续表

项目/年份	言论与问责（VA）	政治稳定和杜绝暴力（PSAV）	政府效能（GE）	监管质量（RQ）	法治（RL）	控制腐败（CC）
2015	16.0	24.0	12.0	3.0	6.0	7.0
2016	20.0	24.0	11.0	3.0	8.0	9.0

数据来源：http://info.worldbank.org/governance/wgi/index.aspx#countryReports，笔者自行整理。

从表5-10中的数据看出，在良好治理的六个方面，津巴布韦在遭遇制裁后都有明显的下降，在2008年和2009年达到最低点，直到2012年制裁减轻后才逐渐好转。在这些项目中，政府效能、监管质量和法治是津巴布韦表现最糟糕的部分。良好治理水平的低下直接影响到援助效用的发挥。尽管欧盟的援助不断增长，但在这样的治理环境下，欧盟的投入基本徒劳无功。

三 欧盟政治导向援助无效的原因探析

在上文的分析中，由于津巴布韦土改问题导致国家经济持续衰退，加之穆加贝政府的强硬，欧盟启动了《科托努协定》的"不履行条款"，从2002年开始持续制裁津巴布韦，直至2014年11月才正式结束。欧盟制裁手段的初衷是希望通过惩罚措施以督促穆加贝领导的津巴布韦政府尽快实现国内和解，保护公民政治权利，进行公正的总统选举，让津巴布韦重回西方民主的道路上来。然而制裁的结果事与愿违，津巴布韦在人权保护、民主发展和良治推进等多个方面在遭受制裁的头几年里不升反降，在21世纪诸多资源型非洲国家快速发展的大趋势中，津巴布韦成为反例，错过了重要的发展机遇。欧盟大量的发展援助在津巴布韦也均呈现无效的结果。造成欧盟援助结果差的原因主要有以下几点。

第一，津巴布韦政府与欧盟及其成员国关系的交恶，极为抵触欧盟带有政治导向的发展援助，是援助失效的现实原因。穆加贝作为津巴布韦独立以来著名的政治人物，统治津巴布韦30多年，一向主张按照本国实际、历史和传统在津巴布韦建立一党制国家。该思想一直持续到东欧剧变。非洲民主化的浪潮很快席卷了津巴布韦，为获得西方社会的持续援助，穆加贝宣布放弃"一党制"原则，开启了民主转型进程。由于穆加贝本人的经历以及对津巴布韦的长期统治，放弃权力并不是一件容易的事。21世纪，受到西方支持的民革运（MDC）对穆加贝的统治造成了挑战，加之土地问题上布莱尔政府所采取的政策与行动，穆加贝与欧盟持续交恶，直至欧盟带有政治条件性的援助干涉了津巴布韦内政，严厉批评欧盟援助政策的同时，津巴布韦政府也对援助采取了强硬的抵制措施，严防欧盟援助可能对穆加贝统治造成的不良政治影响。

第二，缺乏政府间双边合作渠道致使援助效果大大降低，是造成援助失效的重要原因。非洲国家独立时间短，中央政府在国家管理中起到至关重要的作用，公民社会的影响十分微弱。因此，对非洲的发展而言，政府的作用无可取代。援助在受援国的投入和具体利用，也有赖于受援国政府的作为。欧盟实施制裁后，所有的援助不再通过政府渠道投入津巴布韦，转而通过联合国机构和诸多非政府组织。联合国机构的援助有与之相关的资金运用和监督流程，而非政府组织在津巴布韦势力弱小，且遭到穆加贝政府的打压，被视为"颠覆国家政权的敌对势力"。在此背景下，非政府组织的相应活动开展面临困难，同时由于自身影响力有限，达到的援助效果自然不尽如人意。

第三，欧盟带有政治导向的发展援助从欧洲意愿出发，忽视津巴布韦的现实，违背国际准则地干涉了津巴布韦内政是援助失效的根本原因。欧盟推出的带有政治导向性的发展援助政策，对广大非加太国家提出的要求基本一致，却没有考虑到部分国家的现实情况，继而引发"水土不服"。首先，在英国殖民时期，对津巴布韦采用了严格的种族隔离政策，白人和黑人之间的矛盾长期存在。同时殖民统治关注经济利益，不重视津巴布韦的公共管理和教育事业发展，为威权政府提供了生长的环境。其次，津巴布韦在独立后经济落后，黑人虽然获得了统治国家的权力，但在国家发展的方式方法上处理欠佳，政府管理国家的能力差，大量民众对民主政治没有基本的认知。在历史和现实条件下，津巴布韦首要任务应是发展经济，为政治发展提供必要的物质基础，并不适合开展快速的民主转型和民主巩固进程。欧盟的援助政策更加关注自身利益而忽视了津巴布韦的现状，最终南辕北辙。

第四，津巴布韦在殖民时期并没有建立起良好的经济体系，当地殖民势力顽固，争取独立的斗争持续时间长，这些都导致津巴布韦经济的落后，在独立初期较为依赖对外援助，政府在应对经济和政治问题中能力有限，是援助失效的核心原因。津巴布韦独立时间晚，在独立之前国家经济牢牢把控在殖民统治者的手里,黑人新政府上台后缺乏统治国家的经验。同时,津巴布韦在遭受多年殖民统治后,经济落后,在社会财富分配方面非常不平等。独立后津巴布韦政府一直通过各种手段试图提高经济增长速度,但均效果不佳,逐渐暴露出投资少、低增长、高失业和赤字庞大等问题。20世纪90年代,在接受了经济结构调整建议后,津巴布韦也开始精简政府机构,但实施过程中忽略了公务员素质问题,成效并不显著。同一时期开展的国有企业改革效果也并不理想。独立十年后,黑人的实际生活质量并没有提高,民众对政府的信心下降。这些问题均暴露出津巴布韦政府在处理国家事务中能力欠佳。正是这些问题迫使津政府转向土改,从而引发了更多后续问题。政府对国家发展问题处理不当以及自身存在的管理缺陷,使对外援助无法发挥作用。

第五,津巴布韦危机爆发后,南部非洲共同体以及中国等新兴发展中国家对津巴布韦的支持是欧盟援助失效的外部原因。津巴布韦与西方关系交恶后,以英国为首的西方国家对穆加贝政府进行强烈谴责和制裁,但此时非盟和南部非洲共同体在津巴布韦问题上选择了与西方不同的立场。在最开始的英联邦会议中,尼日利亚和南非就主张采取平等对话的和平手段解决津巴布韦危机,奥巴桑乔和姆贝基进行了积极的调和行动。但是英国仍然推动欧盟对津巴布韦实施了制裁。当天,南非发表声明表示遗憾,南共体也提出反对外部势力干涉津巴布韦内政。不仅如此,非洲联盟也反对欧盟国家做出的制裁,坚持非洲问题应该让非洲国家自己解决。原定于2003年召开的欧非首脑峰会也由于英津关系的恶化而搁浅。以英国为首的一些欧盟国家反对津巴布韦参与会议。布莱尔声称若穆加贝参会,他则拒绝出席。面对这种情势,南非等非洲国家明确表示,"不存在没有津巴布韦的非洲大陆,非洲不可分割。我们不能容许他人挑选合作对象"。赞比亚总统姆瓦纳瓦萨甚至表示,如果欧盟不允许津领导人参加峰会,他将抵制该会议,其他非洲领导人也会这样做。[①] 非盟与南共体在津巴布韦问题上的一致立场,有力声援了津巴布韦,削弱了欧盟对津巴布韦的制裁效果。与此同时,中国根据长期秉持的主权平等、不干涉内政、互利共赢的非洲政策,支持非洲人民自己的选择,支持津巴布韦人民自己解决问题,向津巴布韦提供了大量援助。来自国际社会的其他支持也帮助了津巴布韦

---

① 裴广江:《欧非峰会思路不转僵局难开》,载《人民日报》2007年10月9日。

在西方的制裁中渡过难关,导致欧盟援助失效。

第三节 对两个案例的比较与思考

在对加纳和津巴布韦的情况和援助结果进行分别分析后,可以发现加纳在经济和政治方面的双重发展与津巴布韦在遭到制裁后的发展倒退呈现出鲜明的对比。加纳和津巴布韦在前期发展中有诸多相同点,但在民主转型后却呈现出不同的发展路径。两国都是《洛美协定》以及《科托努协定》的成员国,欧盟长期为两国提供发展援助,但欧盟推出带有政治导向的援助政策后,加纳利用援助实现了国家的发展,而津巴布韦则与欧盟关系恶化,国内民主政治倒退,遭到欧盟长达12年的制裁,援助基本宣告无效。本部分笔者将对加纳和津巴布韦案例进行比较分析,探寻导致这一结果的各项原因,并对该结果的影响进行思考。

一 对两国援助结果的比较分析

加纳和津巴布韦,两者都曾是英国的殖民地,在独立后成为英联邦的成员,同英国与欧盟关系密切。两国虽地处不同的区域,但是均资源丰富,气候宜人,并且拥有灿烂的古代文化。国家发展中均经历过强人政治时期,一开始希望走出自己的道路,后来均接受了国际货币基金组织与相关西方国家的建议进行经济结构调整,并逐步开放党禁,实行多党选举的代议民主制。在诸多因素都相同的条件下,加纳同津巴布韦却产生了不同的发展结果,因此,导致截然不同结果的因素值得探究。

(一)历史:独立时间不同造成两国政府执政能力差异

加纳和津巴布韦虽均遭遇了英国的殖民统治,但加纳于1957年就获得了独立,而津巴布韦一直到1980年才摆脱殖民统治,成为独立国家。两国分别是撒哈拉以南非洲第一个和倒数第二个获得独立的国家。独立时间的不同,反映出深层次的问题。

加纳在英国统治时期,大量的矿山、原料加工厂和运输机构的发展产生了一大批无产阶级工人,并逐步建立起强大的工会。无产阶级队伍拥有较高的政治觉悟,成为推动民族独立的中坚力量。此外,加纳的民族资产阶级也在这个过程中成长起来。由于加纳气候过于炎热,因此英国移民较少，从而培养了大量的当地人作为管理人员活跃在社会生活的各个领域，加纳也因此拥有了强大的民族知识分子阶层。在独立前期，大量的当地酋长也加入民族独立运动队伍中。加纳最早获得独立有着充分的内部基础。在殖民统治中由于英国移民较少，给予了加纳当地民众更多的接受西方教育的机会与管理国家的实践。独立后至罗林斯上台前，加纳经历了20多年的发展，虽然曲折不断，但多少积累了国家管理和发展的经验。在罗林斯上台后，才能够最快速地找到适合加纳的发展道路。

津巴布韦的情况则不同，由于拥有广大的肥沃耕地和气候适宜，大量的白人移民在殖民时期涌入津巴布韦，占领了大多数的土地，并实行严格的种族隔离制度。当地的黑人受到英国殖民者的长期压迫和剥削，在经济、政治、教育等多个方面均缺少发展和机会，埋下了对立和不满的情绪。在广大非洲国家纷纷独立后，津巴布韦依然在进行反殖民统治争取独立斗争。津巴布韦没有赶上20世纪60~70年代的全球经济增长浪潮，80年代独立后则面临非洲国家发展的停滞。历史没有给予津巴布韦良好的外部发展机遇和内部发展的实践机会。不同的历史背景塑造了加纳和津巴布韦各自政府和民众在建设国家时能力的差异。

（二）经济：循序渐进与快速土改

在经济发展道路上，加纳和津巴布韦均接受了国际货币基金组织的结构调整建议，建立以市场为导向的经济制度。但是该政策在加纳和津巴布韦收获了完全不同的结果。

罗林斯上台后，为应对经济危机，从1983年至1991年进行了为期8年的经济结构调整和改革，并且在1991年后继续紧跟国内外经济形势进行循序渐进的改革，使加纳的经济和财政发生了重大变化。具体而言，加纳在1985年根据第434号法令成立了全国小型工业署（National Board for Small Scale Industries，NBSSI），旨在管理和促进加纳微型和小型工业增长，使微型和小型企业在经济中发挥重要作用。[1] 此外，加纳还开启了国有企业私有化计划，扶持私有企业，建立自由贸易区，通过新的投资法，加强招商引资能力。这些经济改革计划一直持续到2000年后仍在进行。需要强调的是，加纳所有的经济改革均是渐进的，维持了国内政局的稳

---

[1] 任泉、顾章义编著《加纳》，社会科学文献出版社，2010，第184页。

定。政府能力也在经济改革过程中逐步增强。

津巴布韦则更多展现出改革力度大、推进速度快和政府被动的特点。独立后，穆加贝领导的津巴布韦政府一直宣称以马列主义作为指导思想，并希望在津巴布韦推行公有制的社会主义经济。但作为一个资产阶级执政党的领导人，实行社会主义只是空谈，在发展经济中，该国忽视了外国投资的重要性，使得津巴布韦一直受到资金不足的掣肘。由于长期的殖民统治，津巴布韦民族经济弱小，对进出口贸易依赖性大。然而80年代，国际市场初级产品价格下跌，津巴布韦有优势的矿产品价格亦受到波及，致使该国国际收支状况不佳。之后又遭遇连续三年的严重旱灾，给本来就脆弱的津巴布韦经济带来沉重打击。在多种因素的作用下，津巴布韦被迫接受了国际货币基金组织的经济结构调整建议。在经济改革过程中，西方提出的计划异常苛刻，津巴布韦丧失了改革的主动权。因此，津政府和人民对西方援助国的所作所为非常抵触。全面开放和自由化并没有带来经济发展，穆加贝便开始推行快速的土改计划，从而引发了更严重的经济问题。

（三）政治：主动推进与被动接受

加纳和津巴布韦在20世纪90年代非洲的民主化浪潮中，均开放党禁，实行多党选举的代议民主制。在形式上同样的政治制度，在两国的发展状况也截然不同。究其原因，加纳政府主动推进政治改革，注意把握民主政治发展的主导权，而津巴布韦则比较被动。

加纳的政治改革是在经济改革有了基本成效后才逐渐推进的。80年代初罗林斯上台之时，两极格局依然存在，给予了加纳发展经济的时间。在政治制度上，罗林斯实行的"无党派民主"也没有遭遇过多压力，反而在这个过程中向广大民众普及了民主的相关知识。民主化开始后，加纳并没有立刻开放党禁，而是首先进行了"地方议会与推进民主进程"的大型辩论会，在确定要实行多党民主制后，先用一年的时间编纂了全新的宪法，使全新的政治制度做到有法可依。1992年5月开放党禁后，对政党的注册也提出诸多要求，避免了党派林立和混斗不休情况的发生。在各项条件均完备后，才进行了第一次总统选举。罗林斯领导的加纳政府在民主化进程中把握住了主动权。

津巴布韦独立后，英国作为前宗主国，主导了津巴布韦的政治形态。1979年，在英国政府的主导下，津巴布韦白人政权同穆加贝领导的津民盟在伦敦召开"兰开斯特大厦会议",签署了《兰开斯特宪法》,建立了津民盟为执政党的新国家,在宪法意义上确立多党制政治格局。但是穆加贝领导的津民盟一直追求在津巴布韦建立一党制国家,排斥西方倡导的多党代议民主制。但东欧剧变后,津巴布韦在经济上不得不依赖西方国家,加之受到非洲大陆民主化影响,穆加贝政府在内外压力下,被迫宣布实行"多党制"。津巴布韦的情况与加纳不同,黑人与白人之间的矛盾本来就深,西方势力对津巴布韦国内影响深刻。此外,穆加贝政府在执政过程中,发生过利用执政党地位以权谋私和贪污腐败的问题,造成民众对政府的信任度下降。开放党禁后,津巴布韦的反对党依靠西方的支持,与执政党政见相左,分歧较大,双方矛盾尖锐,多次威胁到津巴布韦政局的稳定。此后多年来,津巴布韦长期处于执政党与反对党的党派内耗中,严重影响了国家的稳定与发展。

(四)领导人:生活经历的不同与领导风格差异

非洲国家获得独立的时间短,政治体系的发展并不完善。许多时候,人治的作用要大于法治。因此,领导人的所作所为对国家的发展影响深远。加纳和津巴布韦均经历了强人政治统治,但由于领导人个人的差异,对两国的发展产生了截然不同的作用。总体而言,加纳的领导人基本都受过西方教育,是典型的西方式政治精英,而津巴布韦的穆加贝则是平民领袖,在治国理念上二者有显著区别。

杰里·约翰·罗林斯(Jerry John Rawlings)的父亲是一位英国商人,虽由母亲养大,但接受了良好的教育,在加纳军事学院、塔科拉迪空军飞行训练学校学习并受训。他对加纳的社会非常了解,成为积极的改革派,其妻柯娜图也曾留学英国,受到西方思想的熏陶。罗林斯本人拥有较强的决断力,体恤民情,并以身作则,在2000年任期满两届后主动退出政坛。后来加纳的领导人库福尔、米尔斯等均曾留学英国,学习法学,是典型的西方教育模式下培养的社会精英,对西方民主有认同感。

罗伯特·加布里埃尔·穆加贝(Robert Cabriel Mugabe)出身于木匠家庭,在非洲本土接受教育。大学期间,他加入了南非非洲人国民大会青年联盟,接受了甘地的非暴力思想,并开始接触马克思主义学说。[①]

---

① 韦祎红:《津巴布韦总统穆加贝》,载《世界经济与政治》1996年第6期,第79页。

因此，穆加贝对社会主义有亲近感。津巴布韦独立后，他始终维护津巴布韦的国家主权，坚持独立发展，反对西方的干涉。但是，穆加贝本人对治理国家缺乏良策，且有强烈的统治欲，在津巴布韦政坛执政长达 36 年。

（五）外交：加纳积极获取西方支持和津巴布韦的"向东看"

外交关系的亲疏不同，使得两国受益不同。在独立后的外交实践中，加纳和津巴布韦虽都坚持独立自主不结盟的外交政策，但加纳与西方国家、欧盟保持了良好的关系，从而获得了源源不断的援助。而津巴布韦则积极同社会主义国家发展关系，反对霸权主义和强权政治，与欧盟关系龃龉不断，采取了"向东看"的外交政策。

加纳罗林斯执政后，积极加入国际组织，向西方国家寻求政治、经济和军事上的支持。长期以来，欧盟都是加纳最大的贸易伙伴。加之加纳在经济结构调整和民主政治发展方面接纳西方国家的意见，欧盟更加重视同加纳的关系，其中英国、法国和德国等欧盟主要成员国每年均将大量资金投入加纳，双边高层互访频繁。另外，对于欧盟提出的保护人权、发展民主和推进良治的发展援助政策，加纳并没有过多抵触，更进一步提升了欧加关系。

津巴布韦则正好相反。穆加贝领导的津巴布韦在殖民时期对殖民者的行径深恶痛绝。独立后，自然将国家的独立自主放在第一位，坚决反对西方霸权国家对津巴布韦内政的干涉，积极与广大非洲国家与社会主义国家发展良好关系，互利共赢。在土改运动中，津巴布韦出现骚乱。欧美对津巴布韦大肆批评，直指穆加贝政府破坏民主和人权。西方国家的行为，严重干涉了津巴布韦内政，遭到穆加贝的坚决抵抗。为此，穆加贝在外交上提出了"向东看"的外交政策，侧重同非盟和中国等新兴发展中国家发展关系，并获得了以南非为首的南共体的支持，与广大发展中国家站在一起，共同应对西方的制裁。

在独立时间、经济改革、政治政策选择、领导人经历与性格和外交政策方面，加纳同津巴布韦都有明显的差异，而欧盟对两者的发展援助政策则完全一致，即要求非洲国家保护人权、发展民主和推行良治。两国诸多的不同决定了欧盟相同的援助政策必然导致不同的结果——加纳利用援助获得了发展，而津巴布韦遭遇制裁，援助失效。

二 对两国不同结果的思考

加纳的发展和津巴布韦遭遇的问题非常具有代表性。它们是众多非洲受援国的缩影。除极个别国家外，大部分非洲国家均面临经济落后、人类发展水平低、治理能力差甚至国家安全形势堪忧等问题。外国援助是帮助非洲国家改善现状、获得发展的重要助力。欧盟/欧共体在二战后开始向非洲提供发展援助，在冷战后逐步提出了保护人权、发展民主和推行良治的对非发展援助政策。该政策的出发点除了欧盟自身利益外，确实也有帮助非洲国家获得发展、提高援助有效性的考虑。相同的援助政策对非洲国家产生了不同影响，结果也有较大差异。将加纳和津巴布韦作为积极和消极案例进行探讨，能够更加全面地评价欧盟对非政治导向的援助。综观两个案例的不同结果，引发以下思考。

思考之一：受援国的国家能力是援助发挥作用的关键。

政治学界对于国家能力理论的探讨非常丰富，其涉及的内容十分广泛，对于国家的构建和发展意义重大。通常而言，国家能力除包括政府能力外，还包括其与社会互动的能力。国家能力对发展中国家更加重要，关系到经济的可持续发展、民主政治的稳步推进以及社会的进步等。欧盟对非援助能否发挥作用的关键在于受援国的国家能力。

在加纳和津巴布韦的案例中，20世纪80年代的发展时期，两国都处于强人政治的统治下，但国家能力有显著差别。加纳通过独立后早期的国家管理活动和罗林斯政府的正确决策在稳定政局、发展经济方面表现优异。而津巴布韦则在艰难摆脱殖民统治后缺乏应对国家的建设经验，即使穆加贝本人拥有较强的个人能力，但国家能力的弱小严重限制了津巴布韦的发展。在欧盟提出带有政治条件性的援助政策后，受援国的国家能力显得尤为重要。加纳政府始终掌握国家发展的主动权、有效避免了欧盟对国家内政的过分干预，并同欧盟保持了良好的关系，获得持续的援助。而津巴布韦政府在掌握国家主动权，有效统治国家和治理社会方面的能力较弱，使得欧盟保护人权、发展民主的政策影响到国家内政，国内的主要反对派依靠欧盟的支持和影响，与政府严重对立。因此，欧盟的发展援助遭到穆加贝政府的抵制，不仅援助效果丧失，还威胁到津巴布韦的政局稳定。

发展援助是发达国家向发展中国家提供的、帮助其实现国家发展的资金或技术等帮助。当欧盟加入人权、民主和良好治理等政治条件后，发展援助便不可避免地对受援国的经济和政治产生双重影响。无论何时，发展援助都是国家发展的外部因素，受援国的国家能力才是提升援助有效性的内因。因此，欧盟的发展援助在加纳和津巴布韦才会产生迥异的结果。非洲国家需要正视援助的作用，过度依赖援助并不能实现国家的真正发展，努力提升国家能力才是维护国家独立自主、有效利用援助的可行之道。

思考之二：对非洲政治和经济发展的同步性和艰巨性的思考。

欧盟援助从一开始的仅关注受援国的经济发展到后来逐渐加入保护人权、发展民主和推进良治等政治条件，显示出非洲发展中国家同时面临经济的落后与政治制度的不完善等问题。经济与政治的相互关系是发展学界争论不休的议题，而二者通常不能兼得。但对于非洲国家而言，经济发展和政治发展在其国家现代化过程中被严重压缩，这些问题不能像先发国家那样逐一分阶段地解决，必须多管齐下，同时进行。[1] 这相当考验非洲国家政治精英和领导人的智慧和能力。在对该政策的接纳与实施过程中，加纳几乎实现了经济和政治的同步发展，罗林斯采取先调整经济并逐步普及民主知识的方式，在国家获得了基本发展后，推进民主政治改革。加纳经济与政治的同步改革与发展一直持续到2000年以后，二者相辅相成。加纳的成功在于有效规避了一些发展中国家在经济发展过程中所面临的政治集权和腐败丛生的弊端，使政治发展和经济发展良性互动，稳步前行。这主要得益于加纳较为成功地掌握了国家的主动权。

在津巴布韦案例中，国家政治和经济的同步发展尤为艰巨。20世纪80年代，由于经济发展效果不佳，津巴布韦被迫调整经济结构，其后又被迫开放党禁，推行民主政治改革。没有经济发展的支撑，政治转型便没有生存的土壤，自此陷入恶性循环，停滞不前。欧盟对非援助是可以借助的外部力量，如果通过合理利用，或许可实现政治和经济的同步发展。但在大部分的实践中，如加纳般获得成功的国家少之又少，使其成为一个特例。主要原因在于欧盟附加政治条件的援助政策的提出看似是为了促进非洲更好地发展，但不能忽视的是，其通过该政策对受援国的内部事务进行干涉，使非洲国家丧失了发展的主动权。

---

[1] 刘青建、赵雅婷：《欧盟发展援助与加纳民主政治发展探析》，载《国际论坛》2016年第2期，第25页。

思考之三：欧盟带有政治导向性援助政策的双重性。

欧盟带有政治导向性的发展援助政策在加纳和津巴布韦的实际效果截然不同，由此可以看出欧盟对非援助政策存在两面性。通过两个案例的比较，可以发现欧盟对非带有政治导向的发展援助具有显著的双重性。

一方面，欧盟带有政治导向性的援助政策确实为非洲带来了某些改变，援助在部分国家也发挥了效用，为受援国的人权改善、民主发展和良治贡献了些许力量。具体表现在以下两点。其一，虽然实际认知有差异，但人权、民主和良治思想已被大多非洲国家领导人和政府所接受。"对于实行资本主义制度和体制的非洲国家的政治精英和领导集团而言，认可这种理念和目标可以在自己的国家获得认同，进而可以在国家的政治经济发展中取得统治的合法性。同时，对民主、人权和良治的接受也避免了与欧盟在援助问题上的矛盾和冲突，防止了欧盟对加纳政治诚意的疑虑，使自己能够在与欧盟的和谐气氛中运用援助资金为自己服务。"[①] 其二，欧盟对非发展援助政策带有的政治条件性事实上严重干涉了非洲国家的内政，但在客观上"充当了历史的不自觉的工具"，在非洲国家的人权改善、民主发展和良好治理的实施方面提供了相应支持。因此，类似加纳等同欧盟关系良好并有较强国家能力的非洲国家，在获得欧盟援助后实现了经济和政治的双重发展。这些国家通过把握主动权，较好地运用了援助资金，并将国家的发展目标与欧盟的要求有机结合，最终使欧盟的援助也充分发挥了有效性。

另一方面，总体而言，加纳的成功毕竟是少数，对于大多数非洲国家而言，欧盟带有政治导向性的援助效果并不显著，甚至给一些国家带来了阻碍发展的负面作用，津巴布韦就是典型案例。因此，必须看到欧盟发展援助的另一面，即该政策存在的诸多缺陷。

首先，欧盟对非援助政策在附带政治条件后，企图用一体适用（One Size Fits All）的方式应对非洲每个受援国的问题。欧盟的这种政策模式是导致援助在非洲国家失效的重要原因。欧盟在制定援助政策时仍然沿用殖民者的思维路径，即确定统一的政策方向，然后把欧盟认为优秀和正确的规范和价值传递给非洲，希望通过资金吸引和不履行条款等奖惩结合的方式促使非洲国家获得人权、民主和良治方面的进步，提升援助的有效性，

---

① 刘青建、赵雅婷：《欧盟发展援助与加纳民主政治发展探析》，载《国际论坛》2016年第2期，第24页。

强化欧盟的国际影响力。非洲国家在独立后虽然均面临经济落后、民众生活水平低下以及政局动荡等问题,但每个国家的问题都是独立且特殊的。对加纳这种国家发展情况良好、拥有相当力量的民族资产阶级和知识分子阶层的国家,向民众普及民主变得更加容易。而对津巴布韦等一些国家能力弱小、较为依赖援助的国家而言,强行推进欧盟的政治条件反而适得其反。并且,欧盟向非洲推广的带有政治导向的援助,是欧盟的美好愿景,并没有充分考虑非洲人民的自主性。比如在人权问题上,欧盟更加关注政治权利;在良治问题中更加强调公民社会的发展。然而这些并不适用于非洲国家的现实。

其次,欧盟的援助政策对不同非洲国家采取的标准并不统一,使非洲国家对该政策的批评声不绝于耳。欧盟在援助中采取的双重标准问题一直遭受发展中国家的诟病,这也是导致援助丧失效果的原因。欧盟对非洲国家的制裁与援助,明显受到利益的驱动,对于资源丰富或者主动向欧盟示好的非洲国家,欧盟为其提供更多的援助,很多时候甚至无视受援国政府对国内人权的践踏,采取袖手旁观的态度,使得欧盟对非援助政策的威信下降。比如,尼日利亚长期同欧盟主要成员国英国、法国保持紧密的贸易往来与合作关系,通过与欧盟开展石油贸易,尼日利亚政府与欧盟均获得巨大收益。然而尼日利亚的腐败情况愈演愈烈,虽然石油贸易收获颇丰,但经济红利并没有惠及人民。在2003年和2007年的选举中,欧盟均向尼日利亚派遣选举观察团,对于选举过程中出现的武装冲突以及奥巴桑乔试图谋取第三次连任的情况,已属于违反了欧盟的政治导向政策,但欧盟并没有开启磋商程序,反而继续向尼日利亚提供援助,帮助其构建公民社会,让人民参与到选举中来。[1] 该现象仅是欧盟对非援助政策实施过程中众多采取双重标准的情况之一。由于该问题的存在,使得欧盟对非援助有效性进一步下降。

最后,欧盟对非带有政治导向的援助政策更多的是对价值观的强调,从而维护自身的利益,因此非洲在人权、民主和良治方面是否获得进步并不是欧盟最关心的问题,这不仅是导致援助结果差异巨大的原因之一,更是欧盟对非援助政策效用低的核心原因。由于欧盟实施援助的根本动因在

---

[1] Anna Khakee, "Nigeira: Conflict, Energy, and Bad Governance", in *The European Union and Democracy Promotion: A Critical Global Assessment*, Edited by Richard Youngs, Baltimore MD: Johns Hopkins University Press, 2010.

于维护欧盟在非洲的影响力,所以非洲的实际情况、非洲国家的反对与批评乃至援助的有效性都成为次要问题。人权、民主和良治作为欧盟的核心规范,是欧盟维持国际影响力的重要价值观。无论如何,欧盟会坚定不移地在世界范围内对这些规范进行推广和宣传。此时,欧盟最关注的问题并不是非洲国家在援助投入后人权、民主和良治是否有进步,而在于非洲国家是否通过接受援助而认同了欧盟的价值观。欧盟对非援助政治导向的象征意义早已大于实际意义。故而,非洲国家在接受援助后才会产生迥异的结果,但那已不再是欧盟关心的焦点所在。

综上所述,通过分析加纳和津巴布韦案例,笔者更深入地探寻了欧盟援助在不同非洲国家结果不同的原因。除了加纳和津巴布韦在国家自身条件,诸如历史、政治、经济等方面存在差异外,欧盟对非援助存在的两面性更是导致当前援助效果迥异的原因。其中最主要的原因在于欧盟对非援助政策的核心关注是维持其在非洲国家的影响力,人权、民主和良治因而必然被选择加入援助政策中。在实施过程中,欧盟试图用一体适用的方式将援助投入每一个受援国,并在实际考量中采取双重标准。欧盟非洲援助政策存在的问题严重限制了援助作用发挥。加纳和津巴布韦仅是众多非洲国家中的代表性案例,由于上述原因,欧盟带有政治导向性的援助政策在非洲的实际结果并不尽如人意。

第六章 欧盟对非洲援助政治导向的影响

冷战后，在内外因素的影响下，欧盟逐步调整发展援助政策。在其对非援助政策中加入了保护人权、发展民主和推进良好治理等附带的政治条件引导其发展。撒哈拉以南的非洲发展欠佳，欧盟是其最大的援助方。因此，欧盟政治导向同时作为非洲国家获得援助的前提以及获取援助后希望达到的目标，深刻影响了冷战后至今非洲的经济与政治发展走向。在之前的章节中，笔者通过对欧盟对非援助政策的梳理，结合理论对比了欧盟同非洲在人权、民主和良治方面的实施情况与不同视角，分析了欧盟对非带有政治导向援助的结果，并以两个最具代表性的国家——加纳与津巴布韦作为案例审视了欧盟对非援助产生的效果与造成该结果的原因。在本章中，笔者将对全文进行总结，借鉴欧盟的经验教训为中国对非援助政策的优化提出参考建议，并探讨中、欧、非三方合作以及中欧共同促进非洲发展的可行性。

第一节 欧盟对非洲援助政治导向的影响

欧盟自1989年第四个《洛美协定》加入人权条款以来，至2000年《科托努协定》出台时加入良治条款，欧盟正式完成对非援助政策的调整。带有政治导向的发展援助迄今为止已实行二十多年，过程中虽有些许调整，但欧盟援助的人权、民主和良治条件从没有改变过。可以说，该政策几乎塑造了21世纪以来的欧非关系，实施多年来，欧盟对非带有政治导向的援助政策对非洲、欧盟自身以及欧非关系均产生了深刻影响。

一 欧盟对非援助政治导向对非洲的影响

欧盟调整援助政策，提出人权、民主和良治等政治条件虽综合考量了自身利益，但实现非洲发展、提高援助效率也是非常重要的政策出发点。在具体政策中，欧盟要求签订《科托努协定》的非洲国家主动承诺保护和改善人权、施行多党选举的代议民主制，并且推进良好治理，包括提高政府职能和鼓励公民社会发展等。在援助的分配中，欧盟也逐渐将更多的资金投入受援国减贫和改善治理能力方面。如果受援国在这些方面有明显进步，欧盟将给予更多的援助，帮助其进一步发展。如若发生欧盟认为的践踏人权、破坏民主等行为，将对受援国政府进行制裁或者停止援助等。由于非洲国家极度缺乏国家发展的资金，对欧盟的援助有极强的依赖性，即便欧盟的政治导向援助政策明显干预了非洲国家的内部事务，一些政策建议甚至违背其意愿，但绝大多数非洲国家均接受了这些条件。结合上文的分析，欧盟带有政治导向的发展援助对非洲产生的影响如下。

首先，21世纪以来欧盟对非援助的总量和非洲的人权发展情况均呈现出逐渐增长的趋势。在分析中发现，欧盟援助对某些非洲国家的人权发展确实起到了一定的作用，但证明援助起反作用或者相关性不大的国家数量更多。在援助是否发挥作用并对受援国产生影响的问题上，有一定的规律可循。总体而言，如果受援国长期同欧盟保持良好的双边关系、认同欧盟的规范、政局长期较为稳定，援助则较易发挥作用，欧盟对这类国家的人权发展影响相对大一点。在向非洲国家投入援助的促进人权发展方面，受援国的经济情况与政府能力不是重要的参考因素。而且，欧盟对非的人权援助并没有坚持严格和统一的评判标准，这是导致人权援助当前结果的重要原因。

其次，欧盟坚决要求非洲实行多党选举的代议民主制，利用"欧洲民主和人权工具"（EIDHR）派遣选举观察团或通过严厉制裁等手段迫使西方民主制在非洲得到了普遍建立。民主导向是欧盟强烈坚持的援助附带政治条件，足见欧盟对于制度影响力的重视。在欧盟实施对非援助的民主导向后，为重回西方民主的非洲国家的政治制度巩固提供了大量的资金，在一定程度上助推了西方民主制在非洲的发展进程，但民主巩固过程则充满坎坷。根据经济学人智库发布的民主指数数据显示，自2006年至2016年，非洲国家的民主状况并没有得到明显改善，集权政府的数量不降反升。在实际中，无论在关注度还是资金投入方面，欧盟对非洲民主均倾注更多。但非洲民主的现状是西方民主的制度框架已建立，非洲精英阶层也逐渐认同民主对非洲发展的重要性，但无西方民主之实——民主质量较差，基本宣告欧盟对非援助的民主导向失效。

再次，欧盟在近年来将更多的援助投入治理领域，旨在通过推进非洲国家良好治理以带动人权和民主等其他方面的全方位发展。就实践效果而言，欧盟在良治方面的资金投入走势与非洲治理指数均呈现出上升趋势，说明欧盟在非洲的良治方面影响较大。具体分析中发现，欧盟对非良治援助实际发挥作用的非洲国家依然数量有限。该结果说明，欧盟和非洲均已意识到良好治理对于非洲发展的重要性，但推进良治的核心力量应来自受援国内部，欧盟的治理援助仅是外部因素，非洲治理的发展依然要靠非洲国家自身。良治援助对非洲的影响总体而言喜忧参半。

总体而言，欧盟对非带有政治导向的援助政策在观念上深刻影响了非洲国家，在非盟以及诸多非洲国家的发展规划中均明确提及保护人权、发展民主和推进良治，欧盟的规范和观念通过援助获得了更广泛的宣传。在实践中，援助是否发挥效果与受援国实际的人权民主状况和国家能力并无非常直接的关联。由于国家众多，情况复杂，欧盟援助在不同非洲国家效果不一。综合来讲，虽然欧盟的援助在一些具体案例中切实促进了非洲国家经济与政治的发展，但受到多方因素影响，欧盟对非援助的人权、民主和良治导向的总体效果并不尽如人意。通过接受援助获得人权、民主和良治等全方位发展的非洲国家数量有限，大量非洲国家的现状并没有明显改观，国家运转依然严重依赖欧盟援助。因此，非洲债务及发展组织发布的报告中明确指出："在全球范围内，仍没有采取多少努力以建立增进国际政府机构整体效率的机制，包括通过改善国家自主权，在减少贫困及不平等方面提高效率以及产生可衡量结果的操作以及与捐助国及私人领域更紧密的合作等各方面。与此相似，以供应驱动的技术支持仍旧未经改革，继续对政策性附加条件有利，损害着各受援国的自主权。"[①]

二 带有政治导向的援助对欧盟及欧非关系的影响

欧盟对非带有政治导向的援助政策虽然目标是推进非洲国家实现人权的保护、民主的发展和良治，但在实践中，对非洲国家所产生的效果并不相同，总体而言并没有实现援助的目标，甚至有些非洲国家由于欧盟的援助国家的经济和政治发展受到负面影响。然而，欧盟依然坚决推行该援助政策，虽然在政策解释上进行了调整，但人权、民主和良治作为核心内容，并没有改变。究其原因，带有政治导向的援助是欧盟在非洲实现利益

---

① 〔英〕乔纳森·格伦尼：《良药还是砒霜？援助并非多多益善——非洲援助之惑》，周玉峰译，民主与建设出版社，2015，第95页。

最大化的选择。同时，该政策传递了21世纪以来欧盟非洲政策的核心理念，作为欧盟"规范性外交"最重要的载体之一，政治导向援助深刻影响了欧非关系的发展。

（一）带有政治导向的援助对欧盟的影响

欧盟援助政策调整后，该政策对欧盟带来了诸多有利于自身的影响。其一，该政策强化了欧盟对非洲的影响力，维护了欧盟成员国的国家利益。二战后，非洲国家纷纷独立，使前宗主国对非洲国家的影响力减弱，欧共体为此推出《罗马协定》《雅温得协定》等通过贸易和援助维持对非洲的影响。冷战后，尤其是21世纪后，欧盟对非影响力持续降低，带有政治导向援助政策的提出，一方面使欧盟持续对非洲国家经济实施影响，另一方面逐渐将影响扩展到政治领域。将非洲国家与欧盟更紧密地联系在一起。尤其在英国和法国的前殖民地，诸如法语非洲国家在经济和政治方面均受到法国的深刻影响，这些国家包括布基纳法索、多哥、利比里亚、几内亚比绍和马里等。以上证据充分证明了欧盟主要成员国依然对非洲国家的发展产生重要的影响。与非洲国家紧密的关系保证了欧盟成员国的经济利益，同时维持较强的国际政治影响力。

其二，该政策切实提高了欧盟的国际政治地位，增强了欧盟规范在世界范围内的认同度。欧洲联盟不算严格意义上的国家，但依然试图追求与其经济地位相匹配的国际政治影响力。由于欧盟的特殊性质，其无法如美国般通过军事实力实现该目标。因此欧盟选择了自身的强项，即从制度和规范层面入手，发挥欧盟的国际影响力。在实际操作中，仅仅通过双边高层的口头承诺或联合宣言对提升影响力并无显著的作用。发展援助便成为欧盟的着眼领域，通过在发展援助中提出保护人权、发展民主法治和推行良治等要求，受援国为了获得援助将无法拒绝欧盟的条件，其宣传的核心规范在客观上传播到了广大发展中国家。在欧盟多年的坚持下，虽然遭到受援国的抵触与批评，具体认知依然存在差异，但人权、民主和良治等观念已在世界许多国家中得到确认。尤其良好治理的理念，就是经过欧盟政界和学界多年不断完善和强化而得以推广的。可以说，带有政治导向的发展援助政策帮助欧盟成功地宣传了欧洲规范，使国际社会对欧盟产生了"规范性力量"的认知。

其三，通过附带政治条件的援助，欧盟从道义层面提出了对非洲的

"关怀"，援助政策更易获得欧洲选民的支持。在冷战时期，欧共体对非洲的援助集中在经济领域，一方面试图通过促进非洲经济增长帮助非洲发展，另一方面则是为同苏联的社会主义阵营进行对抗，争夺势力范围。然而长期的援助并没有成效，大量的援助遭到欧洲民众的质疑。冷战后，欧盟将人权、民主和良治作为提供援助的前提条件与政策目标。该政策提出了更多听起来"美好的"愿景，给予欧洲民众对援助新的认知，即非洲在人权保护、民主发展和治理水平方面是存在缺陷的，欧盟以人权、民主和良治为导向的发展援助能够从根源上解决非洲的发展问题。该援助政策的解释将欧盟置于道德的制高点，对外宣传中掩饰了对自身利益的追求。众多欧洲民众赞同欧盟在人权、民主和良治方面帮助非洲，推动非洲的政治发展，进而保障经济的可持续增长。欧盟带有政治导向的发展援助使欧洲民众获得了更多的价值优越感，使执政党的援助政策获得了更多的支持。

（二）带有政治导向的援助对欧非关系的影响

欧盟调整对非援助政策，加入人权、民主和良治等政治条件后，该政策曾一度遭到非洲国家的抵制和谴责。但迫于非洲国家自身发展的需要，大多数非洲国家认可了欧盟提出的条件。在这个过程中，欧非关系发展遭遇坎坷，也取得了一些成效。具体表现在以下几个方面。

其一，欧盟对部分非洲国家的制裁严重干涉了非洲国家内政，致使欧非双方在该问题上发生交锋，给欧非关系发展带来负面影响。津巴布韦案例引起的欧非关系遇冷就是典例。原定于2003年举行的第二届欧洲首脑峰会由于英国同津巴布韦的矛盾而搁浅，两国的矛盾引起欧盟同非盟关系的不稳定因素增加。双方针对欧盟附带政治条件的援助政策意见相左。欧盟国家一直存在长期的优越感，援助附带政治条件后，欧盟在非洲问题上更加重视一国是否尊重人权、发展政治民主、推动国家及社会的良好治理。津巴布韦的领导者穆加贝没有按照其既定路线施政的举动引起了巨大的连锁反应。在大部分类似的国际事件中，非洲国家在遭受制裁后会选择对自身政策进行调整以适应欧盟的要求。而穆加贝个人有过艰苦的争取民族独立的经历，因此格外看重国家的独立自主，反对外来干涉。对英国及欧盟等西方国家的干涉行为深恶痛绝。他将这些对津巴布韦的制裁行动看作殖民主义的迫害。在穆加贝眼里，将土地归还黑人民众是去殖民化的继续，土地在非洲人眼里不是单纯的商品，它有着更深的政治含义，赢得土地意味着在反殖民主义的战争中取得胜利。① 正因如此,穆加贝的思想受到广大非洲人民的认同,他有着成千上万的支持者。非洲其他国家在维护主权、反对干涉内政问题上同津巴布韦是一致的。由于欧盟和非洲国家在津巴布韦问题中不同的出发点和视角使得矛盾无法调和,使欧盟对非援助政策遭受挫折,致使双边关系不稳定性增加。

其二,欧盟通过带有政治导向的援助政策,主动向非洲宣传欧盟规范,通过发展双边战略合作伙伴关系强化欧非关系。机制完善以及政策的公开透明是欧盟制度建设的优点,在向非洲推行带有政治导向的援助政策过程中,欧盟同非洲积极开展双边关系的制度建设,将人权、民主和良治规范加入双边合作的官方文件中,在制度层面强化欧盟的价值观,努力促成非洲对欧洲规范的认同。随着政治导向援助政策的推进,欧盟同非盟及其成员国之间也建立起以保护人权、发展民主和推进良治为共同目标的战略合作伙伴关系。2005年12月,欧盟理事会推出了全新的对非战略文件《欧盟对非战略:走向战略伙伴关系》,其中提出:"成功的发展需要坚持改善人权、民主原则和法治、有效治理的政府以及强大高效的制度。"② 2007年12月,第二届欧非峰会中,欧盟同非洲通过了《非洲—欧盟战略伙伴关系——非欧联合战略》文件,该文件确定了欧非伙伴关系的五个优先发展领域,其中第二个领域名为"民主、人权和良好治理",通过历届欧非峰会,双方制定适宜的发展路线图,逐步完善合作政策,而人权、民主和良治则作为核心原则不断深化。

其三,大量援助的投入加深了非洲对欧盟的依赖,欧非关系逐渐向高政治领域纵深发展。在援助政策调整之前,非洲国家经过几十年的去殖民化,逐步淡化了与欧共体及其前宗主国的政治联系,欧盟/欧共体成员国主要同非洲国家保持着传统的经济关系,通过发展援助为受援国的经贸领域提供必要资金。进入21世纪后,援助总额不断增长,在非洲国家国内生产总值的比例越来越大,加深了非洲国家对欧盟的依赖。其中,贝宁、布基纳法索、加纳及塞内加尔,接受援助约占其国内生产总值的10%,并

---

① Sabelo J. Ndlobu - Gatsheni, "Making Sense of Mugabeism in Localand Global Politics: 'So Blair, you're your England and let me keep my Zimbabwe'", *Third World Quarterly*, Vol. 30, No. 6, 2009, p. 1140.

② Council of European Union, The EU and Africa: Towards A Strategic Partenership, http://europa.eu/rapid/press - release_PRES - 05 - 367_en. pdf.

且已经持续了30年时间,在布隆迪、卢旺达、赞比亚及许多其他国家,这个数字接近20%,而在莫桑比克及利比亚更是达到30%,几内亚比绍自20世纪80年代接受的援助平均占其国内生产总值的44%。[1] 对援助如此高的依赖在世界范围内均十分罕见。在这样条件下,诸多非洲国家的发展根本无法离开欧盟的援助,在这个过程中对非洲国家能力和自主性会产生负面影响,客观上造成了双边关系在经济上的无法分割性。值得注意的是,欧盟带有政治导向的援助实施后,欧非经济依赖关系开始向政治领域发展,欧盟利用发展援助对非洲的政治发展进程施加影响,同非洲建立起的关系将更加稳固。特别是双边关系在欧盟施加了人权、民主和良治的政治价值观念后,其影响力是难以估量的。

三 欧盟对非政治导向的援助存在的问题

欧盟对非援助进行调整而加入人权、民主和良好治理等政治条件后,是对其援助无效的修正,以期提升援助的效果。但由于欧盟自身的问题以及实施过程中并未考虑非洲国家的实际情况,使得该政策的实际收效不足。具体而言,欧盟对非带有政治导向的援助存在以下问题。

首先,欧盟主要成员国的利益左右决策破坏了援助的公平性。欧盟作为超国家行为体,有在国际社会中追求国际政治影响力的需求,但这种追求主要为成员国带来集体利益。在欧盟政策的制定过程中,则需要所有成员国的协商和博弈。欧盟虽已形成诸多超国家机构,对外代表欧盟处理相关事务,但核心政策依然由欧洲理事会(European Council)商讨决定,各国首脑在其中首先考虑的必然是自身的国家利益。即便所有成员国拥有平等的投票权,但作为主要成员国的英国、法国、德国由于负责绝大多数的非洲援助,因此在对非政策上有绝对的主导权。主要成员国同非洲国家的关系不仅会影响实际的援助分配,一些偶然性事件还会影响到欧非关系。例如,西非地区国家大多是法国的前殖民地,即便在独立后,法国依然同西非国家保持紧密的联系,并且将更多的援助投入该地区,破坏了援助的公平性。再如,英国与津巴布韦在土改问题上交恶,使得津巴布韦遭受巨大打击,英国还进一步要求欧盟实施对津的

---

[1] 〔英〕乔纳森·格伦尼:《良药还是砒霜?援助并非多多益善——非洲援助之惑》,周玉峰译,民主与建设出版社,2015,第24页。

制裁，并直接导致第二届欧非峰会一度搁浅，给21世纪欧非关系的深化带来负面影响。尽管欧盟试图在国际社会中展现其独立的一面，但依然难免受到主要成员国政策的影响。

其次，欧盟对非援助的机构和项目过于冗杂，致使难以取得一致的政策效应，核算难度也相应增加。欧盟对非援助的优点在于机制化程度高，但该特点也带来诸多问题，这与欧盟自身特性息息相关。欧盟在处理内部事务时，就面临成员间、成员国与超国家机构间、超国家机构之间等多重关系与问题。为此欧盟设计了各类规则、制度与组织以更好地应对多层治理。欧盟的这一特性也反映到其对非援助中。欧盟对非援助包含领域广泛，欧盟委员会和共同安全与外交政策中均有涉及对非援助的部分，具体援助工具的种类也数不胜数，比如安全方面的非洲和平与发展基金、促进稳定与和平工具（IcSP）、民主方面的欧洲民主和人权倡议、整体政策方面的发展合作工具，等等。这些工具虽各司其职，但是工作过程中不免有交叉部分，缺乏一个整体的统筹机构。另外，由于欧盟的资金投入需要层层把关和监督，使得援助资金的投放时间加长，时效性降低。并行的对非援助项目和机构虽然保证了援助基金的多元与充足，但也确实造成了浪费。

再次，欧盟依自身意愿规划对非援助，主导进程，忽略了非洲国家的切实需求，其政治导向的发展援助政策极大地干涉了非洲国家的内部事务，违背了主权平等的国际关系准则。虽然欧盟近些年在欧非战略伙伴关系文件中反复强调同非洲是平等的伙伴关系、双边关系要实现共赢，但在对非援助中，长期养成的思维定式难以改变。早在《罗马条约》和《雅温得协定》订立时，欧盟就是以海外国家和领地来称呼非洲国家的，体现在欧共体同非洲的关系中，其处于给予资金、确定受援国发展方向的优越地位。尽管在第三个《洛美协定》后欧共体开始反复提及平等互利，但加入的人权、民主和良治等政治导向依然向非洲提出了各种严苛条件，即在欧非关系中，欧盟始终是自带优越感的主导方。非洲国家诸多培养自主性的政策均遭到否决，必须按照欧盟提出的政策建议进行经济与政治改革。很多时候，欧盟均有针对性地选择援助项目，将欧盟的利益置于首位，自然无法为非洲的发展做出实质帮助。这不仅加深了非洲对欧盟的依赖，而且对非洲国家独立自主的发展造成损害。这是欧盟对非援助政策的重大弊端。

第二节 欧盟援助政策对中国对非洲政策的启示

虽然欧盟对非援助存在诸多问题,但仍然可以从中得到一些启示。这有利于当前中国对非援助政策的调整。长期以来,中国的对非政策重点关注经贸领域,坚持不干涉内政、平等互惠的原则受到非洲国家的欢迎,对深化中非合作意义重大。然而,长期将合作囿于经贸领域也给中非关系的持续发展造成困扰,为中国对非外交提出新挑战。深入思考欧盟对非政治导向援助政策的发展演进及实施成效对中国对非政策具有启示意义。

一 启示之一:历史与现实对接,合理运用传统优势维护双边关系

欧盟充分利用带有政治导向的援助政策,努力消除自殖民时期以来欧非关系存在的龃龉。通过全新的形式,实现了历史和现实的对接,进一步巩固了欧盟在非洲的影响力。受到近代奴隶贸易和殖民历史的影响,客观上造就了传统欧非关系的联系。二战后,非洲自主意识觉醒,不断消除殖民主义的影响,摆脱宗主国的控制。进入21世纪后非洲独立自主意识达到高峰,欧盟对非洲的影响力有所下降。

鉴于上述情况,欧盟提出"规范性外交"政策,利用殖民历史中欧洲对非洲潜移默化影响的传统优势以及对非援助逐步改善欧非关系,消除非洲对欧洲的固有印象,并在21世纪后推出全新的欧非战略伙伴关系,强调双方地位的平等。非洲发展在2011年后呈现"马赛克化",即非洲的发展区与不稳定区已经超越了国家边界,在大陆、地区和国内层次上同时呈现发展区与不稳定区相互交织的现象。[①] 而以欧盟为首的西方国家对非洲的公民社会以及非政府组织有较大的操控力,这些方面成为解决超越国家边界问题的重要影响因素,欧盟在非洲问题上保持了传统优势,并不断拓展和深入。可以说,21世纪以来的欧盟对非政策实现了在非洲保持传统优势的同时,进一步改善了非洲对欧盟的态度并建立起更加紧密的双边关系。这个过程中,欧盟充分利用了同非洲的历史联系,根据现实情况的变化对政策进行合理调整,维护了自身利益。

---

① 张春:《大国对非政策的差异化发展及对中非关系的影响》,载张宏明主编《非洲发展报告:中国在非洲的软实力建设:成效、问题与出路》,社会科学文献出版社,2015,第182页。

中国同非洲的关系与欧盟不同,但欧盟对接历史与现实以发展新形势下的友好关系值得借鉴。今天中国也需要通过有效调整政策延续历史上的双边友好关系使其获得深入发展。中国同非洲一样,遭遇过殖民统治,经过坚持不懈的斗争才换来国家的独立自主。二者在历史上有天然的亲近感。中华人民共和国成立后,中国把发展同亚非拉国家的关系放在了重要地位,并作为新中国独立自主、和平外交路线的重要组成部分。[1] 在国际社会中同非洲国家相互帮助,共同进退。改革开放后,中非关系转而侧重经济合作。进入 21 世纪以来,中国坚持"既授人以鱼,更授人以渔"的处事方式,中非间经贸关系持续发展,正如莫约(Dambisa Moyo)所言:"中国是用经济的力量而不是用枪炮来征服非洲的。"[2] 虽然中非关系发展至今经历了些许政策变化,但中国对非外交一直强调双边的"兄弟情谊"。

然而,近 30 多年中国与非洲的经贸合作不断深入发展的同时,随着非洲和国际局势的变化,中非传统友好关系的基础和许多传统共识正面临挑战。一方面,在应对非传统安全问题上,中非间的合作经验较少。该环节的薄弱使得中国自身利益受损,诸如恐怖主义、疾病传播等问题损害了中国企业的利益,马里丽笙酒店人质事件也威胁到中方人员的人身安全。另外,随着经贸关系的广泛发展而产生的新问题也使得中国在应对非洲发生的新情况中力不从心,影响了中非关系的发展。另一方面,中国在对非关系的理念宣传中长期强调传统友谊,加剧了国内民众对于中非合作的误解。有观点认为中国应将援助非洲的资金投入国内改善民生,不应"打肿脸充胖子",因为国内面临更紧迫的发展问题。

虽然中国同非洲的历史关系有着传统友谊,但如今的诸多变化使得仅仅强调这种历史联系已经不能为中非关系的持续发展带来更大的助益。中国需要转变思维,借鉴欧盟的经验使传统关系具有新的活力。具体而言,欧盟推出对非"规范性外交",通过援助手段实施。于中国,则应坚持中国特色的义利观,"创造性介入"非洲发展进程。2014 年 11 月 28~29 日,习近平总书记在中央外事会议中强调:"中国必须有自己特色的大国

---

[1] 刘青建:《当代国际关系新论——发展中国家与国际关系》,清华大学出版社,2004,第 243 页。

[2] 〔赞比亚〕丹比萨·莫约:《援助的死亡》,王涛、杨惠等译,世界知识出版社,2010,第 74 页。

外交，要把合作共赢理念体现到政治、经济、安全文化等对外合作的方方面面。要坚持正确义利观，做到义利兼顾，要讲信义、重情义、扬正义、树道义。"① 在新时期的对非关系中，明确"正确义利观"，走出一条中国特色的合作共赢道路，进一步赢得非洲民心，"创造性介入"并参与非洲事务，从而延续和巩固中非之间的优良关系。

二 启示之二：发挥自身优势，重视观念与规范的影响力，加强软实力建设

欧盟/欧共体的对非政策充分利用了欧洲的价值规范，通过带有政治导向的援助增强对非洲的影响力。规范制度主义认为，制度影响其成员的价值，价值进一步影响了行为。② 因此，制度确立后产生的构建作用不容小觑。欧盟对人权、民主和良治等规范的积极推广，从上述制度层面对非洲产生影响，在一定程度上塑造了 21 世纪非洲的政治发展进程。由此可见，发掘共通而有利的价值观并融入其政策，增强认同度，对于中国同非洲关系的持久发展将会产生积极而重大的作用。

在对非政策中，欧盟重点选取了人权、民主和良好治理，这主要基于欧盟在这些领域发展历史悠久，积累了丰富的经验，是最具自身优势的价值观，同时也是最能对非洲产生影响，得到民众认同促使欧盟维护利益和获得影响力的制度规范。在具体实践中，欧盟将人权、民主和良治渗透到制度构建中，通过签署双边条约与实施援助项目达到推广欧洲价值规范的目的。其一，人权、民主和良治等价值观在冷战后，尤其是 21 世纪以后被运用在每一次重要的欧非交往中。2007 年，欧非伙伴关系通过《欧非联合战略文件》(The Africa – EU Strategic Partnership：A Joint Africa – EU Strategy) 得以确立。伙伴关系确立的五大目标中，明确提出促进和平、民主、良治和保护人权。指出要"建立稳定而有效的多边合作机制，并拥有强大、有代表性和合法的制度"。③ 2015 年，非盟"2063 年议程"的第

---

① 习近平：《中国必须有自己特色的大国外交》，《新华每日电讯》，http://news.xinhuanet.com/mrdx/2014 – 11/30/c_133822833.htm。

② 〔美〕B. 盖伊·彼得斯：《政治科学中的制度理论："新制度主义"》，王向民、段红伟译，上海人民出版社，2001，第 147 页。

③ EU and AU, The Africa – EU Strategic Partnership：A Joint Africa – EU Strategy, http://www.africa – eu – partnership.org/en/about – us/what – partnership.

三个愿景明确提出:"我们期望到 2063 年时,非洲是一个实现良治、民主、尊重人权和法治的大陆。"① 由此可见,在欧非伙伴关系以及非洲自身理念中,欧洲的价值观已被确认,并得到非洲的认可。其二,在双边援助政策和项目中,欧盟也反复提及对人权、民主和良治等价值观的推崇。除了核心援助政策文件外,欧盟同非洲受援国签署的国家指示计划中,也均会表述这些价值观,其中良好治理几乎体现在每一个国家的援助政策文件中。以上事实充分表明,作为软实力的价值观已经潜移默化地融入非欧关系之中,其影响和作用将是持久的。

就中国而言,近年来,虽然经贸领域中中非合作关系发展得如火如荼,但中国对非软实力作用仍然较为弱小,给双边关系的深入持久发展带来困扰。其原因一方面在于,中国在对非关系中没有充分利用自身优势;另一方面还在于,中国对非务实的外交风格在有意无意中忽视了对自身价值观的弘扬。以上两方面的问题以及来自西方的诟病造成了非洲民众对中国的误解。因此,中国应在弘扬和传播自身价值观,加强中国在非洲的软实力建设方面做出努力。

具体而言,中国在改革开放后对内坚持深化发展、对外坚持和平与互利共赢的理念就是中国最强大的价值观,即和平观与发展观。二者是中国应该重点弘扬的价值观,应下大力让非洲和世界知晓。《〈中国的和平发展〉白皮书》是对中国和平观和发展观的最权威解释。

> 中国和平发展的不懈追求是,对内求发展、求和谐,对外求合作、求和平。具体而言,就是通过中国人民的艰苦奋斗和改革创新,通过同世界各国长期友好相处、平等互利合作,让中国人民过上更好的日子,并为全人类发展进步做出应有贡献。这已经上升为中国的国家意志,转化为国家发展规划和大政方针,落实在中国发展进程的广泛实践中。②

中国应坚持不懈地践行和平发展白皮书中设定的目标,并且在对非政策中与《非盟宪章》与"2063 年议程"中关于和平与发展的观念接轨。

---

① African Union Commission, Agenda 2013: The Africa We Want, http://agenda2063.au.int/en/sites/default/files/01_Agenda2063_popular_version_ENGs.pdf.
② 国务院新闻办公室:《〈中国的和平发展〉白皮书》,人民网,2011 年 9 月,http://politics.people.com.cn/GB/1026/15598623.html。

具体而言，在和平观方面，中国应坚持和平共处五项原则，在国际社会中同发展中国家一道，为国际关系民主化做出积极的贡献，成为国际社会负责任的大国。这已经为世界所知晓，但仍需下全力贯彻到中国对非援助之中。在发展观方面，应向非洲传达正确而全面的中国发展观，即虽然中国在发展中拥有诸多优秀经验，但并不会将其强加于非洲，每个国家都有自身独特的国情，中国鼓励非洲国家独立自主，制定符合自身国情的发展道路。如若需要，中国将毫无保留地同非洲分享发展经验并提供各项支持。与此同时，中国也可以借鉴欧盟推广价值观的方式，即通过多渠道，在双边政策文件、优惠贷款、援助项目以及民间交流中加强对中国优势价值观的宣传，寻求双方在和平与发展价值观上的认同感，从而使非洲认识到中非发展的共生共荣，消除部分民众对"中国威胁"的担忧。

三　启示之三：总结自身独特经验，建立制度纽带促进交往

欧盟的对非政策除了利用历史联系、发挥优势价值观对非洲进行影响外，还通过建立制度纽带，向非洲传授自身独特经验来巩固制度性影响，最终实现维护欧盟利益的目标，这也是中国可以借鉴的方面。

在通过建立制度、传递独特经验方面，欧洲一体化经验在非洲得到了较为成功的传播。欧洲一体化是欧盟最引以为傲的经验，除了包括欧盟的组织架构外，还包括议事程序、办事规则以及规章制度等，是一个丰满的庞大体系。在欧盟的积极推进下，非洲联盟基本以欧盟为蓝本建立，欧盟的理事会、委员会和议会均可在非盟中找到相应的机构。在司法机构的设置上，非盟依然参考了欧盟的做法。同时，欧盟通过发展双边关系，将自身独特的经验和做法传递给非洲国家，具体包括以较为完善的法律文件确认双边关系，并建立常设的负责条约和项目的运行部门，拥有完善的评估体系，数据较为公开透明。通过协助和指导非盟建设，使得欧盟在制度构建和运行的方方面面对非洲产生持续的影响。欧盟运用独特经验，通过援助建立制度纽带开展欧非关系，以己之长，减少成本，增加了政策成功的概率。通过制度维系的欧非关系更加稳固，因为制度的变迁或者消亡需要很长的时间与多方的作用。欧盟带有政治导向的援助政策为其带来诸多益处，这种通过制度维系和发展同非洲关系的方式可以被充分借鉴。

同欧盟相比，中国在对非关系的制度建设方面则比较薄弱。首先表现在，中国对非行动缺乏统一管理部门，涉及非洲事务的政府部门众多，职

责不够明晰，导致信息不对称，降低了中非合作成效。白小川认为，"中国在非洲事务上实行多头管理，各种复杂的行为体也带着各自截然不同的目标参与进这一领域，这给中国的领导人处理政策主体和实施者之间的繁杂关系提出了挑战"。[①] 其次，中国在对非投资和援助方面缺乏明确的法律法规，当援助过程中出现问题时没有统一的解决办法，也无配套的相应监管部门，不利于中国政府及企业在非洲的长期发展。由于该问题的存在也促使非洲国家在近期的中非合作项目中提出更多要求，诸如要求中国企业更多雇用当地员工，履行企业责任；希望加强对中资企业的管理，对中国产品进行一定的质量把关；还有要求中国开展更多的技术培训与转让，等等。再次，中国推进双边关系的中非合作论坛虽不乏召开会议和发布联合宣言的形式，也有三年一次合作规划，更有遍及全国的不同层次的合作者，但缺乏统一的合作规范和规则，且规范、规则的制度化程度远远不够。当前，中国在同非洲关系的制度建设方面与欧盟存在差距，因此加强对非制度建设与实践是必需的，诸如可以借鉴欧盟建立独立的对非事务统筹部门；完善对非援助制度，让非洲国家更加"放心"同中国合作；强化中非合作论坛组织架构的职责性，整合过多过杂的多项会议，形成合力，等等。

中非双边关系制度建设可以帮助中国改善当前对非关系，但是并不能够从根本上确立中国对非关系的自信。因此，充分总结自身独特经验，将其融入制度建设中去，使建成的制度能够持续地帮助中国弘扬价值观和经验才是真正提升中国对非软实力的根本办法。这也是欧盟对非洲进行规范性外交、通过援助产生制度性影响为我们提供的重要启示。那么，充分考量中国情况后，笔者认为，多年以来持续而快速的国家发展，是中国最为引以为豪的经验。中国的发展经验可以总结如下："第一，中国的改革开放是一个综合体系工程，中国的经济发展奇迹是与中国的政治和社会改革同步进行并相互促进的；第二，中国的成功要归功于正确处理和摆正改革、发展与稳定这三者之间的关系；第三，中国的快速发展还得益于有用高效和治理与发展的强势政府、富有远见卓识的领导人、正确和具有连续性的政策等因素。"[②] 因此，在对非关系的制度建设中，中国融入和展现"中国机遇论"的观念，运用对非事务统筹部门、援助政策以及中非合作

---

① 〔德〕白小川：《欧盟对中国非洲政策的回应——合作谋求可持续发展与共赢》，范勇鹏译，载《世界经济与政治》2009年第4期，第79页。

② 贺文萍：《对外传播要讲好"两个故事"》，载《对外传播》2014年第6期，第21~23页。

论坛等机构的日常运行,充分"讲好中国故事",将对中非关系的深入可持续发展带来重大推进作用。

第三节 合作的扩展:中欧合作共促非洲发展

欧盟对非援助的优势和弱点确实能够为中国发展对非外交提供启示和建议,此后,笔者将目光置于更广阔的领域——欧盟对非援助政策能否同中国的对非政策进行相互协调,共同致力于非洲发展?虽然欧盟和中国在对非政策上有诸多分歧,但是均有相似的动机:推动非洲的发展、增强国际影响力、从对非贸易中获益,促进本国经济的发展。政策出发点的相似为中欧合作共同促进非洲发展提供了可能性。当前,中欧双方已经在对非政策上意识到自身存在的问题并积极改善,对非政策呈现出趋同的特征,为进一步开展三方合作提供契机。

一 中欧对非政策的趋势与目标

21世纪以后,中国经济的快速增长以及同非洲关系的持续深化使欧盟感受到其对非影响力遭到压缩。中欧针对对方的非洲政策都提出了质疑和批评,在对非援助理念、具体模式、经济与政治的关系等多个方面互相指责。这种竞争关系与"零和博弈"经过多年并没有为任何一方带来更多的收益。随着形势的变化,双方的竞争逐渐减弱,开始展现出趋同的特征,加之目标的一致性,为中欧开启合作促进非洲发展提供了些许可能性。

(一)中欧对非政策矛盾的缓和与政策的趋同

多年的相互批评和指责后,中欧双方的非洲政策均遇到一些问题,面临新的挑战,为此中欧双方进行了反思,在之前非常坚决的是否附加政治条件、良好治理的认知和援助的侧重点方面出现松动和缓和。

欧盟在2005年颁布对非战略文件后,2007年正式建立欧非战略合作伙伴关系,在其中欧盟开始强调同非洲是平等互利的伙伴关系,试图消除在双边关系中不平等的形象,转而"强调一种通过政治和财政激励机制促进非洲的良治和主人翁意识的策略"。[①] 此后该论述在欧非关系中得到反

---

① James Shikwati, "'Streicht Diese Hilfe'Interview'", *Derspiegel*, No. 27, July 4, 2005.

复说明。在良治理念上，欧盟也指出良好治理是循序渐进的，其手段必须符合受援国国情，不能由外界强加。① 同时在良治的定义中也积极扩展覆盖范围，关注经济、政治、社会和环境等多维度的发展。欧盟还单独成立良治激励基金，对于承诺改革的受援国，依据不同的承诺层级给予不同的激励，该方案在非洲获得了广泛的接受，70%的非洲受援国都致力于实现欧盟所提出的三级改革标准。② 由此可见，欧盟虽然没有放弃附加政治条件的政策，但是在表述和执行方面已经有所松动，开始从非洲的角度强调人权、民主和良治的重要性，这已经与中国长期主张的"以非洲内部力量推动循序渐进的政治改革"逐渐靠近。

与此同时，中国长期重点关注经贸领域合作，而忽略高政治领域的制度建设与合作，给中非关系的深化带来困扰。在现实中，西方价值观在非洲拥有更强大的软力量影响。为此，中国对非政策提出"正确义利观"，强调同非洲深厚感情的同时，也表明中国外交政策服务于国家利益。在中非合作中，开始进行风险评估，以期能够更好地保护中国企业的利益。同时，在政治和安全等高政治领域，中国也提出要"创造性介入"，积极参与非洲事务，寻求合作，以期将中非关系提升至更广泛的层面。

（二）中欧在促进非洲发展方面目标的一致性

中欧双方在援助政策趋同的同时，也均有促进非洲发展的共同目标，这为中、欧、非三方实现合作提供进一步保障。

一方面，中欧双方对非政策的目标有诸多相似点。2006年，中国制定了第一份对非政策文件，总体原则和目标是："（1）真诚友好，平等相待；（2）互利互惠，共同繁荣；（3）相互支持，密切配合；（4）相互学习，共谋发展。"③ 2015年，中非合作论坛第二次峰会在南非召开，中国政府发表了第二份对非政策文件，进一步丰富和完善对非政策。其中将非洲政策细化为五部分："（1）建立和发展中非全面战略合作伙伴关系，巩

---

① Commission of European Communities, Governance in the European Consensus on Development Towards a harmonized approach within the European Union, http://aei.pitt.edu/37806/1/COM_(2006)_421_final.pdf.
② 金玲：《对非援助：中国与欧盟能否经验共享》，载《国际问题研究》2010年第1期，第60页。
③ 中国政府：《中国对非政策文件》，2006年1月，http://news3.xinhuanet.com/politics/2006-01/12/content_4042317.htm。

固和夯实中非命运共同体；（2）坚持正确义利观，践行真实亲诚对非工作方针；（3）推动中非合作全面发展；（4）中非合作论坛机制建设及其后续行动；（5）中国与非洲区域组织关系。"[①] 2018年9月中非合作论坛北京峰会一致通过《关于构建更加紧密的中非命运共同体的北京宣言》，还通过了《中非合作论坛—北京行动计划（2019－2021）》，中非命运共同体进一步得到深化。欧盟方面，2005年对非政策文件中指出：欧盟将加强同非洲的合作与政治对话，在和平与安全、人权和治理、发展援助、持续的经济发展，区域一体化与贸易、人类发展等多个方面积极努力，帮助非洲实现全方位的发展，并且会同非盟与非洲发展新伙伴计划，以期尊重非洲国家的自主性，持续地改进该战略。由此可见，中欧双方均希望同非洲展开深入的合作，促进非洲的可持续全方位发展。

另一方面，中欧双方均希望通过合作实现共赢。无论是中国还是欧盟，在同非洲的合作中，均会对自身利益进行衡量。总体而言，中欧均希望通过合作同非洲进行贸易获得发展所需的资源，也希望通过与非洲发展友好关系树立良好的国家形象，增强国际影响力。双方为自身谋取利益的一致考虑引发了21世纪初中欧在非洲的竞争与相互批评。但结果证明，双方并没有通过竞争而获得更多的国家利益，同时，中欧对非政策之前的针锋相对，不同的评判标准反而使非洲国家在遭遇一方冷遇时，转而投向另一方。国家政策多变，不利于国家的长久发展。在这种于中欧于非洲均无意义的竞争中，中欧的利益反而遭到损害，何不转变思维，求同存异实现共赢？

当前，中欧双方在通过合作共同促进非洲发展的问题上已达成一致，中国驻欧盟使团团长在"欧盟、非洲和中国：竞争伙伴"研讨会开幕式上提出："中欧都主张维护非洲大陆的和平、稳定与发展，帮助加强非洲自身的能力建设，希望看到一个持续发展的非洲，均在身体力行为非洲国家维护和平、稳定和实现共同发展做出努力。"[②] 2008年10月，欧盟委员会推出了《中欧非三方合作沟通文件》，第一次提出了通过三方合作推动非洲发展的倡议。中欧共同合作促进非洲发展已经得到中欧官方的正式确认。2015年6月，中国总理李克强同法国总理瓦尔斯就支持双方企业共同

---

① 中国政府：《中国对非洲政策文件（全文）》，2015年12月，http://news.xinhuanet.com/world/2015－12/05/c_1117363276.htm。
② 中华人民共和国驻欧盟使团：《中国与非洲和欧盟的战略伙伴：两者如何相容？》，2007年6月29日，http://www.fmprc.gov.cn/ce/cebe/chn/sgxx/t335118.htm。

开拓第三方市场发表联合声明。至此，已多次在中国高层演讲词和外交文件中出现的"第三方合作"终于落地，"第三方市场"的大门也即将打开。①

二　中欧合作促进非洲发展

对中欧而言，在推进合作的实践中，彼此应相互借鉴对方的优势与经验，提升自身的政策和援助实践的有效性，为非洲发展提供更多有益的可选项。在这个过程中，首先应坚持"非洲提出、非洲同意、非洲主导"十二字方针，充分尊重非洲意愿，才能在援助开始前就了解到非洲的需求，有助于实现真正的平等。其次，在具体实践中，中欧可以根据自身情况对政策进行调整，制定适合援助国和受援国双方的政策或项目，但是减少非洲对援助的依赖，培养非洲国家的独立自主性是必须坚持的目标。再次，对于中欧双方存在的分歧，尽量做到求同存异，搁置争议。最后，中欧双方应选取一些较为成熟的领域率先进行合作，诸如技术转让，合资企业雇用当地工人，等等，在互动过程中一方面可以相互借鉴优秀经验，还能够对非洲发展提供实质的帮助。

对非洲而言，中欧双方若实现合作，将在基础设施建设、获得外部投资、解决当地就业等方面为非洲国家带来切实好处，因此非洲国家应抓住这一机遇，积极主动地参与到这个过程中来。中欧由竞争转向合作，给非洲国家更多的选择性，非洲国家应该肯定清楚地表达自身的需求，"应该肯定地、清楚地告诉这些伙伴，它们希望从后者在非洲的活动中得到什么。它们应该向这些伙伴明确提出要求，告诉后者，它们希望从作为本国社会——经济活动一部分的这些伙伴中得到什么，并为此搭建一个活动舞台，只有非洲人自己才能决定什么是最适合它们的"。② 此外，在这个过程中，非洲需要逐渐找回自主性，发掘合适的国家发展道路，中欧的援助终究是外部力量，非洲国家的努力才是实现非洲复兴的终极奥义。

---

① 欧洲时报：《第三方合作，中欧在路上》，2015年7月24日，http://www.oushinet.com/news/eiec/20150724/200327.html。
② 门镜、〔英〕本杰明·巴顿主编《中国、欧盟在非洲：欧中关系中的非洲因素》，李靖堃译，社会科学文献出版社，2011，第325页。

结　论

冷战结束后，欧共体在一体化领域中持续迈进，成立了超国家政治行为体——欧洲联盟，为维护成员国的利益以及追求国际政治影响力，欧盟在对外战略中确定了作为"规范性力量"的自身定位。发展援助作为其推行该战略的重要政策工具，成为欧盟外交的重要载体。为此，欧盟放弃了冷战时期对非援助政策的非互惠性、契约性、非政治性和稳定性等特点，将人权、民主和良治等欧盟核心规范作为政治条件和目标融入发展援助政策之中。为向非洲推行欧洲的人权、民主、良治的经验，欧盟对非洲国家的发展援助附加了多种政治条件，试图通过援助促进非洲保护人权、发展民主和施行良治，从而强化欧盟对非洲的影响力。由此形成、确立并实施了欧盟对非带有人权、民主和良治等政治导向的发展援助政策。该政策主导了冷战后至今的欧盟对非援助，影响深远。

就人权导向而言，近代人权思想与第一代人权观发端于欧洲，其发展与实践使欧盟及其成员国在以个人权利为主的人权保护方面取得了较大的成效，并建立和规范了公民、政治、经济、社会、文化和发展等各方面的人权保护机制。因而，欧盟格外青睐以个人权利为主的人权观念。而非洲由于长期遭受欧洲的殖民统治，对于独立自主与民族解放等集体人权有着更加迫切的追求，其结果必然导致双方在人权观念认知上的差异。笔者通过考察 2004～2016 年欧盟援助的实施与非洲的情况后，发现欧盟对非援助的人权导向结果不佳。在对受援的非洲主要国家进行具体考察后，值得一提的是，欧盟对非人权导向的发展援助在认同欧盟规范、与欧盟关系良好、曾是欧盟主要成员国的前殖民地以及自然资源丰富的非洲国家更易取得进展。笔者认为，欧盟与非洲在人权领域的观念和现实的分歧与差异是其人权导向的发展援助效果不佳的直接原因。欧盟及其成员国的人权优势得益于几百年的经济发展，以及在此基础上所构建的人权立法和实施机制的完善。因此，非洲人权状况的改善不能一蹴而就，需要持续和有效的经济发展，以及人权机制的逐步构建与完善。欧盟要真正提高对非援助的效率、提升自身在非洲乃至国际社会的影响力，必须关注非洲的现实，尊重非洲国家的意愿，在推动非洲持续发展的基础上逐步实现非洲人权发展的目标，之后民主导向的加入更是由于欧盟已经意识到人权导向援助存在问题。

就民主而言，欧盟主要成员国的先贤对近代民主思想与理念的发展做出了卓有成效的贡献。欧盟及其成员国也在其政治制度的发展中使民主由理论变为实践中的制度，并在代议民主制运作和实施方面取得了有利于欧洲国家政治稳定的经验。因此，欧盟在冷战后极力向非洲推行代议民主制度，试图在非洲建立起以欧洲国家为模板的多党选举的代议民主制。绝大多数非洲国家在独立初期基本上移植了前宗主国的政治制度。然而，欧洲民主制度运行不久便发生畸变，被集权政体所取代。直到20世纪90年代，在西方推动的第三波民主浪潮中，西方民主才回归撒哈拉以南的非洲国家。北非国家则是在2011年所谓"阿拉伯之春"的民主运动中回归欧洲推崇的代议民主制，某些国家至今尚未稳定。可见，非洲目前所建立的代议民主制度主要是欧洲等外部力量塑造的。当前，代议制民主的政体形式在非洲大陆似乎已经确立，非盟及非洲成员国的政治精英和百姓也逐步接受了欧洲的代议制民主理念。但是，值得注意的是外塑的民主在非洲不断遭遇水土不服。因此，欧盟也在试图通过以民主为导向的发展援助来巩固这种民主制度。结果如何？本文在对欧盟民主导向的援助的数据与非洲国家民主指数进行对比后发现：欧盟民主导向的发展援助推动非洲建立起的民主制拥有了民主形式，而无民主之实。以上结果表明：第一，外源性民主较难在短期内实现并维持国家的基本稳定；第二，民主制度的健全完善和效率是一个长期复杂的政治、经济和社会发展过程；第三，西方民主在非洲仍然缺乏充足的经济和社会基础；第四，欧盟对非民主导向的援助过多强调民主形式而忽略了民主的实质是其援助效果不尽如人意的重要原因。

欧盟对非援助中良好治理导向是最后加入对非援助政策中的，却在欧盟对非援助政策中占据更加重要的位置。欧盟非常重视自身的良好治理，在其治理中，重视发展健康的公民社会，以期达到政府力量与社会力量的平衡。由于治理理念强调改善政府职能与建立有效的制度，因此得到非洲的认可与接受。但非洲对良治的认知更侧重提升政府职能与行政效率，希望自上而下地实现良治。欧盟与非洲在良治理念与现实上均存在差异。在研究中，笔者发现自2004~2016年，欧盟对良治领域的援助投入确实对非洲治理产生了一定的影响。但细致考察肯尼亚和索马里两国的案例后，发现国家政府的能力依然是影响援助发挥作用的核心因素。因此，欧盟对非良治导向的援助在大多非洲国家实施结果一般。为此，笔者得出以下结论：其一，欧盟对非良治导向以欧盟利益和欧洲模式为重，降低了援助的效果；其二，非洲国家治理能力的提高仍然应坚持独立自主，根据国家实际情况制定政策；其三，欧盟的援助不可避免地带有自己的价值观，其援助只能从外部发生影响，而国家能力建设的核心力量应该源于国家内部。

为验证以上结论并对欧盟对非援助的政治导向问题进行深入分析与思考，笔者选取了加纳和津巴布韦两个案例进行比较分析。在分别接受了欧盟带有政治导向的发展援助后，加纳利用援助实现了经济和政治的双重发展。然而津巴布韦却由于土地问题的爆发与西方交恶，遭到制裁致使援助失效。二者在历史、经济、政治制度改革、领导人生活经历和外交政策方面的差异造成了不同的结果。加纳和津巴布韦的不同结果反映出更加深层的问题：首先，受援国国家能力的强弱是援助能否发挥有效性的关键；其次，同步实现政治和经济双重发展对非洲国家而言是极大的挑战，加纳的成功是一个独特的案例；再次，欧盟带有政治导向的发展援助的影响是双重的。在某些国家确实发挥了作用，为受援国的人权、民主和良治的改善做出了些许贡献。但在大多数非洲国家并没有发挥应有的效果，主要原因在于欧盟的核心关注是维持其在非洲国家的影响力。在实施过程中，欧盟试图用一体适用的方式将援助投入每一个受援国，并在实际考量中采取双重标准。

总之，欧盟对非带有政治导向的援助政策效果虽不尽如人意，但其在非洲的多年实践的经验教训则给予中国调整对非政策提供了三项启示：一是历史与现实对接，注意利用传统联系并在新的历史条件下赋予这种联系以新的内容，以维护和发展双边关系；二是根据自身优势，加强软实力建设，从而使物质层面的援助与精神层面（或软实力）结合起来，巩固或深化与受援国的关系；三是深谙自身特点，发挥自身优势，构建制度纽带促进交往来提升援助的作用。近年来，欧盟在总结实施了十多年的带有政治导向的援助政策后，也开始意识到其弊端，正在开始新一轮的调整。这将为中欧双方合作促进非洲发展提供了难得的契机。

参考文献

中文文献

1. 中文著作

常士訚等编著《比较政治制度》,天津人民出版社,2013。

常士訚等著《现代国家及其政治制度:东亚与西方》,中国社会科学出版社,2008。

陈玉来:《津巴布韦》,社会科学文献出版社,2011。

陈仲丹:《加纳——寻找现代化的根基》,四川人民出版社,2000。

崔建树、李金祥编著《法国政治发展与对外政策》,世界知识出版社,2009。

董云虎、刘武萍编著《世界人权约法总览》,四川人民出版社,1990。

杜仕菊:《欧盟人权的理论与实践——以欧洲社会现代化进程为视角》,浙江人民出版社,2009。

何曾科、陈雪莲主编《政府治理》,中央编译出版社,2015。

贺文萍:《非洲国家民主化进程研究》,时事出版社,2005。

黄枬森、沈宗灵主编《西方人权学说》,四川人民出版社,1994。

雷建锋:《欧盟多层治理与政策》,世界知识出版社,2011。

李龙:《西方法学名著提要》,江西人民出版社,2002。

李小云、唐丽霞、武晋编著《国际发展援助概论》,社会科学文献出版社,2009。

联合国开发计划署:2014人类发展报告《促进人类持续进步:降低脆弱性,增强抗逆力》,PBM Graphics,2014。

刘超:《欧盟国际协定人权条款研究》,南京大学出版社,2014。

刘泓:《欧洲联盟:一种新型人们共同体的建构》,中国社会科学出版社,2008。

刘鸿武主编《非洲地区发展报告(2013~2014)》,中国社会科学出版社,2014。

刘楠来：《发展中国家与人权》，四川人民出版社，1994。

刘青建：《当代国际关系新论——发展中国家与国际关系》，清华大学出版社，2004。

刘文秀：《欧盟的超国家治理》，社会科学文献出版社，2009。

卢现祥、朱巧玲主编《新制度经济学》，北京大学出版社，2007。

罗建波：《通向复兴之路——非盟与非洲一体化研究》，中国社会科学出版社，2010。

门镜、〔英〕本杰明·巴顿主编《中国、欧盟在非洲：欧中关系中的非洲因素》，李靖堃译，社会科学文献出版社，2011。

欧共体官方出版局编《欧洲联盟法典》（第二卷），苏明忠译，国际文化出版公司，2005。

欧共体官方出版局编《欧洲联盟法典》（第一卷），苏明忠译，国际文化出版公司，第310页。

欧树军：《国家基础能力的基础：认证与国家基本制度建设》，中国社会科学出版社，2013。

任泉、顾章义编著《加纳》，社会科学文献出版社，2010。

孙平华：《〈世界人权宣言〉研究》，北京大学出版社，2012。

童星：《发展社会学与中国现代化》，社会科学文献出版社，2000。

王绳祖主编《国际关系史（十七世纪中叶——一九四五年）》（第二版），法律出版社，1986。

徐济明、谈世中主编《当代非洲政治变革》，经济科学出版社，1998。

燕继荣主编《发展政治学》（第二版），北京大学出版社，2010。

杨逢珉：《〈洛美协定〉下的欧盟与非加太国家关系》，上海人民出版社，2006。

杨光斌主编《政治学导论》，中国人民大学出版社，2011。

俞可平：《论国家治理现代化》，社会科学文献出版社，2014。

俞可平主编《国家治理评估——中国与世界》，中央编译出版社，2009。

张春：《大国对非政策的差异化发展及对中非关系的影响》，载张宏明主编《非洲发展报告：中国在非洲的软实力建设：成效、问题与出路》，社会科学文献出版社，2015。

张宏明：《多维视野中的非洲政治发展》，社会科学文献出版社，2007。

张晓玲主编《人权理论基本问题》，中共中央党校出版社，2006。

赵晨光：《"非洲发展新伙伴计划"与非洲治理研究》，中国社会科学出版社，2016。

赵黎青：《非政府组织与可持续发展》，经济科学出版社，1998。

中共中央编译局：《马克思恩格斯全集》（第二十三卷），人民出版社，1972。

中国国际问题研究所编辑部：《不结盟运动主要文件集》，中国对外翻译出版公司，1987。

周弘、〔德〕贝娅特·科勒·科赫主编《欧盟治理模式》，社会科学文献出版社，2008。

周叶中：《代议制度比较研究》，商务印书馆，2014。

朱贵昌：《多层治理理论与欧洲一体化》，山东大学出版社，2009。

朱晓晴：《欧洲人权法律保护机制研究》，法律出版社，2003。

2. 中文译著

〔加纳〕A. 阿杜·博亨主编《非洲通史：殖民统治下的非洲》（第七卷），中国对外翻译出版公司，1991。

〔丹〕奥勒·诺格德：《经济制度与民主改革：原苏东国家的转型比较分析》，孙友晋等译，上海人民出版社，2007。

〔意〕阿尔贝托·麦克里尼：《非洲的民主与发展面临的挑战——尼日利亚总统奥卢塞贡·奥巴桑乔访谈录》，李福胜译，中国人民大学出版社，2007。

〔英〕阿莱克斯·汤普森：《非洲政治导论》，周玉渊、马正义译，民主与建设出版社，2015。

〔英〕安东尼·吉登斯：《民族—国家与暴力》，胡宗泽等译，生活·读书·新知三联书店，1998。

〔津巴布韦〕布莱恩·拉夫托帕洛斯、A. S. 姆拉姆博：《津巴布韦史》，张瑾译，东方出版中心，2013。

〔美〕B. 盖伊·彼得斯：《政治科学中的制度理论："新制度主义"》，王向民、段红伟译，上海人民出版社，2001。

〔法〕鲍铭言、〔法〕迪迪尔·钱伯内特：《欧洲的治理与民主——欧盟中的权力与抗议》，李晓江译，社会科学文献出版社，2011。

〔英〕巴兹尔·戴维逊著《黑母亲——买卖非洲奴隶的年代》，何瑞丰译，生活·读书·新知三联书店，1965。

〔赞比亚〕丹比萨·莫约：《援助的死亡》，王涛、杨惠等译，世界知识出版社，2010。

〔英〕戴维·赫尔德等著《全球大变革：全球化时代的政治、经济与文化》，杨雪冬等译，社会科学文献出版社，2001。

〔德〕恩斯特·奥托·岑皮尔：《变革中的世界政治——东西方冲突结束后的国际体系》，晏扬译，华东师范大学出版社，2000。

〔美〕弗朗西斯·福山：《国家构建：21世纪的国家治理与世界秩序》，黄胜强、徐铭原译，中国社会科学出版社，2007。

〔意〕福尔维奥·阿蒂纳等著《全球政治体系中的欧洲联盟》，刘绯、张宓等译，中国社会科学出版社，2009。

〔瑞典〕格德门德尔·阿尔弗雷德松、〔挪威〕阿斯布佐恩·艾德主编《〈世界人权宣言〉：努力实现的共同标准》，中国人权研究会组织译，四川人民出版社，1999。

〔美〕胡安·J.林茨、阿尔弗莱德·斯泰潘：《民主转型与巩固的问题：南欧、南美和后共产主义欧洲》，孙龙等译，浙江人民出版社，2008。

〔英〕霍布斯：《利维坦》，黎思复等译，商务印书馆，1995。

〔英〕J.S.密尔：《代议制政府》，汪瑄译，商务印书馆，2009。

〔美〕科恩：《论民主》，聂崇信、朱秀贤译，商务印书馆，1988。

〔美〕丽莎·A.L.琳赛：《海上囚徒——奴隶贸易四百年》，杨志译，中国人民大学出版社，2014。

〔法〕卢梭：《社会契约论》，何兆武译，商务印书馆，2003。

〔英〕洛克：《政府论》（下），叶启芳译，商务印书馆，1964。

〔奥〕马丁·赛迪克、〔奥〕米歇尔·施瓦辛格：《欧盟扩大——背景、发展、史实》，卫延生译，中央编译出版社，2012。

〔加拿大〕皮特曼·波特：《发展权：哲学上的分歧和政治上的含义》，载白佳梅主编《国际人权与发展：中国和加拿大的视角》，法律出版社，1998。

〔英〕乔纳森·格伦尼：《良药还是砒霜？援助并非多多益善——非洲援助之惑》，周玉峰译，民主与建设出版社，2015。

〔美〕塞缪尔·P.亨廷顿：《第三波：20世纪后期的民主化浪潮》，欧阳景根译，中国人民大学出版社，2013。

〔法〕托克维尔：《论美国的民主》，张杨译，湖南文艺出版社，2011。

〔美〕托马斯·伯根索尔：《国际人权法概论》，潘维煌、顾世荣译，中国社会科学出版社，1995。

〔英〕威廉·托多夫：《非洲政府与政治》（第四版），肖宏宇译，北京大学出版社，2007。

〔古希腊〕修昔底德：《伯罗奔尼撒战争史》（下卷），谢德风译，商务印书馆，2005。

〔德〕尤尔根·哈贝马斯：《包容他者》，曹卫东译，上海人民出版社，2002。

〔英〕约翰·洛克：《政府论》，刘丹、赵文道译，湖南文艺出版社，2011。

〔瑞典〕英瓦尔·卡尔松、〔圭〕什里达特·兰法尔主编《天涯成比邻——全球治理委员会的报告》，赵仲强译，中国对外翻译出版公司，1995。

〔美〕詹姆斯·N.罗西瑙主编《没有政府的治理》，张胜军等译，江西人民出版社，2001。

3. 博士论文

刘博：《欧盟对外人权政策研究》，山东大学博士学位论文，2007。

王新影：《欧盟对外援助与欧洲一体化》，中国社会科学院研究生院博士学位论文，2010。

张华：《欧洲联盟对外关系中的"人权条款"法律问题研究》，武汉大学博士学位论文，2009。

赵晨：《超越国界的民主——欧盟民主问题研究》，中国社会科学院博士学位论文，2008。

4. 期刊论文

〔德〕白小川：《欧盟对中国非洲政策的回应——合作谋求可持续发展与共赢》，范勇鹏译，载《世界经济与政治》2009年第4期。

〔德〕贝特霍尔德·里滕伯格、〔德〕西蒙·迈耶贝克：《欧盟的外部治理：欧盟在欧洲内外的民主促进》，金玲译，载《欧洲研究》2007年第5期。

〔加纳〕Caroline Ohene-Poku、魏欣：《加纳经济的增长谜题：国外援助是不是重要的决定因素》，载《学理论》2010年第6期。

陈尧：《非洲民主化进程中的公民社会》，载《西亚非洲》2009年第7期。

戴瑞：《冷战后欧盟援非政策的调整——规范传播理论的视角》，载

《理论界》2013年第8期。

杜小林：《良治还是良政？——非洲国家如何治国理政》，载《当代世界》2004年第9期。

贺文萍：《对外传播要讲好"两个故事"》，载《对外传播》2014年第6期。

洪永红、周严：《非洲人权与民族法院评述》，载《西亚非洲》2007年第1期。

洪邮生：《"规范性力量欧洲"与欧盟对华外交》，载《世界经济与政治》2010年第1期。

胡杰：《洛美协定的两重性》，载《国际问题研究》1982年第2期。

黄宝玖：《国家能力：涵义、特征与结构分析》，载《政治学研究》2004年第4期。

黄梅波、唐露萍：《南南合作与南北援助——动机、模式与效果比较》，载《国际展望》2013年第3期。

金玲：《对非援助：中国与欧盟能否经验共享》，载《国际问题研究》2010年第1期。

金玲：《欧盟对非洲制度机制调整及其对中国的影响》，载《欧洲研究》2010年第5期。

〔坦桑尼亚〕科斯特·R.马海路：《人权和发展：一种非洲的观点》，黄列译，载《环球法律评论》1992年第3期。

雷建锋：《多层治理：欧洲联盟正在成型的新型民主模式》，载《世界经济与政治》2008年第2期。

李安山：《探寻非洲民主之路——国际学术界对非洲民主化问题研究概述》，载《西亚非洲》2000年第4期。

刘博：《欧盟对外贸易与发展政策中的人权向度——从〈洛美协定〉到〈科托努协定〉》，载《山东社会科学》2007年第4期。

刘博：《欧盟扩大过程中的人权规定与实践》，载《山东师范大学学报》2007年第2期。

刘鸿武：《"非洲个性"或"黑人性"——20世纪非洲复兴统一的神话与现实》，载《思想战线》2002年第4期。

刘建飞：《欧盟对外政策中的民主因素》，载《新远见》2006年第11期。

刘丽云：《欧盟对外发展援助政策的变化及其原因》，载《国际观察》2003年第5期。

刘丽云：《试析欧盟发展政策的新特点、新取向和新功能》，载《欧洲研究》2009年第1期。

刘明：《〈洛美协定〉——南北经济合作的一种模式》，载《世界经济》1993年第10期。

刘青建、李源正：《中国与安哥拉经济合作特点探析》，载《现代国际关系》2011年第7期。

刘青建、赵雅婷：《欧盟发展援助与加纳民主政治发展探析》，载《国际论坛》2016年第2期。

刘万平：《欧盟外交中的"人权关"》，载《世界知识》2005年第1期。

刘晓平：《欧盟对外援助之"人权导向"对非洲的影响》，载《世界经济与政治论坛》2009年第3期。

卢凌宇：《"怨恨"、"机会"与国内冲突的发生——给予索马里内战的个案研究》，载《国际论坛》2015年第5期。

罗建波：《非洲国家的治理难题与中非治国理政经验交流》，载《西亚非洲》2015年第3期。

聂文娟：《非盟地区组织的新议程：反"非宪制更迭"》，载《亚非纵横》2014年第6期。

聂文娟：《非洲人权机制建设的成就与挑战》，载《亚非纵横》2012年第2期。

牛海彬：《欧盟治理的变量与困境》，载《现代国际关系》2004年第7期。

欧令湘、梁益坚：《软压力视角下的"非洲国家相互审查机制"》，载《西亚非洲》2009年第1期。

潘兴明：《津巴布韦问题探因》，载《国际政治研究》2005年第2期。

裴广江：《欧非峰会思路不转僵局难开》，载《人民日报》2007年10月9日。

〔比〕皮埃尔·维考特伦：《从〈里斯本条约〉考察欧盟"统治—治理"现状》，王程乐译，载《德国研究》2012年第2期。

宋黎磊：《欧盟—地中海伙伴关系发展研究——基于欧盟周边治理的视角》，载《同济大学学报》2011年第6期。

王洪一：《非洲政党政治的新特点和新趋势》，载《当代世界》2013年第12期。

王涛、张嘉宸：《非洲国家发展特征的三个维度及其本质——以撒哈拉以南非洲国家为考察中心》，载《中北大学学报》（社会科学版）2016年第4期。

王小林、刘倩倩：《中非合作：提高发展援助有效性的新方式》，载《国际问题研究》2012年第5期。

王学军：《欧盟对非洲政策新动向及其启示》，载《现代国际关系》2010年第7期。

王雅梅、谭晓钟：《欧盟保护开发文化和自然遗产的成功经验有哪些可资借鉴》，载《中华文化论坛》2004年第4期。

王玉萍：《关于〈洛美协定〉的再思考》，载《生产力研究》2006年第11期。

〔美〕薇薇·安·施密特：《欧盟的民主：欧洲一体化的影响》，杨娜译，载《南京大学学报》（哲学·人文科学·社会科学）2012年第4期。

韦祎红：《津巴布韦总统穆加贝》，载《世界经济与政治》1996年第6期。

吴秉真：《殖民统治是非洲不发达的最重要原因——黑人非洲史学家W. 罗德尼及其著作评析》，载《西亚非洲》1991年第4期。

吴燕妮：《欧盟发展援助政策的有效性问题及解决》，载《欧洲研究》2010年第3期。

吴志成：《欧盟治理与制度创新》，载《马克思主义与现实》2004年第6期。

伍惠萍：《欧盟治理中的公共领域与市民社会》，载《德国研究》2008年第3期。

伍贻康：《欧盟软力量探析——欧盟治理模式的效应评价》，载《世界经济与政治》2008年第7期。

夏吉生：《非洲人权事业的新进展》，载《西亚非洲》2005年第5期。

夏吉生：《良政与非洲民主和发展》，载《亚非纵横》2005年第4期。

肖宏宇：《加纳政治民主化实践及其启示》，载《西亚非洲》2007年第11期。

熊文驰：《人权、援助与发展问题——以非洲国家为例》，载《世界经济与政治》2010年第8期。

徐凤琴：《论教育机会均等的理论结构及其基本特征》，载《教育科学》2000年第1期。

徐俊忠：《作为历史文献的〈世界人权宣言〉》，载《中山大学学报》（科学社会版）1999年第4期。

杨成铭：《〈欧盟宪法条约〉对欧盟人权保护的影响》，载《法学杂志》2006年第1期。

杨逢珉：《〈洛美协定〉下欧盟与非加太地区国家合作存在的问题》，载《世界经济研究》2005年第5期。

杨光斌、杨洪晓：《民主主义、民族主义与现代国家》，载《行政科学论坛》2014年第4期。

杨豫：《欧洲政治一体化的进程：历史的回顾》，载《欧洲》2002年第5期。

叶敏、袁旭阳：《"第三代人权"理论特质浅析》，载《中山大学学报》（社会科学版）1999年第4期。

〔德〕尤·内错特、克·洛普：《第三个〈洛美协定〉：欧洲经济共同体同非、加、太国家集团合作的新开端》，方兴译，载《国际经济评论》1985年第1期。

原牧：《第三个〈洛美协定〉剖析》，载《世界经济》1985年第11期。

原牧：《第四个〈洛美协定〉剖析》，载《世界经济合作》1990年第10期。

原牧：《〈洛美协定〉与南北关系》，载《西亚非洲》1984年第2期。

曾龙、贺鉴：《论非洲的集体人权观与第三代人权的确认》，载《河北法学》2007年第2期。

张怀印、胥胜超：《从2008年大选透视加纳宪政民主的发展》，《西亚非洲》2011年第4期。

张迎红：《试论欧盟多重治理结构中的民主机制》，载《德国研究》2006年第2期。

张永蓬：《欧盟对非洲援助评析》，载《西亚非洲》2003年第3期。

赵秉志、王水明：《非洲联盟预防和惩治腐败公约》，载《中国刑事法杂志》2007年第4期。

赵雅婷、高梵：《西方民主制度在阿富汗失灵的原因探析》，载《新疆社会科学》2012年第4期。

赵雅婷、刘青建：《欧盟对非援助政策新变化探析》，载《教学与研究》2015年第6期。

赵章云：《非洲经济发展的"样板"——加纳纪行（下）》，载《人民日报》2005年8月12日，第3版。

郑慧：《参与民主与协商民主之辩》，载《华中师范大学学报》（人文社会科学版）2012年第11期。

郑先武：《从洛美到科托努——欧盟—非加太贸易体制从特惠向互惠的历史性转变》，载《国际问题研究》2003年第3期。

仲鑫：《对二战后发展理论及官方发展援助关系的思考》，载《南京财经大学学报》2008年第2期。

周玉渊、唐翀：《欧盟对非援助协调新变化及对中国的启示》，载《教学与研究》2013年第7期。

朱立群：《欧盟是个什么样的力量》，载《世界经济与政治》2008年第4期。

朱陆民：《论区域性人权保护与人权的国际保护》，载《湘潭大学学报》（社会科学版）2004年第4期。

朱天翔：《中国和欧盟软权力的比较——以中欧对非洲发展援助为例》，载《重庆与世界》（学术版）2013年第3期。

5. 网络资料

国际危机组织：《津巴布韦的制裁僵局》，《非洲简报》2012年2月6日，第3页，http：//www.crisisgroup.org/~/media/Files/africa/southern-africa/zimbabwe/Chinese%20translations/b086-zimbabwes-sanctions-stand-off-chinese.pdf。

国务院新闻办公室：《〈中国的和平发展〉白皮书》，人民网，2011年9月，http：//politics.people.com.cn/GB/1026/15598623.html。

联合国大会：《联合国第二个十年国际发展战略》，http：//www.un.org/zh/documents/view_doc.asp?symbol=A/RES/2626%20（XXV）&referer=http：//www.un.org/zh/events/devinfoday/docs.shtml&Lang=C。

《联合国宪章》，联合国官网，http：//www.un.org/chinese/aboutun/charter/preamble.htm。

《世界人权宣言》，联合国官网，http：//www.ohchr.org/EN/UDHR/Documents/UDHR_Translations/chn.pdf。

联合国：《联合国第三个发展十年国际发展战略（1980－1990）》，http://www.un.org/zh/documents/view_doc.asp?symbol=A/RES/35/56。

习近平：《中国必须有自己特色的大国外交》，《新华每日电讯》，http://news.xinhuanet.com/mrdx/2014－11/30/c_133822833.htm。

《欧美缘何制裁津巴布韦》，新华网，2002年3月5日，http://news.xinhuanet.com/newscenter/2002－03/05/content_302206.htm。

杨立杰、王翠莲：《经济合作与发展组织（OECD）》，新华网，http://news.xinhuanet.com/ziliao/2003－01/27/content_709625.htm。

中国政府：《中国对非政策文件》，2006年1月，http://news3.xinhuanet.com/politics/2006－01/12/content_4042317.htm。

中国政府：《中国对非洲政策文件（全文）》，2015年12月，http://news.xinhuanet.com/world/2015－12/05/c_1117363276.htm。

中华人民共和国商务部：《非洲贫困人口数量较1990年增加1亿》，http://www.mofcom.gov.cn/article/i/jyjl/k/201510/20151001148967.shtml。

中华人民共和国外交部：《中国同安哥拉的关系》，http://www.mfa.gov.cn/chn//gxh/cgb/zcgmzysx/fz/1206_2/1206x1/t6493.htm。

中华人民共和国驻欧盟使团：《中国与非洲和欧盟的战略伙伴：两者如何相容?》，2007年6月29日，http://www.fmprc.gov.cn/ce/cebe/chn/sgxx/t335118.htm。

英文文献

1. 官方文件

ACP – EEC Council of Ministers, *The Fourth ACP – EEC Convention*, Luxembourg: Office for Official Publications of the European Communities, 1992, pp. 17 – 18.

ACP – EEC Council of Ministers, *The Third ACP – EEC Convention*, Luxembourg: Office for Official Publications of the European Communities, 1985.

Africa – EU Partnership, Joint Africa EU Strategy: Action Plan 2011 – 2013, 2011.

Africa – EU Partnership, The Africa – EU Partnership: 2 Unions, 1 vision, 2013.

Africa – EU Partnership, The Africa – EU Strategic Partnership: A Joint Africa – EU Strategy, 2006.

Commission of the European Communities, Governance and Development, 2003.

Commission of the European Communities, Governance in the European Consensus on Development: Towards a Harmonized Approach within the European Union, 2006.

Commission of the European Communities, Local Authorities: Actors for Development, 2008.

Commission of the European Communities, Participation of Non – state Actors in EC Development Policy, 2002.

Commission of the European Communities, Supporting Democratic Governance Though the Governance Initiative: A Review and the Way Forward, 2009.

Commission of the European Communities, The Roots of Democracy and Sustainable Development: Europe's Engagement with Civil Society in External Relations, 2012.

Council of the European Union, EU Guidelines: Human Rights and International Humanitarian Law, 2009.

Council of the European Union, Mainstreaming Human Rights across CFSP and other EU Policies, 2006.

Development Co – operation Directorate and Development Assistance Committee, Review of the Development Co – operation Policies and Programmes of the European Community, 2007.

EU, The European Union Explained: How the European Union Works, Luxembourg: Publications Office of the European Union, 2014, p.5.

European Commission, Annual Report 2005 on the European Community's Development Policy and the Implementation of External Assistance in 2004, 2005.

European Commission, Annual Report 2006 on the European Community's Development Policy and the Implementation of External Assistance in 2005, 2006.

European Commission, Annual Report 2007 on the European Community's Development Policy and the Implementation of External Assistance in 2006, 2007.

European Commission, Annual Report 2008 on the European Community's

Development Policy and the Implementation of External Assistance in 2007, 2008.

European Commission, Annual Report 2009 on the European Community's Development Policy and the Implementation of External Assistance in 2008, 2009.

European Commission, Annual Report 2010 on the European Community's Development Policy and the Implementation of External Assistance in 2009, 2010.

European Commission, Annual Report 2011 on the European Community's Development Policy and the Implementation of External Assistance in 2010, 2011.

European Commission, Annual Report 2012 on the European Community's Development Policy and the Implementation of External Assistance in 2011, 2012.

European Commission, Annual Report 2013 on the European Community's Development Policy and the Implementation of External Assistance in 2012, 2013.

European Commission, Annual Report on the EC Development Policy and the Implementation of the External Assistance, 2001.

European Commission, Annual Report on the European Community's Development Policy and the Implementation of External Assistance in 2002, 2003.

European Commission, Annual Report on the European Community's Development Policy and the Implementation of External Assistance, 2004.

European Commission, Empowering Local Authorities in partner countries for enhanced governance and more effective development outcomes, 2013.

European Commission, EU 2009 Report on Policy Coherence for Development, 2009.

European Commission, EU Contribution to the Millennium Development Goals, 2010.

European Commission, EU Contribution to the Millennium Development Goals, 2013.

European Commission, European Commission Support to Parliamentary Development in the ACP (2000 – 2009): An Assessment, 2010.

European Commission, European Instrument for Democracy and Human Rights (EIDHR) Strategy Paper 2007 – 2010, 2007.

European Commission, European Instrument for Democracy and Human Rights (EIDHR) Strategy Paper 2011 – 2013, 2011.

European Commission, Europeans, Development Aid and the Millennium

Development Goals, Eurobarometer, 2010.

European Commission, Inspiring Change: EU Support to Rule of Law, Justice and Security Sector Reform, 2013.

European Commission, Making a difference in the world: Europeans and the future of development aid, Eurobarometer, 2011.

European Commission, *Partnership Agreement ACP - EEC*, Luxembourg: office for Official Publication of the European Communities, 2006, p. 9.

European Commission, Partnership for Change: The EU's Development Cooperation with African, Caribbean and Pacific countries, 2010.

European Commission, *Promoting Good Governance: European Social Fund Thematic Paper*, Luxembourg: Publications Office of the European Union, 2014, p. 6.

European Commission, Report on the Implementation of the European Commission's External Assistance, 2000.

European Commission, Solidarity that Spans the Globe: Europeans and Development Aid, Eurobarometer, 2012.

European Commission, Support to Justice and the Rule of Law: Review of Past Experience and Guidance for Future EU development Cooperation Programmes, 2012.

European Commission, Supporting Decentralization and Local Governance in Third Countries, 2007.

European Commission, The EU and Africa: Working towards Closer Partnership, Eurobarometer, 2010.

European Commission, "Partnership Agreement, between the members of the African, Caribbean and Pacific Group of States of the one part, and the European Community and its Member States, of the other part", *Official Journal of the European Communities*, L317, Dec. 15, 2000.

European Communities, *Treaty of Amsterdam*, Luxembourg: Office for Official Publications of the European Communities, 1997, p. 58.

European Communities, "Treaty of Lisbon", *Luxembourg: Official Journal of European Union*, 2007, p. 11.

European Parliament, *European Development Fund: Joint development cooperation and the EU budget: out or in?* Brussel: European Parliamentary Research Service,

2014, p. 14.

European Report on Development, Post – 2015: Global Action for an Inclusive and Sustainable Future, 2013.

European Union, Partnership Agreement ACP – EEC, 2005.

European Union, *Treaties of European Union*, Luxembourg: Office for Official Publications of the European Communities, 1992, p. 9.

European Union, *Human Rights and Democracy in the World: Report in EU Action in 2011*, European External Action Service, June 2012, p. 26.

UN, General Assembly: Agenda for Development, A/48/935, May 6th, 1994, p. 22.

UNDP, *African Governance Report III: Elections & the Management of Diversity*, United Nations Economic Commission for Africa, Addis Ababa, 2013.

2. 著作与文章

Andrew Williams, *EU Human Rights Policies: A Study of Irony*, London: Oxford University Press, 2004, p. 54.

Anna Khakee, "Nigeira: Conflict, Energy, and Bad Governance", in *The European Union and Democracy Promotion: A Critical Global Assessment*, Edited by Richard Youngs, Baltimore MD: Johns Hopkings University Press, 2010.

Anthony Arnull, *The European Union and the Court of Justice*, London: Oxford University Press, 1999, p. 210.

Ben Kioko, "The right of intervention under the African Union's Constitutive Act: From non – interference to non – intervention", *International Review of the Red Cross*, Vol. 85, p. 807.

Clair Mercer, "Performing Partnership: Civil Society and the Illusions of Good Governance in Tanzania", *Political Geography*, 22 (2003), pp. 741 – 763.

Daniel Bach, "The EU's 'Strategic Partnership' with Africa: Model or Placebo?" Garnet Working Paper No. 80/10, September 2010.

Daniel Kaufmann and Aart Kraay, "Governance Indicators: Where Are We, Where Should We Be Going?" *The Word Bank Research Observer*, Vol. 23, No. 1, 2008, p. 18.

David B. Goldey, "Elections and Consolidation of Portuguese Democracy: 1974 – 1983", *Electoral Studies* 2, Vol. 3, 1983, pp. 229 – 240.

Ellen Frey - Wouters, *The European Community and the Third World: the Lome convention and its impact*, New York: Preager, 1980.

Eric Neumayer, *The Pattern of Aid Giving: The Impact of Good Governance on Development Assistance*, London: Routledge, 2003.

Florian Kitt, *EU Aid Architecture: Recent Trends and Policy Directions*, The World Bank Group, January 2010.

Gary Marks, "Liesbet Hooghe, Kermit Blank, European Integration from the 1980s: State - centric Vs Multilevel Governance", *Journal of Common Market Studies*, Vol. 34, No. 3, September 1996, pp. 342 - 343.

Gerry Stoker, "Governance as Theory: Five Propositions", *International Social Science Journal*, Vol. 50, 1998, p. 18.

Gordon Crawford, "The European Union an Democracy Promotion in Africa: The Case of Ghana", *European Journal of Development Research*, Vol. 17, No. 4, December 2005, pp. 571 - 600.

Hans - Otto Sano, "Development and Human Rights: The Necessary, but Partial Integration of Human Rights and Development", *Human Rights Quarterly*, Vol. 22, 2000, p. 740.

Henrik Bang, Anders Esmark, A systems theory of Good Governance, *Paper prepared for ICPP*, Grenoble 2013, p. 1.

Hirst P., Thompson G., *Globalization in Question: The International Economy and the Possibilities of Governance*, Cambridge: Polity Press, 1996, pp. 56 - 79.

Ian Manners, "Normative Power Europe: A Contradiction in Terms?" *Journals of Common Market Studies*, Vol. 40, No. 2, 2002, p. 240.

Ian Manners, "The Constitutive Nature of Values, Images and Principles in the European Union", in *Values and Principles in European Union Foreign Policy*, Edited by Sonia Lucarelli and Ian Manners, London: Routledge, 2006, p. 38.

Ian Taylor and Paul Williams, "The Limits of Engagement: British Foreign Policy and the Crisis in Zimbabwe", *International Affairs*, 3 (2000), p. 552.

Isebill V. Gruhn, "The Lomé Convention: Inching Towards Interdependence", *International Organization*, Vol. 30, No. 2 (Spring, 1976), pp. 241 - 262.

Jack Donnelly, *Universal Human Rights in Theory and Practice*, Ithaca: Cornell University Press, 2013.

James N. Rosenau, Ernst – Otto Czmpeil, eds., *Governance without Government: Order and Change in World Politics*, London: Cambridge University Press, 1992, p. 5.

James Shikwat, "Streicht Diese Hilfe 'Interview'", DERSPIEGEL, No. 27, July 4, 2005.

Johanna Odonkor Svanikier, "Political Elite Circulation: Implications for Leadership Diversity and Democratic Regime Stability in Ghana", *Comparative Sociology*, February 2007, Vol. 6, pp. 114 – 135.

Kempe Ronald Hope, "Toward Good Governance and Sustainable Development: The African Peer Review Mechanism", *Governance*, 18 : 2, Mar 2005, pp. 283 – 311.

Knud Erik Jorgesen, "The Social Construction of the Acquis Communautaire: A Cornerstone of the European Edifice", European Integration online Papers, Vol. 3, No. 5, April 29, 1999.

Laura Feliu, "A Two – Level Game: Spain and the Promotion of Democracy and Human Rights in Morocco", *Mediterranean Politics*, 8 : 2 – 3, 26 Sep. 2007, pp. 90 – 111.

Linda Weiss and John M. Hobson, *States and Economic Development: A Comparative Historical Analysis*, Cambridge: Polity Press, 1995, p. 34.

Louis Michel, Africa – Europe: the Indispensable Alliance, 2008.

Louis Michel, *Economic Partnership Agreements: Drivers of Development*, European Commission, 2008.

Marie Besancon, *Good Governance Rankings: The Art of Measurement*, World Peace Foundation, 2003.

Martin Holland, *The European Union and the Third World*, New York: Palgrave, 2002, p. 88.

Maurizio Carbone, "The European Union, Good Governance and Aid Co – ordination", *Third World Quarterly*, Vol. 31, No. 1, 2010, pp. 13 – 29.

Obi Kelvin Ezenyili, *Democracy and Good Governance in Nigeria: A Survey of Indices of Transparency and Accountability*, Bloomington: Author House, 2012.

Oda van Cranenburgh, "Democracy Promotion in Africa: the Institutional Context", *Democratization*, 18 : 2, Mar 2011, pp. 443 – 461.

P. Halland, R. Taylor, "Political Science and the Three New Institutionalisms", *Political Studies*, Vol. 44, No. 5 (1996), pp. 936 – 957.

Peter Burnell, "From Evaluating Democracy Assistance to Appraising Democracy Promotion", *Political Studies*, Vol. 56, 2008, pp. 414 – 434.

Peter Langseth, Damian Kato, Mohammad Kisubi Jeremy Pope, Good Governance in Africa: A Case Study from Uganda, Economic Development Institute of the World Bank, 1997.

Peter Uvin, "From the Right to Development to the Rights – based Approach: How 'Human Rights' entered Development", *Development in Practice*, Vol. 17, 2007, p. 602.

Peter Van Dijk & G. J. H. van Hoof, *Theory and Practice of the European Convention on Human Rights*, Hague: Kluwer Law International, 1998.

Richard Gibb, "Post – Lomé: The European Union and the South", *Third World Quarterly*, Vol. 21, No. 3, Jun. 2000, pp. 457 – 481.

Richard Gillespie & Richard Youngs, "Themes in European Democracy Promotion", *Democratization*, 9:1, Sep. 2010, pp. 1 – 16.

Richard Youngs, European Approaches to Democracy Assistance: Learning the Right Lessons? *Third World Quarterly*, Vol. 24, No. 1, 2003, pp. 127 – 138.

Robert Blackburn, Jorg Polakiewicz, *Fundamental Rights in Europe: The European The European Convention on Human Rights and its Member States*, 1950 – 2000, London: Oxford University Press, 2001, p. 3.

Robin Sharp, "The ACP Countries and Renewal of Lomé: Is Anything Better than Nothing?" *Africa Spectrum*, Vol. 14, No. 1, 1979, pp. 86 – 94.

Roger C. Riddell, *Foreign Aid Reconsidered*, London: James Currey, 1987, p. 131.

S. K. B. Asante, "The Lomé Convention: Towards Perpetuation of Dependence or Promotion of Interdependence?" *Third World Quarterly*, Vol. 3, No. 4, Oct. 1981, pp. 658 – 672.

S. S. Kingah, "The European Union's New Africa Strategy: Grounds for Cautious Optimism", *European Foreign Affairs Review*, 11:2006, pp. 527 – 553.

Sabelo J. Ndlobu – Gatsheni, "Making Sense of Mugabeism in Local and Global Politics: 'So Blair, You're Your England and Let Me Keep My Zimbabwe'", *Third World Quarterly*, Vol. 30, No. 6, 2009, p. 1140.

Sabine C. Carey, "European Aid: Human Rights Versus Bureaucratic Inertia?" *Journal of Peace Research*, Vol. 44, No. 4, 2007, pp. 447 – 464.

Sabine C. Zanger, "Good Governance and European Aid: The Impact of Political Conditionality", *European Union Politic*, Vol. 1, No. 3, October 2000, pp. 293 – 317.

Sam Agere, *Promoting Good Governance: Principles, Practices and Perspectives*, London: Commonwealth Secretariat, 2000.

Stephen Knack, "Does Foreign Aid Promote Democracy?" *International Studies Quarterly* (2004) 48, 251 – 266.

Stephen R. Hurt, "Co – operation and Coercion? The Cotonou Agreement between the European Union and ACP States and the End of the Lomé Convention", *Third World Quarterly*, Vol. 24, No. 1, Feb. 2003, pp. 161 – 176.

Tanja A. Borzel & Thomas Risse, One Size fits All! EU Policies for the Promotion of Human Rights, Democracy and the Rule of Law, Center for Development, Democracy, and Rule of Law, Stanford University, Oct. 2004.

Tanja A. Börzel, "Yasemin Pamuk, Andreas Stahn, Good Governance in the European Union", *Berlin Working Paper on European Integration*, No. 7, January 2008, p. 9.

Tanja E. Alberts, "The Future of Sovereignty in Multilevel Governance Europe – A Constructive Reading", *Journal of Common Market Studies*, Vol. 42, No. 1, 2004, pp. 23 – 24.

Todd Landman and Edzia Carvalho, *Measuring Human Rights*, London: Routledge, 2010, p. 112.

Trevor Owen Lloyd, *The British Empire: 1558 – 1983*, London: Oxford University Press, 1984, p. 378.

Ulf Bernitz and Hedvig Lokrantz Bernitz, "Human Rights and European Identity: The Debate about European Citizenship", Philip Alston, Mara R. Bustelo and James Heenan eds., *The EU and Human Rights*, London: Oxford University Press, 1999, p. 512.

Vincent A. Mahler, "The Lomé Convention: Assessing a North – South Institutional Relationship", *Review of International Political Economy*, Vol. 1, No. 2, 1994), pp. 233 – 256.

W. Sandholtz, A. Stone Sweet, *European Integration and Supranational Governance*, Oxford: Oxford University Press, 1998, pp. 1 – 4.

William Brown, Restructuring North – South Relations: ACP – EU Development Co – operation in a Liberal International Order, *Review of African Political Economy*, 27: 85, pp. 367 – 383.

Wolfgang Fengler and Homi Kharas eds., *Delivering Aid Differently: Lessons from the Field*, Washington D. C.: The Brookings Institution, 2010, p. 115.

3. 网络资源

ACP – EEC Council of Ministers, Agreement Amending the Fourth ACP – EEC Convention of Lome, http://www.caricom.org/jsp/community_organs/epa_unit/Cotonou_Agreement_&_Lome4_lome4.pdf.

African Union Commission, Agenda 2013: The Africa We Want, http://agenda2063.au.int/en/sites/default/files/01_Agenda2063_popular_version_ENGs.pdf.

African Union Commission, Agenda 2063: The Africa We Want (Final Edition), http://www.un.org/en/africa/osaa/pdf/au/agenda2063.pdf.

African Union, Constitutive Act of the African Union, http://www.au.int/en/sites/default/files/ConstitutiveAct_EN.pdf.

AU, African Peer Review Mechanism Annual report 2014, http://aprm-au.org/admin/pdfFiles/2014_APRM_Annual_Report_EN.pdf.

AU, Constitutive Act of the African Union, http://120.52.72.29/www.au.int/c3pr90ntcsf0/en/sites/default/files/ConstitutiveAct_EN.pdf.

AU, History of OAU and AU, http://www.au.int/en/history/oau-and-au.

Commission of European Communities, Governance in the European Consensus on Development Towards a harmonized approach within the European Union, http://aei.pitt.edu/37806/1/COM_(2006)_421_final.pdf.

Commission of European Communities, The European Union's Role in Promoting Human Rights and Democratization in the Third Countries, http://aei.pitt.edu/37812/1/com2001_0252en01.pdf.

Conclusions of the Meeting of the Committee of Common wealth Foreign Ministers on Zimbabwe, Abuja, Nigeria, 6 September 2001, http://webapps. dfait – maeci. gc. ca/minpub/Publication. asp.

Council of European Union, Annual Report on Human Rights 2001, https://www. consilium. europa. eu/uedocs/cmsUpload/HR2001EN. pdf.

Council of European Union, Annual Report on Human Rights 2007, https://www. consilium. europa. eu/uedocs/cmsUpload/2007. 5997 – EN – EU_annual_report_on_human_rights_2007. pdf.

Council of European Union, EU Annual Report on Human Rights – 2005, http://www. consilium. europa. eu/uedocs/cmsUpload/HRen05. pdf.

Council of European Union, The EU and Africa: Towards A Strategic Partenership, http://europa. eu/rapid/press – release_PRES – 05 – 367_en. pdf.

Delegation of European Union to China, The Copenhagen Criteria, http://eeas. europa. eu/delegations/china/key_eu_policies/enlargement/index_en. htm.

Economist Intelligence Unit (EIU), Democracy Index 2015: Democracy in an age of anxiety, http://www. eiu. com/public/topical _ report. aspx? campaignid = DemocracyIndex2015.

EEAS, EU Relations with Zimbabwe: What do the measures entail? http://eeas. europa. eu/zimbabwe/docs/zimbabwe_measures_en. pdf.

EU, African Peace Facility Evaluation – Part 2: Reviewing the Overall Implementation of the APF as an Instrument for African Efforts to Manage Conflicts on the Continent, November 2013, http://www. africa – eu – partnership. org/sites/default/files/documents/annexes_final_report_. pdf.

EU and AU, The Africa – EU Strategic Partnership: A Joint Africa – EU Strategy, http://www. africa – eu – partnership. org/en/about – us/what – partnership.

European Commission, EU Aid Explorer, https://euaidexplorer. ec. europa. eu/DevelopmentAtlas. do.

European Commission, Governance Policy, http://ec. europa. eu/europeaid/sectors/human – rights – and – governance/governance_en.

European Commission, International Cooperation and Development: Kenya, http://ec. europa. eu/europeaid/countries/kenya_en.

European Commission, Mauritius Country Strategy Paper and National Indicative Program for the Period 2008 – 2013, http://ec. europa. eu/europeaid/sites/devco/files/csp‑nip‑mauritius‑2008‑2013_en. pdf.

European Community, Single European Act, http: //www. avrupa. info. tr/fileadmin/Content/EU/bir_bakis/SingleEuropeanAct‑TekSenet. pdf.

European Economic Community, ACP‑EEC Convention of Lome, http: //www. epg. acp. int/fileadmin/user_upload/LOME_I. pdf.

European Economic Community, Convention of Association between the European Economic Community and the African and Malagasy States associated with that Community and Annexed Documents (Yaounde Convention I), http: //www. epg. acp. int/fileadmin/user_upload/YaoundeI. pdf.

European Economic Community, Convention of Association between the European Economic Community and the African and Malagasy States associated with that Community and Annexed Documents (Yaounde Convention II), http: //www. epg. acp. int/fileadmin/user_upload/YaoundeII. pdf.

European Economic Community, Treaty of Rome, http: //eur‑lex. europa. eu/legal‑content/EN/TXT/? uri = CELEX: 11957E.

European Union External Action Services, Republic of Ghana and European Union: National Indicative Programme for the period 2014‑2020, http: //eeas. europa. eu/development‑cooperation/docs/national‑indicative‑programme_2014‑2020/2014‑2020_national‑indicative‑programme_ghana_en. pdf.

European Union External Action Services: EU launches EUR 7 million Electoral Support to Ghana for 2012 elections, http: //eeas. europa. eu/delegations/ghana/press_corner/all_news/news/2012/20120612_03_en. htm.

European Union, National Indicative Programme‑Burkina Faso (2014‑2020), https: //ec. europa. eu/europeaid/sites/devco/files/pin‑burkina‑faso‑fed11‑2014_fr. pdf.

Laza Kekic, The Economist Intelligence Unit's Index of Democracy, http: //www. economist. com/media/pdf/DEMOCRACY_INDEX_2007_v3. pdf.

Mo Ibrahim Foundation, 2015 Ibrahim Index of African Governance Executive Summary, http: //static. moibrahimfoundation. org/u/2015/11/03174252/2015‑Executive‑Summary. pdf?_ga = 1. 128694280. 52570548. 1469415955.

NEPAD Kenya Secretariat, Africa Peer Review Mechanism (APRM), http: //nepadkenya. org/aprm. html#.

OAU, African Charter on Human and Peoples Rights, http://www.humanrights.se/wp-content/uploads/2012/01/African-Charter-on-Human-and-Peoples-Rights.pdf.

OECD, Development Aid at a Glance: Statistics by Region – Africa, 2015 edition, https://www.oecd.org/dac/stats/documentupload/2%20Africa%20-%20Development%20Aid%20at%20a%20Glance%202015.pdf.

OECD: Definition of ODA, Glossary of Statistical terms, http://stats.oecd.org/glossary/detail.asp?ID=6043.

Sierra Leone – European Community, Country Strategy Paper and National Indicative Programme (2008 – 2013), https://ec.europa.eu/europeaid/sites/devco/files/csp-nip-sierra-leone-2008-2013_en.pdf. EEAS, The EU's relations with Cape Verde, http://eeas.europa.eu/cape_verde/index_en.htm.

Treva Braun and Lucy Mulvagh, The African Human Rights System: A Guide for Indigenous Peoples, http://120.52.72.41/www.rightsandresources.org/c3pr90ntcsf0/documents/files/doc_1178.pdf.

UN General Assembly, *Declaration on the Right to Development*, http://humanrightscenter.bilgi.edu.tr/media/uploads/2015/08/01/KalkinmaHakkinaDairBildirge.pdf.

WB, Worldwide Governance Indicators, http://info.worldbank.org/governance/wgi/index.aspx#doc.

World Bank, Governance and Development, http://www-wds.worldbank.org/external/default/WDSContentServer/WDSP/IB/1999/09/17/000178830_98101911081228/Rendered/PDF/multi_page.pdf.

附 录

附录1

附表1 欧盟第五至第七次扩大中入盟国家的民主转型与巩固过程

国家	民主转型	民主巩固	备注
波兰	1989年,圆桌会谈,进行了完全自由的参议院选举,团结工会获得胜利,东欧第一个非共产党的总理上台。但做了相应的妥协	存在一些问题:伦理性公民社会给民主的政治社会带来体制问题,半总统制缺乏宪政支撑	协议式转型
匈牙利	1968年,引入新经济机制,1982年,增加产权合法化的规定,在1989年前,匈牙利已经形成了竞争性政治,政府反对派通过与政府谈判达成自由选举的协议,1989年10月23日,根据宪法修正案,决定将匈牙利人民共和国改称匈牙利共和国	成熟后全能主义的典范,在处理民族问题和民主巩固方面能力较强	
捷克	1989年11月,捷政权更迭,实行多党议会民主制。1990年6月,举行首次自由选举,捷克地区的"公民论坛"和斯洛伐克地区的"公众反暴力"组织分别在本地区获胜,占据联邦议会中的多数席位,并组成联邦政府。1992年,捷斯联邦举行第二次议会大选,由"公民论坛"演变而来的公民民主党(简称"公民党")和从"公众反暴力"组织分裂出来的争取民主斯洛伐克运动获胜,成为执政党	巩固过程中考虑到捷克和斯洛伐克之间的分歧,最好的办法就是变成两个国家。1992年底,捷克联邦解体。彼此间民主巩固的最大隐患消失	僵滞的后全能主义典范
斯洛伐克	斯洛伐克的民主转型与捷克一脉相承,1992年,斯洛伐克民族议会成立,1993年,独立后专门颁布宪法,确立了总统制		

续表

国家	民主转型	民主巩固	备注
斯洛文尼亚	也是南斯拉夫联邦国家之一，民主转型经历了与南联盟的决裂，之后建立三权分立的西方民主制。1990年12月9日，斯洛文尼亚议会以203票赞成和4票弃权通过法令，决定在12月23日就该共和国独立自主的问题进行全民公决。有136万人参加投票，占全体选民的93.2%，赞成独立自主的有128.8万人，占投票者总数的94.7%，占选民总数的88.2%。1991年12月颁布新宪法，确立了民主制度	民主巩固较为顺利，大选后政党进行重组，与民主制的调试较为成功	
爱沙尼亚	1991年8月20日，爱沙尼亚宣布独立后，虽然在头1年将其国家制度由"爱沙尼亚苏维埃社会主义加盟共和国"改为共和国制，但实际政体依然是苏维埃制。1992年6月28日，经全民公决，通过爱沙尼亚独立后的第一部宪法。新宪法于当年7月3日生效。新宪法确立了爱沙尼亚现行政治新体制的一系列基本原则。根据新宪法规定，爱沙尼亚在国家权力体制上决定实行总统制	转型后，爱沙尼亚确立了一套与西欧国家大体相似的政治新体制，并已正常运转，而且在体制转换过程中，没有发生大的动荡，社会尚能保持相对稳定	
拉脱维亚	1991年，拉脱维亚修改国体为独立共和国，1993年6月，拉脱维亚选举产生恢复独立后的首届议会。同年7月6日，拉脱维亚议会第五届会议通过决议，正式决定恢复1922年2月15日获得独立时的资产阶级宪法。根据该宪法规定，拉脱维亚为议会制国家	拉脱维亚民主巩固较为顺利，在从集权制向分权制（三权分立），从一党制向多党制，从苏维埃制向议会制，政治体制三大转换和变更中较平稳	
立陶宛	立陶宛于1990年脱离苏联获得独立，新宪法于1992年10月25日经全民公决通过，11月2日生效，后多次修订。现行宪法共15章、154条。规定立陶宛是独立的民主共和国，主权属于全体人民，公民权利一律平等。立为议会制国家	同样较为平顺	
保加利亚	共产党走在前列，作为引领，反对派缺乏相应的实力。1991年7月12日，保国民议会批准《保加利亚共和国宪法》，保加利亚是一个实行立法、司法和行政三权分立的议会制共和国	缺乏真正主张自由，支持市场的政治势力，因此民主巩固较为艰巨	早期后全能主义典范

续表

国家	民主转型	民主巩固	备注
罗马尼亚	转型非常艰难,有暴力色彩。领导人个人专断化严重,1989年12月底,在国际上许多社会主义国家发生剧变以及国内群众不满情绪的双重作用下,罗马尼亚共产党解散,新的政治力量接管了前齐奥塞斯库政权的一切权力,罗马尼亚在政治上走向多党制,经济上由中央计划经济向市场经济过渡。1991年11月21日,罗马尼亚议会通过了新宪法,新的政治体制形成	罗马尼亚的民主转型困难重重,此后的历次选举中,虽然有积极改变,但是至今没有一个非前共产党机构干部的政治人物获得过政治权力	
克罗地亚	1990年5月,克罗地亚举行二战后首次多党制大选,克民主共同体获胜执政。同年12月,克通过新宪法,规定克为主权和民主国家。1991年5月底,举行全民公决,赞成克独立,6月25日,克罗地亚共和国宣布独立,10月8日,正式宣布脱离南斯拉夫联邦共和国	克罗地亚转型后脱离南斯拉夫共和国的举动遭到境内塞尔维亚居民的武装抵抗	

资料来源:笔者结合赵乃斌主编的课题《东欧中亚国家政治制度》与新华网"欧盟的几次扩大",http://news.xinhuanet.com/ziliao/2002-12/16/content_660955.htm,总结得出。

附录2

附表2 撒哈拉以南49个非洲国家民主化发生的时间与结果

国家	民主化起始时间	结果
苏丹	1996年6月	进行首次总统和议会选举。1998年6月30日,苏颁布并实行新宪法,规定苏丹是多种族、多文化、多宗教国家,国家实行建立在联邦制基础上的非中央集权制;总统是国家主权的最高代表,军队最高统帅,拥有立法、司法、行政最高裁决权,由全民选举产生,任期5年,可连选连任一届;议会为立法机构;司法独立
南苏丹	2005年实行高度自治	2011年7月9日,南苏丹独立建国。南实行立法、行政、司法三权分立体制,中央、州两级政权享有立法权

续表

国家	民主化起始时间	结果
埃塞俄比亚	1991年7月	召开和平民主过渡全国会议，通过过渡时期宪章决定成立由各派参加的过渡政府，两年半内举行全国大选，组建新政府和出台新宪法
厄立特里亚	独立，但从未进行过民主化选举	政治前途由在两年内举行由国际监督下的公民投票决定，1993年厄立特里亚独立。民主化并无发展
索马里	1989年8月	支持实行多党制，1990年12月，承认反对党合法地位，1991年初，举行大选。后来内战连年，旷日持久
吉布提	1992年	1991~1994年，发生内战，1992年，宣布实行渐进多党制，9月通过新宪法。直至1994年12月26日，政府和叛军争取恢复统一和民主阵线，正式签署和平与民族和解协议，民主化走向正轨
肯尼亚	1990年4月	全国政治体制大辩论，1991年2月，在西方压力下决定废除一党制，1992年12月，进行立法议会和总统大选
坦桑尼亚	1990年2月	通过实行多党制的决定，1995年，首次多党选举，2000年，第13次宪法修正案重新界定了坦政治体制，确认原宪法中的"社会主义"和"自力更生"等原则代表民主、自立、人权、自由、平等、友爱、团结
乌干达	2005年7月	穆塞韦尼执政时期是党政合一的政体，2005年，通过新宪法，开放党禁，规定总统任期，成为多党制国家
卢旺达	1990年11月	1993年，政府和反对派签署和平协议，而1994年爆发种族大屠杀，1994年新政权成立后，宣布实行5年过渡期，实行爱阵主导、多党参政和禁止党派活动的政治管理模式。2003年5月，全民公决通过新宪法。8月25日，举行1994年以来首次多党总统大选，9月举行参众两院选举
布隆迪	2001年11月	成立过渡政府，2005年3月18日，布颁布实施《后过渡时期宪法》，这是独立以来的第六部宪法。宪法规定：实行多党制。总统是国家元首、政府首脑和军队统帅，由直接普选产生，任期5年，可连任一次
塞舌尔	1991年	取消党禁，改行多党制，1992年，起草新宪法，1993年通过，并实行了首次多党总统和人民会议议员选举

续表

国家	民主化起始时间	结果
毛里塔尼亚	1991年7月	1984年，和平政变后成立文官政府，1991年7月，通过新宪法，实行多党制，1992年，举行国民议会和参议院选举
塞内加尔	1991年3月	国民议会特别会议决定修改宪法，恢复总理职位，扩大反对党在议会常设局的比例，1992年，通过选举法，1993年2月，进行第一次总统选举，5月，举行立法议会选举
冈比亚	1996年	1996年，临时选举委员会成立，负责举行国家选举，1997年，转为独立选举委员会，负责登记选民、举行选举和公民投票，2001年末和2002年初，冈比亚完成了完整的总统、众议院和地区选举过程，外国观察团对此评为自由、公平和透明，纵使仍有不足
马里	1991年7月	1991年3月，爆发最严重反政府骚乱，直至7月才通过宪法草案、多党制宪章和选举法、开启民主化进程
布基纳法索	1990年12月	通过宪法草案，实行三权分立，建立两院制的西方民主制度，1991年，举行全民投票以及总统和立法选举
几内亚	1990年3月	制定根本法，1990年12月，获得全民投票通过，1991年，成立文官政府，1992年，开放党禁，1993年，进行总统选举，1995年，完成议会选举
几内亚比绍	1991年1月	执政党几内亚和佛得角非洲独立党第二次特别大会上，提出深化民主和实行多党制的方针，1994年，举行首次多党国务委员会主席和立法选举
佛得角	1990年9月	1991年，举行议会选举，2月，举行第一次全国总统选举，1992年8月，第四届全国人民议会第二次会议通过新宪法，规定实行多元民主和温和议会制
塞拉利昂	1996年1月	1991年以来，塞拉利昂爆发内战，直至1996年发生不流血政变，2月，进行了总统选举。然而好景不长，卡巴政权遭到推翻，在西非经济共同体的帮助下，直至2002年，塞拉利昂才结束内战
利比里亚	1997年2月	1989年开始，利比里亚开始了旷日持久的内战，直到1997年2月才解除武装进行了第一次选举。2003年，签订《阿克拉和平协议》，2005年，才真正建立起民主制度

续表

国家	民主化起始时间	结果
科特迪瓦	1990年3月	宣布实行多党制，1990年11月，立即举行了总统和首次多党立法选举
加纳	1990年7月	在政府控制下有序进行，提出民主变革时间表，1991年，军政府还政于民，1992年底，举行首次多党总统和立法议会大选
多哥	1990年6月	宣布反对党合法化，1991年，政府和反对派就实行多党制和政治多元化，实行大赦，创建全国政治对话论坛以加速民主化进程等重大问题进行讨论。1993年，进行首次总统选举
贝宁	1989年初	经济上接受结构调整计划，政治上实行党政分离，召开有生力量会议，反对派和平夺权
尼日尔	1990年	过程曲折，1990年，实行多党制，1993年，成立首届民选政府，1996年，发生政变，1999年，进行总统和议会选举。但在2009年，坦贾政府修改宪法寻求连任，遭到西方制裁
尼日利亚	1989年5月	解除党禁，1990年7月，两党举行全国议会选出各自党主席。1992年，进行大选
乍得	1990年12月	反对派武装攻占首都，宣布中止宪法，成立新政府，实行政治多元化，建立民主政体，以保证结社、舆论、新闻和宗教的自由。1993年，举行最高全国会议，为大选做好铺垫
中非	1986年11月	1992年，大选遭到破坏，1993年，才得以实现。1994年，颁布宪法宣布实行三权分立和多党民主制
喀麦隆	1990年2月	1990年12月，宣布实行多党制，1991年，签署"雅温得声明"，1992年3月，举行多党立法选举，10月举行总统选举，组成新政府
赤道几内亚	1991年8月	宣布实行多党制，1992年，组建过渡政府，1993年，签署"全国协议"，11月，首次多党议会选举，组建新政府，较为平顺
加蓬	1989年底	1990年3月，召开全国民主协商大会，大会就立即实行多党制、成立过渡政府、修改宪法等重大问题达成一致
刚果（布）	1990年9月	1991年，举行全国协商大会，1992年，全民投票通过现行宪法，实行三权分立，半总统和半议会制

续表

国家	民主化起始时间	结果
刚果民主共和国	1990年4月	蒙博托宣布建立三个政党，取消原执政党人民革命运动的领导作用。民主化进程曲折，刚果长期内战，并波及多个国家
圣多美和普林西比	1989年12月	执政党主动支持实行多党制，1990年8月，全民公投通过新宪法，1991年，进行了议会和总统大选。但此后两年有政局波动，1994年7月才结束
赞比亚	1990年7月	1990年12月，宣布实行多党制，1991年7月，通过宪法修正案，实行总统内阁制，10月，举行多党民主选举
安哥拉	1990年12月	人民解放运动劳动党第三次全国代表大会决定采取市场经济模式，修改宪法，实行多党制
津巴布韦	1991年初	1991年，放弃一党制，1992年，宣布实行多党制。但津民盟长期独大，为津巴布韦90年代末与21世纪初的发展挫折埋下伏笔
马拉维	1993年6月	全民公决，63%的公民赞成实行多党制。随机修改宪法，实行多党制，1994年5月，举行首次多党民主的总统和议会选举
莫桑比克	1990年8月	11月，通过新宪法，决定建立多党民主制
博茨瓦纳	1966年9月	独立后颁布宪法，实行多党议会制，立法、司法、行政三权分立；总统为国家元首、政府首脑兼武装部队总司令，由国民议会选举产生，任期5年，最多连任两次；总统死亡或辞职时，副总统自动接任总统职务；总统和国民议会组成国会，行使立法权；国民议会通过的决议、法案须经总统批准才能生效；总统有权召集和解散国民议会。政局一直较为平稳
纳米比亚	1990年2月	制宪议会通过独立后新宪法，规定实行总统制和多党制，司法独立
南非	1991年	举行多党谈判，1993年，就政治过渡达成一致。1994年，南非举行了首次由各种族参加的大选。1996年，曼德拉签署第一部种族平等宪法
斯威士兰	无	禁止党政活动，实行绝对君主制
莱索托	1993年3月	军政府还政于民，颁布新宪法，国王为国家元首和立宪君主；内阁为执行机构，首相为政府首脑，实行两院议会制

续表

国家	民主化起始时间	结果
马达加斯加	1989年4月	民主化运动开始后经历了多年的国家内战,1992年3月,政府和反对派召开全国会议,8月,通过新宪法,11月,举行了第一次全国大选,1993年,经过了第二共和国向第三共和国的过渡后,确立了多党制
科摩罗	1990年3月	实行多党制,进行总统选举,但是过程曲折。直至2001年才颁布现行宪法,决定在维护国家统一和领土完整基础上成立由大科摩罗、昂儒昂、莫埃利和马约特四岛组成的科摩罗联盟。总统由四岛轮替
毛里求斯	1968年独立后	1968年3月12日,毛里求斯宣布独立,实行君主立宪制,奉英国女王为国家元首。1992年3月,改行共和制。毛里求斯独立以来,历届政府均坚持维护民族团结与和睦,实行文化多元化政策,保持了政局的长期稳定。毛里求斯独立后一直实行多党制,工党、社会主义战斗党(社战党)、战斗党轮流执政或联合执政

资料来源:笔者自行整理。

附录 3

附表 3 欧盟及其成员国在帮助改善人权方面向非洲各国投入的援助总量（2004～2016 年）

欧盟机构及其成员国提供的官方发展援助（总投入，以美元时价计）

单位：美元

No.	国家	2004	2005	2006	2007	2008	2009	2010	2011	2012	2013	2014	2015	2016
1	安哥拉	913799128	220746237	238010418	179496883	181320190	129646443	97392013	83620441	79443270	117666294	101154417	64174186	67762247
2	贝宁	238702320	199488232	223636898	279128521	355742599	371435767	322134442	267113018	262800110	265659865	264828790	161600764	175404980
3	博茨瓦纳	15775672	29196350	41889719	51530013	479440599	40725107	55279627	29851041	14896225	29079068	44154363	13722601	4841577
4	布基纳法索	331276230	360099178	447989503	544250015	547301035	473550465	477669072	471806909	455574693	496471415	473333495	418677888	391648724
5	布隆迪	215289882	196029831	185582710	254658019	274902242	385718119	300805136	255287886	184632932	228338477	239182775	155318951	207902569
6	喀麦隆	684554179	473419927	1493527930	1834285459	938881520	421034433	386513306	394513498	365829213	374044863	550714759	319016762	456637252
7	佛得角	107397395	111488125	107164344	129391939	168880708	136540039	239480514	225987212	216595012	215420022	189215530	102521390	91354276
8	中非	76828681	56639563	56428011	123785637	113455187	115858409	152307882	120383754	100225374	100386687	331565761	274493832	258954802
9	乍得	147766075	173902123	151744481	209789612	314879557	266262224	215681700	210294983	202082377	218574505	208429691	281132806	271182370
10	科摩罗	18773447	25522781	25958581	34801831	32460086	40735013	34575944	33441901	38820792	49465752	39872576	32025341	29229187
11	刚果（布）	53485060	1449435748	356446402	90877936	445843594	261305240	1219699461	275503786	116462216	100442775	84178836	80414013	63345758
12	刚果	1157778814	765861919	799667158	735066631	897959899	926907661	2338441821	3348006250	1417807401	1001271173	900092739	751446909	748709735
13	科特迪瓦	2229624461	190728606	259425005	200931992	265771814	1553577074	374115258	753931102	2108626468	1125738107	499433472	367532544	537316334
14	吉布提	29914639	33169117	32573073	65692376	64582765	70825466	57586321	65709397	66657460	76674386	78199004	75620066	66489537
15	赤道几内亚	28106356	32317354	24473549	27384385	25034847	28249941	79197132	20901383	14743040	6859957	6184338	5771348	5501529
16	厄立特里亚	45501483	79816803	42622305	60611501	39060608	61560542	52391230	55618349	172099660	25201680	24639220	18972864	19249786

续表

欧盟机构及其成员国提供的官方发展援助（总投入，以美元时价计）

No.	国家	2004	2005	2006	2007	2008	2009	2010	2011	2012	2013	2014	2015	2016
17	埃塞俄比亚	607413206	576210546	735909349	1066467706	1170726823	1043210026	1005733123	1182964210	1034798887	1006588572	1246412201	1024053792	1260912707
18	加蓬	73380767	82673133	71092141	82913902	79275571	89709844	92177567	80835140	81880006	84555119	109923684	96397995	42139594
19	冈比亚	9201184	9471640	10582418	33525759	25837389	26429692	31957365	56393044	39568710	37370196	34009496	26956446	23698516
20	加纳	711651033	874062920	509486031	575110072	631176083	742194840	608822960	547766646	507848924	461228886	360321019	447976841	347455475
21	几内亚	144152399	85433749	88528798	113818981	241846995	160334557	139428228	130351462	179460599	218061857	186673315	160327961	196565201
22	几内亚比绍	39844500	65380432	65542279	78697392	92813066	98073850	46988906	59225447	32143724	45118103	47485098	46244618	146448740
23	肯尼亚	345362172	418188252	434910164	607658498	612449486	638063765	659030711	862378067	1098301269	1064519313	940944040	764039538	699193704
24	莱索托	40822735	32657868	340129 74	53326265	63154174	56702398	101281440	81482563	125531230	62263245	24276683	15947807	24886984
25	利比里亚	24276683	107628255	105400246	442325196	690331226	262342248	505270726	358758647	187741046	138562605	228418096	142285108	129642702
26	马达加斯加	698314130	494222957	310706514	360015904	289705602	187052673	155769486	203402579	144276934	178405300	247746448	215760078	190499540
27	马拉维	244525038	250347268	326214565	305917237	379339983	272984483	445881123	259333489	418768298	367899571	367899571	292143163	306445942
28	马里	339354220	381909698	400755443	613951256	494498033	440199282	433973836	471511731	347929242	699981632	665164327	509074381	557613166
29	毛里塔尼亚	119034952	122478947	107483085	184260231	175848579	137235712	117745358	209066861	201307189	162138418	112744204	106226451	78293940
30	毛里求斯	48913478	31700926	44658165	86489408	150680987	167230827	137449191	202199051	183880635	162769407	107216320	112227463	73303186
31	莫桑比克	626349665	663700802	747063698	971277877	1041195950	984336686	1012181878	196394353	902282010	889524501	862596734	661576835	570177394
32	纳米比亚	105264379	65312585	70059520	106382588	91994517	115339383	71983233	131501531	143255290	100295266	79632695	92871209	107505530
33	尼日尔	341308998	245311142	261025555	252722636	335016915	229558394	334550584	304965864	449362313	354694292	426443443	378704556	433099948
34	尼日利亚	179021977	582136439	3868219 8109	1239804768	447163939	343157006	423954076	484537165	539775940	656859825	680940488	591119847	770088567
35	卢旺达	210180344	308384286	375308881	321658666	398779823	425013574	415601885	462788382	313406118	453834350	356417356	334869857	372430358
36	圣多美和普林西比	21686018	20862885	21598398	30167668	41961558	21863269	35384748	38377687	29458497	27201483	21570816	32119760	22183526
37	塞内加尔	699849085	426804454	611768193	444738635	618110847	501010157	410275231	460676123	537927256	394275820	505023568	277757379	276572450

续表

欧盟机构及其成员国提供的官方发展援助（总投入，以美元时价计）

No.	国家	2004	2005	2006	2007	2008	2009	2010	2011	2012	2013	2014	2015	2016
38	塞舌尔	6401925	6870578	9603708	3838503	3903926	14454536	49266718	115711351	17955898	16375994	5764080	3581089	10666205
39	塞拉利昂	185208848	179414019	161389799	371333347	201773862	233047367	201650145	186364873	211319737	214124116	548359057	464450259	349295203
40	索马里	108635312	122702567	204784301	207904219	356648879	311493072	298374683	541197114	472701907	460746985	591227776	507265690	594848546
41	南非	412030732	440935548	569991027	667839433	651499338	464587338	429326770	788824059	570821866	807006607	650170660	961412776	678961095
42	南苏丹	*	*	*	*	*	*	*	193663599	451829758	570951525	784878916	650792145	725896709
43	苏丹	400153686	773151483	817087984	943691429	904218528	840870209	728363516	659707570	411912494	329531809	272897088	228687994	283159965
44	斯威士兰	14588606	9303950	16484042	21247886	19751537	17784016	23536090	36995584	27886984	41626425	30073888	38018040	33606258
45	坦桑尼亚	833375953	749849315	858125037	926212516	1019723269	909916530	1008512353	933921657	900059211	812978712	666598808	797420012	678433444
46	多哥	47904528	60252661	63248979	88300847	212558787	213711378	269139067	317203171	117665936	85107972	107308671	106896849	91192887
47	乌干达	428304607	432212431	725459800	656804568	755471240	626643028	640022185	631198081	533127465	525780234	608941885	524007867	454615638
48	赞比亚	688715023	606129070	810590533	417381389	494737211	493504310	351244743	398298304	324427858	356442036	408931218	327238602	347547053
49	津巴布韦	141315905	155302663	190363546	243645676	283219770	339355898	350635238	332099783	457277249	365711582	349684162	324634621	280741879
50	撒哈拉以南非洲总量	2211461504	2476163254	2553608340	3047537999	3604423694	3455373734	3285460796	3081055194	3305150476	2989877631	3521460005	1510960015	1615326084

注：*表示暂无数据。

资料来源：EU aid explorer，https：//euaidexplorer.ec.europa.eu/DevelopmentAtlas.do，访问日期：2018年5月15日。

附录 4

附表 4 撒哈拉以南非洲各国的人类发展指数（2004~2016）满分 1

No.	国家	2000	2004	2005	2006	2007	2008	2009	2010	2011	2012	2013	2014	2015	2016
1	安哥拉	0.390	0.439	0.461	0.458	0.491	0.507	0.446	0.509	0.521	0.524	0.530	0.532	0.533	0.581
2	贝宁	0.392	0.403	0.433	0.427	0.433	0.455	0.439	0.468	0.473	0.475	0.477	0.480	0.485	0.504
3	博茨瓦纳	0.561	0.535	0.611	0.606	0.592	0.657	0.615	0.681	0.688	0.691	0.696	0.698	0.698	0.706
4	布基纳法索	*	0.342	0.321	0.336	0.335	0.349	0.341	0.367	0.376	0.385	0.388	0.390	0.402	0.411
5	布隆迪	0.301	0.336	0.331	0.325	0.360	0.376	0.373	0.390	0.392	0.395	0.397	0.400	0.404	0.415
6	喀麦隆	0.437	0.440	0.461	0.442	0.468	0.481	0.451	0.486	0.496	0.501	0.507	0.512	0.518	0.561
7	佛得角	0.572	0.580	0.588	0.597	0.601	0.612	0.607	0.629	0.637	0.639	0.643	0.646	0.648	0.654
8	中非	0.310	0.289	0.323	0.300	0.333	0.340	0.322	0.362	0.368	0.373	0.348	0.350	0.352	0.363
9	乍得	0.332	0.342	0.357	0.373	0.365	0.373	0.362	0.371	0.382	0.386	0.388	0.392	0.396	0.45
10	科摩罗	*	0.556	0.464	0.466	0.464	0.474	0.467	0.479	0.483	0.486	0.488	0.494	0.497	0.499
11	刚果（布）	0.489	0.507	0.512	0.550	0.518	0.535	0.516	0.554	0.560	0.575	0.582	0.591	0.592	0.611
12	刚果民主共和国	0.329	0.329	0.351	0.346	0.394	0.369	0.381	0.408	0.418	0.423	0.430	0.433	0.435	0.447
13	科特迪瓦	0.398	0.392	0.446	0.399	0.418	0.432	0.414	0.444	0.445	0.452	0.458	0.462	0.474	0.491
14	吉布提	0.365	0.363	0.413	0.461	0.440	0.439	0.450	0.453	0.462	0.465	0.468	0.470	0.473	0.477
15	赤道几内亚	0.526	0.534	0.571	0.572	0.563	0.600	0.591	0.591	0.590	0.584	0.584	0.587	0.592	0.604
16	厄立特里亚	*	*	*	*	*	*	*	0.381	0.386	0.390	0.390	0.391	0.420	0.399

续表

No.	国家	2000	2004	2005	2006	2007	2008	2009	2010	2011	2012	2013	2014	2015	2016
17	埃塞俄比亚	0.284	0.302	0.339	0.434	0.361	0.394	0.368	0.412	0.423	0.429	0.436	0.442	0.448	0.459
18	加蓬	0.632	0.633	0.644	0.645	0.667	0.654	0.660	0.663	0.668	0.673	0.679	0.684	0.697	0.697
19	冈比亚	0.384	0.401	0.415	0.453	0.409	0.433	0.431	0.441	0.437	0.440	0.442	0.441	0.452	0.456
20	加纳	0.485	0.465	0.509	0.508	0.532	0.542	0.521	0.554	0.566	0.572	0.577	0.579	0.579	0.588
21	几内亚	0.323	0.445	0.374	0.434	0.380	0.385	0.386	0.388	0.399	0.409	0.411	0.411	0.414	0.441
22	几内亚比绍	*	0.349	0.387	0.392	0.395	0.397	0.398	0.401	0.402	0.396	0.396	0.408	0.424	0.426
23	肯尼亚	0.447	0.435	0.471	0.458	0.491	0.499	0.489	0.529	0.535	0.539	0.544	0.548	0.555	0.580
24	莱索托	0.443	0.418	0.437	0.425	0.445	0.456	0.443	0.472	0.480	0.484	0.494	0.497	0.497	0.489
25	利比里亚	0.359	*	0.355	0.372	0.394	0.396	0.359	0.405	0.414	0.419	0.424	0.430	0.427	0.482
26	马达加斯加	0.456	0.482	0.473	0.489	0.509	0.490	0.498	0.504	0.505	0.507	0.508	0.510	0.512	0.517
27	马拉维	0.340	0.342	0.367	0.344	0.368	0.394	0.372	0.420	0.429	0.433	0.439	0.445	0.476	0.474
28	马里	0.313	0.319	0.364	0.363	0.380	0.390	0.390	0.409	0.415	0.414	0.416	0.419	0.442	0.428
29	毛里塔尼亚	0.442	0.481	0.464	0.463	0.480	0.476	0.486	0.488	0.489	0.498	0.504	0.506	0.513	0.516
30	毛里求斯	0.674	0.692	0.709	0.701	0.775	0.728	0.715	0.756	0.762	0.772	0.775	0.777	0.781	0.789
31	莫桑比克	0.300	0.321	0.361	0.340	0.366	0.385	0.375	0.401	0.405	0.408	0.413	0.416	0.418	0.438
32	纳米比亚	0.556	0.538	0.570	0.570	0.584	0.598	0.590	0.610	0.616	0.620	0.625	0.628	0.640	0.643
33	尼日尔	0.257	0.298	0.287	0.334	0.305	0.303	0.313	0.326	0.333	0.342	0.345	0.348	0.353	0.358
34	尼日利亚	*	0.448	0.466	0.473	0.481	0.483	0.486	0.492	0.496	0.500	0.504	0.513	0.527	0.539
35	卢旺达	0.333	0.362	0.396	0.377	0.424	0.437	0.456	0.453	0.464	0.476	0.479	0.483	0.498	0.517

续表

No.	国家	2000	2004	2005	2006	2007	2008	2009	2010	2011	2012	2013	2014	2015	2016
36	圣多美和普林西比	0.491	0.607	0.516	0.622	0.526	0.533	0.541	0.544	0.548	0.552	0.553	0.555	0.574	0.583
37	塞内加尔	0.380	0.398	0.498	0.403	0.426	0.436	0.431	0.456	0.458	0.461	0.463	0.466	0.494	0.499
38	塞舌尔	0.715	0.842	0.728	0.715	0.732	0.737	*	0.743	0.752	0.761	0.767	0.772	0.782	0.790
39	塞拉利昂	0.299	0.335	0.331	0.357	0.406	0.351	0.397	0.388	0.394	0.397	0.408	0.413	0.420	0.435
40	索马里	*	*	*	*	*	*	*	*	*	*	*	*	*	*
41	南非	0.632	0.597	0.612	0.625	0.619	0.627	0.640	0.643	0.651	0.659	0.663	0.666	0.666	0.696
42	南苏丹	*	*	*	*	*	*	*	0.413	0.416	0.388	0.392	0.397	0.399	0.394
43	苏丹	0.400	0.416	0.439	0.429	0.441	0.464	0.446	0.465	0.466	0.476	0.477	0.479	0.490	0.497
44	斯威士兰	0.496	0.463	0.496	0.472	0.514	0.516	0.498	0.525	0.528	0.529	0.530	0.531	0.541	0.617
45	坦桑尼亚	0.392	0.401	0.436	0.444	0.433	0.470	0.463	0.500	0.506	0.510	0.516	0.521	0.531	0.529
46	多哥	0.426	0.418	0.438	0.466	0.442	0.443	0.454	0.459	0.468	0.470	0.473	0.484	0.487	0.501
47	乌干达	0.393	0.416	0.430	0.431	0.447	0.459	0.467	0.473	0.473	0.476	0.478	0.483	0.493	0.502
48	赞比亚	0.433	0.431	0.482	0.475	0.473	0.517	0.486	0.555	0.565	0.576	0.580	0.586	0.579	0.587
49	津巴布韦	0.428	0.400	0.412	*	0.404	0.422	0.218	0.461	0.474	0.491	0.501	0.509	0.516	0.517
50	撒哈拉以南非洲	0.422	0.472	0.453	*	0.468	0.478	0.514	0.499	0.505	0.510	0.514	0.518	0.523	0.535

资料来源：笔者根据联合国开发计划署网站（http://hdr.undp.org/en/countries）历年《人类发展报告》计算整理，以2015年度报告中2000年数据为基准。"*"指当年没有数据。

附录 5

附表 5 欧盟及其成员国在良治方面向非洲各国投入的提助 (2004~2016 年)

单位：美元

No.	国家	2004	2005	2006	2007	2008	2009	2010	2011	2012	2013	2014	2015	2016
1	安哥拉	47808317	78932490	68153368	81159076	79668925	61756442	46954172	52917564	38352395	26596709	49918073	35594423	32649346
2	贝宁	28971405	39881562	38260366	53482879	79824296	71463635	80351911	67562896	75107978	92917136	74184143	46631446	61547795
3	博茨瓦纳	1516368	2325473	1912761	6231525	7117128	5984677	4106288	3765094	4654687	4375796	4557479	4140721	2509223
4	布基纳法索	74363892	75274248	66642755	87543450	109654259	115390179	112014215	99623634	113616896	112642096	113406634	122640081	80404492
5	布隆迪	45021334	37176753	60062606	69730156	78035513	85955135	119934711	107588886	95240420	95881709	82061728	79887763	41934828
6	喀麦隆	32557646	21313548	30680969	34812068	52560524	31671124	45612540	42411999	52228313	33558875	30922515	30802664	27831192
7	佛得角	5216103	13883272	10872930	18411488	22851358	10953406	19566737	4151343	8579500	3539993	7862547	6932029	2683924
8	中非	11235701	5853513	59185276	22712987	33507516	27861989	36562294	23260558	19062943	12861312	68842289	91088233	44451597
9	乍得	43099864	20746427	17391447	27535953	38218596	44112233	49515778	45314769	35741930	43285648	37452190	69928145	100758599
10	科摩罗	3322961	2190285	4440295	5546164	5377282	5879989	11876858	9859878	8113767	9084546	11380011	13566915	5308238
11	刚果（布）	11481350	35247990	5852567	9810535	15047441	9952548	11033864	8772478	8186785	14127539	11518933	7922237	5935538
12	刚果民主共和国	216934031	439890390	320375981	171340515	261561494	293355689	302750709	440359336	272776179	299317713	276704391	256691832	228870371
13	科特迪瓦	20719832	19029799	17839197	38123488	194965511	100349812	75054679	110125684	52030670	61498069	103659944	78231486	48977987
14	吉布提	3338423	3362782	6428535	5840625	5018582	2920894	8272969	3763763	5549905	12214974	21083684	12696168	3652609
15	赤道几内亚	2419981	2869156	2318544	3417500	4080775	3400803	1523983	901929	1545182	1159457	815694	676966	455381
16	厄立特里亚	13385763	33928045	7301938	13609996	10641583	7529737	7005618	5066563	2620836	6442172	7964123	7016600	7015285
17	埃塞俄比亚	201410243	97236927	123766735	197245309	201833400	133254214	124334486	116960045	119484200	101038116	145606203	152395317	158319940

续表

No.	国家	2004	2005	2006	2007	2008	2009	2010	2011	2012	2013	2014	2015	2016
18	加蓬	2795086	3804411	3095198	2481333	3493015	3398747	4071998	2188324	1869795	3428125	2637405	1608580	3433325
19	冈比亚	5530180	6231165	12022330	9577873	9810516	14568875	7279531	6926799	10822817	4581370	8522113	5826616	6638624
20	加纳	139929763	117701958	127506850	112884150	119114721	190539333	172967261	185130228	151329817	115025788	88222302	275150776	130134505
21	几内亚	16808452	16313520	18637458	28326295	31394247	25424121	38811084	97559810	31582808	66173361	69146650	51484275	71431483
22	几内亚比绍	13657379	13937745	7976046	9430314	33378844	22403828	26776612	20748930	13908850	12074667	16857241	16102700	10465689
23	肯尼亚	50370576	48020375	90629150	130182391	94369088	107773337	141128027	136596654	184091733	193591079	177030128	220116021	202225189
24	莱索托	13131329	10348602	12757923	23219996	26144729	17563251	34374836	23492395	16732918	21693584	10083675	10998009	7507561
25	利比里亚	22200057	78534798	81418103	434440365	83262148	93073749	142464101	120543683	85745517	71968793	101040170	90626662	94180981
26	马达加斯加	95151763	73356533	84416388	74519414	100160918	40099354	28586458	29914636	23204604	45358559	50891640	64797327	26801029
27	马拉维	58362946	47548612	67294880	70197760	81321073	97216506	85761352	52861448	65246833	103590864	73106017	54999121	61437546
28	马里	47823262	92052593	109857612	90626674	101347693	117759198	104130053	100244569	57944152	207947437	126670800	231671790	146659003
29	毛里塔尼亚	12835367	14165115	30481945	30453191	22974185	27039791	28714674	37626169	20688350	24884496	23265188	29927255	26909898
30	毛里求斯	485488	1080311	2121071	4697820	8671313	4101326	2340884	2054969	1562670	3666220	5762509	2644748	1360098
31	莫桑比克	142401168	150150135	149284868	220414708	252131275	220196026	167631001	145542234	247759450	213991380	204720249	175263437	106976878
32	纳米比亚	15975943	9122083	11029359	23597700	14127652	14207516	9391359	12742247	8791965	8371343	11023229	6997713	4656453
33	尼日尔	31103162	47185888	32552352	46321750	55956741	36164294	84548622	51400933	89310918	81340766	112241314	112029850	140940634
34	尼日利亚	66315434	94418820	167946955	154936394	127416717	141195710	500960124	347111266	234742549	244904857	422987473	172320896	401999163
35	卢旺达	63880365	104932329	81037916	81676192	137747003	109523219	139389885	164577214	74148532	115982250	105091497	110875207	166474479
36	圣多美和普林西比	4588892	3735078	3232674	5323675	8686503	4080514	4047969	6155926	4964955	4944943	1884773	2151217	1424734
37	塞内加尔	31930736	57710337	55645011	71759252	86944510	103170893	86963029	73267301	70443340	72301599	49769308	72802061	39986419
38	塞舌尔	715567	224246	809260	596873	601887	405406	604542	844924	586371	1286263	456308	236742	372260
39	塞拉利昂	61781102	56222233	100866361	95936857	89488360	95863427	84845542	79557706	100377877	50841513	72090581	38031221	55084744

续表

No.	国家	2004	2005	2006	2007	2008	2009	2010	2011	2012	2013	2014	2015	2016
40	索马里	21754447	11423508	26124278	39507528	67196469	67312075	91157754	125342643	150930942	194365145	255356137	250070911	281800978
41	南非	81027797	98885739	82473541	76746325	70996627	91378064	81502652	90218441	64320727	53328955	55504995	48253128	56033774
42	南苏丹	*	*	*	*	*	*	*	129771888	222158829	244081689	188018687	158503556	164129166
43	苏丹	72269338	160505519	249240256	294595413	326328336	437286899	422506733	271034391	145396597	81760370	67984698	41556205	65298196
44	斯威士兰	2425445	2016109	3049379	3781730	3687463	4522825	2778741	2448162	4159127	3347047	4815245	4453451	3206065
45	坦桑尼亚	215990774	219273134	235651528	260641888	258853702	262297726	341706204	181368283	218836970	244789923	282095075	262966442	127597744
46	多哥	5171341	5128684	7572574	33419083	96100196	54648592	25482000	52779173	50534152	17031704	28151657	16978421	20605407
47	乌干达	182086121	169585104	193267230	181632700	151209714	251418333	209135191	159089513	164497129	181043315	112679562	105990531	111827752
48	赞比亚	53409535	49027553	60538121	80451013	87438349	63328300	76179965	97047987	79953058	57678752	70661601	71633175	67133408
49	津巴布韦	27100909	28923707	32538438	48737654	54526553	67812744	96246825	127939217	131788329	130496150	101906887	103351270	78751368
50	撒哈拉以南的非洲	2115511302	3838975363	3999961077	359699838	475636834	461766703	436943542	440153500	396174207	377250153	488113181	3827262340	3536790898

注：* 表示暂无数据。

数据来源：EU aid explorer, https://euaidexplorer.ec.europa.eu/DevelopmentAtlas.do。访问日期：2018 年 4 月 30 日。

附录 6

附表 6　撒哈拉以南各国的易卜拉欣治理指数（2004~2016年）满分 100

No.	国家	2004	2005	2006	2007	2008	2009	2010	2011	2012	2013	2014	2015	2016
1	安哥拉	32.8	33.3	34.7	35.6	37.9	38.6	39.6	40	40.6	39.8	39.6	39.7	39.4
2	贝宁	54.8	55	55.9	57.6	58	59	59.6	59.1	58.8	58.6	58.7	58.6	59
3	博茨瓦纳	71.5	72.8	73.2	73.5	74.2	74.3	74.5	75.1	75.2	74.8	73.3	73.2	72.7
4	布基纳法索	51.4	51.6	51.8	52.6	52.8	53.2	53.2	52.5	53.4	53.4	52.8	53	53.7
5	布隆迪	42.1	42.8	44.1	46.4	45.9	46.7	45.6	46.1	45.9	45.4	45.8	40.6	39.9
6	佛得角	69.8	70	70.5	71.5	72.5	71.7	71.6	73.3	73.4	72.8	72.3	73.4	72.2
7	喀麦隆	45.2	45.1	45.5	46.4	46.6	46.1	46.8	47.1	47.5	46.9	46.7	46.8	46.9
8	中非	31.1	31	31.5	31.8	33.9	33.2	34.1	35.3	34.4	26.6	26.7	27.5	30.5
9	乍得	34	33.7	33.2	31.7	31.4	31.4	33.1	34.2	34.6	34.3	34.7	35.6	35.2
10	科摩罗	44.5	45.1	46.7	44.6	45.9	46.5	46.9	47.2	48.2	49.4	49.5	50	50
11	刚果（布）	38.7	39.1	39.6	39.5	41	41	42.2	42.8	43	43.4	43.9	43.2	42.8
12	科特迪瓦	41.1	41.6	41.2	41.6	41.6	42.6	42.6	42.6	46	48.2	50.8	53.1	54.2
13	刚果民主共和国	31.2	32.1	33.4	34.5	35.2	34.7	34.6	34.3	34.1	35.3	35.4	36	35
14	吉布提	45	44.9	44.7	44.9	45.6	45.7	46.3	46.4	47	46.6	46.1	46.8	46.4
15	赤道几内亚	31.5	32.9	33.1	33.6	34.5	34.5	35	35.7	35.4	36	35.8	36.2	36.8
16	厄立特里亚	34.1	35	34.2	33.5	33	31.8	31.4	30.4	29.8	29.6	30	29.9	29.2

续表

No.	国家	2004	2005	2006	2007	2008	2009	2010	2011	2012	2013	2014	2015	2016
17	埃塞俄比亚	40.8	41.4	41.5	42.4	43.5	44	44.5	45.5	45.9	50	48.5	48.7	47.7
18	加蓬	46.9	47.5	47.6	48.9	49.3	49.3	50.4	51.3	52.1	52.9	52.6	49.2	52.2
19	冈比亚	51.2	50.3	50.8	51.3	52.6	52.7	53	52.5	52.7	52.1	50.2	48.8	49.2
20	加纳	64.8	64.8	66	66.5	67.5	68.1	68.1	68.6	67.8	67.1	64.9	63.6	65
21	几内亚	41.6	41.5	41.1	40.6	40.3	39.4	43	44.6	44.8	44.4	44.3	44	45.5
22	几内亚比绍	36.4	37.9	38.8	40.1	40.2	40.3	41.5	41.3	38.1	37.1	40.8	41.8	41.3
23	肯尼亚	52.9	52.8	52.9	52.8	52.6	52.6	53.5	54.7	54.4	54.7	56.8	58.1	59.3
24	莱索托	55.8	57.3	57.7	57.8	57.9	58	57.8	58.1	58.6	59.6	58.6	58.4	58.2
25	利比里亚	36.8	39.7	42.2	44.9	46.6	48.3	49.4	50	50.7	49.6	49.8	50.6	51.4
26	马达加斯加	54.6	55.6	55.1	55.9	55.1	50.5	48.9	46.9	46	47	47.7	48.2	49.3
27	马拉维	53.2	53.4	55.4	57	57.5	57.7	58	57.7	57.9	58.2	56.5	56.9	57
28	马里	53.6	54	54.7	54.3	54.8	55	55.5	56.2	51.8	50.9	50.8	51.4	51.9
29	毛里塔尼亚	44.8	45.1	46.6	47	43.2	43.2	44.5	44.9	46.1	44.2	43.8	44.3	44.5
30	毛里求斯	76.3	76.7	77.3	78.3	80	80.3	80.8	81.4	81.9	81.2	81.1	80.6	81.4
31	莫桑比克	54.2	54.6	54	53.4	54	55.2	54.6	54.5	54	53.1	52.8	53.4	52.2
32	纳米比亚	65.7	66.4	66.8	67.4	67.8	67.5	67.6	67.8	67.2	68.5	70	70	71.2
33	尼日尔	44.2	44.4	45	44.9	45.5	44.9	46.4	50	49.6	49.4	50.2	50.4	50.1
34	尼日利亚	42	43.2	44.3	44.7	45.3	45.5	44.8	45.1	44.8	45.3	44.5	47.2	48.1
35	卢旺达	53.6	53.9	55	55.2	57.3	57.9	58.1	59.7	60.9	61.7	62.3	63	63.9

续表

No.	国家	2004	2005	2006	2007	2008	2009	2010	2011	2012	2013	2014	2015	2016
36	圣多美和普林西比	57.7	57.7	57.7	58.9	58.7	57.7	58.3	59.5	60.5	61	60.7	61.4	61
37	塞内加尔	57.3	57.6	56.7	56.2	56.5	56.5	56.1	57.2	58.6	60.5	61	61	61.6
38	塞舌尔	67	67.4	68.3	68	68	68	68.6	69.3	70	70.7	70.5	73.1	73.4
39	塞拉利昂	45.3	46	46.3	48.3	50.6	50.9	51.9	52.5	52.6	52.8	51.7	50.4	51.7
40	索马里	11.9	11.8	11.4	10.9	8.6	10.6	10.4	9.7	10.2	10.4	10.7	12	11.6
41	南非	69.8	70.5	71.5	71.4	70.8	70.2	70.4	70.5	69.5	69.5	69.6	69.5	70.1
42	南苏丹	*	*	*	*	*	*	*	29.1	28.7	25.7	20.7	20.8	20.2
43	苏丹	28.7	29.9	31.3	31.5	29.7	30.6	31.9	32.2	31.2	31	31.2	32	32.5
44	斯威士兰	45.9	46.2	47.3	47.8	48.9	48.6	48.6	48.4	48.6	49.8	49.8	49.8	48.9
45	坦桑尼亚	55.2	55.9	56.6	57.3	57.6	57	56.3	55.9	55.3	56	55.7	57	57.5
46	多哥	39.5	39.3	40.5	41.7	42.8	44	45	45.8	46.6	47.2	49.8	50.3	51.7
47	乌干达	51.9	51.7	52.2	53.5	53.2	53.3	53.8	54	54.2	54.2	54.3	56.2	56.5
48	赞比亚	53.8	54.3	54.7	54.8	54.7	55.5	56.8	58.3	59.1	59.1	58.7	59.3	57.7
49	津巴布韦	36.7	35.1	35.6	35.9	33.5	36.2	37.4	38.6	39.6	41.7	42.8	44.7	45.4
50	撒哈拉以南的非洲	47.7	48.2	48.7	49.2	49.6	49.7	50.2	50.2	50.2	50.3	50.2	50.5	50.8

注：* 表示暂无数据。

数据来源：IIAG website：http：//static.moibrahimfoundation.org/u/2015/12/15185044/2015-IIAG-Data-Portal.xlsm?_ga=1.60084777.52570548.1469415955，访问日期：2018年5月30日。

图书在版编目(CIP)数据

21世纪欧盟对非洲援助的政治导向研究/赵雅婷著.--北京：社会科学文献出版社，2019.4
（非洲国际关系论丛/刘青建主编）
ISBN 978-7-5201-4001-0

Ⅰ.①2… Ⅱ.①赵… Ⅲ.①欧洲联盟－对外援助－研究－非洲 Ⅳ.①D850.2

中国版本图书馆CIP数据核字（2018）第274244号

·非洲国际关系论丛·
21世纪欧盟对非洲援助的政治导向研究

著　　者 / 赵雅婷

出 版 人 / 谢寿光
责任编辑 / 赵怀英　王玉敏

出　　版 / 社会科学文献出版社·联合出版中心（010）59366446
　　　　　地址：北京市北三环中路甲29号院华龙大厦　邮编：100029
　　　　　网址：www.ssap.com.cn
发　　行 / 市场营销中心（010）59367081　59367083
印　　装 / 三河市龙林印务有限公司
规　　格 / 开　本：787mm×1092mm　1/16
　　　　　印　张：21.25　字　数：357千字
版　　次 / 2019年4月第1版　2019年4月第1次印刷
书　　号 / ISBN 978-7-5201-4001-0
定　　价 / 149.00元

本书如有印装质量问题，请与读者服务中心（010-59367028）联系

版权所有 翻印必究